Ulrich Wickert

NIE DIE LUST AUS DEN AUGEN VERLIEREN

Lebensthemen

Herausgegeben und eingeleitet
von Daniel Kampa

Hoffmann und Campe

1. Auflage 2017
Copyright © 2017 by Hoffmann und Campe Verlag, Hamburg
www.hoca.de
Satz: Pinkuin Satz und Datentechnik, Berlin
Gesetzt aus der Adobe Garamond Pro
Druck und Bindung: CPI books GmbH, Leck
Printed in Germany
ISBN 978-3-455-00268-3

HOFFMANN
UND CAMPE

Ein Unternehmen der
GANSKE VERLAGSGRUPPE

Inhalt

NIE DIE LUST AUS
DEN AUGEN VERLIEREN

LEBEN WIE GOTT IN FRANKREICH

»Wenn du das Glück hattest, als junger Mensch in Paris zu leben, dann trägst du die Stadt für den Rest deines Lebens in dir, wohin du auch gehen magst, denn Paris ist ein Fest fürs Leben«, sagt Ernest Hemingway in seinen Paris-Erinnerungen zu einem Freund. Ulrich Wickert hatte das Glück, entscheidende Jugendjahre in Paris zu verbringen. Von 14 bis 17 war er als Gymnasiast in Paris. Und auch wenn seine journalistische Karriere ihn nach New York oder Hamburg geführt hat: Paris ist seine Wahlheimat geblieben, Frankreich sein Sehnsuchtsland.

»Frankreich ist wie geistige Nahrung für mich«, bekennt Wickert freimütig, aber auf die echte cuisine française *möchte er trotzdem nicht verzichten. Oft den Blick vom Bureau oder Salon in Richtung Küche hat Wickert in seinen Reportagen und Büchern gelenkt, sei es, wenn er in seinem Kriminalroman* Das marokkanische Mädchen *einen kleinen Exkurs über die medizinischen Wohltaten von Wein oder Champagner einflicht, das Mittagsmenü des französischen Finanzministers dem Kantinenessen seines deutschen Amtskollegen gegenüberstellt, um die deutsch-französischen Unterschiede zu illustrieren, oder wenn er erläutert, dass erst durch die Französische Revolution die Institution des »Restaurants« entstanden ist und damit der Siegeszug der französischen Cuisine begann. Und natürlich darf auch der Käse nicht fehlen. Wie heißt noch einmal der berühmte Satz von Charles de Gaulle? »Wie kann man ein Land regieren, in dem es 246 Käsesorten gibt.«*

Seit 2005 ist Wickert Offizier der französischen Ehrenlegion, seit ihrer Gründung ist er Secrétaire perpétuel der Académie de Berlin, die den kulturellen Austausch zwischen Frankreich und Deutschland fördert. Aber auf eine Auszeichnung ist Wickert bis heute ganz besonders stolz: Er wurde von der Guilde Internationale des Fromagers *mit der höchsten Auszeichnung des* maître honoris caseus, *dem Ehrenkäsemeister, geehrt. In Deutschland trägt neben Wickert nur Eckart Witzigmann diesen Titel.*

Käse unter dem Hotelbett

A n dem kleinen Geschäft in der Rue de Grenelle im siebten Arrondissement von Paris war ich immer wieder vorbeigeschlichen. Ich wohnte um die Ecke. Der Laden war so eng, dass Kunden vor der Tür Schlange standen. Ich sah Catherine Deneuve, selbst Madame Chirac geduldig warten. Abends, wenn die eisernen Rouleaus runtergelassen worden waren, drang der Geruch der Ware in die Nase des Flaneurs auf der Straße. Es duftete angenehm, und in meiner Vorstellung sogar warm, nach Kuh, nach Schaf, nach Ziege. Mitten im alten Paris.

Auf einem handgemalten Schild über dem Laden stand »Roland Barthélemy« und »*froumager*«. Nicht, wie es heute heißt, »*fromager*«, Käsehändler. Roland Barthélemy verwendete den altertümlichen Begriff »*froumager*«, weil er damit seine Verbundenheit an die alten Werte dieser Zunft ausdrücken wollte.

Lange Zeit habe ich mich nicht getraut, seinen Laden zu betreten.

Von wegen Übermut! Nein, ich hatte einfach nur Angst, mich zu blamieren in einem der renommiertesten Käsegeschäfte von Paris. Ich sagte mir: Wenn ich da reingehe, wird man mich fragen, was ich wolle. Und ich werde nur dumm antworten: Käse. Aber in den Regalen und Auslagen lag nur Käse, je nach Jahreszeit mehrere Hundert Sorten. Also würde man mich fragen, welchen Käse. Und da wäre ich schon bald am Ende meines Lateins. Denn banal um Camembert oder Roquefort zu bitten, hätte ja eine ähnliche Frage zur Folge. Welchen Camembert, welchen Roquefort? Und wie soll er gereift sein? ... Ich konnte mir ausmalen, dass ich einen roten Kopf bekäme.

Da erinnerte ich mich an den rumänischen Maler Corneliu Petrescu, den ich in Bukarest zu Regierungszeiten von Ceaușescu kennengelernt hatte. Für den hatte ich einige seiner Bilder mit in den Westen genommen und verkauft. Alle zwei Jahre erhielt er für zwei Monate ein Auslandsvisum. Und nach zwei Monaten wollte er immer wieder dringend zurück. In die Diktatur. Er konnte draußen nicht leben. Als er mich in Paris besuchte, gab ich ihm sein Geld, immerhin ein paar Tausend Mark. Doch eines Abends kam Petrescu völlig erledigt zum Abendessen. Es sei Zeit, nach Bukarest zurückzufahren. Völlig verblüfft fragte ich ihn: »Weshalb das denn? Zurück zu dem Verrückten?«

Da erzählte er mir von einem schrecklichen Erlebnis, das er an diesem Tag in Paris gehabt hatte. Er wollte ein Hemd kaufen. Nur ein einziges Hemd. Er sei in einen Laden für Herrenmode gegangen und habe um ein Hemd gebeten. Da habe man ihn vor die Wahl von Hunderten Hemden gestellt. Er wollte aber doch nur eines. Die Auswahl hat ihn fertig gemacht. Er hat dann keins gekauft. Das ist eben das Absurde, wie es Ionesco darstellt.

Und was für einen Käse wollte ich?

Plötzlich fiel mir ein, dass ich doch über ein Sesam-öffne-Dich verfügte. Warum hatte ich Idiot daran nicht gedacht?

Mutig steuerte ich an allen wartenden Kunden vorbei, trat an die Kasse, die am Ende des Ladens im Halbdunkel lag und hinter der Madame thronte. »Bonjour Madame«, stellte ich mich ihr vor, ich sei vom Deutschen Fernsehen und würde gern den Patron sprechen. Einen Augenblick bitte, der Patron wurde aus den hinteren Räumen herbeigerufen und kam in einem dunkelbraunen Arbeitskittel. Auf die Brusttasche war sein Name gestickt. Ein kleiner drahtiger Mann. Vielleicht 35 Jahre alt. Auf jeden Fall nicht älter als vierzig.

Äußerst freundlich hörte er sich meine Bitte an und sagte: »Kommen Sie am Dienstagvormittag mit Ihrem Kamerateam. Am Montag haben wir geschlossen und dienstags ist es morgens immer sehr ruhig.«

Als Journalist konnte ich jede noch so einfältige Frage zum Thema Käse stellen!

Aus dem ersten Besuch in Rolands Laden entwickelte sich eine bis heute andauernde Freundschaft. Rolands Vater hatte schon einen Käsestand betrieben, den er jeden Tag der Woche auf dem Markt aufbaute. Für seinen Sprössling hatte er einst von Höherem geträumt und gehofft, dass der Sohn Mediziner oder Ingenieur werden würde; Geld für die Ausbildung war vorhanden, aber nein, der Geruch ließ Roland nicht los. Er blieb dem Käse treu ergeben.

Den Marktstand neben seinem Vater betrieb ein Fischhändler. Und der hatte eine Tochter, die kleine Nicole. Als die den jungen Roland heiratete, scherzte sie:

»Ich habe eigentlich nur den Geruch gewechselt.«

Und dann verriet sie mir noch ein Geschäftsgeheimnis. Der Käsehändler kann immer von einem gewissen Prozentsatz seiner Ware behaupten, er habe sie vernichten müssen, weil sie verkommen wäre. Dieser Prozentsatz liege bei Fisch noch sehr viel höher. Das ist wichtig für die Angaben gegenüber dem Finanzamt. Verkauft? Nein, weggeworfen. War verdorben. Das ist Bargeld!

Als Nicole mit ihrem Roland ins Auto stieg, um zur Hochzeitsreise nach Spanien aufzubrechen, gehörte eine kleine Holzkiste zu seinem Gepäck: für vierzehn Tage Käseproviant.

»Eine Mahlzeit ohne Käse«, begründete er mir seinen Entschluss, »konnte ich mir damals nicht vorstellen. Heute auch noch nicht!«

Er hatte den Käse gut verpackt, im Auto rochen sie kaum etwas.

Im Hotelzimmer wurde die Wegzehrung unter dem Lotterbett versteckt. Und jeden Abend, nach der Mahlzeit im Hotel, schlich sich das junge Paar aufs Zimmer und holte die Kiste hervor.

Schon als Vierzehnjähriger hatte Roland die Schule verlassen und in den von Baltard entworfenen Markthallen von Paris bei Käsegrossisten gearbeitet. Noch heute schwärmt er vom Gewusel und Gewirr in den alten »Halles de Paris«, wo sich alles Menschliche traf. Hier lernte er von der Pike auf den Umgang mit dem *fromage*, wie man ihn aufbewahrt, liebevoll mit Calvados-, Weißwein- oder Bierlauge einreibt, seine langsame Entwicklung durch die Temperatur im Keller beeinflusst und allerhand andere Geheimnisse, die man Außenstehenden nicht verrät, um so den Käse reifen zu lassen, bis er den Höhepunkt seines Geschmacks erreicht hat.

Sein ganzes Wissen hat Roland beim Packen der Holzkiste umgesetzt, und stolz erzählte er seiner Nicole, an jedem Tag der Reise werde ein anderer Käse seinen Geschmack und seinen Duft zur vollen Blüte entfalten.

Käse ist für Roland ein sinnlicher Genuss.

Das Zusammenwirken zweier Sinne sei ja eines der Geheimnisse dieses köstlichen Produkts. Während die durch den Schimmelprozess veredelten Käsemassen Faden-, Blätter- und Wallpapillen auf der Zunge so reizen, dass die einzelnen Geschmacksrichtungen deutlich wahrgenommen werden, ergänzt der Geruch den Genuss. Ein Geruch, der nicht nur von außen in die Nase steigt. Denn der Käse entfaltet noch im Mund einen starken Duft, der den Riechkolben direkt über die Rachenhöhle erreicht und betäubt.

In Spanien war es heiß. Sehr heiß.

Auch im Zimmer des kleinen Hotels, in dem das Hochzeitspaar übernachtete. Nach zwei Tagen drang eine erste Ahnung aus der Holzkiste. Rolands ausgeklügelte Strategie des täglich abgestuften Reifevorgangs schmolz dahin und entwickelte die unvermeidlichen Düfte. Kräftige Gerüche!

Nicole machte sich Sorgen, was das Zimmermädchen wohl denken könnte. Ob das französische Pärchen zu arm sei, um essen zu gehen? Den Käse wegzuwerfen, kam beiden nicht in den Sinn. Da blitzte ein Gedanke auf. Roland nahm seine Strümpfe und hängte sie gut sichtbar über einen Stuhl, um dem Zimmermädchen eine andere Quelle des vermeintlichen Gestanks vorzugaukeln.

Es ist ein himmelweiter Unterschied, ob man ein Lebensmittel dem Begriff »Nahrung« zuordnet oder es als Teil der Zivilisation, des kulturellen Erbes des eigenen Landes, gar der nationalen Identität einschätzt. Der Unterschied ist so groß wie der zwischen Deutschen und Franzosen. Diese Differenz lässt sich mit dem jeweiligen Verständnis für Käse messen: Für viele Deutsche besteht Käse aus pasteurisierter Milch und macht satt, für einen französischen Genießer wird der *fromage* aus Rohmilch hergestellt, und sein Genuss befriedigt. Das habe ich in den langen Jahren unserer Freundschaft von Roland gelernt.

Vielleicht hat der französische Philosoph Pierre Bourdieu den feinen Unterschied zwischen Teutonen und Galliern entdeckt, als er feststellte, die Antithese von Kultur und Lust gründet im Gegensatz von intellektuellem Bürger, dem Abbild der Enthaltsamkeit, und dem Volk, »diesem phantasmagorischen Ort der rohen, ungebildeten Natur, dem reinen Genuss ausgelieferter Barbarei«. Denn das kann sich der dem Geiste Kants verschworene deutsche Asket nicht leisten, sich wie Gargantua barbarisch »dem reinen Genuss« auszuliefern. Und dann noch einem Schimmelprodukt!

Im Sommer 2010 heiratete Roland Barthélemy zum zweiten Mal. Er hatte sich in die schöne Claudine verliebt, die Erbin des besten Käsegeschäfts von Carpantras in der Provence. Claudine wurde 2009 als beste »Fromagère« Frankreichs ausgezeichnet und zusätzlich hat sie sich zur Sommelière ausbilden lassen.

Es war ein warmer, schöner Juliabend, als ich in der Nähe von Carpantras am Hochzeitstisch von Roland und Claudine gegenüber einem Ehepaar saß, das *Salers* produzierte, einen köstlichen, mürben Hartkäse. Von der Kuhmilch bis zum fertigen runden Laib lag die gesamte Herstellung in ihrer Hand. Roland und seine Claudine hatten das Festmahl über ein Jahr lang vorbereitet. Sie hatten bei dem befreundeten Paar einen großen Laib *Salers* für den Käsegang ausgesucht und in die Rinde »Roland et Claudine« eingravieren lassen. Dann war der Käselaib ein Jahr lang mindestens zweimal die Woche mit einem alten Hemd abgerieben worden.

Als zweiten Käse präsentierten sie einen frischen Ziegenkäse, der von einer alten Frau am Ende eines Tales aus der Milch ihrer Ziegenherde hergestellt wurde. Auch er eine Rarität! Reich wird man nicht als Käseproduzent. Aber man arbeitet aus Liebe zu diesem besonderen Produkt und nicht um des schnöden Mammons wegen.

Weshalb so viel Aufhebens um Käse?

»Alles Käse« nennt ein Deutscher abfällig, womit er nicht einverstanden ist. Oder: »Käse schließt den Magen«, so als sei er ein Stöpsel, der schwer auf Braten und Tunke liegt.

Ganz anders ein Franzose, bei dem Schimmel keine intellektuell gnadenlosen Debatten auslöst. *Fromages maintiendront* lautet der Wahlspruch der Compagnons de Saint-Uguzon, deren Propst Roland Barthélemy vor Jahren geworden ist, und die Compagnons haben sich geschworen, die Qualität des Käses zu bewahren, Käse hält den Menschen aufrecht. Um seinen *fromage*, im übertragenen Sinn eine Sinekure, eine Pfründe, wird der Elitezögling beneidet, der sich im französischen Staatswesen wie eine Käsemade fühlt und einen hoch dotierten Nebenjob erhält.

Der Käsehändler Roland war für mich, als ich in Paris als Korrespondent arbeitete, auch eine wichtige politische Informationsquelle. Vor Wahlen lud ich ihn zum Essen ein und fragte ihn danach, was wohl seine Kundschaft redete? Danach korrigierte ich dann für mich die Umfrageergebnisse – meist zu Recht: denn die Konservativen, besonders der rechtsradikale Front National erhielt meist mehr als erwartet, zumindest im ersten Wahlgang. 2002 schaffte es der FN-Chef Jean-Marie LePen sogar in den zweiten Wahlgang.

Doch Roland war bei diesen Treffen oft schlechter Laune.

»Die Leute kaufen nicht mehr ein – wegen der Wahlen«, sagte er mir.

»Weshalb kaufen die Leute nicht zur Wahlzeit?«, fragte ich.

»Das war schon immer so. Als ich den Laden vor 20 Jahren übernahm, zeigten die Bücher stets Gewinne, aber in Wahlzeiten einen Rückgang um 15 Prozent. Warum das so ist, weiß kein Mensch; aber alle Geschäfte ringsherum verzeichnen, wenn gewählt wird, den gleichen Rückgang.«

Bei Präsidentschaftswahlen leidet das Geschäft besonders lange. Zuerst werden zwei Wahlgänge absolviert, und meist wird hinterher auch noch die Volksversammlung aufgelöst. Grässliche Vorstellung, das Geschäftsleben kommt nicht zur Ruhe!

Aber in dieser Situation holt Roland dann verschmitzt lächelnd sein Goldenes Buch hervor und schlägt die Seite auf mit dem Eintrag von Frankreichs ehemaligem Staatspräsidenten Valéry Giscard d'Estaing, der geschrieben hat, was ein anderer Staatspräsident, der immer noch hoch geschätzte Charles de Gaulle, einmal gesagt hat: »Wie kann man bloß ein Land mit 365 Käsesorten regieren?«

Eines Tages erhielt ich im ARD-Studio Paris einen Anruf aus der Heimatredaktion. Ob ich gehört hätte, dass die deutsche Käse-Industrie die Gerichte gegen den französischen Rohmilchkäse bemühe? Nein, davon hatte ich noch nichts gehört. Aber dann brach ein richtiger Käsekrieg zwischen den Ländern des Nordens und denen des Südens aus. Fabrikkäse gegen Handgemachten. Neuerdings gab es nämlich eine europäische Listerin-Verordnung. Die Rinde von Rohmilchkäse ist ein beliebter Aufenthaltsort der Listerin-Bakterie, die allerdings durch Erhitzen abgetötet werden kann. Bei Erwachsenen verläuft die von diesen Bakterien ausgelöste Listeriose wie eine leichte Grippe, bei Schwangeren hingegen kann sie zu einer Früh- oder gar Totgeburt führen.

Also fuhr ich wieder einmal zu Roland und ließ ihn vor der Kamera die – nach deutschem Klischee – widerlichsten Käsesorten aus Rohmilch mit grässlich verschimmeltem Äußeren vorführen.

Jedes Mal fragte ich ihn: »Und wie viele Menschen sind daran erkrankt oder gar gestorben?« Seine Antwort war immer die gleiche: »Natürlich keiner!«

Roland brachte mir so viel über Rohmilchkäse bei, dass ich in meiner Pariser Wohnung ab und zu runde Tische aufstellen ließ und fünfzig Gäste zum »dîner froumager« einlud. Es gab vier Gänge Käse – mit ein wenig Salat dazwischen. Und Roland hielt zu jedem Gang eine kleine Einführung, ebenso der Soziologe Jean-Paul Aaron, den ich in Rolands Laden kennengelernt hatte. Er schwärmte besonders für Cantal-Käse, der schon einige Monate gereift war.

Eines Tages lud mich Roland in ein elegantes Lokal zum Abendessen ein und fragte vorsichtig, ob ich mir vorstellen könnte, als Compagnon in die Käsegilde aufgenommen zu werden. Mit Begeisterung bedankte ich mich für die Ehre.

Als es so weit war, trat ein gutes Dutzend Männer auf eine kleine Bühne. Sie trugen weite Umhänge und turbanartige Kopfbedeckungen, fast wie im Mittelalter, und dann wurde mein Name aufgerufen. Ich trat in feinen Zwirn gekleidet vor, mir wurde eine große Urkunde überreicht und ein breites grün-weiß-orangenes Band mit einer handtellergroßen Medaille umgehängt. Auf der Medaille ist der Heilige Uguzon abgebildet, umgeben von Kuh, Schaf und Geiß. Roland Barthélemy hielt eine Laudatio, der legendäre Käsepapst Pierre Androuet umarmte mich dreimal mit einer Bise. Damit war ich als Geselle aufgenommen.

Die Gilde hatte mir den Ehrenplatz neben Pierre Androuet, damals war er Propst der Gilde, zugewiesen. Er sagte mir auf Deutsch, dass er es bedauere, meine Muttersprache nicht gut genug zu sprechen. Ich widersprach, nicht aus Höflichkeit, sondern weil er fast fließend deutsch sprach. Aber dann klagte er mir, sein Deutsch sei leider nicht gut genug, um Goethe zu lesen. Seine Bildung beeindruckte mich.

Und dann habe ich mich danebenbenommen.

Beim Käsegang angekommen schmierte ich den Camembert auf die Baguette. Androuet sah mich entsetzt an.

»Essen Sie Camembert immer so?«, fragte er mich.

»Ja, auf Baguette mag ich ihn lieber als auf Nuss- oder Früchtebrot.«

»Das meine ich nicht«, sagte Androuet streng. »Essen Sie ihn immer mit Rinde?«

»Ja, so wie er auf den Tisch kommt«, antwortete ich naiv.

Da deutete Pierre Androuet auf die Rotweinflasche, die vor uns stand, und sagte: »Die Rinde ist doch nur das Behältnis, so wie eine Flasche für den Wein. Und kämen Sie je auf die Idee, sobald Sie den Wein ausgetrunken haben, die Flasche aufzuessen?«

Seither entstehen auf meinem Käseteller immer große Abfallberge von abgeschnittenen Rinden, und ich halte mich an die Richtlinie Androuets, obwohl der eine oder andere Franzose mir schon widerspricht und meint, die Rinde schmecke doch besonders kräftig. »Ja, aber würden Sie die geleerte Weinflasche auch aufessen?«, antworte ich dann provokativ.

Bei meiner Inthronisierung als Geselle der Gilde nahm mich Roland am Arm und sagte: »Ulrich, du musst die Gebrüder Laur kennenlernen. Sie stellen den besten Roquefort her.« Und er führte mich zu zwei fröhlichen Franzosen in bestem Mannesalter.

Die Gebrüder Laur erzählten mir wortreich von der wunderschönen, wenn auch kargen Hochebene des Larzac, wo die Schafherden weideten, aus deren Milch der Roquefort hergestellt wird. Und sie luden mich ein, sie in ihrem Käsekeller im Örtchen Roquefort zu besuchen. Meine Neugier war geweckt.

So bat ich den mir zum Freund gewordenen Mitarbeiter am Studio Paris, Richard Huber (heute ein begnadeter Tatort-Regisseur), in den Larzac zu fahren, um zu erkunden, ob Roquefort genügend Stoff für einen halbstündigen Film hergebe. Richard kam von seiner Erkundungsreise begeistert zurück.

Der Ort Roquefort scheint schräg an der abgebrochenen Felswand des 800 Meter hohen Cambalou zu kleben, er hängt jedoch so ungünstig, dass ihn ein halbes Jahr lang kein Sonnenstrahl erreicht. Doch von dieser besonderen Lage profitieren die Roqueforthersteller. Die Häuser wurden deshalb auch nicht nach Gesichtspunkten der Ästhetik, sondern der Funktion gebaut, sodass der Ort wenig anziehend wirkt.

Pierre Laur empfing mich früh in seinem Büro an der Hauptstraße, in das zu gelangen er nur den Flur seiner Wohnung überqueren musste. Als Chef der Firma Gabriel Coulet – so hieß sein Urahn – war er stets einer der Ersten bei der Arbeit. Denn »außer arbeiten geht in Roquefort nichts«. Die Häuser stehen auf Felshöhlen und in Felsspalten, durch die ein steter Wind fegt, der den Käse richtig reifen lässt. Mehr als vierhundert Jahre können die Laurs ihren Stammbaum in Roquefort zurückverfolgen.

»Zur Roquefort-Produktion kam die Familie eigentlich durch Zufall«, erzählte mir Pierre Laur. »Mein Vorfahr wollte sich einen Weinkeller graben und entdeckte dabei die Fleurines und Felsspalten unter dem Haus, die hervorragend geeignet sind für einen Reifekeller.«

Pierre Laur betrieb die Käseproduktion gemeinsam mit seinem jüngeren Bruder André, inzwischen haben beider Söhne das Geschäft übernommen. »Handgemacht« nennen sie die nach alten Regeln gereiften Laiber, die es bis hin zum Tisch des Élysée-Palastes schaffen.

»Am Anfang muss es bei der Produktion des Käses sehr schnell laufen«, erklärte mir Pierre Laur den Herstellungsvorgang. »Innerhalb von knapp zwei Stunden wird aus der Schafsmilch Käse. Damit der blaue Schimmel im Roquefort entsteht, werden aus einer Streudose Brotkrümel – genannt Penicillium roquefortei – über den Frischkäse gestreut. Nach zwanzig Minuten haben die Laiber schon ihre endgültige Form. Fünf Tage werden sie gelagert, gedreht, gesalzen und müssen dann nur noch in den luftigen Kellern verschimmeln. Der monatelange Reifungsprozess macht den Geschmack aus.«

Und dann zeigte mir André Laur diese Kellerhöhlen. Sechs unterirdische Etagen besitzen die Laurs. Auf jedem einzelnen Laib steht das Datum seiner Herstellung, und jede Tagesproduktion wird ständig kontrolliert, damit sie gerade lang genug lagert, was reifen und schimmeln heißt. André Laur erzählte mir, schon in der Naturgeschichte des römischen Schriftstellers Plinius des Älteren komme der Käse aus Roquefort vor. Und das war 79 nach J. C. Aber es gibt auch eine andere Legende, die ich später noch von einem alten Bäuerlein erfuhr.

Im untersten der sechs Keller, wo die Laiber aufrecht in dunklen Regalen aus Eichenholz stehen, führte mich André in eine der Felsspalten, die Fleurine.

»Die leichte Feuchtigkeit der Luft«, sagte er, »begünstigt die natürliche Entwicklung des blauen Schimmelpilzes. Die Belüftung der Grotten entsteht durch die nord-südliche Lage des Roquefort-Tals. Das Mittelmeer liegt nicht weit entfernt. Der feuchte Wind aus dem Süden dringt durch die Felsspalten in die Keller. Im Winter reinigt und erwärmt er sich dabei, im Sommer kühlt er sich ab. Dabei bleiben Temperatur und Luftfeuchtigkeit auf natürliche Weise beständig. Wenn der Wind von Norden bläst, wird die Luft angesaugt. So einfach ist das Prinzip der Reifung in der Höhle.«

Die Laurs halten auf Tradition. Wie alle auf der Hochebene des Larzac.

Einen ganzen Nachmittag setzte ich mich auf eine Bergkuppe und ließ die Natur auf mich wirken.

Den Blick grenzte selbst der Horizont nicht ein. Die nackte Hochebene scheint ihn über die Erdkrümmung hinaus ins Unendliche des Himmels zu heben. Weit in der Ferne brechen gewaltige Felsklötze – Urgestein, in Türme, Zinnen und Nadeln verwitterter Dolomit – durch die baumlose Fläche, deren weißliche Kalkfarbe sich je nach Jahreszeit mit dem verbrannten Braun oder dem saftigen Grün von Prärie und Unterholz mischt. Hier und da hat sich ein dichter Wald gegen heftig blasende Winde behauptet, der auch den harten Winter überlebt. Unbeirrt von Zeitläuften höhlen die wilden Wasserstürze des Tarn und seiner beiden kleinen Nebenflüsse Jonte und Dourbie die in Jahrtausenden schon 800 Meter tief in den Kalk geschnittenen Schluchten weiter aus.

Vor einiger Zeit wurden hier von Naturfreunden Geier wieder angesiedelt. Abgestürzte Schafe sind ihnen von Bauern auf einem Felsplateau zum Fraß vorgeworfen worden. Aber inzwischen haben die Geier sich daran gewöhnt, ihr eigenes Futter zu finden.

Von meiner Felskuppe aus beobachtete ich diese braunen Riesenvögel, die sich von Aufwinden hochschrauben und kilometerweit auf ihrer fast drei Meter breiten Flügelspanne tragen ließen. Sie stürzten spielerisch hinab, verschwanden hinter einem Felsen, um dann plötzlich aus unerwarteter Richtung über einen Hügelkamm heranzusegeln und über mich hinwegzurauschen. Geschmeidig und ohne Hast bremsten sie plötzlich ab und ließen sich auf einem weißen Felsen nieder, in dessen Spalten Kiefern wachsen.

Dass die Laurs auf Tradition bauen, wunderte mich nicht, als ich erlebte, wie sehr die Menschen dieser Gegend mit den Sagen lebten, dass ihre Eltern und Großeltern sich erzählten, dass hier der Teufel in seine Hölle schlüpfte. Sie erzählen von »Fadarellen«, wie ihre guten Feen oder Paten heißen, von unwirklichen Figuren wie dem Wolfsmenschen, der die arme Bevölkerung erschreckte.

Pierre Laur hatte mich zu einem Betrieb geschickt, in dem vierhundert Schafe die Milch für den Roquefort Gabriel Coulet lieferten. So fuhr ich in das Dorf La Blaquière im Norden der Larzac-Hochebene. Dort steht vor dem Ort ein wohl zehn Meter hoher, nach oben spitz zulaufender Fels, durch dessen Bauch in der Höhe, wo man den Nabel vermuten würde, ein gut ein Meter großes, mandelförmiges Loch Durchblick gewährt. Die alten Bauern wissen noch heute, woher diese Aushöhlung stammt.

La Blaquière wirkte wie ausgestorben, als wir den Weg um den Felshügel herum bergauf fuhren. Es ist ein Ort, der noch nicht restlos verlassen und zerfallen ist, in dem es aber nur einen letzten, versteckten Hauch von Leben gibt. Da und dort kräht ein Hahn. An einer Mauer steht ein gepflegter Blumentopf. Der Weg im Ort ist weder geteert noch gepflastert, er besteht aus harter Kalkerde. Ab und zu schaut ein glatt gefahrener Fels hervor.

Ein weißhaariger alter Mann im blauen Arbeitsanzug, wie ihn Bauern und Arbeiter überall in Frankreich zu Zeiten vor Bluejeans trugen, kam, seine Neugier hinter einer mürrischen Miene verbergend, um das Haus herum. Er war der älteste der drei Gebrüder Veyrier, die ihr Elternhaus gemeinsam bewohnten. Alle drei waren Schäfer im Ruhestand.

François, der jüngste Veyrier, tuckerte im alten Deux-Chevaux heran und neigte sich zum Gruß. Er erzählte mir, auf einer Mauer sitzend, die Legende vom Loch im Stein und brachte für deren Richtigkeit eine Zeugin bei.

»Früher blieb man von Sonnenaufgang bis Sonnenuntergang auf dem Feld. Mittags trug jemand aus dem Dorf den Feldarbeitern das Essen hinaus«, sagte François. »Es war angeblich zur Zeit meiner Mutter, da gab es jeden Tag Zieger. Wenn man aus der Schafsmilch den Rahm für den Roquefort gewonnen hat, bleibt Molke zurück, aus der man den Zieger, Molkenkäse, gewinnt. Wir sind arm, und im Zieger ist viel Eiweiß und Stärke. Aber es gab einen Bauern, dem ging es auf die Nerven, immer nur das Gleiche zu essen. Er nahm seine Brotzeit nahe dem Felsen zu sich, und ungefähr zwölf Personen waren bei ihm, als er plötzlich aufschrie: ›Ich hab's jetzt satt, immer nur Zieger zu essen!‹ Dann warf er den Topf mit solcher Wut gegen den Felsen, dass dieses Loch entstand.«

Und dann ballte François Veyrier eine Faust und ahmte den Topfwurf nach: »Was muss der für eine Kraft gehabt haben!«

Ich fragte ihn nach weiteren Legenden, da erzählte er mir von der Entstehung des Roqueforts. Dafür konnte er zwar weder die Mutter noch sonst einen Verwandten als Zeugen für die Richtigkeit anführen, aber da alles gleich um die Ecke passiert war, wird es schon stimmen.

»Es war einmal ein Bauer hier aus der Gegend, der seine Schafherde hütete. Er machte sich auf, seine Schöne zu besuchen – Sie wissen schon, was ich meine. Er hatte sein Brot mit Zieger, ein bisschen geronnene Schafsmilch, auf einem Felsen am Eingang einer der tiefen Höhlen zurückgelassen. Erst acht Tage später kam er von seiner Auserwählten zurück und war sehr erstaunt, dass die Tiere seinen Zieger nicht gegessen hatten. Doch das, was er nun vorfand, war von natürlichem Schimmel blau durchzogen. Er probierte, was er fand – oouu-uh, das war gut! Es war das, was heute Roquefort heißt: durch den

Schimmel des Brotes war der Käse blau geworden. Wir haben für alles Legenden.«

Der Besitzer der Schafherde, an die Pierre Laur mich verwiesen hatte, hieß Giraud und hatte mit seinem ältesten Sohn eine Betriebsgemeinschaft gegründet. So bleibt das Geschäft in der Familie. Um ihre 400 Tiere zu ernähren, benötigen sie 400 Hektar Weideland.

Daran werde ich bei der Hochzeit von Roland und Claudine erinnert. Denn meine Tischnachbarn erklären mir, dass ihr größtes Problem der Klimawandel sei. Früher habe es in zehn Jahren einmal eine Dürreperiode gegeben. Jetzt kämen die Trockenzeiten schon alle vier oder fünf Jahre. Das bereitet nicht nur Probleme bei der Ernährung der Tiere, sondern habe auch Auswirkung auf den Geschmack des Käses.

Im Larzac kämpften die Bauern in den siebziger Jahren gegen die Ausdehnung eines Übungsgeländes für das Militär. Und zu den militanten Gegnern des Militärs gehörten auch die Girauds. Ihren modernen Schafstall haben sie mit Hilfe von Leuten nicht nur aus Frankreich, auch aus der Bundesrepublik und anderen Ländern illegal gebaut. In einem Dutzend Sprachen steht auf dem Giebelbalken, dass Waffen Instrumente der Barbarei seien, wie es General de Gaulle einmal gesagt hat. Und auf dem roten Schlussstein steht auf okzitanisch: »Obwohl gesetzwidrig gebaut, nahmen wir uns das Recht, hier zu leben.«

So hat mir mein Freund der Käsehändler Roland, der mir die Gebrüder Laur aus Roquefort vorstellte, tiefere Einblicke in sein Land ermöglicht, als sie manche Franzosen wahrnehmen. Und mit meinen Filmen über Käse und seine Legenden, wie den Roquefort, habe ich mich seiner Ansicht nach für den französischen Rohmilchkäse verdient gemacht.

Im Herbst 2011 kamen er und Claudine nach Hamburg, wo ein »chapitre« – eine Sitzung – der inzwischen »Internationalen« Guilde de Saint Uguzon stattfand.

Wieder stand ein gutes Dutzend Männer in alten Gewändern und merkwürdigen Kopfbedeckungen auf einem Podest. Wieder hielt Roland eine Laudatio auf mich, gab mir dreimal die Bise, überreichte mir eine Urkunde und hängte mir wieder ein breites grün-weiß-orangenes Band um den Hals, diesmal aber war die daran hängende Medaille vergoldet. Damit ernannte er mich zum ›maître honoris caseus‹. Ehrenkäsemeister. Höher kann ich in der Gilde nicht mehr steigen. Und außer mir trägt diesen Ehrentitel in Deutschland nur noch eine einzige andere Person: der deutsche Koch des Jahrhunderts, Eckart Witzigmann.

ALLERLETZTE MELDUNG

Gesund leben

Ein Motto dieser Zeit lautet: Was gesund ist, darf man tun. Wer gern roten Bordeaux-Wein trinkt, und vielleicht sogar mal ein Gläschen mehr als üblich, der kann sich damit rausreden, dass Ärzte festgestellt haben: Roter Bordeaux schützt vorm Herzinfarkt. Wer zum Rotwein dann noch einen Käse isst, für den hat heute die britische Universität Newcastle auch eine frohe Botschaft zu verkünden. Käse zu essen sei gesund für die Zähne. Er schütze den Zahnschmelz. Warum das so ist, weiß man noch nicht, sagt Judy Buttriss, die wissenschaftliche Direktorin an der Universität, denn Käse sei eine »sehr komplexe Substanz«.

Essen als schöne Kunst betrachtet

Frankreich nennt sich eine *méritocratie*, also eine Gesellschaft, in der sich die Hierarchie nach dem Verdienst richtet. Das gilt nicht nur für den Geist, sondern auch für die Macht, für die Wissenschaften, für den Sport, eben für alle gesellschaftlichen Bereiche. Wer Ski fährt, der strebt schon jung danach, die entsprechenden Abzeichen, einen, zwei, drei Sterne, zu ergattern.

Das System der *méritocratie* in Frankreich ist schon jahrhundertealt. Und so ist auch die Gastronomie-Kritik keine neumodische Erfindung. Schon in den letzten Jahren des 18. Jahrhunderts, so schreibt der französische Soziologe Jean-Paul Aron in seiner Studie *Le Mangeur du 18ème siècle*, wurde die Küche zum Gegenstand fachmännischer Erörterungen: »Die Presse, die kleine und die große Literatur sprechen von ihr wie von einer ernsten Angelegenheit. Sicher, ein neueröffnetes Restaurant oder eine Mahlzeit bei M. de Talleyrand waren erwähnenswerte Ereignisse. Aber unter den verstreuten Einzelheiten der *faits divers* bemerkt man etwas Dauerhaftes und Grundlegendes, ein System von Werten, dem man die gleiche Beachtung schenkt wie den Wissenschaften oder den bildenden Künsten.«

Die Französische Revolution wird zu Recht als universell bezeichnet. Und so hatte auch der Sturm auf die Bastille am 14. Juli 1789 schon drei Tage später Folgen für die französische Küche. Ja, ernst zu nehmende französische Wissenschaftler behaupten sogar, die Revolution habe den Anstoß zu einer neuen Ernährungsordnung gegeben.

Der Prinz von Condé, wie viele andere Adelige, zögerte nicht lange, sondern packte, vom Aufstand des Pariser Pöbels erschreckt, flugs seine Kisten und Kästen und floh am 17. Juli 1789 ins Exil. Nun saß sein Hofstab arbeitslos auf der Straße, darunter eine ganze Reihe erstklassiger Künstler, Chefköche, Sauciers, Pastetenbäcker. Aus der Not machte Condés Küchenchef Robert eine Tugend und eröffnete mit Hilfe seiner alten Küchenmannschaft ein Restaurant in der Rue de Richelieu. Andere berühmte Chefs taten es ihm nach.

Vor der Revolution hatte Chef Beauvilliers dem Comte de Provence, dem späteren Louis XVIII., in der Küche gedient, jetzt bot er seine Künste in prächtigen Sälen in der Galerie de Valois an. Und Méot, der auch beim Prinzen von Condé angestellt gewesen war, eröffnete in der Rue de Valois ein luxuriöses Etablissement, in dem er die »ausgesuchtesten Leckereien« verkaufte.

So haben die Herren der Revolution unter den dem Adel entwundenen Privilegien plötzlich leibliche Genüsse entdeckt, von denen sie bisher nie gehört hatten, denn Nachrichten über die Hofgelage des Adels waren kaum nach außen gedrungen. Nun entstand eine paradoxe Situation. Die Revolution war ausgelöst worden durch eine Hungersnot. Die Frauen von Paris waren vor das Schloss des Königs gezogen und hatten nach Brot gerufen. Die für ihre Ausschweifungen bekannte Königin Marie-Antoinette soll ihnen daraufhin vorgeschlagen haben, wenn sie kein Brot hätten, sollten sie doch Brioche essen.

Der König wurde gestürzt, doch das Volk hatte trotzdem nichts zu essen. Die Hungersnot dauerte noch Jahre an. 1793 war die Versorgung mit Lebensmitteln in Paris so gefährdet, dass der Konvent ein Gesetz gegen Hamsterkäufe verabschiedete und Keller und Speicher nach gehorteten Gütern durchsuchen ließ.

Aber die Revolutionäre ließen sich von der Not ihres Volkes genauso wenig beeindrucken wie einst der König und schlemmten in den neuen Restaurants: Mahlzeiten mit unzähligen Gängen, zubereitet von den Chefs der alten Herrschaften, die aber ihrerseits auch nicht auf das gute Essen verzichten mochten. Selbst hinter Gittern ließen sich die vom Revolutionstribunal zum Tode verurteilten Adeligen Feinschmeckereien auftragen: *»Die Opfer in den Gefängnissen huldigten ihren Mägen«*, schreibt *Louis Sébastien Mercier, »und der enge Durchlass in* *der Tür sah das zarteste Fleisch passieren, bestimmt für Männer, die ihrer letzten Mahlzeit entgegenharrten und sehr wohl darum wussten. Aus den Tiefen eines Kellerverlieses heraus schloss man einen Vertrag mit einem Restaurant, der von beiden Seiten unterzeichnet wurde und spezielle Vereinbarungen über die Vorspeisen enthielt. Nie besuchte man einen Gefangenen, ohne ihm seine Flasche Bordeaux, Liköre von den Antillen und das zarteste Gebäck mitzubringen. Der Konditor, der sehr wohl wusste, dass der Appetit beim Essen kommt, schickte seinerseits seine Karte bis in die hintersten Winkel der Gefängnisse.«*

Bald hatten die verschiedenen Gruppen unter den Revolutionären ihre Stammlokale, in deren Hinterzimmern sie ihre Pläne schmiedeten. Und wenn es galt, im Kampf um die Macht einen Gegner zu erledigen, wurde zur Not auch die Genusssucht in ebenjenen Restaurants angeprangert. Zu den Vorwürfen gegen Danton gehörten auch seine Liebesmähler in der Grange-Batelière. Im April 1794 wurde er hingerichtet.

Doch die Vorwürfe der Schlemmerei störten die Mitglieder des Revolutionstribunals überhaupt nicht. Der öffentliche Ankläger Fouquier Tinville, die Geschworenen Dumas und Renaudin entspannten sich abends nach den anstrengenden Sitzungen des Tribunals mit einigen anderen im Restaurant von Méot. Und es scheint hoch hergegangen zu sein, denn der Geschworene Dumas scherzte über ihren Hausherrn, den ehemaligen Koch des Prinzen von Condé: »*Dieser Méot macht sich gut an seinem Küchenherd; es wäre spaßig, ihn eines Morgens samt seiner Schürze ganz einfach abholen und auf der Stelle guillotinieren zu lassen. Da hätten wir sozusagen den Frikasseur frikassiert.*« Diese Worte machten bald die Runde, bis sie dem Geheimkommissar d'Ossonville zu Ohren kamen, woraufhin die Geschworenen, um ihre Haut zu retten, den Vorfall schleunigst abstritten.

Zweihundert Jahre nach der Revolution urteilt Jean-Paul Aron in seiner Studie: »Beauvilliers und Méot sind zweifellos ihre drei Sterne wert, gepflegter Rahmen und ausgezeichnete Küche. Möge der *Guide Michelin* mir verzeihen: Ich borge mir seine Benotung. Ist sie nicht Teil unserer heutigen Denkungsart? Robert, der zwar ein angesehener Meister ist, aber nicht über einen angemessenen Rahmen verfügt, bekommt zwei Sterne.«

Während das Volk immer noch hungerte, festigte das an die Macht und in den Besitz der Privilegien gekommene Bürgertum das neue System. Und dazu gehörte auch die neue »Ernährungsordnung«.

Vor der Revolution gab es in Paris noch nicht einmal fünfzig Restaurants. Und dass man für Geld an einem Tisch Platz nehmen und ein Menü verzehren konnte, galt eher als Kuriosität, deren Entstehung auf das Jahr 1765 zurückgeführt wird. Ein Traiteur namens Boulanger 27 hatte damals die Idee, in seinen Räumen in der Rue des Poulies, der heutigen Rue du Louvre, in Paris Marmortische aufzustellen und den Kunden Essen zu servieren. Über die Eingangstür setzte er den Spruch: *Venite ad me omnes qui stomacho laboratis, et ego restaurabo vos.* Was locker übersetzt bedeutet: »Kommt zu mir, wenn euer Magen knurrt, ich will euch stärken.« Eine dezente Verballhornung des Verses bei Matthäus: *Venite ad me omnes qui laboratis et onerati estis, et ego reficiam vos.* – »Kommt her zu mir, alle, die ihr mühselig und beladen seid; ich will euch erquicken.«

Boulangers Restaurant sprach sich unter Bourgeois und Gentilhommes geschwind als Neuheit und Mode herum. *Tout le monde* eilte hin, und Boulanger verdiente innerhalb eines Jahres so viel Geld, dass er sich zur Ruhe setzen und vom Gewinn zehn Jahre leben konnte. Er verkaufte sein Restaurant an zwei Freunde, Rozé und Pontaillé, die in ein eleganteres, mit Spiegeln ausgestattetes Lokal in der Rue Saint-Honoré umzogen. Der Erfolg fand Nachahmer, doch erst nach der Revolution veränderte sich das Verhalten der Bürger.

Eine neue Mentalität machte sich breit, wonach das Restaurant zum sozialen Treffpunkt wurde. Um 1820 war Paris nicht wieder zu erkennen, denn inzwischen existierten mehr als dreitausend dieser neumodischen Einrichtungen, die täglich rund sechzigtausend Personen ernährten.

In den Restaurants trafen sich die Abgeordneten, die aus allen Regionen Frankreichs in die Hauptstadt entsandt worden waren. Hierhin lud der neureiche Bourgeois seine Freunde ein, weil er nicht wagte, seinen plötzlichen Wohlstand und den Überfluss in seinem Stadthaus zu zeigen. Beim Essen wurden die Börsenkurse diskutiert, handelten Finanziers Kredite aus, schrieben die Journalisten Episteln, die in ihren

Blättern dann in London, Madrid, Wien oder Berlin, ja sogar in Konstantinopel oder Mexiko erschienen. Selbst die Académie française hielt nicht all ihre Sitzungen im Institut ab. Eine stattliche Anzahl ihrer Mitglieder lehnte ein Essen an den renommiertesten Tischen nicht ab, und glücklich durfte sich der Kandidat schätzen, der über genügend Mittel verfügte, um seine Aufnahme in die Akademie mit Einladungen in die großen Restaurants zu fördern.

»Restaurateure, Ihr wisst gar nicht, was Ihr wert seid«, schrieb Anfang des 19. Jahrhunderts Antoine Caillot in einem Buch über Sitten und Gebräuche der Franzosen: »Ihr solltet euch über Eure wirkliche Bedeutung in der Gesellschaft bewusst werden. Mit Euren *déjeuners* setzt Ihr die Maßstäbe für die herrschende Meinung, für die Finanzen, die Familieninteressen, die Wahlen am Institut und manchmal vielleicht die der Volkskammer. Ihr sorgt für den Triumph der Autoren und steigert durch Euren Einfluss auf die Künste des Theaters das Vergnügen auf der Bühne. In unserem schönen Frankreich dreht sich alles um Eure Tische und um Eure Flaschen.«

Die gute Küche entwickelte sich zum Statussymbol und bedeutete von nun an sogar Macht. Doch damit dieses kostbare Privileg nicht vom Plebs missbraucht und entweiht würde, erfand die neue Gesellschaft ein Netz von Gebräuchen, wovon einer der wichtigsten darin bestand, über das Privileg der guten Küche zu reden. Während es in angelsächsischen und anderen puritanisch angehauchten Gesellschaften zum guten Ton gehört, über Tafelfreuden zu schweigen, verhält sich der französische Bourgeois genau umgekehrt, obwohl auch in Frankreich der gute Ton es eigentlich verbietet. Nur hier verstößt man eher gegen eine Regel, die vom strengen Adel und seinen Nachäffern aus der hohen Bourgeoisie aufgestellt wurde. Honoré de Balzac goss einem Besucher einen *grand vin* ein, und daraufhin sagte der Gast:

»Diesen Wein, mein Freund, den streichelt man mit dem Blick.«

»Und dann?«

»Dann atmet man ihn ein.«

»Und dann?«

»Man stellt ihn demütig zurück auf den Tisch, ohne ihn berührt zu haben.«

»Und dann?«

»Danach spricht man über ihn.«

Man spricht über ihn. Schweigen mag, wer ein Gemälde betrachtet oder aber einem Musikstück gelauscht hat. Aber die Auslegung des Geschmacks eines großen Weins fügt dem Genuss nicht nur einen besonderen Wert hinzu, sondern sie unterscheidet auch den beliebigen Trinker von dem, der weiß, womit sein Glas gefüllt worden ist.

Das Restaurant ist für die Franzosen längst ein Statussymbol, wie für die Deutschen das Auto. Während eine deutsche Firma ihren leitenden Angestellten Dienstwagen stellt, gewährt ein französisches Unternehmen stattdessen großzügig bemessene Bewirtungskosten, wobei – nebenbei bemerkt – der Dienstwagen ein Unternehmen wahrscheinlich billiger kommt. Wer Karriere machen will, der lädt in ein renommiertes Restaurant ein; wer gesellschaftlich aufsteigen will, muss guten Geschmack beweisen.

Durch regelmäßiges Erscheinen an den richtigen Orten, meint Jean-Paul Aron, stellt man sich als Vorbild hin. Völlig arriviert ist derjenige, der in einem stets ausgebuchten Restaurant immer noch einen Tisch reservieren kann. Das bedeutet wirklich etwas. So musste man bei Joël Robuchon einen Tisch etwa zwei Monate im Voraus buchen!

Und weil französische Schriftsteller schon immer gern am bürgerlichen Leben teilhatten und Einladungen an die Tafeln der Bourgeoisie befolgten, nahm die Gastronomie ab Mitte des 19. Jahrhunderts auch in der französischen Literatur eine immer größere Bedeutung ein. Damit erhielt die Kochkunst endgültig einen angemessenen Platz in der französischen Zivilisation, und seitdem kommen auch auf diesem Gebiet Franzosen nur noch selten Zweifel an der Einmaligkeit ihres Könnens.

In einer Zeitschrift, herausgegeben von der Alliance Française in Mexiko, stand: »Von allen europäischen Völkern interessieren sich nur die Franzosen wirklich für das, was sie essen. Man kann sicher sein: Wenn in der westlichen Welt ein Restaurant wegen seiner Küche berühmt ist, dann flattert die Trikolore über dem Herd. Und wenn in München, Zürich oder London ein Koch überdurchschnittliche Talente zeigt, dann hat er es bei den Franzosen gelernt.«

Eine Umfrage ergab, dass über achtzig Prozent der Franzosen ihre Küche für die beste der Welt halten, gefolgt von vier Prozent, die für die chinesische, und nur jeweils zwei Prozent, die für die maghrebinische und die italienische Küche votierten. Das ist ungerecht, besonders was die italienische Küche angeht; denn – Franzosen hören es gar nicht gern – die Grundlage für die französische Küche stammt wahrscheinlich aus Italien. Als Mitte des 16. Jahrhunderts Henri II. sich mit Catherine de Médicis vermählte, brachte die Tochter der reichen Florentiner Familie als Teil ihrer Aussteuer auch italienische Köche und die ersten Kenntnisse einer feinen Küche an den Hof von Paris.

Es ist jedoch falsch, der französischen Küche ein einhelliges Lob auszusprechen. Wo viel Geld gemacht werden kann, da sind auch jene schnell dabei, die mit modischem Schnickschnack all jene anziehen, die sich zur mondänen Welt zählen – oder zählen wollen. In Paris eröffnen alle naselang Lokale, über die in den Gazetten geschrieben wird, weil irgendwelche Schauspieler, Literaten oder Politiker dort essen. In modischen Restaurants speist man immer schlecht, die Zutaten kommen meist aus der Tiefkühltruhe, und es kostet viel zu viel. Der Ruf erlaubt den hohen Preis.

Natürlich schaut der kultiviert Speisende auf den bloß Essenden hinab, der in ein Lokal nicht wegen der hervorragenden Küche geht, sondern weil es schick ist. Wer ein In-Restaurant besucht, dem geht es darum, gesehen zu werden – und zu sehen. Trotzdem haben manche Etablissements in Paris über hundertfünfzig Jahre und länger den »Schick« halten können. Das Café de la Paix in der Nähe der alten Oper am Boulevard des Capucines war schon 1830 ein Anziehungsort für Leute, die sich von der prachtvollen Ausstattung und dem edlen Mobiliar genauso beeindrucken ließen wie von den großen Fenstern, durch die der Flaneur sie erblicken kann. Balzac macht sich über Salonlöwen lustig und schreibt: »Es gibt den Proszeniumslöwen aus der Oper, der dort sein voluminöses Opernglas, seine Seidenweste und sein geheimes Abkommen mit irgendeiner kleinen Ballettratte zur Schau stellt. Der diniert auch im Café de la Paix, wo er dann sein Diner zur Schau stellt. Das Restaurant gefällt ihm, weil er sich dort durch die Fenster im Erdgeschoss selbst den Passanten zur Schau stellen kann.«

Wer für Feinheiten zugänglich ist, der wird feststellen, dass es Lokale gibt, in denen die verschiedensten Kreise verkehren. Wer etwa in die *Brasserie Lipp* geht, weil er meint, Prominente zu sehen, die dort zuhauf verkehren, der wird vom Maître d'hôtel in das obere Stockwerk zum Plebs geführt. Im *Café de Flore* setzt sich der Tourist – oder wer gesehen werden will – auf die Terrasse und schaut dem Trubel auf dem Boulevard Saint-Germain zu. Die einst berühmten Gäste Sartre, de Beauvoir, Aragon, Cocteau etc. saßen drinnen – hinten auf den Bänken. Wer heute meint, »in« zu sein, der steigt die kleine verschwiegene Treppe neben der Kasse hoch und setzt sich zum Gespräch an einen Tisch in der ersten Etage – dort, wo niemand jemanden vermutet, wo man nicht gesehen wird.

So, wie ein kultivierter Franzose einen Speisenden von einem Esser unterscheidet, so muss man auch zwischen den Spitzenküchen und der Vielzahl kleiner Restaurants unterscheiden. Nicht selten wird man selbst in gediegen wirkenden Restaurants genauso schlecht essen wie in Deutschland oder England – während in Italien eine Pasta auch in der abgelegensten Kaschemme köstlich schmeckt.

In Paris haben die Köche des Adels ihre Restaurants eröffnet und das soziale Leben verändert. Die Hauptstadt hat in den vergangenen Jahrhunderten ständig Einfluss auf die Entwicklung der Gastronomie genommen, aber ohne das Zutun der Provinz hätte die französische Küche nie ihre Höhen erreicht. Der Zentralismus wurde von den Jakobinern noch verstärkt. Und so gab Paris sogar die Geschmacksrichtungen vor. In der Hauptstadt entstand der Prototyp des neuen Essers und setzte sich durch. Jean-Paul Aron in seinem Mangeur: »Dort ruft er zuerst einen schwunghaften Handel ins Leben, dort entwickelt er einen eigenen Stil, und dort stiftet er den unvergleichlichen Mythos, dessen Erben wir sind. Die Küche des 19. Jahrhunderts hat sich mit dem zentralistischen Regime identifiziert, das ihren Anfängen Raum gab.«

Im Jahr 1854 schrieb ein Journalist: »*Es handelte sich also darum, die Küche ebenso zu zentralisieren wie den Verkehr, die Kleidung, die Möbel und überhaupt alle Gebrauchsgegenstände des täglichen Lebens.*«

Als sich in Frankreich 1880 schließlich die Republik als Staatsform durchsetzte, hatte auch diese politische Entwicklung ihren Einfluss auf die Gastronomie. Die fürstlichen Herdfeuer erloschen wieder einmal. Die Republik führte eine Reihe von demokratischen Maßnahmen durch, wie etwa die allgemeine Schulpflicht. Und der Gelehrte Jules Favre schlug daraufhin vor, die französische Küche zu vulgarisieren und sie den Massen zur Verfügung zu stellen. Deshalb sollte man die Kochkunst auch in den Schulen lehren. Favre veröffentlichte eine Schrift über die Wissenschaft der guten Küche, die ganze Generationen französischer Köche prägte. Der Stadtrat von Paris schloss sich der Idee Favres an und ließ an fast allen Volksschulen des Departements Hauswirtschaftsklassen für Mädchen einrichten, in denen ihnen Kochen beigebracht wurde.

ALLERLETZTE MELDUNG
Dichten oder essen

Sie arbeiten, um vorzüglich essen zu können, sagen die Franzosen von sich und behaupten von den Deutschen: Die essen ja nur, um Kraft für die Arbeit zu sammeln. Gleichzeitig gelten die Deutschen als das Volk der Dichter und Denker. Doch wenn die Deutschen über das Essen schreiben, dann liest es sich so, wie es schmeckt: »Einfach krampfig« findet die Gastronomische Akademie Deutschlands die neuen Kochbücher und will deshalb im literarischen Kochbuchwettbewerb statt einer »Goldenen Feder« eine »Angebrannte Bratpfanne« verleihen.

Ein ganz besonderes Nahrungsmittel

Und schauen Sie sich diese schöne Anzeige vom Beginn des letzten Jahrhunderts an«, sagte Marie Gastaud und blätterte in dem Bildband eine neue Seite auf. Sie kicherte, was Jacques Ricon noch nie von ihr gehört hatte. Ein fast mädchenhaftes Gekiekse. Er lachte nur gequält.

Über der gemalten Anzeige stand »Bier ist nahrhaft«, und auf der linken Seite war eine glückliche Amme zu sehen, die ein Glas Bier trank und ein strahlendes Kind an ihrer vollen Brust nährte. Auf der rechten Seite sah man eine griesgrämige Amme, die kein Bier trank, weshalb an ihrem flachen Busen ein hungriges Kind missmutig nuckeln musste.

»Weil es bei dieser Sache aber um Wein geht, hat Monsieur Suguenot hier ein rotes Merkzettelchen eingelegt«, Marie Gastaud klappte das Buch an der Stelle auf, »ich vermute, er meint es ironisch. Denn so weit würde heute selbst ein Commandeur des Chevaliers du Tastevin, Abgeordneter und Bürgermeister von Beaune nicht gehen. Nämlich zu behaupten, Wein sei ein Arzneimittel.«

Marie Gastaud hatte sich wie immer mit dem Rücken zum Fenster an den Konferenztisch gesetzt. Von ihrer Mutter hatte sie gelernt, dass eine Frau ab einem gewissen Alter dann jünger wirkt. Falten fallen im Gegenlicht weniger auf.

Sie schob das Buch näher zu Jacques und las vor: »Gegen Allergien hilft ein Glas Médoc pro Tag, gegen Arteriosklerose sollten es schon vier Glas Graves ein. Bronchitis heilt man mit drei Tassen Burgunder oder Bordeaux. Tassen wohlgemerkt, gewürzt mit Zucker und Zimt.«

Gegen Fieber wurde eine Flasche trockener Champagner täglich empfohlen, gegen extreme Dickleibigkeit eine Flasche Rosé aus der Provence. Auch täglich.

»Ich ahne, dass ich Ihnen eine Last aufbürde, wenn ich Sie jetzt um einen Gefallen bitte«, sagte Marie Gastaud. »Aber ich nehme an, es wird auch in der Politik positiv vermerkt werden, wenn Sie das Gutachten schreiben. Es muss ja nicht lang sein.«

Jacques dachte verzweifelt nach, wie er sich aus der Zwickmühle befreien könnte. Er könnte sich einfach weigern, denn Untersuchungsrichter sind völlig unabhängig, und keiner kann ihnen Weisungen erteilen. Nicht einmal der Staatspräsident. Der Untersuchungsrichter kann verhaften, wen er will, er kann durchsuchen lassen, was er will. Er ist wie ein kleiner Tyrann im Dienste der Justiz. Aber sich dieser Banalität zu verweigern wäre auch nicht klug.

Marie Gastaud hatte ihm erklärt, worum es ging.

Seit die Europäische Kommission verboten hatte, für Alkohol Werbung zu machen, war der Verbrauch von französischem Wein jährlich um einige Prozent gesunken.

Jetzt hatte die spanische Regierung gesetzlich festgelegt, dass Wein ein Nahrungsmittel ist. Und für Nahrungsmittel darf man werben.

Deshalb drängte Alain Suguenot, Bürgermeister von Beaune, Zentrum des Burgunderweins, als Abgeordneter in der französischen Nationalversammlung auch auf ein solches Gesetz.

»Ich will ganz ehrlich sein«, sagte die Kammerpräsidentin, »Suguenot ist ein guter Freund meines Mannes. Sie waren im selben Jahrgang in der ENA.«

»Ich vermute, nicht in der Promotion Voltaire?«, fragte Jacques scheinheilig.

Jeder Jahrgang gibt sich in der ENA einen Namen. Und da François Hollande, wie übrigens auch seine Ex, Ségolène Royal, aus der Promotion Voltaire stammte, waren jetzt viele seiner Kommilitonen aus diesem Jahrgang vom neuen Präsidenten in wichtige Positionen im Staatsdienst gehievt worden.

»Nein, das nicht.« Marie Gastaud fand die Bemerkung nicht passend und ließ es sich anmerken.

»Aber glauben Sie das wirklich? Ist Wein tatsächlich ein Nahrungsmittel?«, fragte Jacques. Er dachte an den beleidigenden Artikel von Margaux über den Lifestyle-Richter Ricou.

»Hier, lesen Sie, wie Suguenot argumentiert: ›Wein ist ein besonders Nahrungsmittel. Es hat nutritionalen Wert. Man kann es allein verzehren. Es ist ein Lebensmittel, das man mit anderen Lebensmitteln zusammen zu sich nimmt. Aber es ist ein Lebensmittel.‹«

Als wenn man Wein essen würde, dachte Jacques, aber er verkniff sich seine spitze Bemerkung. Stattdessen sagte er: »Das ist doch eher ein Thema für Ernährungswissenschaftler als für einen Juristen …«, doch seine Chefin unterbrach ihn unsanft.

»Sie wissen, Monsieur le Juge, in der Juristerei kommt es nur auf die Begründung an. Sie können jemanden in ein und demselben Fall freisprechen oder zum Tode verurteilen. Wie gesagt, es kommt nur auf die Begründung an. Von der Ernährungswissenschaft dagegen erwartet man nachprüfbare Ergebnisse.«

In diesem Augenblick stürzte Justine, die Assistentin der Kammerpräsidentin, in das große Büro und sagte mit einem Seitenblick auf Jacques: »Entschuldigen Sie, Madame la Présidente, wenn ich störe. Aber ich glaube, es ist wichtig. Eine furchtbare Sache …« und reichte Marie Gastaud ein Blatt Papier.

»Vierfacher Mord im Wald von Ville-d'Avray«, stand darauf.

»Ist die Police judiciaire schon eingeschaltet?«, fragte die Kammerpräsidentin.

»Ja, Kommissar Jean Mahon ist eben mit seinen Spurenlesern losgefahren.«

»Wann ist es passiert?«

»Ich weiß auch nicht mehr, als das, was hier steht. Zwischen neun und halb zehn. Wir bekamen die Meldung eben von der Feuerwehr, bei der ein Notruf eingegangen ist.«

Die Kammerpräsidentin wandte sich an Jacques. »Arbeiten Sie nicht immer mit Kriminalkommissar Mahon zusammen?«

»Ja, meistens«, sagte Jacques.

»Dann sollten Sie auch diesen Fall übernehmen«, sagte Marie Gastaud. Sie schlug das Buch zu und stand auf. »Und den Wein vergessen wir mal.«

Heute gab sie ihm ausnahmsweise nicht die Hand zum Abschied, sondern ging über den großen Ardabil-Teppich, der ihr privat gehörte, zum Schreibtisch. Ihr Vater hatte einst als französischer Konsul im Iran gedient und dort angefangen, Teppiche zu sammeln. Als er starb, lagen in seiner Wohnung Teppiche doppelt und dreifach übereinander.

Jacques und Justine standen einige Sekunden ratlos in der Mitte des Raumes. Dann ging Jacques schnellen Schritts zur offenen Tür hinaus. Als er in seinem Büro ankam, atmete er tief durch und rief Martine zu sich.

»Hast du gelesen …?«, fragte er sie.

Martine machte nur eine wegwerfende Handbewegung. Vergiss es.

»Eben wollte mir Betonmarie noch ein anderes Lifestyle-Thema aufdrücken. Ich sollte juristisch belegen, dass Wein ein Nahrungsmittel ist!«

Martine lachte laut auf.

»Ein Nahrungsmittel? – Und darüber willst du wirklich ein Gutachten schreiben?«

»Nein«, sagte Jacques. »Ich habe Glück gehabt. Wenn man es Glück nennen kann. Es soll ein vierfacher Mord verübt worden sein. Den habe ich jetzt an der Backe. Und du weißt, wie sehr ich Mordsachen hasse. In neunzig Prozent der Fälle geht es um Familienprobleme. Mann erschlägt Ehefrau, Ehefrau vergiftet Mann, Liebhaber lässt Ehemann ermorden, Sohn erschlägt Eltern. Dann doch lieber Mord als Lifestyle.«

»Na ja«, grinste ihn Martine an, »oder aber Mord, um einen größeren Busen zu finanzieren.«

»Hör auf! Ruf lieber Kommissar Jean Mahon an«, sagte Jacques. »Erklär ihm, ich hätte heute Vormittag noch drei Termine, die ich nicht verschieben könne. Ich könnte frühestens am Nachmittag zum Tatort kommen. Frag, ob das dann noch Sinn macht?«

Therapie angenommen

Endlich eine gute Meldung. Die Nachrichtenagentur Reuter tickert heute um 14 Uhr 23 durch: Die amerikanischen Herzspezialisten Dr. Gary Friedman und Arthur Klasky hätten ein Mittel gefunden, mit dem jeder Mensch die Gefahr eines Herzinfarkts um 50 Prozent vermindern könne. Die Doktoren raten, jeden Tag zwei Gläser Bier, Wein oder Schnaps zu trinken. Das scheint sich schnell herumgesprochen zu haben, denn die Deutsche Presseagentur meldet um 14 Uhr 29: Die Deutschen sind Weltmeister im Trinken.

Antrag abgewiesen

In der oberbayrischen Gemeinde Olching erhalten Mitglieder des Gemeinderates zum jährlichen Volksfest Gutscheine für 24 Mass, also 24 Liter Bier. Das schien der Abgeordneten Gabriele Frank zu großzügig. Sie stellte einen Antrag, zu sparen und das Freibier auf 20 Mass, also 20 Liter, zu senken. Der Kulturausschuss des Gemeinderates beriet den Sparvorschlag bei einem Schoppen Wein. Und was kam dabei raus? Eine Erhöhung auf 30 Mass.

Mittagessen im Finanzministerium

ULRICH WICKERT: Die deutschen Leser interessiert es sicher, wie sich das alltägliche Leben des französischen Finanzministers gestaltet. Hat er zum Beispiel einen Koch?

MICHEL SAPIN: Nicht der Minister hat einen Koch, sondern das Ministerium.

WICKERT: Für den Minister.

SAPIN: Für den Minister und seine Gäste. Besser gesagt, da in Bercy vier Minister residieren, bzw. zwei Minister und zwei Staatssekretäre, ist es der Koch aller Minister in dem Gebäude.

WICKERT: Nur ein Koch für vier Minister?

SAPIN: Nein, ein Chefkoch und einige Küchenhilfen.

WICKERT: Das heißt, es gibt eine Küche mit einem Chefkoch, einem Pâtissier und so weiter? Und er kocht abends für Sie?

SAPIN: Apriori nein. Er ist für die Gäste da, hauptsächlich Mittagessen für die Gäste. Das ist eine sehr alte Tradition, und die Minister, die Ministerien sind ein wenig stolz, dass sie bei ihren Gästen für die französische Gastronomie werben können. Es gilt bei uns als Zeichen der Autorität, eine hervorragende Küche zu haben. Das hindert uns nicht daran, verschwenderische Ausgaben zu vermeiden. Jeder Kabinettschef achtet sehr darauf, denn jeder Minister hat sein eigenes Budget, das Anfang des Jahres aufgestellt wird und das wir nicht überziehen dürfen. Und der Kabinettschef zahlt den Gegenwert der jeweiligen Mahlzeit an die Küche.

WICKERT: Gibt es einen Wettbewerb unter den Ministern?

SAPIN: Es gibt einen Wettbewerb zwischen den Chefs der Ministerien. Manche Ministerien zum Beispiel haben einen ausgezeichneten Ruf, was ihre Küche angeht, und zwar das Verteidigungs- und das Außenministerium. Laurent Fabius ist es sehr wichtig, im Ausland für die französische Gastronomie einzutreten, die ein Wettbewerbselement unserer Wirtschaft ist. Das Überseeministerium hat eine etwas andere Küchentradition.

WICKERT: Kreolische Küche, die ist ausgezeichnet!

SAPIN: Nur um einer möglichen Frage zuvorzukommen: Traditionell haben die Minister, die nicht Pariser sind und dort keine Wohnung haben, Anspruch auf eine Wohnung und eine Küche. Das wurde vor kurzem unter François Hollande sehr streng geregelt, heute muss jeder Minister, dem eine Wohnung zur Verfügung gestellt wird, für diese Wohnung Miete bezahlen und seine örtlichen Steuern an die Stadt Paris entrichten, wenn er in diesen Räumen wohnt, was früher nicht der Fall war.

WICKERT: Heißt das, Sie haben Ihre Wohnung in Bercy?

SAPIN: Ja, ich wohne dort, aber ich bezahle dafür.

WICKERT: Und Sie haben einen Dienstwagen und auch ein Dienstboot?

SAPIN: Das ist kein Dienstboot. Als Bercy gebaut wurde, als Ersatz für das Rivoli, das zum Musée du Louvre wurde, schien es damals sehr weit entfernt vom Stadtzentrum. Der Architekt hat beim Bau des Gebäudes, dessen Pfeiler in die Seine eintauchen, einen Anlegesteg eingeplant, und dort liegt ein Boot, dessen Halter der Zoll ist, der dem Finanzministerium untersteht. Mit diesem Boot kommt man schneller ins Zentrum, man weicht den Staus aus, und es verschmutzt die Umwelt weniger, als es ein Auto täte.

WICKERT: Benutzen Sie es oft?

SAPIN: Ich benutze es meist, wenn ich den Präsidenten, die Nationalversammlung, den Premierminister oder die meisten Ministerien aufsuche, die sehr dicht beieinander im Zentrum liegen.

WICKERT: Wäre dieses System nicht auch etwas für Deutschland, um noch effektiver zu arbeiten: eine Dienstwohnung, um dort zu schlafen und zu essen, wo man arbeitet, statt mit Blaulicht durch Berlin zu fahren? Das wäre doch praktisch.

WOLFGANG SCHÄUBLE: Wir haben so etwas nicht. Wir haben keine

Wohnung im Ministerium. Wir haben keine eigenen Köche, wir haben eine Kantine, die als eigenständiger Betrieb das Ministerium versorgt. Und wenn keine Gäste da sind, esse ich mit meiner Sekretärin und lasse mir dazu aus der Kantine Essen bringen und bezahle es – das gleiche Essen, das alle Mitarbeiter essen und bezahlen. Aber wenn der Minister Gäste empfängt, gibt es einen Traiteur, der uns Essen liefert, oder wir gehen in ein Restaurant.

SAPIN: Aber ist das nicht sehr teuer?

SCHÄUBLE: Es kommt darauf an, wie oft man es macht. Wenn man nur drei Essen im Monat hat, ist eine ganze Küche mit einem entsprechenden Koch – es muss ja auch eine gewisse Qualität haben – viel teurer. Und in Deutschland würde das unweigerlich zu einer Diskussion über Privilegien führen. Im Kanzleramt gibt es für die Gäste eine eigene Küche. Ich glaube, wir haben auch schon einmal die Köche zwischen dem Kanzleramt und dem Élysée ausgetauscht. Aber die Ministerien haben so etwas nicht.

ALLERLETZTE MELDUNGEN

Steuergesetz

Der Bundesfinanzhof hat die Frage geklärt, ob die Zeugung einer Kuh von der Steuer abgesetzt werden kann. Eine Kuh ist im Sinn der Steuergesetze ein ›abnutzbares bewegliches Wirtschaftsgut‹, wodurch ihre ›Herstellung‹ tatsächlich steuerbegünstigt sein kann. Die Höhe der steuerlichen Begünstigung richtet sich nach den Herstellungskosten. Das könnten die Kosten für die Besamung sein. Aber nein. Denn nach Ansicht des Bundesministers der Finanzen ist bei Tieren nicht die Zeugung, sondern erst die Geburt der Herstellungsbeginn. Und bei der Kuh ist es noch komplizierter: geboren wird ja nur ein Kalb. Und aus diesem Kalb wird erst eine Kuh. Deshalb kann eine Besamung steuerlich nicht geltend gemacht werden.

Seltenes Kamel

Der Mensch unterscheidet sich vom Kamel durch die Füße. Das Buckeltier ist ein Schwielensohler, der Homo ludens ein Sohlengänger. Nun haben in Lauf bei Nürnberg einige Sohlengänger einen Reitverein mit Schwielensohlern gegründet und wollen aus Ägypten ein eingerittenes Höckertier einführen. Das verbietet aber der im bayrischen Wirtschaftsministerium sitzende Sohlengänger, der sich auf die europäische Binnenmarkt-Tierseuchenschutzverordnung über die Einfuhr von Schwielensohlern beruft. Danach kann ein Kamel aus Ungarn, aber nicht aus Ägypten eingeführt werden. Von dort soll das Tier aber kommen, weil es besonders gut eingeritten ist. Und außerdem: In Ungarn gibt es keine Schwielensohler.

BEGEGNUNGEN

Als er in Paris lebte, erzählt Ulrich Wickert in seiner Reportage »Käse unter dem Hotelbett«, übte ein kleiner Käseladen eine ungewöhnliche Faszination auf ihn aus. Hinein traute er sich aber nicht, aus Angst, sich zu blamieren. Denn in Frankreich kann man nicht einfach nach Camembert oder Roquefort fragen, als Kunde muss man sich auskennen – und Wickert wusste nur wenig über Käse. »Plötzlich fiel mir ein, dass ich doch über ein Sesam, öffne dich! verfügte. Warum hatte ich Idiot daran nicht gedacht?«, erinnert sich Wickert. Er stellte sich an der Theke als Korrespondent des deutschen Fernsehens vor. Als Journalist konnte er jede noch so einfältige Frage stellen.

Vielleicht ist Ulrich Wickert nur Journalist geworden, um leichter mit Menschen, die ihn interessieren, ins Gespräch zu kommen. Und was für Menschen ist er in seinem Leben begegnet: Er hat mit dem Philosophen Herbert Marcuse über linke Ideologie und Terrorismus gesprochen, mit Arthur Miller auf dem Tennisplatz von Dustin Hoffman gespielt, den Bruder des letzten Kaisers von China in der Verbotenen Stadt getroffen, ergreifende Porträts gedreht über den Erfinder der Neutronenbombe, Samuel Cohen, oder den Rheinländer Hans Müller und dessen unglaublichen Lebensweg von Düsseldorf zum Feldchirurgen Maos und dann zum Mitglied des Chinesischen Volkskongresses in Peking. Von seinen Gesprächen mit Bundeskanzlern oder Präsidenten ganz zu schweigen.

Aus einigen dieser Begegnungen haben sich langjährige Freundschaften entwickelt, etwa mit Eugène Ionesco. Als Wickert als Tagesthemen-Sprecher Ionescos Tod verkünden musste, wies er darauf hin, dass Ionesco eigentlich älter war als offiziell vermerkt. Der Drama-

tiker hatte seinem Freund Wickert nämlich verraten, dass er sich zu Beginn seiner Karriere jünger gemacht hatte. »Für einen Autor der Avantgarde bist du zu alt, also ändere das«, hatte ihm ein Kritiker geraten.

»Ein Mensch bin ich, nichts Menschliches ist mir fremd«, den berühmten Satz des antiken Dichters Terenz hatte Montaigne in seiner Bibliothek eingravieren lassen. Auch Ulrich Wickert könnte ihn sich auf seine Visitenkarte drucken lassen.

Die falsche Augenfarbe im Pass
von Eugène Ionesco

Bei unserer letzten Begegnung habe ich ihn ins Bett getragen. Er hatte unerträgliche Schmerzen. Wir hatten einen kleinen Ausflug durch Paris gemacht, im Auto, weil er kaum noch laufen konnte. Dann haben wir, wie immer nach unseren kleinen Touren durch Paris, immer in die Gegenden seiner Jugend, die er noch einmal sehen wollte, im Select zu Abend gegessen. Schließlich stand Eugène Ionesco vor seiner Wohnungstür und stöhnte vor Gliederschmerzen. Er war inzwischen klein und alt. Ich hob ihn auf beide Arme, er wog nicht viel, trug ihn in sein Schlafzimmer und legte ihn auf sein Bett.

So habe ich ihn zum letzten Mal gesehen.

Die Familie Ionesco wohnte nur zwei Häuser neben La Coupole, gegenüber dem Bistro Select, in der sechsten Etage. Der Vater des absurden Theaters Eugène mit Frau Rodica und Tochter Marie-France. Auch Eugène hatte sein Fässchen, und vielleicht auch ein bisschen von dem Rodicas (wie er mir zublinzelnd gestand), früher in La Coupole geleert. Doch dort war es ihm nach dem Besitzerwechsel zu laut geworden.

Besuchte ich Eugène und Rodica, dann öffnete sich, wie bei allen Pariser Häusern, die vor der Automobilzeit gebaut worden waren, in der rechten Hälfte des riesigen grünen Holztors eine Pforte, die auf den Druck auf ein kleines messingfarbenes Klingelknöpfchen reagierte. Man musste die Füße heben, um über die hohe Schwelle zu treten, und wären wir in China, dann würden davon die bösen Geister abgehalten. Der erste böse Geist sitzt aber immer schon drinnen; rechts hinter dem Vorhang schaut die Concierge heraus, um den Eindringling zu kontrollieren, aber sie rührt sich nicht. Links führt die Treppe zu den Wohnungen, doch die dünne Glastür ist verriegelt, sodass man klingeln muss. Aber auch hier pflegt man die Diskretion, weshalb es keine Namensschilder gibt. Wer kommt, muss den Code kennen, mit dem die Tür sich öffnet. Diesen Code füttert man ein in jenes kleine Kästchen neben der Tür, in der Höhe der Klingel, wo anstelle von Namen Zahlen und Buchstaben wie auf einem Taschenrechner im Viereck angeordnet sind.

Die Ionescos hatten zwei Codes: einen für Freunde, den erhielt ich nach einer gewissen Zeit, einen anderen für den Rest der Welt. So können sie, wenn es schellt, entscheiden, ob sie öffnen wollen oder auch nicht. Auf dem Läufer tritt man zwei Marmorstufen hoch und hat dann die Wahl, ob man sportlich sein und die sechs Etagen zu Fuß erklimmen will oder ob man seine Klaustrophobie überwindet und sich durch die beiden schmalen Türklappen in den engen Käfig drängt und nach oben zuckelt – wobei dieses Teufelsgefährt nicht selten stecken blieb oder eine Handbreit unter dem Ausstieg hielt.

Solang Z noch lebte, löste die Klingel im Inneren der Wohnung lautes Gekläffe aus, doch Z, der Spaniel, starb Ende der achtziger Jahre. Z hieß er ganz einfach, weil Z der letzte Buchstabe des Alphabets ist. Und – französisch ausgesprochen – klingt es gut: »Sääähht«.

Rodica öffnete meist die Tür, und sie lachte jedes Mal, wenn ich kam und mich für die »Bise« sehr tief bückte, denn sie, eine feingliedrige und auch noch schöne Frau, war so klein, dass sie mir gerade bis zur Hüfte reichte.

Reiner Zufall hat mich zu Ionesco geführt. In Paris schwärmte ich der Autorin und Übersetzerin Verena von der Heyden-Rynsch, einer Nachbarin im siebten Arrondissement, vor, wie erholsam ein Wochenende auf dem Lande sei. In New York hätten wir durch Zufall in Connecticut ein schönes Haus mitten im Wald günstig mieten können, das nur anderthalb Stunden Fahrt von Manhattan entfernt war. Jedes Mal überkam mich sofort nach meiner Ankunft am Wochenende die berühmte bleierne Müdigkeit. Dann schlief ich zwei Stunden und aller Stress war in der Ruhe der Natur vergessen. Nach einem solchen Wochenende fühlte ich mich erholt wie nach einer Woche Urlaub.

Ach, sagte Verena, vielleicht könnte ich die »maison à la campagne« von Eugène Ionesco mieten, mit dem sie befreundet sei. Der nutze sein Landhaus seit Jahren nicht mehr. Es lag in der Normandie, eine Autostunde von meiner Wohnung mitten in Paris entfernt.

Es klappte. Und so haben wir uns angefreundet. In eines seiner letzten Bücher hat er mir als Widmung geschrieben, ich sei der letzte Freund, den er in seinem Leben noch kennengelernt habe.

Ein- oder zweimal jeden Sommer stiegen Eugène und Rodica in mein Auto. Wir fuhren in die Normandie, sie setzten sich auf die Terrasse ihres Hauses und schauten in den weiten Garten, durch den ein kleiner Bach floss. Hinter einem Gebüsch war ein vergammelter Tennisplatz und im hinteren Teil wuchs ein dünner Baum in einem ehemaligen Schwimmbad. Im wilden Gestrüpp am Ende des Grundstücks wohnte sogar ein Paar Kraniche. Das Anwesen hatte einst Sacha Guitry gehört, dem berühmten Regisseur, Schauspieler und Dramatiker.

Noch heute sehe ich Eugène Ionesco vor seinem Schreibtisch im Landhaus stehen. Gedankenverloren sagte er mir: »Hier habe ich einige meiner schlechteren Stücke geschrieben.« Am Treppenaufgang stand ein kleines Kunstwerk aus zwei plattgedrückten Cola-Dosen, das ihm der amerikanische Dramatiker Edward Albee, Autor von »Who's afraid of Virginia Woolf«, gewidmet hatte.

Den Ausflug beschlossen wir immer mit einem Mittagessen in einem ordentlichen Landlokal. Und wie immer bestellten Rodica und ich eine besondere Portion Pommes frites, die wir, dabei schauten wir uns verschwörerisch an, mit den Fingern aßen. Im Gegensatz zu anderen am Tisch waren wir nämlich davon überzeugt, dass Pommes frites nur schmecken, wenn sie mit Fingern gegessen werden.

Eugène Ionesco war ein Mann, der stets zwischen Witz und Angst schwankte. So erzählte er mir zum Beispiel schelmisch lachend, weshalb alle glaubten, er sei drei Jahre jünger als in Wahrheit. Als ihm der Durchbruch mit seinen beiden Einaktern »Die Kahle Sängerin« und »Die Unterrichtsstunde« gelang, war er schon knapp über vierzig gewesen. Da hatte ihm sein Freund, der Kritiker Jacques Lemarchand, gesagt: »Für einen Autor der Avantgarde bist du zu alt, also ändere das.« So machte sich Ionesco einfach um drei Jahre jünger. Und so steht es heute noch in vielen Büchern.

Auf die Idee zu diesen Stücken hatte ihn das Englischbuch seiner Tochter gebracht. Darin standen Sätze wie »My tailor is rich«. Es sei Schwachsinn, sagte Ionesco, solche Sätze zu lernen. Nie im Leben würde man zu jemandem sagen: »My tailor is rich.«

Wenn ich Rodica die Bises gegeben hatte, bat sie mich herein. In dem kurzen Gang – eine Tür trennte die dahinter liegenden Privaträume von Salon und Esszimmer – häuften sich Bücher. Rechts, zum Boulevard Montparnasse hin, mit einem kleinen Balkon davor, lag ein Salon von bescheidener Größe. An der langen Wand stand ein übervoller Glasschrank mit Ionescos Büchern, darauf lag ein alter messingfarbener Helm, den ihm die Pariser Feuerwehr in Erinnerung an die »Kahle Sängerin« überreicht hatte. So ist das in Paris – auch die Feuerwehr hat Sinn für Literatur. Und nicht nur die: Als ich wieder einmal Eugène und Rodica mit dem Wagen abholte, parkte auf der Busspur direkt vor ihrem Haus ein Kleinbus der Polizei. Obwohl es verboten war, stellte ich meinen Wagen davor ab und bat die Polizistin am Steuer ihres Gefährts, doch ein wenig zurückzufahren, weil ich einen alten Herrn abholte, der nicht gut zu Fuß sei, Monsieur Ionesco. »Ah! L'Académicien«, sagte sie, gab mir damit zu verstehen, dass sie natürlich von der Mitgliedschaft des großen Autors in der Académie française wisse, ließ den Motor an und machte Platz für den, der die Macht des Geistes repräsentierte.

Eugène saß immer auf dem kleinen Sessel neben der Tür. Ein Sofa stand an der Wand, ein paar weitere Sessel waren im Rund drapiert. Er trug meist einen blauen Anzug zu seinem Rollkragenpullover und redete viel und gestenreich mit seinen verknorpelten Händen. Der runde Knopf mit der hohen Glatze wurde von den großen braunen Augen und ihren enormen Lidern und Tränensäcken beherrscht, darunter wirkte der Mund mit schmaler Ober- und breiter Unterlippe fast klein.

An den Wänden des Salons hingen Bilder berühmter Maler, die sich mit seinem Werk beschäftigt hatten. Saul Steinberg hat »Die Unterrichtsstunde« karikiert, Max Ernst in gelb und grünem Öl das »Rhinozeros«, von Joan Miró stammen zwei Aquarelle, und wenn er nicht selbst die Hommage darunter geschrieben hätte, wüsste man nicht, dass Miró mit seinen Strichen und Punkten Monsieur und Madame Ionesco porträtiert hatte.

»Das Porträt meiner Frau finde ich schöner«, sagte Eugène zu mir, und wie bei Buster Keaton zuckte nach solchen Bemerkungen nicht der kleinste Gesichtsmuskel.

Wir haben in diesem Raum viel Tee getrunken und lange Gespräche geführt. Nebenan lag sein kleines Arbeitszimmer, aber Eugène Ionesco sagte immer, er habe in seinem Leben nie gearbeitet, er sei nur seinen Träumen nachgegangen, habe Stücke erfunden, und Stücke zu erfinden, das sei eigentlich das Einfachste auf der Welt. Morgens, wenn man aufwache, brauche man nur die Augen geschlossen zu halten, und schon beginne die Handlung, fließe der Dialog, entwickele sich das Spiel. Erst das Aufschreiben sei dann die Qual. Sobald er es sich leisten konnte, hat Ionesco sich diese Qual erleichtert – und die Texte einer Sekretärin diktiert, während er im Sessel neben ihr saß. Gisèle Freund hat Eugène Ionesco in seiner Traumhaltung fotografiert – liegend auf dem Sofa.

Von Eugène ist Rodica nicht zu trennen, ohne sie wäre er wahrscheinlich nicht der geworden, der er war. Lange Zeit arbeitete sie als Juristin und trug so zum Lebensunterhalt bei, später hat sie das gemeinsame Leben verwaltet und ihm die Freiheit gegeben, nur denken, träumen, schreiben zu können.

»Ich bin unfähig, zu organisieren, Rechnungen auszustellen. Rodica rechnet für mich«, sagte Eugène über seine Frau.

»Hatten Sie denn nie Sinn für Geld?«, fragte ich ihn.

Da antwortete Rodica an seiner statt: »Nein, so recht nicht.«

Und er fügte hinzu: »Ich habe viel Geld, sogar sehr viel – zu viel Geld. Aber es hat Augenblicke gegeben, wo ich überhaupt keines hatte. Es gab auch Zeiten, wo ich das Geld auf der Erde gefunden habe. Es stimmt, vor weit über dreißig Jahren brauchte ich dringend Geld. Ich ging auf den Markt einkaufen, aber ohne Geld. Ich schaute auf den

Boden und entdecke drei Tausend-Franc-Scheine. Das war 1947/48 und damals ein enormer Betrag. Ein anderes Mal wollte ich Medikamente für meine Tochter kaufen und hatte nur hundert alte Franc. Der Apotheker gab mir aber auf tausend Franc heraus. Aber diese dreitausend Franc – die habe ich irgendwie zurückgegeben; denn einmal stand ich vor einem Kiosk, wollte mir eine Zeitung kaufen, und plötzlich bemerkte ich, dass in meinem Portemonnaie dreitausend Franc fehlten. Vermutlich waren sie herausgefallen, und ich habe sie nicht wieder gefunden. Gott hat mir also das Geld gegeben, hat es mir auf Ehrenwort geliehen, es war ein Darlehen.«

Häufig haben wir über seine vielen Reisen gesprochen. Auch als ihm das Gehen immer schwerer fiel, wollte er am liebsten verreisen, Einladungen erhielt er aus der ganzen Welt. Überall dort, wo Regisseure eines seiner Stücke aufführten, war er gefragt.

Als er im Herbst 1989 nach Polen sollte, stellte er fest, dass sein Pass abgelaufen war. So holte ich ihn und Rodica mit dem Auto ab, und wir fuhren zum Rathaus von Montparnasse. Dort übernahm ich es, die Formulare auszufüllen, während das alte Paar auf zwei Stühlen wartete. Ich musste in eine Rubrik eintragen, welche Augenfarbe er hätte. Braun natürlich. Nur fiel mir das in diesem Moment nicht ein. Und ich wollte auch nicht zu ihm gehen und nachschauen. Also dachte ich, am unverfänglichsten ist es, wenn ich »grau« eintrage.

Auf die Papiere musste ich eine Gebührenmarke kleben, die wiederum erhielt ich nicht im Rathaus, sondern im nächsten Bistro – denn das ist das Privileg eines »Tabac«. Also rannte ich raus, holte die Marke, klebte sie auf, und irgendwann wurden wir aufgerufen. Ich ging zum Schalter. Die farbige Büroangestellte aus Martinique bat darum, Ionesco an den Schalter zu holen, denn er müsse den Pass vor ihr unterschreiben. Auch sie wusste, wer *er* ist, behandelte ihn wie ein rohes Ei, und nach knapp einer halben Stunde hielt er seinen neuen Pass in der Hand. Eugène Ionesco schaute hinein, blätterte ihn durch und sagte dann: »Da steht, ich hätte graue Augen. Das habe ich doch gar nicht.« Darüber hat er ein Weilchen gegrübelt. Ich tat so, als hätte ich ihn nicht gehört.

Nach Polen ist er dann aber doch nicht gefahren – die Gesundheit erlaubte es nicht, aber wichtig war ihm, wochenlang von der bevorstehenden Reise zu träumen. »Ich reise ab, ich reise gern ab«, sagte er.

»Gibt es einen psychologischen Grund, weshalb Sie so gern abreisen, einfach weggehen?«

»Ja, das ist eine psychologische Angelegenheit. Ich habe einfach Lust, anderswo hinzugehen, zu fliehen – ich weiß nicht so recht. Wenn ich an Ort und Stelle bleibe, habe ich den Eindruck, dass mir größere Gefahren drohen, als wenn ich herumreise. Ich liebe das Aufbrechen, ein französischer Dichter hat einmal gesagt, Abschied nehmen heiße ein wenig sterben. Ich glaube, das Gegenteil ist richtig: Fortgehen heißt ein wenig leben. Also reise ich ab.«

»Sind Sie immer gern abgereist?«

»Ich bin schon immer gern abgereist, aber früher tat ich es sehr selten, denn Reisen war teuer, und ich selber hatte nicht viel Geld. Heutzutage habe ich Geld, obendrein bezahlt man mir auch noch meine Reisen. Früher, als ich kein Geld hatte, zahlte man sie mir nicht, die Reisen.«

»So ist das immer. Ist es Ihnen egal, wohin Sie reisen, ist es nur wichtig, dass Sie reisen?«, fragte ich und dachte daran, dass auch ich gern reiste, einfach abreiste.

»Ja, einfach abreisen, neue Orte kennenlernen. Es macht mir Freude, Menschen zu treffen, Neues kennenzulernen. Nur selten entdecken wir Neues in der Landschaft und in den Städten, die sich allmählich alle ungeheuer gleichen. In Ihrem herrlichen Land, Deutschland, gab es früher so schöne Städte, zum Glück sind einige noch übrig geblieben, aber die meisten sind kleine New Yorks geworden, Abklatsch von New York. Wenn Sie in der Wüste spazieren gehen, dann entdecken Sie etwas. Die Wüste ist etwas Neues. Als ich einmal in Israel war, fragte mich der Landwirtschaftsminister, der gegen die Wüste ankämpfte, um etwas Boden zu gewinnen: ›Was hat Ihnen hier in Israel am meisten gefallen?‹ Ich habe dem Minister ganz dumm geantwortet: ›Die Wüste.‹ Ich würde gern eine Wüste finden. Heute findet man die Wüste in den Großstädten; aber das ist eine andere Wüste, die Einsamkeit. ›Le solitaire‹.«

»Warum suchen Sie die Einsamkeit?«, fragte ich ihn.

»Weil ich in der Einsamkeit dem Menschen begegne. Unter vielen kann ich ihn nicht mehr finden.«

»Wo stehen Sie? Welche Art von Einzelgänger sind Sie?«

»Ich versuche, ein echter Einzelgänger zu sein, aber zwangsläufig bin ich es nicht. Ich stehe im Kontakt zu allen Arten von Welten, zu den Zeitungen, den Massenmedien. Ich weiß nicht einmal, ob ich etwas bewahre von dem, was mein Ich ist und was von mir übrig bleibt. Das heißt gerade das, was die anderen auch ausmacht, ihre eigentliche Tiefe. Denn das Ich ist, wie ich Ihnen gerade sagte, letztlich nicht von den anderen getrennt. Es begegnet den anderen in sich selbst.«

Und auf die Frage: »Was würden Sie gern im eigenen Ich entdecken?«, gibt Eugène Ionesco eine kurze Antwort, die zeigt, womit er sich zeit seines Lebens beschäftigte:

»Gott.«

»Existiert er?«

»Er existiert nicht. Er ist. Dennoch existiert er, aber wir haben nur einen Zugang zu ihm durch die Existenz Jesu Christi.«

»Sie sagen, Sie würden in Ihrem Ich Gott begegnen. Was ganz konkret glauben Sie darin zu finden?«

»Das ist schwer zu sagen. Ein Licht, eine Gegenwart. Meine Tochter sieht Gott, wenn sie die byzantinischen Ikonen anschaut, in Jesu Augen. Plötzlich glaubt sie, eine Präsenz zu spüren, und genau das ist Gott: präsent. Diese Erfahrung habe ich selber gemacht, als ich erst achtzehn Jahre alt war. Ich befand mich in einer kleinen Provinzstadt, frühmorgens im Juni. Plötzlich wurde das Licht blendend weiß, viel strahlender als die Sonne und die Wäsche, die zum Trocknen im Hinterhof hing, und die alte Bettwäsche sah plötzlich übernatürlich und schön aus. Alles schien mir unsagbar schön. Und vor allem spürte ich diese Gegenwart, die mich denken und sagen lässt: Nie wieder werde ich Angst vor dem Tod haben. Wenn ich alt sein werde, werde ich mich an diesen Augenblick erinnern und keine Angst haben. Aber das ist jetzt nur noch die Erinnerung einer Erinnerung einer Erinnerung einer Erinnerung. Den Augenblick selbst gibt es nicht mehr. Diese Gegenwart ist gewichen. Dieses mystische Phänomen, das nur einige

Augenblicke gedauert hat, löste sich auf, und danach schien mir die Sonne düster zu sein. Solche Erfahrungen sind sehr, sehr selten. Voller Licht und Intensität. Genau das bewahrt einen vor dem Sterben, lässt einen trotz der Finsternis der Welt hoffen. Manchmal sieht man auch im Traum einen Tunnel zum Beispiel, und am Ende des Tunnels das Licht. Man geht auf das Licht zu. Diesen Traum habe ich Freunden erzählt, anscheinend ist es ein archetypischer Traum, was ich nicht wusste. In den Augenblicken tiefster Verzweiflung taucht dieser Traum auf.«

Diese Momente der Verzweiflung überkamen ihn immer wieder. Verzweiflung und »le cafard«, düstere Gedanken und Vorahnungen.

Weil mir diese Gespräche so viel bedeuteten, begann ich, sie mit der Kamera aufzuzeichnen. Ich würde daraus einen einstündigen Film für den WDR machen. Und so begleitete ich ihn auch einige Tage nach Sankt Gallen, wo er in der Werkstatt der Galerie Erker am Gallusplatz seine bunten Bilder von Strichmännchen malte. Ein Psychiater, der ihn behandelte, hatte ihm empfohlen, zu malen. Rodica saß bei ihnen und schaute zu. Und diesmal auch ich. Plötzlich stand Eugène auf und sagte, ich rufe jetzt Marie-France an. Er hing sehr an seiner Tochter. Er ging fort und kam nach zehn Minuten schleppenden Schritts zurück. Da er kein Wort sagte, fragte ihn seine Frau, was Marie-France gesagt habe. Nichts habe sie gesagt, erklärte er. Nichts. Er habe sie nicht angerufen. Er habe nicht sprechen können. »Le cafard« habe ihn gelähmt.

Als nach einigen Monaten der Film »Der Alte und das Absurde« fertig war, wurde er im Centre Pompidou vorgeführt. Eugène und Rodica Ionesco waren sehr zufrieden. Der Film zeige ihn so, wie er sich sehe. Solch einen Film habe bisher noch niemand über ihn gedreht. Und dann sagte er, ich müsse unbedingt einen ähnlichen Film mit Cioran drehen. Emil Cioran stammte aus Rumänien, lebte hoch unter dem Dach in der Rue de l'Odéon im Quartier Latin, und gehörte zu den engen Freunden Ionescos. Auch ihn hatte ich schon mehrfach getroffen, einen versteckten Schelm, mit weisem Humor und kurzen Sätzen. Während Eugène Ionesco auf eine Frage mit einem ganzen Schwall von Worten und Ideen antworten konnte, war Cioran ein Mann der Aphorismen, der brillante Gedankensplitter formulierte. Ionesco rief also Cioran an und setzte mich unter Druck. Wir verabredeten ein Abendessen bei mir zu Hause, weil wir dort Cioran den Film über Ionesco vorführen konnten. Eugène schwärmte Cioran vor, wie großartig ein Film auch über ihn werden könnte, aber der wollte nicht so recht. Cioran zierte sich nicht, die Idee war ihm einfach unangenehm.

Und dann habe ich einen Fehler begangen.

Cioran las einige Tage später in der Buchhandlung Calligrammes, und ich meldete mich mit Kamerateam an. Im Anschluss an die Lesung versuchte ich ein Interview mit ihm zu machen. Es klappte nicht. Denn seine Antworten waren noch kürzer als meine recht knappen Fragen. Ich gab das Projekt auf. Wahrscheinlich zur Erleichterung von Emil Cioran.

Einmal fragte Eugène Ionesco mich, ob ich an Gott glaube, und schwieg, als ich es verneinte. Ob er daran glaube? Er nahm tief Luft und sagte: »Ich bin einer von denen, die morgens im Bett liegen und beten: Lieber Gott, mach, dass ich an dich glaube!«

Aber er hat sich über die Maßen gefreut, als Papst Johannes Paul II. ihm einen Brief schrieb (»Ich bete für Sie«) und zu seiner Kolbe-Oper gratulierte. Mehrmals erzählte er von dem Brief.

Ein paar Jahre später, als wir über Ionescos Lektüre sprachen, sagte er, er lese gerade in der Bibel, aber da komme ihm doch einiges sehr sozialistisch vor, und manches sei ja auch ganz frivol – und er machte wieder diese Pause mit dem Buster-Keaton-Gesicht, sodass man ahnen konnte, wie wenig ernst er meinte, was er da gesagt hatte. Er suchte wahrscheinlich die Erlösung von seinem »cafard«, die er im Glauben nicht fand.

Diesen Zugang zum Glauben an Gott suchte er bis zu seinem Tode. Als Eugène Ionesco 1994 starb, moderierte ich in den Tagesthemen den Nachruf an, den ich selber gemacht hatte. Und dann fuhr ich nach Paris zu seiner Beerdigung. In einer orthodoxen Kirche wurde eine Messe für ihn gelesen. Die Trauernden standen bis auf die Straße. Zu Grabe getragen wurde Eugène Ionesco auf dem Friedhof Montparnasse, wohin ihm Rodica inzwischen gefolgt ist.

Manchmal besuche ich sie dort. Und dann erinnere ich mich daran, wie Rodica mir am offenen Grab gesagt hatte, ich möge bitte mit nach Hause kommen in die Wohnung neben der Coupole. Vielleicht könne ich ihr helfen.

Unter den Gästen fand ich einen jungen Priester. Er erzählte mir, dass er im letzten Lebensjahr von Eugène einmal in der Woche zum Gespräch gekommen sei. Ich fragte, worüber sie sich unterhalten hätten. Über Gott. Über Gott? Ja, über die Frage, ob es ihn gebe.

»Und hat er ihn gefunden?«, fragte ich den Priester.

»Nein«, antwortete er, »er hat ihn nicht gefunden.«

Rodica unterbrach unser Gespräch und nahm mich zur Seite. Sie bat mich um einen Gefallen: Die vielen Dissidenten, die gekommen waren, störte die Anwesenheit des ehemaligen rumänischen Königs mit Frau und Tochter. Ob ich mich nicht um das Königspaar kümmern könne? Der König war ein zurückhaltender, wenig intellektueller Mann. Als er König war, hatte Rumänien zunächst aufseiten Hitlers gestanden und dann hatten ihn die Kommunisten verjagt. Jetzt lebte Michael von Rumänien in der Schweiz als Testpilot und betrieb eine Geflügelzucht.

Ich erinnere mich daran, wie sich Eugène Ionesco köstlich darüber amüsiert hatte, dass, gleich nachdem der Diktator Ceaușescu gestürzt und erschossen worden war, Rumäniens König Michael ihn, den Vater des absurden Theaters, um eine »Audienz« gebeten hatte. Der Monarch wollte sich der Unterstützung Ionescos versichern, weil er doch gern wieder die Krone tragen wollte, es nach außen hin aber nicht laut zu verkünden wagte. Wenn aber das Volk, und die Rumänen im Exil, ihn als Retter der Nation riefen, dann würde er sich »opfern«. Ich fragte Eugène Ionesco, ob er König Michael unterstützen wolle? Ach, sagte Ionesco, weshalb eigentlich nicht; Könige seien inzwischen integrierte Elemente von Nationen, auch Frankreich hätte es sehr viel besser mit einem König.

»Wen sollen wir denn dann zum König von Frankreich ernennen?«, fragte ich.

»Mich!«, sagte Eugène mit seinem unbewegten Gesicht, als reize er hoch im Poker, ließ seine großen Augenlieder über die Pupillen fallen und schob die Unterlippe vor. Aber gleich wiegelte er wieder ab: »Ich fliehe vor der Politik, weil ich sie nicht mag.«

Natürlich haben wir uns auch häufig über sein Werk unterhalten, über die Logik und über das Absurde.

Ich fragte ihn: »Es gibt etwas in Ihrem Werk, das sich nicht vermengt: die Logik und das, was diese Logik durchbricht.«

»Ganz genau. Was ich tue, was ich schreibe, ist – da ich ein vernünftiger Mensch bin – selbstverständlich logisch. Dann aber bekomme ich Anfälle von Irrationalität, die in mir hochsteigen und diese Logik zerstören. Das hat bewirkt, dass mein Theater zu dem geworden ist, was man ›absurdes‹ Theater nennt. Jene, die absurdes Theater nach mir gemacht haben, machten es weniger gut; viele Leute sind mir gefolgt, weil sie nachahmten, was ich geschrieben habe. Sie bemühten sich, Absurdes zu machen, während bei mir das Absurde der Konfrontation des Rationalen mit dem Irrationalen entspringt. Das Irrationale holt das Rationale ein.«

»Akzeptieren Sie die Bezeichnung ›absurdes Theater‹?«

»Selbstverständlich. Ich finde, dass die Welt als Ganzes absurd ist oder doch wieder nicht. Es ist sehr schwierig zu sagen, ein Ding sei absurd, da wir nicht das Vorbild dessen haben, was nicht absurd ist. Aber die Welt entspricht mir nicht, sie ist unsinnig, sinnlos. In dem Ausmaß, wie ich die Strukturen des Geistes widerspiegele, habe ich das Recht, die Welt absurd zu finden. Übrigens ist das absurde Theater schon vor langer Zeit erfunden worden. Sophokles machte absurdes Theater, und Shakespeare hat das absurde Theater definiert. Er legt Macbeth in den Mund: Die Welt ist eine Geschichte, die ein Idiot erzählt, voller Lärm und Sinnlosigkeit. Und sie bedeutet nichts. Ich habe das genaue Zitat nicht im Kopf, aber das ist der Sinn des Unsinns, wie ihn Shakespeare definiert.«

Aus dem Shakespeare'schen Macbeth wird dann Macbett, so spricht man in Frankreich den Namen dieses schottischen Mörder-Königs aus. Macbett ist Ionescos Drama über den Mechanismus der Macht, nur ist das Morden bei ihm noch konsequenter vollzogen als bei Shakespeare.

In den vierziger Jahren, als die Deutschen Paris besetzt hielten, waren die Ionescos nach Marseille geflohen, wo Eugène als Lehrer unterkam. Und als Strafe für ihre Untaten beschloss er, die Sprache der Deutschen nicht mehr zu benutzen, obwohl er sie damals so gut beherrschte, dass er sogar Übersetzungen machte. Und tatsächlich hatte er später sein Deutsch ganz vergessen.

In den vierziger Jahren sah er sich aus Ablehnung des Faschismus als Linker, aber er verfiel nicht in den Fehler vieler französischer Intellektueller, nun im Kommunismus sein Heil zu suchen. Als das Mode wurde, lehnte er Stalin genauso ab wie Hitler, was ihn unter der französischen Elite zu einem Rechten stempelte und zur Folge hatte, dass er mit seinen Stücken aus ideologischen Gründen in Frankreich weniger erfolgreich war als etwa in England und besonders in Deutschland, wo Karl-Heinz Stroux am Düsseldorfer Theater einige Welturaufführungen von Ionescos Dramen inszenierte.

Noch in den achtziger Jahren, als der sozialistische Kulturminister Jack Lang die Kulturmafia von Frankreich beherrschte und Günstlinge um sich sammelte, wurde Ionesco stets gemieden.

Allerdings kam eines Tages, im Jahr 1991, der Präsident der ČSFR zum Staatsbesuch nach Paris, und da Präsident Václav Havel nun erst einmal ein berühmter Schriftsteller war, lud Jack Lang alle, die Rang und Namen hatten und bei ihm geduldet waren, zu einem Empfang. Eugène Ionesco, der letzte noch Lebende unter den großen Klassikern, gehörte nicht dazu. Václav Havel aber wollte Ionesco sehen und bat, man möge auch ihn einladen. Ionesco erzählte mir davon mit großer Genugtuung: Denn dann wurde, um die Peinlichkeit zu überspielen, Madame Monique Lang ans Telefon geschickt, sie umsäuselte Ionesco, und man holte ihn mit einer Limousine zum Empfang ab. Dort bedankte sich Havel bei Eugène Ionesco: Sein Werk habe ihn nämlich überhaupt erst zum Schreiben inspiriert.

Der Vorteil einer Metropole wie Paris ist, dass dort wohnt, durchreist, eine Zeit lang verweilt, wer auch immer in der Welt etwas zu sagen hat – auch in der Kultur. Und so gingen auch viele berühmte Künstler bei Ionescos ein und aus. Man kam, da drückte einem Andrej Wajda die Türklinge in die Hand, Buñuel war ständiger Gast. Um die Ecke wohnten Beckett, Matisse und Brâncuşi. Der Bildhauer Brâncuşi, auch er Rumäne, war offenbar ein griesgrämiger Mensch. Eines Tages besuchten ihn Eugène und Rodica mit der noch kleinen Marie-France. Da beugte sich Brâncuşi zu dem Kind, sagte: »Was bist du hübsch – im Gegensatz zu deinen Eltern!«

Auch das Ausklingen der Salonkultur haben sie miterlebt, Eugène sicher feuchtfröhlich.

»In die Salons gingen wir«, so erzählte er mir, »weil wir unsere Freunde und andere Schriftsteller dort trafen. In den fünfziger Jahren gab es noch viele Salons, Suzanne Tesnase, die Boulez aushielt, die Vicomtesse de Nouailles, die selber nichts darstellte, aber trotzdem unter ihren Flügeln Barrault und andere versammelte. Und plötzlich murmelte man: ›Voilà, die Kommunisten kommen‹, und Aragon im Smoking und Elsa Triolet traten ein. Dann wurden auch Leute wie Jean Genet eingeladen, der im Gefängnis gesessen hatte, wegen Diebstahls, glaube ich, und nur durch sein Genie gerettet wurde. Angeblich klaute er in den Salons silberne Löffel, und am nächsten Tag telefonierten die Damen der Salons untereinander und fragten: ›Was hat er bei dir geklaut?‹«

»War es für die Damen wichtig, dass er klaute?«

»Ja, je wertvoller das von ihm entwendete Stück war, desto höher stand die Gastgeberin in seiner Gunst. Die literarischen Salons gibt es in Paris nicht mehr. Und das liegt nicht am Geld. Sicher ist es teuer, jede Woche oder jeden Monat eine große Gesellschaft gefräßiger und durstiger Dichter zu empfangen; doch es gibt immer Reiche, reiche Frauen vor allem, denn es waren immer Frauen, die solche Salons unterhielten. Aber heute beherrscht nicht die Kultur Paris, sondern die Politik. Und davon halte ich mich fern.«

»Das politische Leben hat das kulturelle und gesellschaftliche aus dem Vordergrund verdrängt, auch, weil die Politik und ihre Handlanger sich der Medien bemächtigt haben. Worin liegt denn für Sie das Wesen der heutigen Politik?«

»Politiker sind Leute, die nach Herrschaft dürsten, Leute, die nicht sehr interessant sind. Sie scheinen alle machthungrig, das sind die gleichen Leute, die Konflikte schaffen, um die Gelegenheit zu haben, sich zu schlagen und für oder gegen etwas zu diskutieren. Sie leben vom Durst nach Macht.«

»Ist das nicht absurd?«, fragte ich gewollt zweideutig.

»Ich verstehe das nicht. Ich habe diesen Durst nach Macht nicht. Nun gut, ich schreibe, damit drücke auch ich eine Art Willen zur Macht aus, aber ich wirke nicht direkt auf die Menschen ein, habe auch nicht die Absicht gehabt, das zu tun, und jetzt bleibt mir keine Zeit mehr, im Alter von über achtzig Jahren noch zu konvertieren.«

Eugène Ionesco hasste Ideologien. Dafür wurde er aber auch wieder kritisiert, was ihm nichts ausmachte. Er war kein »Nashorn«, keiner, der sich der Mehrheitsmeinung anpasste. Auch geistige Moden verachtete er.

»Nun wird ja inzwischen alles zur Kunst erklärt«, sagte ich in einem unserer Gespräche, »das Kochen, die Mode, so, als habe Beuys alles, was im Leben einen Lustgewinn erzeugt, zur Kunst erklärt. In Paris ist es aber wieder ein Politiker, Jack Lang, der den Kunstbegriff ausweitet. Ist Mode überhaupt Kunst?«

»Natürlich nicht. Mode ist keine Kunst. Ich bedaure, dass es Moden gibt. Überall in der Welt setzt sich etwa die Mode des Kühlschranks durch. In Brasilien gab es eine Methode, Lebensmittel durch Winde zu kühlen, die durch Türen bliesen und so die gleiche Frische herstellten wie ein Kühlschrank. Das ist aber dahin. Jeder braucht jetzt einen Kühlschrank. Weil es Mode ist, tragen heute alle Krawatten – nur ich nicht. Alles wird einförmiger, auch im Denken, rechts wie links. Aber manche begreifen das. Eines meiner Stücke, ›Die Nashörner‹, wurde ursprünglich als ein Anti-Nazi-Drama aufgeführt, dann als ein antistalinistisches. In Argentinien nach dem Sturz Peróns sah man es als antiperonistisches Stück, und jetzt, als es vor westdeutschen Jugendlichen gespielt wurde, habe ich zu ihnen gesagt: ›Ihr habt weder die Dreyfus-Affäre erlebt noch die Diktatur der Nazis oder der Kommunisten. Was seht ihr in dem Stück?‹ Und da haben sie geantwortet: ›Die Diktatur der Mode.‹ So hat das Stück einen neuen Sinn gefunden.«

Als Schüler habe ich 1958 oder 1959, als ich in Paris zur Schule ging, die Aufführung von »Die Kahle Sängerin« und »Die Unterrichtsstunde« im Théâtre de la Huchette im Quartier Latin gesehen, nicht ahnend, dass ich als lernender Geselle mit dem großen Meister des absurden Theaters solch anregende Gespräche führen würde. Im Théâtre de la Huchette werden die beiden ersten Stücke aus Ionescos absurdem Theater selbst heute noch täglich aufgeführt. Ununterbrochen seit mehr als 55 Jahren. Das ist einmalig auf der Welt. Und so ist Ionesco heute noch ein moderner Autor. Ein moderner Klassiker.

ALLERLETZTE MELDUNG
Alter Keks

Im Londoner Auktionshaus Christie's hat ein Brite bewiesen, dass er Sinn für die Werte der Nation hat. Er ersteigerte für mehr als 11000 Mark den letzten Keks, den der britische Polarforscher Robert Scott in der Antarktis hinterließ. Scott starb 1912 bei einer Expedition zum Südpol in einem Schneesturm. Der neue Besitzer des Kekses ist der Abenteurer Sir Ranulph Fiennes, der als Erster die Erde von Pol zu Pol umrundete. Zu dem wertvollen Keks sagte er: »Ich habe ihn gekauft, damit er im Lande bleibt.«

Tennis mit Arthur Miller, Kaffee mit Meryl Streep

Wer neugierig genug ist, kann in New York jeden treffen. Ob Meryl Streep, Woody Allen oder damals, als sie noch lebten, Arthur Miller, Roy Lichtenstein oder Tennessee Williams. Zumindest fast jeden.

In seiner ganz großen Zeit drehte Woody Allen jedes Jahr einen Film in New York. Nicht immer in Manhattan. Ich war ein großer Fan seiner komischen Psychodramen. Und ihn zu treffen war ganz einfach.

Seine Schwester Letty Aronson, die ich im Museum of Broadcasting kennengelernt hatte, wo sie als Pressereferentin arbeitete, gab mir einen Tipp.

Montagabends hing er immer ab in Michael's Pub in der 55th Street. Zwischen 3rd Avenue, wo P. J. Clarke's eine einladende Theke und hervorragende Hamburger anbietet, und 2nd Ave. Ich wohnte ein paar Hundert Meter weiter. In einem Wolkenkratzer. In der zweiten Etage, Ecke 56th Street / 2nd Ave.

In diesem Pub habe ich Woody Allen gehört und gesehen. Aber nicht gesprochen. Er trat mit seiner Jazz-Band als Klarinettist auf. Aber er verschwand sofort nach seinem Auftritt.

Dann gab Letty mir den nächsten Tipp.

Ihr Bruder drehe in dem New Yorker Vorort Piermont seinen nächsten Film. Seinen dreizehnten. Und sie habe uns eine Drehgenehmigung besorgt. Als ich ihn dort über die Straße gehen sah, glaubte ich, er spiele schon wieder. Nein, so geht Woody Allen immer. Und was für einen Film er drehte, hielt er geheim. Überhaupt war er ein großer Geheimniskrämer, wie ich später selbst erlebte. Aber Letty hatte mir erzählt, bei dem Film handele es sich um eine Frau, die ständig ins

Kino geht und dadurch eigene Phantasien entwickelt. Und diese Frau spielte natürlich seine (damalige) Frau, Mia Farrow. The Purple Rose of Cairo.

Wir haben ein wenig gedreht. Aber er nahm uns nicht wahr.

Inzwischen ist Letty als Producer von Woodys Filmen sogar 2012 für den Oscar in der Kategorie Bester Film nominiert worden, für Midnight in Paris. Aber damals, als wir uns trafen, arbeitete sie noch nicht mit ihrem Bruder zusammen. Doch ich bin sicher, dass sie ihm von mir erzählt hat. Denn eines Tages erhielt ich einen Anruf. Nicht von Woody Allen selbst, aber aus seinem Büro. Und jemand erklärte mir: Woody Allen habe einen »Mockumentary« geschrieben. »Mockumentary« ist ein erfundenes Wort, aus den zwei Begriffen »Documentary« und »to mock« zusammengesetzt. »To mock« bedeutet verspotten, nachahmen, täuschen oder zum Narren halten. Bei diesem Film, so der Anrufer im Namen von Woody Allen, handele es sich um einen erfundenen Dokumentarfilm, der aber echtes Dokumentarmaterial verwende.

Da stehe dann die Hauptperson namens Zelig (so auch der Titel des Films), gespielt von Woody Allen, auch mal neben Hitler oder dem Papst. Und es sehe absolut echt aus. Zelig sei ein perfektes menschliches Chamäleon.

Nun suche Woody Allen für die deutsche Fassung – ich war sofort elektrisiert – jemanden, der die Rolle des Dokumentaristen sprechen könne. Und ich sei doch ein Fernsehkorrespondent, der Dokumentarfilme drehe und seine Texte selber spreche. Das müsse doch passen!

Allerdings war ich mitten in einer eigenen Produktion zeitlich so im Stress, dass ich absagte. Ich könne bei bestem Willen nicht. Aber in meinem Studio sei ein junger Mann, der gerade anfange, Filme für das Fernsehen zu machen. Den könne ich ihnen schicken. Stephan Strothe – heute Amerikakorrespondent von N24 und Sat1. Na gut, er möge mal kommen.

Aber dann siegte doch meine Neugier.

Ich konnte es mir nicht verkneifen, Stephan Strothe zu begleiten, denn das ARD-Büro lag Ecke 57th Street und Broadway, die Produktion von Woody Allen nur einige Hundert Meter weiter südlich auf dem Broadway. Und natürlich hoffte ich, Woody Allen zu treffen. Bestimmt würde er sich zeigen. Bei solch einer wichtigen Entscheidung.

Wir wurden in einen kleinen Vorführsaal geführt, an einem Pult waren Mikrophone angebracht, und Stephan Strothe sprach einen Text. Ach, und da ich nun einmal da war, fragten sie mich, ob ich nicht bitte auch einmal vorsprechen wolle.

Ich hätte wirklich keine Zeit!

Aber ich sollte nur mal den Text vorlesen. Ich vermutete, dass Woody Allen hinter der verdunkelten Glasscheibe im Regieraum saß. Also nahm ich das Stück Papier, überflog den Text, machte mir einige Zeichen, wo ich mir eine Pause dachte und wo ich besonders betonen würde. Dann las ich vor.

Nichts geschah.

Wir saßen allein in dem verdunkelten Studio. Dann kamen irgendwelche Mitarbeiter und dankten uns. Man würde uns anrufen.

Woody Allen haben wir nicht gesehen.

Am Nachmittag rief mich Letty an. Sie habe eine große Bitte. Woody sei von meiner Dokumentarstimme so überzeugt, dass er unbedingt wolle, dass ich die deutsche Fassung spreche. Es dauere wirklich nur drei oder vier, höchstens fünf Stunden.

»Letty, ich kann wirklich nicht! Ich muss den Text erst einmal für mich lesen, ihn dann für die Sprachaufnahme vorbereiten. Das kostet mich einen Tag.«

Letty rief mich eine Stunde später wieder an. Man könne die Sprachaufnahme auch auf mehrere Tage stundenweise verteilen. Ich könnte einfach sagen: Montagnachmittag anderthalb Stunden, Mittwoch früh eine Stunde, Freitag noch eine Stunde, und so fort.

»Letty, ich gebe mich geschlagen!«

Dann habe ich Woody Allen getroffen. Als ich zum ersten Termin kam, wurde ich in einen Schneideraum geführt, wo er hinter der Cutterin saß. Er dankte mir, wirkte konfus und nicht bei der Sache, gab mir die schlaffe Hand – Nice to have met you – Schön, dass Sie gekommen sind. Aber Sie haben ja wenig Zeit. Ab ins Studio.

Völlig unerfahren in Dingen der Synchronisierung von Spielfilmen, dachte ich, jetzt würde ich den ganzen »mockumentary« Zelig sehen. Welch Irrtum. Mir wurden nur die einzelnen Szenenhäppchen eingespielt, zu denen der von mir zu sprechende Text passte. Wir schafften es in zwei Sitzungen. Aber worum es bei diesem Film ging, das habe ich erst erfahren, als »Zelig« in Manhattan im Kino anlief, und ich ihn dort nach dem Kauf eines ordentlichen Tickets ansehen konnte.

»Zelig« wird nur noch selten gezeigt. Und die deutsche Fassung mit meiner Stimme habe ich erst Jahre später im deutschen Fernsehen gesehen. Da wunderte ich mich, dass ich mich nicht so anhörte, wie ich es gewohnt war, sondern ein wenig höher in der Tonlage, ja, ich glaubte sogar, einen minimalen Lispler herauszuhören. Das hatte seinen Grund in der Technik. Der Spielfilm war in den USA mit 24 Bildern pro Sekunde gedreht worden. Aber durch die Umwandlung auf das deutsche PAL-System für das Fernsehen liefen jetzt 25 Bilder pro Sekunde. Ein Bild pro Sekunde mehr, das mag zwar fast unmerkbar sein, aber es macht doch etwas aus. Dadurch wird der Film auch ein wenig kürzer! Und man kennt ja den Effekt: Ein schneller laufendes Tonband lässt die Sprache immer heller klingen.

Von wegen Neugier: Anfang der achtziger Jahre entdeckten die Kunstgalerien in Soho die jungen deutschen Maler: die Wilden. Aber die amerikanischen Popkünstler standen immer noch an erster Stelle der Bewunderung. Ihr aller Vater war der Galerist Leo Castelli. Vor Weihnachten stellte er in seiner Galerie am West-Broadway ein paar kleine Formate von Roy Lichtenstein aus, vielleicht 30cm mal 30cm. Weniger fürs Museum als für einen ahnungslosen reichen Sammler gemalt, der ohne mit der Wimper zu zucken dreißigtausend Dollar für solch ein kleines Bild ausgeben kann. Anerkannte Kunst als Renommee an der Salonwand. Immer noch besser als ein röhrender Hirsch.

Um die Ecke in der Greenestreet hatte Castelli noch einen zweiten, riesigen Ausstellungsraum eröffnet. Dort zeigte mir Roy Lichtenstein, was er wirklich konnte. Nur so zum Spaß malte er die dreiunddreißig Meter lange und sechs Meter hohe Wand voll.

Kunstkritiker mögen nach dem tieferen Sinn von Bildern fragen, doch der sympathisch scheue Roy Lichtenstein sagte mir: »Bilder müssen für mich keine Bedeutung haben. Ich weiß, was die einzelnen Gegenstände darstellen, aber darum geht es nicht. Es fiele mir schwer, Ihnen die Bedeutung des Gesamtwerkes zu erklären, obwohl es eine hat, die über die einzelnen Gegenstände hinausgeht.«

»Aber wie würden Sie antworten«, fragte ich ihn, »wenn jemand Sie bäte, die Bedeutung dieser Wandmalerei zu erläutern?«

»Nun, ich würde sagen, diese Wandmalerei ist eine Art Parade von Dingen, die ich früher schon gemalt habe«, antwortete Lichtenstein, »eine erneute Darstellung gewisser Objekte, die ich schon einmal verwendet habe.«

»Könnten Sie ein wenig erklären, worum es sich handelt, während wir am Bild entlanggehen?«

»Das hier ist eine Tasse. Die Kompositionsbücher habe ich 1962 schon einmal gemalt. Dann sehen Sie den Gegensatz zwischen einer sehr runden weiblichen Figur und einer sehr geometrischen männlichen, eine Fortsetzung des Klischees sozusagen, das wir für die Betrachtung von Männern und Frauen benutzen.«

»Wollen Sie sagen, dass Sie Männer geometrisch sehen?«

»Nicht ganz. Ich glaube, es ist mehr eine Weiterführung des Klischeebegriffes. Ich habe diese zwei schon einmal in surrealistischen Bildern dargestellt. Der Käse sieht genauso aus: hat die gleichen Charakteristiken wie diese weibliche Figur. Sie sind ziemlich artverwandt. Die Darstellung eines Schweizer Käses fällt ziemlich abstrakt aus, aber das ist immer der Fall, wenn man ihn als Karikatur malt.

Dies sind Aktenordner – auch ziemlich abstrakt, wenn man nicht weiß, was es sein soll. Da ist ein metallener Klappstuhl, ein Spiegel. Dieser Gegenstand hier unten ist die Neugeborenenfigur von Brâncuşi. Schwierig zu erkennen.«

»Stellt dieser Picassokopf hier eine Huldigung, eine Respektbezeugung oder nur einen Bezug dar?«

»Eine Bezugnahme – so würde ich das nennen. Er gleicht einer alten Graphik von mir, die eine Picasso-Huldigung war, aber – ob Huldigung oder nicht, es ist eine Bezugnahme. Es sind alles Bezüge, meist auf meine eigenen Arbeiten, aber in vielen Fällen auch auf die anderer Leute, wie auf Brâncuşi oder den Surrealismus.«

»Weshalb zitieren Sie in diesem Bild andere Künstler, wie zum Beispiel Brâncuşi?«

»Nun, das Absurde am Zeichnen eines runden Messing- oder Marmorobjekts von Brâncuşi ist, es in der Art zu zeichnen, wie es hier dargestellt ist. Man kann nur ahnen, was es ist, wenn man seine Werke gut kennt oder einem jemand sagt, was es darstellen soll. Ich glaube, das Absurde ist, ein vorhandenes Objekt in einer anderen Art zu porträtieren, zum Beispiel für kommerzielle Zwecke. Im übrigen verspüre ich zunächst fast immer den Drang nach einer Farbe, nach etwas Dunklem, etwas Rotem oder etwas Gelbem. Und erst dann ergibt sich daraus eine Form.«

Drei Monate lang hatte Roy Lichtenstein über dem Entwurf dieses Bildes gesessen, drei Wochen lang haben dann er und zwei Assistenten den Entwurf auf die Mauer von Castellis Greenestreet-Galerie übertragen. Lichtenstein selbst, gerade sechzig Jahre alt geworden, behielt sich vor, die schwierigsten Teile selbst auszuführen. Und dazu gehörte der in seinem Werk immer wiederkehrende Pinselstrich, der hier nicht mit einem Pinsel, sondern mit einer großen Rolle gemalt und später noch mit den typischen Garnierungen der Pop-Art abstrahiert wurde.

Ein großer Teil der Objekte, die in dieser Wandmalerei Platz fanden, waren Zitate aus seinen eigenen Werken oder aus Bildern anderer Künstler. In vielen von Lichtensteins Bildern nimmt er Bezug auf Künstler wie Picasso oder Mondrian oder er verfremdet vorhergegangene kommerzielle Stilepochen wie das Art Deco.

Der Künstler, der ihn wohl am meisten beeinflusst hat, war Picasso. Und so erhält der auch in dem riesigen Wandgemälde einen besonderen Platz in einer Nische am Ende der langen Wand.

Drei Wochen lang wurde gemalt. Und die Kosten waren nicht unerheblich, denn zu der Farbe und den Gehältern der Assistenten kam noch die Miete der Hebewagen, auf denen die Maler sich bis in sechs Meter Höhe hieven ließen.

Und dann hat mir Roy Lichtenstein das Bild geschenkt.

Aber er schmunzelte, als er es sagte. Denn schließlich war das Bild auf die Wand von Castellis Galerie gemalt. Und wie sollte ich es mitnehmen? Nach sechs Wochen Ausstellungszeit wurde es ganz banal mit weißer Farbe übertüncht. So viel zur Lebensdauer meines Geschenks.

Roy Lichtenstein bedauerte nicht, dass das Werk wieder verschwand. Er hielt die Vollendung seiner Wandmalerei für wichtiger als ihr Überleben.

»Und im übrigen«, sagte er, »hat dieses 33 Meter lange Bild wahrscheinlich eine größere Aufmerksamkeit dadurch erhalten, dass es nur so kurz zu sehen war.«

Wenige Abende später traf ich wieder auf ein Bild, das Roy Lichtenstein verschenkt hatte. Diesmal aber wirklich, für einen guten Zweck. Und für gute Zwecke arrangiert man in New York erst einmal ein Abendessen mit viel Prominenz. Der Grund war an dem Abend die Versteigerung von 24 Werken der berühmtesten amerikanischen Künstler, die je ein Bild zugunsten der Anti-Atomwaffenbewegung gestiftet hatten.

Das haben wir heute fast vergessen: Anfang der achtziger Jahre befand sich die Welt im Wettrüstkampf. Ronald Reagan hatte endlich das getan, was Bundeskanzler Helmut Schmidt fast vergebens von Jimmy Carter gefordert hatte: der Stationierung der Pershing-Atomraketen im Nato-Europa zugestimmt. Als Antwort auf die SS-20 der Sowjets. Die Atomwaffenarsenale waren so voll, dass sich die Welt etwa dreißigmal hätte umbringen können. In Deutschland folgten Hunderttausende von Demonstranten den Aufrufen der Friedensbewegung. Auch in den USA hatte sich eine starke Bewegung gegen das atomare Wettrüsten entwickelt.

Sam Francis, Jim Dine, David Hockney und Claes Oldenburg, Jasper Johns, Robert Motherwell, James Rosenquist und Robert Rauschenberg hatten Werke zur Verfügung gestellt. Die Versteigerung selbst führten Berühmtheiten aus Politik, Filmwelt und Kultur durch. Unter anderen der Autor Arthur Miller, den ich durch Frederik – genannt »Friedel« – und Barbara Ungeheuer, die in Roxbury, einem reizenden Örtchen in Connecticut, dessen Nachbarn waren, kennengelernt hatte. Wir haben manchmal mit Arthur Miller Tennis gespielt, Doppel. Ich wurde immer ausgeschimpft, weil ich den Ball schlecht traf oder falsch stand. Aber wir spielten immerhin auf dem Tennisplatz von Dustin Hoffman. Der zeigte sich zwar nie, aber wir durften den Platz benutzen, denn Arthur Miller inszenierte gerade sein Stück »Tod eines Handlungsreisenden« am Broadway mit Dustin Hoffman in der Hauptrolle als Willy Loman und mit einem aufstrebenden, jungen Schauspieler namens John Malkovich als Biff.

Beim Abendessen samt Kunstversteigerung stellte Arthur Miller mir William Styron vor, den Autor des Buchs »Sophie's Choice«. Es war mit Meryl Streep in der Hauptrolle verfilmt worden, die dafür den Oscar als beste Hauptdarstellerin erhielt.

Styron hatte über ein menschliches Drama geschrieben, das mich heute noch schaudern lässt. Als sie mit ihren beiden Kindern in Auschwitz ankommt, wird Sophie von einem KZ-Aufseher vor die Wahl gestellt, welches Kind sie mitnehmen will, das andere muss sofort in die Gaskammer. Der Gedanke an dieses Buch ließ mich auch gegenüber dem Autor verstummen. Ich stotterte irgendwelche dummen Worte.

Die Versteigerung fand in privatem Rahmen statt. Die Schauspielerin Jill Claiburg gab die Gebote bekannt – und die Bilder erzielten meist Höchstpreise. Denn die Gäste waren nicht nur wohlhabend, nicht nur vermögend, sondern immens reich. Insgesamt brachten die 24 Kunstwerke eine drei viertel Million Dollar zusammen. Eine drei viertel Million für den Kampf gegen die Atomaufrüstung. Ich fragte Arthur Miller, weswegen er sich an der Versteigerung beteilige, ob er glaube, als Schriftsteller eine besondere Verantwortung zu haben.

»Nein«, sagte Arthur Miller, »wäre ich jemand anderes, dann wäre ich auch hier, falls ich Zeit hätte. Grundsätzlich habe ich nämlich etwas dagegen, mehr als einmal getötet zu werden. Es gibt heute genügend Waffen, um jeden mindestens zehnmal zu töten, wenn nicht gar hundertmal. Diese Zahlen sind zu kompliziert für mich. Einmal getötet zu werden, reicht mir. Ich bin an den restlichen Malen nicht interessiert.«

»Weshalb engagieren sich hier gerade Künstler so sehr?«

»Künstler machen sich ständig Sorgen um die ganze Welt. Weil sie glauben, ein Gewissen zu haben. Und Leiden bewegt sie. Lassen Sie mich damit lieber gar nicht erst anfangen! Dazu habe ich schon genug gesagt.«

Zu den Künstlern, die Arthur Miller gemeint haben mag, gehört die Schauspielerin Meryl Streep. Anfang der achtziger Jahre machte auch sie sich Sorgen wegen der Atompolitik der USA. Sie gehört zu den Schauspielerinnen, die nicht nur die Texte anderer vor der Kamera aufsagen, sondern die auch denken können. Und je berühmter Meryl Streep wurde, desto mehr wurde ihr bewusst, dass sie ihre Bekanntheit nutzen könnte, um politisch etwas zu bewegen. Damals hatte die 35-jährige Streep schon zwei Oscars gewonnen. Von Kindesbeinen an hatte sie große Erfolge mit ihrer Schauspielerei erzielt, wenn auch nicht in der Öffentlichkeit, so doch vor dem Publikum ihrer Schule in New Jersey. Nach dem Schulabschluss besuchte sie die Elite-Universitäten Vassar, berühmt seit dem Roman »The Group – Die Clique« von Mary McCarthy, und Yale und studierte Schauspielerei. In Yale spielte sie fünfzehn Rollen pro Schuljahr und wenige Jahre, nachdem sie diese Universität verlassen hatte, wurde sie mit dem Ehrendoktor für ihre hervorragende schauspielerische Leistung in Theater und Film ausgezeichnet.

Ihre Karriere begann sie nicht beim Film, sondern in Theatern von New York, wo sie schon nach ihrer ersten Rolle als großes komödiantisches Talent entdeckt und mit Angeboten überschüttet wurde. Auf den Bühnenbrettern spielte sie daraufhin erst einmal lustige Rollen.

Nun, mit 35, war sie einer der ganz großen Filmstars. Aber das Hollywood-Gewese war ihr zuwider. Mit ihrem Mann, einem Bildhauer, gehörte sie zur New Yorker Intelligenzia und stellte die Atompolitik der US-Regierung in Frage.

Man kann seine Popularität doch auch für die causa nutzen, sagte Streep. Also setzte sie sich dafür ein, einen Film, der die Wahrheit über den Tod von Karen Silkwood zum Thema hat, zu drehen. Karen Silkwood war eine Arbeiterin in einer Plutoniumfabrik. Weil sie vermutete, Mitarbeiter seien fahrlässig verseucht worden, sammelte sie belastendes Material, um es Reportern der *New York Times* zu übergeben. Bei ihrer nächtlichen Fahrt zu einem Treffpunkt kam Karen Silkwood von der Straße ab, prallte gegen eine Betonmauer und war sofort tot.

Unfall oder Mord? Auf jeden Fall waren die belastenden Papiere plötzlich verschwunden.

Karen Silkwood wurde bald nach ihrem Tod zu einem nationalen Symbol der Atomgegner.

Zwei Autoren hatten den Stoff des Falles »Karen Silkwood« zu einem Drehbuch verarbeitet, doch niemand wollte Geld investieren, um den Film zu produzieren. Erst als Meryl Streep begann, sich für das Thema zu interessieren, regelte sich alles wie von selbst. Der Film wurde gedreht. Mit Streep in der Hauptrolle.

Als der Film ein großer Erfolg wurde, bat ich sie um ein Treffen. Sie wohnte in New York nicht etwa in den vornehmen Vierteln um den Central Park, sondern unten in Soho bei den Malern und Bildhauern. Am liebsten gab sie sich als Normalbürgerin, sie hasste es, als Star behandelt zu werden. Ja, das Gespräch könnten wir führen, aber bitte nicht zu Hause. Sie lasse niemanden in ihre Privatsphäre, außerdem störe es ihren Mann Don Gummer – und die Kinder.

Wir treffen uns also in ihrer Agentur, und sie kommt mit ihrem Baby, das wenige Monate alt ist und schläft. Sie ist völlig ungeschminkt, die rötlichen Haare fliegen ein wenig wild um ihren Kopf, das Kind wird auf ihrem Schoß geparkt. Die Stimmung ist gelöst, so als sei sie eben mal für einen kleinen Schwatz vorbeigekommen.

Meryl Streep war gerade für ihre Darstellung der Karen Silkwood für den Filmpreis »Golden Golbe« nominiert worden (sie erhielt ihn nicht, aber Cher bekam ihn für eine Nebenrolle in dem Film).

»Mich faszinierte Karen Silkwood«, erzählte mir Meryl Streep. »Denn ich liebe komplizierte Charaktere, die keine einfachen Antworten zulassen. Ich mag es komplex, widersprüchlich. Karen Silkwood war so jemand, im wirklichen Leben und im Drehbuch. Beim Lesen des Drehbuchs gefiel mir, dass sie jemand war, der etwas Heldenhaftes tat, ohne jene heldenhaften Eigenschaften zu haben, die wir normalerweise mit Menschen, die Großes leisten, in Verbindung bringen.«

»Haben Sie die Rolle gewählt«, fragte ich, »weil Sie für den Atomstopp eintreten?«

»Das war wahrscheinlich der Grund, weswegen ich überhaupt begann, über Karen Silkwood nachzulesen«, sagte Meryl Streep.

Das Baby quakte, sie übergab es der sie begleitenden Kinderschwester.

»Das ist schon längere Zeit her. Und es war überhaupt nicht die

Rede davon, einen Film über ihr Leben zu drehen. Erst als ich immer berühmter und mir klar wurde, dass ich vielleicht selbst etwas beeinflussen könnte, half mein Interesse für nukleare Fragen, diesen Film auf den Weg zu bringen.«

»Die Produzenten behaupten, der Film wäre ohne Sie nie zustande gekommen. Sind Sie an die Produzenten herangetreten?«

»So in etwa. Dafür ist mein Agent zuständig. Ich selbst habe nicht zum Telefon gegriffen und die Nummer gewählt.« Sie lachte. »Vor solchen Typen habe ich Angst. Aber es stimmt, dass mein Interesse das Ganze ins Rollen brachte. Und ich bin stolz darauf, obwohl sich mein Verdienst allein auf meine Schauspielkunst beschränkt.«

»Sie sagen, Karen Silkwood sei keine Heldin gewesen, kein Jeanne d'Arc-Typ. Einerseits setzte sie sich für ihre Kollegen in der Plutonium-Fabrik ein, andererseits hatte sie wirklich große Probleme mit sich selbst. Interessiert sich das Publikum immer für Personen, die Schwierigkeiten mit sich selbst und mit der sie umgebenden Gesellschaft haben?«

»Ich glaube, das Publikum interessiert sich für Menschen, in denen es sich zu erkennen glaubt. Sehr oft sind Filmemacher bemüht, entweder die oberen zehntausend mit ihren Tonnen von Geld darzustellen, oder sie interessieren sich für Verrückte, für Unterweltstypen. Aber das hier ist eine wahre Geschichte. Es ist eine Geschichte in der jeder, jeder Arbeiter in Amerika, sich wieder erkennen kann. Und das hat viel mit der Popularität dieses Films zu tun, wenigstens hier in den USA. Weil er wirkliches Leben darstellt. Was die Atomfrage angeht: Karen Silkwood arbeitete in der Nuklearindustrie. Sie war nicht als Atomgegner aktiv. Es ist ironisch, dass dieser Film jetzt als Aushängeschild gegen die Atomindustrie dienen soll.«

»Weshalb interessierten Sie sich gerade für ein Drehbuch mit einer wahren Geschichte?«

»Wenn die Zuschauer am Ende eines Films lesen: ›Der und der lebt jetzt da und da …‹ macht es einfach einen stärkeren Eindruck. Es geht mehr unter die Haut, als wenn sich jemand die Geschichte in einem Zimmer in Hollywood ausgedacht hat. Eine wahre Geschichte berührt uns, sie kommt von der Leinwand direkt ins Leben.«

Meryl Streep fragte, ob ich noch einen Kaffee trinken möchte. Ja gerne. Sie bat auch um eine Tasse und wartete gar nicht auf eine nächste Frage.

»Ich war über die ausgezeichneten Kritiken überrascht. Ich hatte gar nicht gedacht, dass der Film so viel Anklang finden würde. Und ich bin stolz, dass er so populär geworden ist.«

»Hatten Sie mit weniger Anklang gerechnet?«, fragte ich.

»In Amerika ist häufig alles verdächtig, was einen politischen Bezug auf unser Leben hat. Sehr oft werden solche Filme vom amerikanischen Publikum verdammt. Die Leute möchten nicht an die wirkliche Welt erinnert werden. Aber meines Erachtens geht es dabei auch um die Darstellung des täglichen Lebens. Und die Auseinandersetzung mit wirtschaftlichen Fragen, wie man sich durchs Leben schlägt, findet beim Publikum auch ein gewisses Interesse. Aber die Amerikaner mögen am liebsten lustige Filme.«

»Der Film ›Karen Silkwood‹ dagegen ist traurig.«

»Sehr traurig, hat aber auch eine Menge Humor.«

Meryl Streep hatte sich auf die Rolle von Karen Silkwood genau vorbereitet, eine Menge Zeugenaussagen von Leuten studiert, die sie kannte, und von deren Kollegen. Sie hatte mit Silkwoods Vater, auch mit ihrem Freund gesprochen, und alles gelesen, was über sie geschrieben worden war.

Auf dem Tisch, an dem wir in der Agentur saßen, hatte jemand – sicherlich mit Hintergedanken – einen Fotoband von Annie Leibovitz gelegt, auf dessen Umschlag Meryl Streep mit einer weißen Gesichtsmaske aufgenommen worden war. Ein berühmtes Foto. Mit spitzen, gespreizten Fingern, die Handflächen nach vorn gedreht, zieht sie ihr Gesicht am linken Auge und der Backe hinten rechts wie eine Maske auseinander.

Ich nahm das Buch, schaute auf das Bild von Meryl Streep, das ich gut kannte, denn das gleiche lag bei mir zu Hause, und fragte sie, wie es zu dieser Aufnahme gekommen sei.

»Den ganzen Nachmittag ließ Annie mich Marcel Marceau sein. Ich war sehr müde und wollte nur nach Hause gehen und essen. Ich machte also diese Geste, so als nähme ich die weiße Maske ab und sagte: So, das wär's, Annie! Es ist fünf Uhr, sorry, ich gehe! Und sie sagte: warte einen Augenblick – das ist es, das ist es! So entstand also das ›berühmte‹ Foto.«

»Warum sollten Sie Marcel Marceau darstellen?«

»Ich weiß nicht. Ich war da in ausgebeulten Hosen. Wahrscheinlich wollte sie meinen Zwiespalt zeigen. Im Theater bin ich ein Clown gewesen. Ich war eine Komödienschauspielerin. In Filmen bin ich sehr, sehr ernsthaft. Ich glaube, das wollte sie darstellen.«

Wir verfielen in eine Plauderei. Sie erzählte, weshalb sie nie nach Hollywood ziehen wollte. Erstens stamme sie aus New Jersey, das sei »zehn Minuten von hier«. Und sie drehe lieber an Originalschauplätzen. Leider schwärme ihr Mann von Kalifornien. Also könne es schon sein, dass sie dort einmal einen Film drehe. Aber dort leben? Nein.

»Ich mag die Winter«, sagte sie, »und in New York gibt es wenigstens Leute, die außerhalb des Show Business arbeiten. In Los Angeles dreht sich jedes Gespräch, jeder Gedanke um Film.«

Das Baby rief seiner Mutter durch lautes Gebrüll zu, dass jetzt aber Schluss sei. Meryl Streep sprang auf, streckte mir die Hand hin und rief mir lachend zu: »So, das wär's Annie. Es ist fünf Uhr, sorry, ich gehe!«

Neugier kann sich verschieden ausdrücken. Sind die beiden nun verlobt oder haben sie sich getrennt? Diese Frage wird täglich in der Boulevardpresse beantwortet. Neugier dient dabei nur dazu, auf dem neuesten Stand des Tratsch-Geflüsters zu sein. Tratsch aber interessiert mich wenig.

Immanuel Kant dagegen sprach seinerzeit von der Neuigkeitsbegierde, einem »gewissen richtigen Geschmack in der Naturwissenschaft, welcher bald die freie Ausschweifung einer Neuigkeitsbegierde von den sichern und behutsamen Urteilen zu unterscheiden weiß«. Damit meint er die mehr oder weniger gezielte Suche des Wissenschaftlers nach bisher unbekannten Antworten. Mich aber treibt auch die Neugier des Wissenschaftlers nicht an.

Für mich besteht Neugier aus mehreren Elementen. Offen sein für Neues. Mit einer gewissen Naivität, vielleicht sogar mit einem kindlichen Staunen, mir bisher Unbekanntes wahrzunehmen. Ich kann Neugier allerdings nicht ohne Folgen für mich sehen. Denn ich will nicht nur des Wissens wegen etwas Neues erfahren. Ich will darauf zugehen, will reagieren, vielleicht Augen und Ohren aufsperren, um dann auch das Neue zu verstehen, es einzuordnen. Ja, es dann in meinen Erfahrungsschatz zu packen – oder aber, gleich auf das Neue so eingehen, dass ich noch mehr erfahre. Das Neue wirkt wie ein Köder, der mich für eine Sache begeistert. Mich motiviert. Mich loslaufen lässt.

Und tatsächlich blieb mir nichts anderes übrig, als loszulaufen, als ich einen winzigen, vielleicht magere fünf Zeilen umfassenden, in einer Ecke des Lokalteils der *New York Times* versteckten Artikel gelesen hatte.

Er elektrisierte mich.

Ich war gerade vor wenigen Monaten in Manhattan angekommen, da stand nun in der Zeitung, Tennessee Williams arbeite aktiv mit an der Inszenierung seines neuestes Stückes.

Tennessee Williams? Wir schreiben das Jahr 1981! Der ist doch längst tot, sagte ich mir. Dessen Zeit liegt doch dreißig Jahre zurück. »Streetcar named Desire«, verfilmt mit dem ganz jungen Marlon Brando und Vivien Leigh, das war 1951. »Cat on the Hot Tin Roof«? 1958 mit dem ganz jungen Paul Newman und der bildhübschen Elisabeth Taylor. Und 1961, hatte da nicht der ganz junge Warren Beatty in »The Roman Spring of Mrs. Stone« mitgespielt.

Tennessee Williams muss doch seit mindestens zehn Jahren tot sein!

Wie peinlich war meine Unwissenheit! Meine Güte, sagte ich mir, jetzt hast du eine Chance, diesen von dir bewunderten Weltliteraten zu treffen. Du drehst einfach einen Bericht über sein neues Stück. Wo wird das wohl aufgeführt? Am Broadway! Sicherlich. Nein, kein Broadway-Theater hat den neuen Tennessee Williams in der Vorschau. Sicher macht es ein besonderes Off-Broadway-Theater, das auf neue Stücke spezialisiert ist. Weit gefehlt. Endlich finde ich es heraus: Off-Off-Broadway, am »Bouwerie Lane Theater« war dessen Chefin Eve Adamson dabei, das neue Stück von Tennessee Williams auf die Bühne zu bringen.

Niemand beantwortete das Telefon des Theaters. Niemand. Nie.

Also nahm ich mir ein Taxi. Die Ecke östlich vom Washington Square war damals ziemlich verkommen. Heute ist das Gebäude, in dem das Theater einst residierte, von Immobilienhaien aufgemotzt worden, allein das Penthouse kostet mehr als zehn Millionen Dollar.

Ich kam zum Theater. Ein altes, schweres Schild mit dem Namenszug hing über der Straße. Eine verrostete Treppe führte zum Eingang. Der war geschlossen. Es gab keine Klingel. Ich fand keinen Hintereingang. Kein Fenster war offen. Das Gebäude wirkte wie ausgestorben. Schräg gegenüber lag Phebe's, eine alte Spelunke, die Fenster neben dem Eingang waren mit hellen Backsteinen zugemauert. Ich hatte Hunger. Dort gab es Hamburger. Ich betrat das düstere Lokal, das innen sehr gemütlich wirkte mit seiner langen Holztheke. Es war leer. Eine Kellnerin kam freudig auf mich zu, »hi, how are you today?«. Ich setzte mich. Sie hatte viel Zeit zum Plaudern. Ich bestellte. Und als sie den Hamburger brachte, fragte ich sie nach dem Theater. Wie man da denn jemals jemanden treffen könnte?

Oh my god! Sie schlug die Hand vor den Mund. Wissen Sie was, Eve kommt immer mittags zum Essen. Heute war sie noch nicht da. Aber gestern, sprudelte es aus dem aufgeregten Mädchen, das den Satz gar nicht zu Ende reden konnte, so viel wollte sie mir auf einmal erzählen. Ich müsse nämlich wissen, sie, Regina, sei Schauspielerin. Eigentlich. Aber da sie kein Engagement habe, verdiene sie hier als Kellnerin ihr Geld. Es sei eigentlich ihre erste Woche. Und, stellen Sie sich das vor. Gestern kommt Eve mit Tennessee Williams hier rein und stellt mich ihm als Schauspielerin vor. Er trug eine dicke schwarz eingefasste Brille und sagte sein lang gezogenes »Helloooo'«, wie man halt in Tennessee spricht.

»Ich habe mich richtig in ihn verliebt«, sagte Regina.

Dann wurde sie rot. Ob er mit so einem jungen Ding wie mir was anfangen kann? Ich überlegte kurz, gab mir einen Ruck und sagte dann, dass er doch schwul sei. Sie wurde noch röter. Sie hätten eine Karaffe Weißwein bestellt und laut gelacht. Sehr laut hat Tennessee Williams gelacht. Und dann hätten sie an dem Stück gearbeitet, das bald Premiere habe. Die Proben begännen meist um vier, dann sei auch die Eingangstür offen.

Als ich in den dunklen Theaterraum trat, konnte ich kaum jeman-
den erkennen. Die offene Bühne war in ein flaches Licht getaucht.
Ein Bühnenarbeiter stand auf einer Leiter. Eine Frau, es wird wohl
Eve Adamson sein, dachte ich mir, gab ihm Anweisungen. Auf einem
Eckplatz in der zehnten von nur rund zwanzig Reihen saß Tennessee
Williams in einem dunklen, etwas abgetragenen Mantel, mit strub-
beligem Haar, fahler Haut, um seinen Schnäuzer herum unrasiert.
Er reagierte sehr freundlich, als ich mich ihm vorstellte. Ja, natürlich
könnten wir bei der Premiere drehen, vielleicht ein wenig vorher auch
bei den Proben. Er stellte mich Eve vor, die wenig Zeit für mich hatte,
und zog mich in eine der letzten Reihen.

»Sie sollten wissen, worum es in dem Stück geht«, sagte er. »Der
Titel lautet ›Something Cloudy, Something Clear‹«.

Die Handlung ist schnell erzählt. Sie spielt 1940 in Provincetown,
dem heimlichen Treffpunkt von Homosexuellen an der Spitze von
Cape Cod, zu Zeiten als Homosexualität ein Tabu war. Ein aufstre-
bender Autor will einen jungen kanadischen Wehrdienstverweigerer
ins Bett ziehen. Autobiographisch. Eine Geschichte schon mehrmals
von Tennessee Williams irgendwie erzählt. Wir unterhielten uns gut
zwei Stunden, während die Probe lief. Ab und zu warf Tennessee Williams der Regisseurin Eve den Vorschlag zu, diesen oder jenen Dialog
doch zu ändern, ja, manchmal erklärte er, am Abend eine Szene um-
zuschreiben. Eve ging meist auf seine Bemerkungen ein. Aber nicht
immer. Und dann wirkte er wie ein kleines Kind, das nicht bekommt,
was es unbedingt haben möchte.

Am Nachmittag vor der Premiere kam ich mit dem Kamera-Team.
Wir drehten einige Szenen während der Generalprobe, und Tennessee
Williams gab mir ein Interview, in dem er die Geschichte noch einmal
erzählte. Aber er wirkte so, als hätte er sich von Regina bei Phebe's eine
Karaffe Weißwein geben lassen und sie allein ausgetrunken.

Als die wenigen Zuschauer die Eisentreppe hochstiegen, um ihre
Plätze für die Premiere einzunehmen, war es schon dunkel. Ich sah
Tennessee Williams allein, ein wenig verlassen über die Straße tapern.
Und dann war ich der Einzige, der sich um ihn kümmerte und ihn

begrüßte. Die Theatergäste taten so, als kennten sie ihn nicht, diesen leicht ungepflegten Mann, der seinen verknüddelten Mantel nie ablegte. Vielleicht erkannten sie ihn wirklich nicht. Es waren nicht alle Sitze belegt. Einige Leute gingen während der Vorstellung. Wir drehten dann den Applaus. Er war sehr mager. Eve verschwand mit ihrem Autor hinter der Bühne.

Die kurze Kritik in der *New York Times* war vernichtend. Das Stück wurde bald abgesetzt.

Zwei Jahre später habe ich noch einen Artikel in der *New York Times* über Tennessee Williams gelesen. Er hatte sich abends ein paar Tabletten einwerfen wollen und dabei versehentlich den Drehverschluss der Medizindose mit in den Hals geworfen. Der fiel dummerweise in seine Luftröhre, und daran war er erstickt.

ALLERLETZTE MELDUNG
Leichenpass

Im Kern-Europa gibt es keine Grenzen mehr, jeder kann ohne Pass von Deutschland zu den meisten Nachbarn fahren. Als heute aber ein Leichenwagen mit einem Verstorbenen in einem Holzsarg an der deutsch-niederländischen Grenze vorfuhr, wurde der Fahrer vom Bundesgrenzschutz abgewiesen, weil die Leiche keinen Pass hatte. Der BGS beharrt darauf, dass ein Toter zur Einreise nach Deutschland einen internationalen Leichenpass sowie einen Zinksarg benötige. Der Fahrer musste umkehren.

Maos Feldchirurg aus Düsseldorf –
Hans Müller

Manches klingt zu *un*glaublich, um erfunden zu sein – etwa: Hans Müller aus Düsseldorf war Mitglied des Chinesischen Volkskongresses geworden. Tatsächlich erfuhr ich, als ich 1979 in Peking einige Fernsehdokumentationen drehte, zu meinem Erstaunen, dass ein Rheinländer im kommunistischen Parlament des Reiches der Mitte saß. Ich beschloss sofort, ihn aufzusuchen.

Wer in Peking nördlich der Verbotenen Stadt, dem Palast der Chinesischen Kaiser, den Kohlehügel bestieg, sah zu der Zeit, als Peking noch nicht mit Hochhäusern zugebaut war, unter sich gewöhnlich scheinende, grau verstaubte Wohnviertel, die nicht verrieten, dass dort Prominenz lebte. In einer unauffälligen Gasse residierte hinter einem großen Eisentor Deng Xiaoping, der wohl bedeutendste chinesische Politiker nach Mao Zedongs Tod. Deng öffnete die Märkte und legte damit den Grundstein zur bis heute andauernden Wirtschaftsexplosion. Fünfzig Meter weiter um eine Ecke endete die Sackgasse an einem kleinen, sehr gepflegten rot lackierten Holztor. Dahinter wohnte jener Hans Müller aus Düsseldorf in einem für chinesische Verhältnisse großen Haus, dessen Innenhof kunstvoll zu einem japanischen Garten stilisiert worden war – von seiner Frau. Das Wohnzimmer war mit chinesischen Möbeln eingerichtet und spärlich mit asiatischen Kunstgegenständen geschmückt.

Um das Besondere ein wenig einzuschränken, sei angemerkt, dass der Volkskongress mehrere Tausend Mitglieder zählt, die alle ernannt, nicht erwählt werden. Und weniger das Plenum als die Ausschüsse verfügen über die Möglichkeit, wenn auch nicht Entscheidungen, so doch Empfehlungen zu verabschieden.

Der Mann trug den Allerweltsnamen Hans Müller, da den Chinesen aber schlecht aussprechen können, wurde er in China Hansi Mile genannt. Mit Betonung auf der letzten Silbe. Milé klingt dann fast wie Müller. Doch wer unter einem Rheinländer namens Hans Müller eine laute Frohnatur erwartete, der irrte gewaltig. Denn zurückhaltend und so, als wäre es ihm lästig, über sich selbst zu sprechen, erklärte mir das rheinische Mitglied des Chinesischen Volkskongresses, dass er so geehrt worden war, läge letzten Endes an Hitler.

Pokergesicht.

Er erhob noch nicht einmal die Stimme, als er meinen fragenden Blick sah: »Beileibe, ich bin aber kein gewöhnlicher Emigrant!«

Im Januar 1915, während der Vater für Deutschland ins Feld zog, kam Hans Müller in Düsseldorf zur Welt. Die Geburtsurkunde trägt die Nr. 73 vom Standesamt Düsseldorf (Nord). Seine Enkelin Julia Werder, die in der Schweiz lebt und über ihren Großvater forscht, hat sie mir im Januar 2012 geschickt. Er war der Sohn des Kaufmanns Simon Müller »israelitischer Religion«, so steht es in der Urkunde, und der Henriette Rosalie Müller, geborene Ballin, »reformierter Religion«. Zur Welt kam Hans Müller mittags um »ein dreiviertel Uhr« am 13. Januar.

Kaufmann Müller besaß entweder einen Elektrogroßhandel oder gar eine Fabrik zur Herstellung elektrischer Geräte. Er war also wohlhabend. Mutter Henriette nannte den Hamburger Reeder Arthur Ballin, der die HAPAG zur größten Schifffahrtslinie der Welt ausbaute, Onkel. Nach ihm ist der Ballin-Damm an der Binnenalster benannt, wo immer noch der Geschäftssitz der Reederei Hapag-Lloyd ist. Ballin war ein Vertrauter des Kaisers und beging am 9. November 1918 am Tag der Bekanntgabe des Thronverzichts Wilhelms II. und der Ausrufung der Republik Selbstmord.

Wahrscheinlich hätte Hans Müller in Düsseldorf eine Arztpraxis eröffnet oder wäre dort Professor und Chefarzt geworden und läge jetzt neben Forschern, Landschaftsmalern und Poeten, Ministerpräsidenten und Theaterintendanten auf dem Nordfriedhof, wären die Nationalsozialisten nicht 1933 an die Macht gewählt worden.

Nach dem Abitur 1933 war er vom April bis zum Juni noch zwei

Monate beim Deutschen Arbeitsdienst zum »Werkhalbjahr« eingerückt, doch dann hatte er sich beurlauben lassen. Sein Vater hatte ihm geraten, in die Schweiz zum Studium zu gehen, denn als Sohn eines Juden würde er an einer deutschen Universität wohl nicht mehr angenommen. Und im Herbst 1933 fiel es dem damals achtzehnjährigen Müller nicht schwer, einen Sichtvermerk im Pass zu erhalten und im schweizerischen Basel das Medizinstudium aufzunehmen.

»Ich erwartete natürlich, dass Hitler nur ein paar Monate an der Macht bleiben würde«, erklärte mir Müller. »Doch dann kam Neujahr 1939. Ich war gerade zum Dr. med. promoviert worden. Hitler war schon jahrelang an der Macht und hatte gerade die Tschechoslowakei geschluckt. Ich dachte, dass es in Europa kaum noch Widerstand gegen Hitler geben würde. Und irgendwie muss man sich ja seiner Haut wehren. Also wollte ich dahin, wo noch gegen Hitler gekämpft wurde. Da Spanien erledigt war, kam für mich nur mehr China in Frage. Ich wusste, dass dort noch gekämpft wurde.«

In der Schweiz hatte sich Müller mit einem chinesischen Studenten befreundet, der vom Kampf der Chinesen gegen die Japaner erzählt hatte. Und die Japaner waren nun einmal als »Achsenmacht« Verbündete Hitlers.

»Aber waren Sie denn Kommunist?«, fragte ich Hans Müller.

»Ich war damals politisch noch gar nicht interessiert«, antwortete er mir. »Abgesehen von der Hauptfrage, dass ich Hitler nicht gernhatte.«

Müller nahm über Freunde Kontakt zu Mao Zedongs Armee auf, bestieg in Marseille ein französisches Schiff und fuhr nach Hongkong. Eine einundzwanzigtägige, angenehme Reise, wie er sich in unserem Gespräch erinnerte.

»In Hongkong war ich einen Monat«, erzählte Müller, dann bin ich mit dem Schiff nach Haiphong, von dort mit dem Lastwagen über Hanoi nach Nanning. Die Guomindang wollten mich nicht durchlassen.«

Die Guomindang waren die Truppen von Chiang Kai-shek. Chiang Kai-shek hatte schon 1927 begonnen, die chinesischen Kommunisten zu bekämpfen, sich dann allerdings mit ihnen für den Krieg gegen die eingerückten Japaner verbündet. Aber die Konkurrenz zwischen beiden Parteien blieb.

Die Guomindang wollten den jungen Arzt für das eigene Rote Kreuz ködern, doch Müller fühlte sich vom korrupten Offizierscorps der Nationalchinesen abgestoßen.

»Die Guomindang haben ihre Rekruten wie eine Herde von Tieren vor sich hergetrieben.« Hans Müller schilderte angewidert, was er gesehen hatte. »Ich wollte an die Front gehen. Und was ich von den Guomindang gesehen habe, das hat mich in meinem Wunsch sehr bestätigt.«

»Und dann haben Sie beschlossen, auf die Seite von Mao zu wechseln?«, fragte ich.

»Diesen Entschluss hatte ich bereits in der Schweiz gefasst. Von Maos Armee wusste ich nur durch Freunde und Bekannte, die ein wenig besser informiert waren als ich, dass die wirklich gegen die Japaner kämpften. Ich wurde aber von den Guomindang stark bewacht. Wo immer ich auch hinging, folgte mir ein Polizist. Aber ich hatte ein Visum und sagte, das gilt für ganz China. Jedenfalls haben sie dann klein beigegeben. Sie wussten ja nicht, wer ich bin.«

Und so gelang es Hans Müller, sich nach Yan'an, dem Hauptquartier von Maos Armee nach dem Langen Marsch, durchzuschlagen.

»In Yan'an hat man mich sofort sehr liebenswürdig empfangen«, schildert er seine Ankunft bei Maos Truppen im Sommer 1939. »Wenn ein Ausländer dorthin ging, war es eine Sensation. Damals gab es alles in allem in ganz Nordchina vier ausländische Ärzte!«

Der junge deutsche Arzt arbeitete zunächst in einem Krankenhaus in Yan'an, doch »da war mir die Sache ein bisschen zu friedlich«.

Er bat, an die Front versetzt zu werden. Der Chef des Sanitätsamtes der Achten Armee zögerte, weil Ausländer nicht in die gefährlichen Gebiete der heftigen Kämpfe geschickt werden sollten. Doch – so steht es in einer 1990 von chinesischen Autoren geschriebenen Propagandaschrift über »Hansi Mile« (für eine wissenschaftliche Analyse teilweise übersetzt von Müller-Enkelin Julia Werder) – Müller habe mit Nachdruck entgegnet: »Soldaten kämpfen an der Front. Arzt zu sein bedeutet auch, dass man um diese Soldaten kämpfen muss. Will medizinisches Personal den direkten Feind angreifen, findet es den Tod. Bekämpft es jedoch Krankheit und Behinderung, beschützt es die Gesundheit der Soldaten. Ich ersuche Sie, doch bitte meinen Antrag zu bewilligen.« Damit hatte der deutsche Arzt Erfolg, wie die chinesische Schrift vermerkt: »Angesichts der Aufrichtigkeit und Festigkeit seines Auftretens stimmte Mao, nachdem er gründliche Vorbereitungen getroffen hatte, Müllers Antrag zu und beschloss seine Entsendung zur Teilnahme am Kampf an die Widerstandsfront gegen Japan.«

So ging es per Lastwagen, auf Pferderücken oder gar zu Fuß über den Gelben Fluss, durch die japanischen Linien in die »befreiten« Gebiete, in die Berge. Müller, der in der Schweiz noch ein teures, edles deutsches Operationsbesteck gekauft und es mitgebracht hatte, wurde schnell zum Chirurgen. Operiert wurde unter den ärmlichsten Bedingungen. Wenn es ging, dienten einfache Bauernhütten als Hospital. Aber häufig wurden die Verletzten in unterirdische Berghöhlen verlegt, deren Eingang mit Unkraut und Ästen versteckt wurde, und dort operiert.

Müllers Assistenten und Pfleger waren elf- bis vierzehnjährige Jungen, meist Waisen, deren Eltern von den brandschatzenden Japanern umgebracht worden waren. Die Entbehrungen konnte nur ertragen, wer Sinn in seinem Opfer sah. Die tägliche Verpflegung bestand meist aus Hirse, manchmal gab es Gemüse.

Müller wollte über die schwere Zeit nur wenig preisgeben. Doch wie hart die Zeit für den Europäer gewesen sein muss, schildern seine chinesischen Biographen: »Manchmal blieb Müller nichts anderes übrig, als sich von Kaki-Mehl zu ernähren.« Die Kaki-Frucht wird getrocknet und zwischen zwei Mühlsteinen gemahlen. »Infolgedessen war nicht zu verhindern, dass er unter Verstopfung zu leiden hatte. Des weiteren aß er auch eine bitter und erdig schmeckende Rübenart, schwarze Sojabohnen in Wasser gekocht und Wildgemüsesuppe.« Aber auch der mangelnde Schlaf machte Müller zu schaffen. Und »weil es nicht möglich war zu duschen und die Kleider zu wechseln, hatte Müller, der schon immer großen Wert auf Hygiene gelegt hatte, am ganzen Körper Läuse – es war ein Juckreiz ohnegleichen.« Angeblich kribbelte es ihm bis zum Lebensende sofort am ganzen Körper, sobald von diesem Ungeziefer die Rede war.

Ständig hieß es auf der Hut sein vor den Japanern. Und bei dem Versuch, sich durch die japanischen Reihen zu schmuggeln, ging das deutsche Operationsbesteck verloren. Müller hat sich darüber maßlos geärgert. Denn es gab noch Tausende von Verletzten zu betreuen. Hunderttausende starben. Maos Armee war so schlecht ausgerüstet, dass es zwei Menschenleben kostete, ein Gewehr zu erbeuten.

Schließlich erkrankte der Mann aus dem Rheinland an Typhus und Ruhr, sodass er nach Yan'an zurückbeordert wurde.

Dort hat ihn Mao zum Mittagessen eingeladen.

»Mao sagte fast nichts«, erzählte Müller, »und ließ mich immer reden. Er wollte genau wissen, wo ich herkam, was ich über den Krieg dachte, über den europäischen Krieg. So habe immer nur ich den Mund aufgerissen.«

Auch Deng Xiaoping, mit dem Müller nach dem Krieg häufig Bridge spielte, hat er damals kennengelernt. »Deng Xiaoping war, als ich in den Gebieten hinter der japanischen Front war, politischer Kommissar in der Division, in der ich tätig war. Das hieß Division, aber die bestand aus etwa 300 000 Mann.«

Inzwischen waren die beiden fast Nachbarn.

Bridge, so heißt es, habe Hans Müller seinem Nachbarn beigebracht, und Deng widmete sich bis ins hohe Alter gern diesem Kartenspiel. Die chinesische Geschichte ist mit beiden ähnlich verfahren. Helden der Revolution, doch Verfolgte der Kulturrevolution. Wobei es dem Ausländer etwas besser erging. Professor Müller zog sich zurück, bezog nicht Stellung, überlebte ohne Demütigungen. Allerdings versuchte er, im Verborgenen zu wirken. Um den Sohn eines Kollegen zu retten, schrieb er Mao sogar einen Brief.

Da Müller ursprünglich nur bleiben wollte, bis der Krieg gegen Hitler beendet war, versuchte er 1945 mit Hilfe der Amerikaner heimzureisen. Die jedoch verweigerten dem Arzt aus Maos Roter Armee die Rückkehr. Trotzdem verabschiedete sich Müller von der Truppe.

Auf Deutsch bescheinigte ihm der Kommandierende General der 18. Armeegruppe Zhu De, dass »Herr Dr. med. Hans Kurt Müller vom 1. Oktober 1939 bis zum 1. September 1945 in der 18. Armeegruppe als

Arzt im Range eines Majors diente.« Drunter setzte er sein Siegel. General Zhu De war über viele Jahre Oberkommandierender der chinesischen Volksbefreiungsarmee und einer der engsten Vertrauten Maos. Er hatte sich gern mit Müller getroffen und auf Deutsch unterhalten. Denn Zhu De hatte 1924 und 1925 in Deutschland angeblich studiert, in Wirklichkeit aber kommunistische Zeitschriften verbreitet und sich Industrieanlagen angeschaut. Zweimal wurde er von den deutschen Behörden wegen revolutionärer Aktivitäten verhaftet und schließlich des Landes verwiesen.

Zhu De schaffte es bis zum Vizepräsidenten der Kommunistischen Partei Chinas und war in den siebziger Jahren Vorsitzender des Nationalen Volkskongresses. Vielleicht hatte er seine Hand im Spiel, als Hans Müller dort zum Mitglied gewählt wurde.

Der Faschismus in Deutschland war besiegt. Die Kommunisten in China hatten gesiegt. Jetzt konnte Hans Müller nun nach Hause. Nach Deutschland. Aber wie?

Die chinesische Armee überließ ihm zwei Pferde, bestimmte einen Begleiter, und so ritten sie in Richtung Russland – mit dem Fernziel Heimat. Monate waren sie unterwegs, ritten bis fast in die Innere Mongolei, aber stets leiteten feindliche Truppen der Guomindang ihn um.

Schließlich fiel es chinesischen Freunden nicht schwer, Müller zu überreden, doch weiter »mitzumachen«. Na gut, dann würde er eben bleiben. Wenigstens bis zum Sieg über die nationalchinesischen Truppen, dachte er.

Denn was sollte er in Deutschland?

Weil er Jude war, hatten die Nazis seinen Vater ins Konzentrationslager Theresienstadt gebracht. Er hat es überlebt.

Müllers Mutter war es gelungen, vielleicht weil sie »reformierter Religion« war und vielleicht auch wegen ihrer Verwandtschaft mit Ballin, nach Shanghai zu reisen, in der Hoffnung, ihren Sohn wiederzusehen. Aber Shanghai war von den Truppen Tschiang Kai-sheks besetzt – dem Feind der kommunistischen Truppen. Sie schrieb ihrem Hans Briefe, die er auch erhielt, doch die Mutter konnte nicht erreichen, wonach sie sich am meisten sehnte, den Sohn wieder in ihre Arme schließen. Der Vater kam 1945 in ein Erholungslager in Deggendorf, wie die

Mutter aus Shanghai schrieb. Ohne ihren Hans getroffen zu haben, nahm die Mutter 1946 schließlich das Schiff zurück nach Deutschland. Die Eltern hat Müller nie wiedergesehen.

Denn der Sieg über die nationalchinesischen Truppen kam zwar 1949. Inzwischen war Müller wieder häufig vor dem Feind davongelaufen – und einmal rannte auch eine japanische Krankenschwester mit ihm, die von den Truppen des Tenno übrig geblieben war.

»Von ihr wurde ich gefangen genommen«, schmunzelte Müller und fügte hinzu, »gefangen in der Ehe.« 1948 heiratete er Kyoko Nakamura.

Bis zum Sieg über Chiang Kai-shek, der sich 1949 geschlagen gab und mit seinen Anhängern nach Taiwan floh, hatte Müller zehn Jahre lang an der Seite von Maos Truppen als Chirurg mitgekämpft. Von 1939 an gegen die Japaner, von 1945 bis 1949 gegen die Nationalchinesen.

Ohne einen Tag Urlaub. Konsequent bat man ihn, der inzwischen fließend chinesisch sprach, er möge doch beim Aufbau helfen. Also blieb er noch ein bisschen. Als Direktor eines Krankenhauses. 1950 wurde er Professor und Leiter der Militärmedizinischen Hochschule in Changchun. Und ein Jahr später erhielt er die chinesische Staatsbürgerschaft und trat in die Kommunistische Partei ein. Im Alter von 38 Jahren wurde er Dekan der medizinischen Fakultät. Auch die Familie wuchs: ein Sohn, eine Tochter. 1960 brach er unter der Last der Arbeit zusammen. Das Herz machte Probleme. Er wurde nach Peking versetzt, wo er es bis zum Vizerektor der Medizinischen Hochschule in Peking brachte und bald die Pekinger Medizinische Akademie leitete, ein Amt, das er zur Zeit meines Besuchs noch bekleidete.

Und der Kommunismus? Ideologie blieb ihm immer fremd. Ganz sachlich sah er den Zustand Chinas. »Leider kann man niemandem schildern, wie das alte China wirklich aussah«, klagte er. »Damals, als ich in das Land kam, lag die Lebenserwartung bei fünfundzwanzig Jahren. Verhungernde säumten die Straßen. Heute kennt man keine Hungersnöte mehr.«

Doch Müller sah auch realistisch, dass China dreieinhalb Jahrzehnte nach der *Befreiung* noch ein armes, ein sehr armes Land war. »Diese Armut wird auch so schnell nicht überwunden werden«, sagte er voraus.

Zwar war er in den Chinesischen Volkskongress aufgenommen worden, aber als vollwertiger Chinese fühlte sich Hans Müller nie. »Die Nase ist zu groß, wie man hier in China sagt.«

Und als ich ihm erzählte, was ich wegen meiner langen Nase erlebt hatte, musste er laut lachen. Ich war zu den Gelben Bergen in der Provinz Anhui gefahren. Sie sind für Chinesen fast ein heiliges Gebirge. Dort stehen die Willkommen-Kiefer und die Abschieds-Kiefer, die man auf so vielen Tuschemalereien sieht. Besucher klettern auf die 1800 Meter hohen Gipfel der Granitfelsen über Treppen, die vor Jahrhunderten in Stein geschlagen worden waren, weil ein Kaiser die Berge besteigen wollte. Als ich hinaufstieg, begegnete ich einer chinesischen Familie mit Kindern. Das Kleinste fing plötzlich an, hysterisch zu schreien. Alle drum herum lachten. Als ich fragte, was so komisch sei, lachten sie umso lauter. Das Kind hatte auf meine große Nase gezeigt und geschrien: »Was ist das für eine große Katze?«

Die großen Nasen und Füße der Weißen haben schon immer Spott bei den Chinesen hervorgerufen. Prägte doch die Vorstellung von kleinen Füßen über tausend Jahre so sehr das chinesische Schönheitsideal, dass kleinen Mädchen schon die Zehen gebrochen und eingeschnürt wurden, sodass »Lotusfüße« entstanden, klein wie die Blüte einer Lilie oder einer Lotusblüte. Ein besonders gelungener Lotusfuß galt als besonders erotisch.

Meine – wahrscheinlich sehr deutsche – Vergangenheitsbewältigungsfrage, ob sich sein persönlicher Kampf gegen Hitler gelohnt habe, erstaunte Hans Müller. Er dachte nach und sprach in seiner bedachtsamen Art. »Unter den Bedingungen, unter denen ich Deutschland verlassen hatte, konnte ich kaum einen besseren Weg wählen. Ich bin mit meinem Leben zufrieden. Aber ein Vergnügen war es bestimmt nicht, vor den Japanern wegzulaufen.« Und das sagte er in einem Ton, als wolle er jetzt gern zur Tagesordnung übergehen.

Als Hans Müller 1994 an Herzversagen starb, schickten alle, die Rang und Namen in China hatten, Blumen: Staatspräsident Jiang Zemin, Außenminister Qian Qichen, Gesundheitsminister Chen Minzhang und die gesamte medizinische Gemeinde. Und ihm wurde noch eine große Ehre zuteil. Beerdigt wurde das rheinländische Mitglied des chinesischen Volkskongresses auf dem Babaoshan Revolutionärer Friedhof, wo auch sein Bridgepartner Deng Xiaoping und sein ehemaliger Kriegschef General Zhu De liegen, aber auch Pujie, der Bruder des letzten Kaisers von China. Sogar Pu Yi, der letzte Kaiser, war eine Zeit lang hier begraben, bis seine Asche in das östliche Qing Mausoleum bei Peking umgebettet wurde.

Nach solch einem Lebensweg, so abenteuerlich er war, lässt sich wahrscheinlich zufrieden ruhen.

ALLERLETZTE MELDUNG
Auf den Geschmack gekommen

Wenn Schaumgummi gut schmeckt, wird dies für die Weltraumfahrt zum Problem. Der Start der amerikanischen Raumfähre Discovery in einer Woche muss verschoben werden, wenn es nicht gelingt, 71 Löcher von bis zu zehn Zentimetern Durchmesser in der Isoliermasse der Treibstofftanks zu stopfen. Die Löcher hat ein gelbgeflecktes Spechtpaar gepickt, das sein Nest direkt in der Startrampe gebaut hat.

Der verzweifelte Erfinder
der Neutronenbombe

Die Sonne schien, als ich zu Sam Cohen fuhr. Immer den Sunset Boulevard entlang. Es war ein Sommertag, an dem ich mir eines dieser großen amerikanischen Cabriolets gewünscht hätte. Den Arm links raushängen lassen, lässig, mit der rechten Hand auf dem Lenkrad, den dahingleitenden Wagen steuern.

In Beverly Hills scheint selbst in der Wirklichkeit ein Traum aufzuleben.

Das Kamerateam und ich hatten für einen vernünftigen Preis Zimmer im »Beverly Hills«-Hotel erhalten, dort wo wenige Jahre zuvor das berühmte Foto von Faye Dunaway im seidenen Morgenmantel am Schwimmbad aufgenommen worden war. Am Morgen nachdem sie den Oscar für ihre Rolle in dem medienkritischen Film »Network« von Sidney Lumet bekommen hatte. Grüblerisch schaut sie vor sich hin, als wäre sie verwirrt, nachdem sie all die Zeitungen gelesen hat, die zu ihren Füßen scheinbar wie hingeschmissen liegen. Ich vermute, es war ein gestelltes Bild. Sie hat den Fotografen später geheiratet.

Auch Samuel Cohen wohnte am Sunset Boulevard, doch die Adresse war das Einzige, was er mit Filmstars gemeinsam hatte. Auf den ersten Blick wirkte er langweilig. Aber er war der Mensch, der die Neutronenbombe erfunden hatte.

Wir befinden uns im Jahr 1983.

Zwei Jahre zuvor ist Ronald Reagan zum Präsidenten der Vereinigten Staaten gewählt worden, und nun wird endlich die Erfindung, die Samuel Cohen schon 1958 gemacht hat, seine Bombe, gebaut werden. In Europa gilt sie als »Symbol der Perversion des Denkens« – so der Bundesgeschäftsführer der SPD, Egon Bahr. Dabei hat sich Samuel

Cohen bei seiner Erfindung nichts Böses gedacht. Die Bombe tötet Menschen mit Strahlen und lässt Häuser stehen.

Sein Tagesablauf ähnelte dem eines Buchhalters: Er stand früh auf, fuhr kurz vor acht ins Büro und kam abends gegen fünf nach Hause, wo ihn sein kleiner Pudel freudig begrüßte. Die Familie war meist ausgeflogen. Entweder mähte er dann den Rasen, schaute fern, während er sein tägliches Training mit den Hanteln absolvierte oder, was ihm besonderen Spaß machte, er goss sich einen Drink ein und las Comics.

Als ich an diesem Sonntagnachmittag bei ihm vorfuhr, stand der Rasenmäher nach getaner Arbeit noch vor dem Haus. Die abgeschnittenen Grashalme verströmten frischen Duft. Samuel Cohen saß auf der Terrasse, um ihn herum lagen fast so viele Zeitungen, wie bei Faye Dunaway auf dem Foto am Schwimmbad, denn am Wochenende waren darin seitenlang Comics abgedruckt.

Wir plauderten locker über das angenehme Wetter, über die Sonne, während das Kamerateam seine Gerätschaften aufbaute. Und er bat mich, ihn Sam zu nennen.

Am Vormittag hatte der große, schwere Mann Tennis gespielt. Am Abend zuvor war er mit seiner Frau und Freunden in einem Restaurant zum Essen gewesen.

Theaterbesuche langweilten ihn.

Er wirkte auf mich nicht wie ein Wissenschaftler, der er – streng genommen – ja auch nie war. Geistreiche Blitze eines Intellektuellen waren von ihm nicht zu erwarten. Und dass er die Neutronenbombe erfunden hatte, beschäftigte ihn nicht mehr, als wäre er der Erfinder von Ketchup. Denn dass er, Samuel Cohen, diese Waffe, die Lebewesen durch eine hohe Strahlendosis tötet, alles vom Menschen Erschaffene jedoch unangetastet lässt, als Erster konzipierte, hält er nur seiner Sturheit zugute.

Samuel Cohen verkörperte wie kaum ein anderer westamerikanisches, kalifornisches Denken, mit dem die Welt in Zukunft immer häufiger konfrontiert werden wird.

Aus dem Nordosten kam Sam, der 1921 auf einem Küchentisch in Brooklyn zur Welt gekommen war, im Alter von drei Jahren nach

Los Angeles. Sein Vater, ein Zimmermann, bevorzugte das sonnige Kalifornien.

Sams Vater war als kleiner Junge mit seinem Vater im Londoner East End in die Synagoge gegangen. Er glaubte an Gott, weil sein Vater ihn dazu zwang. Aber dann war Sams Vater so überwältigt vom Glanz und Reichtum der Synagoge, dass er den Vater fragte, weshalb sie zu Hause zu zehnt in nur einem Zimmer schliefen. Hätten nicht alle Kinder Gottes die gleichen Rechte in »Seinem Haus«? Es gab keine Erklärung, die den Jungen befriedigte. So nahm er Abschied von Gott. Und sein Sohn Sam wuchs als Atheist auf und blieb es sein Leben lang.

Samuel Cohen beschrieb sich deshalb auch als einen unausstehlichen, sturen Kerl, der »nie irgendeinem besonderen politischen oder geistigen Dogma angehörte. Der einzige Glaube, den ich je hatte, war, dass ich mich völlig der militärischen Sicherheit meines Landes hingegeben habe, auch dann noch, als ich im heftig umstrittenen Geschäft mit Atomwaffen war.«

Vielleicht sah er sich selbst da nicht ganz richtig. Denn sein Dogma, das ihn nicht nur intellektuell bewegte, sondern sogar seine Gefühle überkochen ließ, hieß »Antikommunismus«.

»Ich hasste die Kommunisten«, so Samuel Cohen, »und wegen dieses Hasses war ich bereit, an der Bombe zu basteln. Ich hasste sie, seitdem ich ein Kind war und kann auch erklären, warum.«

1925 war die Familie Cohen in East Los Angeles angekommen, in einem jüdischen Viertel. Es war zwar kein Ghetto, aber die meisten Menschen stammten aus europäischen Ghettos oder empfanden sich, wie Sams Vater, einer Gemeinschaft zugehörig. Man lebte in bescheidenen Verhältnissen. Die meisten Männer waren entschieden links. Viele hielten die Russische Revolution für die größte »Erfindung seit dem geschnittenen Brot«, so Sam Cohen, und wurden Kommunisten. Nachdem sein Vater Gott aufgegeben hatte, wurde er als Heranwachsender Sozialist und blieb es, bis Franklin D. Roosevelt an die Macht kam. Dann wechselte er zu den Demokraten. Viele seiner besten Freunde waren Kommunisten, während er die Diktatur Stalins ablehnte.

Eines Tages stellte Sams Vater fest, dass die Kommunisten aus der

Nachbarschaft versuchten, seine örtliche Gewerkschaftsgruppe zu übernehmen. Da platzte ihm der Kragen. Denn er war der Schatzmeister der Gewerkschaft und fing deshalb an, über die Aktivitäten der Kommunisten Buch zu führen. Bald hatte er genug zusammengetragen, um ihre Machenschaften auffliegen zu lassen. Er legte der Gewerkschaftsführung die Beweise vor. Daraufhin wurden die Kommunisten nicht nur aus der Gewerkschaft ausgeschlossen, sondern sie verloren auch ihre Jobs. Auch neue Anstellungen bekamen sie nicht, denn in Los Angeles herrschte ein starker Antisemitismus und ein noch heftigerer Antikommunismus.

Von da an war das Familienleben der Cohens gestört durch Drohbriefe und anonyme Anrufe, die Tag und Nacht über Jahre hinweg eingingen. Selbst die Freunde des jungen Sam wandten sich von ihm ab und schlugen ihn zusammen, wann immer sich die Gelegenheit ergab. So haben sie ihm seinen lebenslangen Hass auf den Kommunismus regelrecht eingebläut.

»Wegen dieser Kindheitserfahrung«, so Sam Cohen, »fühlte ich mich wohl beim Militär, das traditionsgemäß die Bolschewiken hasste.«

In der Schule glänzte er.

Besonders die Naturwissenschaften hatten es ihm angetan. Doch er sehnte sich nicht nach dem Studium. »Ich wollte eigentlich Totengräber werden«, sagte er, »was ich sogar eine Zeit lang war. Aber mein Boss hat mich rausgeschmissen, weil er nicht wollte, dass ich so enden würde wie er.« So promovierte Samuel Cohen in Physik an der University of California in Los Angeles. »Gott sei Dank kam der Krieg«, sagte er, »da habe ich mich schnell zur Armee gemeldet. Aber die wollte mich wegen meiner schlechten Augen nicht. Irgendwann brauchten sie dann auch Leute wie mich. Ich sollte zum Funker ausgebildet werden. Und damit ich was Technisches lerne, schickte das Militär mich nach kurzer Grundausbildung in Texas an das Massachusetts Institute of Technology.« Das MIT gilt als eine der bedeutendsten technischen Hochschulen der Welt.

Im Gegensatz zum warmen Kalifornien wird es an der Ostküste im Winter grässlich kalt. Darunter litt Sam fürchterlich, was wiederum mit seiner Mutter zu tun hatte. Schon mit wenigen Monaten, die

Familie lebte noch in Brooklyn, hielt ihn seine Mutter während des bitterkalten Winters jeden Tag unter einen kalten Wasserhahn. Diese »Kälteschock-Therapie« musste er jahrelang ertragen. Als er älter wurde, stand er dann stundenlang unter der warmen Dusche. Aber zum Abschluss musste er immer noch einige Minuten lang kaltes Wasser ertragen. Als die Familie in Los Angeles wohnte, ging sie, wie einem Ritual folgend, zu jeder Jahreszeit an den Strand. Sam badete also auch mitten im Winter im kalten Pazifik. Trotzdem ging er stets davon aus, dass seine Mutter ihn nur aus Liebe misshandelte.

»Sie können sich vorstellen, dass ich im Lauf der Zeit eine außerordentliche Abneigung gegen Kälte entwickelte.«

Noch in hohem Alter sagte Sam: »Was meinem körperlichen Wohlbefinden dienen sollte, war in Wirklichkeit Folter.«

»Am kältesten Tag im Januar 1944 schwänzte ich den Unterricht beim MIT, weil ich nicht durch den Eiswind in den Unterricht gehen wollte«, erzählte er, »denn aus irgendeinem perversen Grund verboten die Regeln der Armee, dass wir im akademischen Umfeld Ohrenschützer anlegten und Schals vor dem Gesicht trugen. Da flog plötzlich die Tür zu meinem Zimmer auf, und der Sergeant schrie: ›Okay, Cohen, heb deinen Arsch, zieh dich an und melde dich.‹«

Ein paar Tage später war der dreiundzwanzigjährige Samuel Cohen in Los Alamos im warmen Texas und arbeitete unter Robert Oppenheimers Führung am Manhattan-Projekt, dessen Ergebnis die Bomben von Hiroshima und Nagasaki sein würden.

Cohen spezialisierte sich in Los Alamos auf den Bereich Strahlenforschung, und von da an war sein Berufsweg vorgezeichnet. Den Rest seines Lebens würde er darüber nachdenken, wie man Strahlen militärisch einsetzen kann.

»1951 wurde zum Wendepunkt meines Lebens«, sagte er, nahm einen Schluck und schaute über den frisch gemähten Rasen. »Das Pentagon schickte mich nach Korea auf eine geheime Mission. Ich sollte meine Meinung über einen möglichen Einsatz von Atombomben in diesem Krieg abgeben.«

Sam Cohen kam erschüttert aus Korea zurück, wo er in der Stadt Seoul das Leiden der Menschen nach unzähligen konventionellen

Bombenangriffen gesehen hatte. Ziviles Leben war in den Ruinen nicht mehr möglich. Er sah Kinder, die Abwasser tranken, weil sie sonst verdurstet wären. Menschen streunten wie Zombies durch die Straßen. Seoul glich den Fotos von Dresden und Hiroshima so sehr, dass in Cohens Kopf die Vorstellung von einer kleinen Atombombe für das Gefechtsfeld entstand, die wenigstens die Häuser unbeschadet stehen lassen würde. Eine Bombe, die Soldaten durch die Strahlendosis sofort ausschalten und deshalb einen Krieg schnell beenden würde.

Weil Samuel Cohen ein hervorragender Mathematiker war, hatte er schon bald mit Hilfe eines Rechenschiebers, den ihm einst sein Vater zum 15. Geburtstag geschenkt hatte, alles Notwendige kalkuliert. »Den Rechenschieber benutze ich noch heute«, sagte er, ging kurz ins Haus und kam mit einem dieser weißen linealartigen Schieber zurück, wie wir sie noch beim Abitur benutzen durften. Mit elektronischen Rechnern ginge es doch viel schneller, warf ich ein. Nein, meinte Sam, »mit elektronischen Maschinen komme ich nicht zurecht«.

»Hatten Sie denn gar keine moralischen Bedenken, als Sie diese Atomwaffe entwickelten?«, fragte ich ihn.

»Keineswegs, denn die Neutronenbombe ist die moralischste Waffe, die je erfunden wurde«, antwortete er, die Bedenken hätten erst die Europäer ins Spiel gebracht.

Damit argumentierte er strikt kalifornisch. »Denn erstens wurde die Neutronenbombe nicht als Defensivwaffe für Europa, sondern als Angriffswaffe für Asien konzipiert. Allerdings haben wir seit Hiroshima einen Schuldkomplex, weshalb in Asien keine Atombombe mehr eingesetzt werden darf. Zweitens zerstört die N-Bombe weniger als konventionelle Bomben, siehe Dresden, auch weniger als Atom- oder Wasserstoffbomben, siehe Hiroshima. Oder finden Sie Napalm moralischer?«

Sam Cohen verstand seine Kritiker nicht – wirklich nicht, und auch das konnte er erklären. Einerseits war er kein zwiegespaltener Mann wie Edward Teller, der zeit seines Lebens dagegen kämpfte, Vater der Wasserstoffbombe genannt zu werden, der aber mit jeder möglichen Waffe und fast krankhaftem Antikommunismus alles »Böse« (die Sowjets) bekämpfen wollte.

Auf der anderen Seite fühlte Sam sich nicht wie J. Robert Oppenheimer, der, später von Gewissensbissen geplagt, am liebsten seine Erfindung, die Atombombe, ungeschehen gemacht hätte. Gegen Oppenheimers verspätete Reue führte Samuel Cohen an, in Los Alamos habe der hehre Geist noch anders gesprochen. Und er tat so, als vertraue er mir ein Geheimnis an: Am Tag der Explosion der Atombombe über Hiroshima habe Oppenheimer – anders als sonst – ganz bewusst einen großen Auftritt im Versammlungsraum von Los Alamos inszeniert. Er, der sonst immer auf die Sekunde pünktlich war und die Bühne von der Seite her betrat, kam diesmal mit Verspätung langsam den Mittelgang herunter, genoss den lang anhaltenden Beifall, den ihm die Wissenschaftler im Stehen darboten, und sprach abfällig von den »Japsen«, die nun besiegt seien.

Und dann sagte Oppenheimer, er bedaure nur eines zutiefst, nämlich dass die Bombe nicht rechtzeitig zum Einsatz in Deutschland fertig gewesen sei.

Es dauerte nicht lange, bis Oppenheimer, der nach dem Krieg wieder lehrte, nach Los Alamos zurückkam und vor den Folgen eines Atomkriegs warnte. Er hatte moralische Bedenken, weil nun er als der Vater der Atombombe galt.

»Ich habe ihm seinen moralischen Wandel nie geglaubt«, sagte dazu Sam Cohen völlig ohne Emotionen.

Oppenheimer riet nun heftig vom Bau der Wasserstoffbombe ab. Damit kam er wieder einmal in Konflikt mit Edward Teller, der unter Oppenheimers Führung schon am Manhattan-Projekt mitgearbeitet hatte. Teller hatte jedoch keine moralischen Bedenken. Er wurde, wie Samuel Cohen, von einem unbändigen Hass auf die Kommunisten getrieben.

Auch Edward Teller habe ich mehrfach interviewt, in Washington und bei ihm zu Hause in Stanford. Er war 1908 in Budapest geboren, dort aber war es Juden verboten, die Universität zu besuchen, weshalb er in Deutschland studierte, bei Heisenberg promovierte und wegen seiner jüdischen Abstammung 1934 vor den Nazis nach Dänemark floh. Als dann die Gefahr bestand, dass die Deutschen auch dort einmarschierten, ging er in die USA. Ich fragte ihn, ob dieses ständige

Wechseln der Forschungsstätten ihn nicht behindert hätte, doch er antwortete zu meinem Erstaunen: »Ganz im Gegenteil. Ich habe Ungarn verlassen und meine von dort stammenden Vorurteile bald abgebaut. In Deutschland war ich lang genug, um Denkhemmungen zu übernehmen. Doch die verlor ich schnell wieder. Und in Dänemark war ich dann zu alt, um noch einmal geistige Beschränkungen zuzulassen.«

Teller war unglaublich von sich selbst eingenommen. Samuel Cohen war mit ihm befreundet, schließlich teilten beide den Hass auf die Sowjets. Und Teller setzte sich sehr für die Neutronenbombe von Cohen ein.

Ich schilderte Sam meinen letzten Besuch bei Edward Teller, bei dem er sich so hasserfüllt und aggressiv gegenüber der restlichen Welt äußerte, dass es mir großes Unbehagen bereitete. Ich hatte Tellers Haus damals so schnell wie möglich verlassen.

»Ja, so konnte er sein«, sagte Sam, »er war sicher, neben Herman Kahn, einer derjenigen, die Stanley Kubrick als Vorbild für ›Dr. Strangelove – Dr. Seltsam‹ in seinem satirischen Film über die Liebe zur Bombe (1964) gedient haben. Ich habe den Film zu Hause und mindestens schon ein Dutzend Mal gesehen und werde ihn den Rest meines Lebens immer wieder anschauen. Teller hatte ein unkontrolliert zorniges Auftreten.«

Am Manhattan-Projekt hatte auch der 1900 in der Ukraine geborene George Kistiakowsky mitgearbeitet. Der hat seine Mitarbeit an der Atombombe später stets bereut und stand inzwischen den Gedanken der deutschen Friedensbewegung näher als denen der Atomlobby. Ich bat ihn 1981 in Washington um ein Interview, und er erzählte mir von einem Vorfall, der seiner Meinung nach Edward Teller für den Rest seines Lebens psychisch geschädigt habe.

Ein tiefer Grund für den Streit zwischen Oppenheimer und Teller lag in Oppenheimers Ablehnung der von Teller erfundenen Wasserstoffbombe.

1954 wurde J. Robert Oppenheimer vor den McCarthy-Ausschuss des Senats zitiert. Es sollte überprüft werden, ob er weiterhin die höchste Sicherheitsstufe erhalten sollte, oder ob er vielleicht zu viele kommunistische Freunde hätte. Auch Edward Teller wurde als Zeuge in dieser Anhörung befragt, und er bezweifelte offen, dass Oppenheimer in Rüstungsfragen wirklich zuverlässig sei. Aufgrund dieser Aussage wurde Oppenheimer der Zugang zu Staatsgeheimnissen entzogen. Das, was Kistiakowsky mir dann schilderte, spielte sich beim jährlichen Festessen der Atomforscher ab. Dieses Ereignis war für die Wissenschaftler der gesellschaftliche Höhepunkt des Jahres. Die Männer trugen Smoking, die Frauen Abendkleider. Nachdem Teller gegen Oppenheimer vor dem McCarthy-Ausschuss ausgesagt hatte, fand dieses Festessen wieder statt, und als Edward Teller mit seiner Frau zu dem Tisch trat, an dem sie Platz nehmen sollten, standen plötzlich alle daran sitzenden Wissenschaftler auf und verließen schweigend den Saal. Teller war vor aller Augen blamiert.

Ich fragte Sam, ob er diese Geschichte kenne.

»Ja, das war das Peinlichste, was Teller je ertragen musste«, sagte er. »Er hat sich von dieser öffentlichen Bloßstellung nie wirklich erholt.« Dann schwieg Sam einen Moment, holte tief Luft und fragte mich, ob ich einen neuen Drink vertragen könne. Als ich nickte, ging er in die Küche und kam bald mit zwei kalten Gin Tonic zurück.

»Teller und ich haben gemeinsam für den Bau der Neutronenbombe gekämpft«, sagte er. Niemand im Pentagon wollte seine Erfindung umsetzen. Als wollte er Ketchup an Supermärkte verkaufen, so reiste Samuel Cohen durch die Lande und pries seine Erfindung an. Im Senat fand er schließlich einen Unterstützer. Doch im Pentagon: nur Ablehnung. Bei der Nato: nur Stirnrunzeln. Wenn er an seine Diskussionen mit den Militärs dachte, fiel Sam nur Negatives ein: »Die wollen doch nur alles wegblasen.«

Die Air Force wollte die Strahlenbombe nicht. Aber die Navy wurde hellhörig: Damit könnte sie beim Senat vielleicht mehr Geld für ihre Flugzeugträger herausholen. Samuel Cohen stellte fest: Nicht im Pentagon lagen Macht und Vernunft, sondern beim Präsidenten. Und er hatte Glück. Präsident Eisenhowers Sohn, Adjutant seines Vaters, hörte Cohen begeistert zu.

»Er fragte mich bald, ob ich eine Minute warten könne. Ich antwortete: sicherlich«, erzählte Sam. Der Sohn wollte den Vater der

Neutronenbombe dem Präsidenten vorstellen. Doch schon nach einigen Minuten kam er traurig zurück. »Ich wollte, dass mein Vater das gleich hört, aber er ist im Garten.« Der Präsident spielte im Garten des Weißen Hauses Golf und hatte die Order ausgegeben, er wolle sich entspannen und dürfe nur im Falle eines Krieges gestört werden. Vielleicht liegt darin der Grund, weshalb Samuel Cohen später, im hohen Alter, seiner Autobiographie den Titel »F*** you! Mr. President« gab und sich auch von Freunden nicht dazu überreden ließ, ihn zu ändern.

Kennedy hielt nichts von der Bombe – und empfing den Erfinder nicht. Nixon dagegen ließ sich die Vorzüge der Strahlenwaffe erklären. Sam schüttelte zwar immer noch den Kopf vor Verwunderung, als er sagte: »Seine Wortwahl war genauso obszön, wie wir sie von den Watergate-Tonbändern kennen.« Aber er meinte auch, dass Nixon 1968 die Neutronenbombe hätte bauen lassen, wenn Kissinger nicht dagegen gewesen wäre.

Nixons Nachfolger Gerald Ford stimmte der Entwicklung der Neutronenbombe zu, und Jimmy Carter erbte das Programm zu seinem Entsetzen. Er wollte eher abrüsten, konnte sich aber nie entscheiden, was nun geschehen sollte.

Der Zufall wollte es schließlich, dass Samuel Cohen gerade in Paris lebte, als Ronald Reagan dort auf seiner Tournee im Vorwahlkampf Station machte. Ein Freund von Sam Cohen rief ihn an und schlug vor, er möge doch Reagan treffen. Cohen sprang in die Metro, fuhr zu Reagans Hotel, und die beiden verstanden sich blendend. Nach mehreren Stunden wurde Cohen von Reagan in dessen Beraterstab aufgenommen. Als Präsident genehmigte der dann den Bau von siebenhundert Neutronenbomben, und damit waren die Verkaufsreisen von Samuel Cohen abgeschlossen.

Sam sagte nachdenklich: »Oppenheimers Denken kam aus Europa, seine komplizierte, ihn selbst schmerzende Moral wurde von christlicher Religion geprägt. Ich dagegen denke nur praktisch. Wenn man Kriege führen will, dann eben mit möglichst wenig Schaden, Sachschaden.«

Sein Hund bellte im Haus. Sam stand auf, holte den kleinen Pudel aus dem Wohnzimmer und setzte ihn auf seinen Schoß.

Ich stieß mich an dem Wort »Sachschaden«. Würden nicht auch viele Menschen an den Strahlen der Neutronenbombe jämmerlich zugrunde gehen? Sam verteidigte seine Bombe langatmig. Schließlich sagte er: »Was machen denn konventionelle Waffen? Nur eine Meile von hier, wo wir jetzt sind, steht ein Veteranen-Hospital der US-Regierung. Ich will Sie jetzt nicht einladen, mit mir dorthin zu fahren und sich mal anzuschauen, was konventionelle Waffen anrichten. Aber wir wissen es ja. Die Glieder werden abgerissen und so weiter und so fort. Wie kann man die Neutronenbombe ablehnen, wenn wir normale Atomwaffen in Europa liegen haben, die Menschen verbrennen, verstümmeln und einem noch schrecklicheren Tod oder gar Leben aussetzen?«

Dann entschuldigte er sich für einen Moment, er müsse die Toilette aufsuchen.

Ich habe lange gezögert und überlegt, ob ich in diesem Zusammenhang nun eine äußerst peinliche, ja, wie ich finde, fürchterliche Geschichte aus Sams Jugend erzählen soll. Sie sagt einiges darüber aus, warum er so geworden ist, wie ich ihn kenne. Doch da er später in hohem Alter selber ausführlich in seiner von ihm selbst verfassten Biographie auf seine Mutter und diese spezielle Erziehungsmethode, die er wiederum Folter nennt, eingeht, will ich auch davon berichten.

Mutter Cohen war überzeugt, dass langsame Verdauung oder gar Verstopfung allmählich den Körper tödlich vergiften würden. »Ihre anale Überzeugung«, so Samuel Cohen, war für sie eine Glaubensfrage. Und die teilte sie mit ihrem Sohn, sobald der alt genug war zu verstehen, was sie sagte. Sam wurde erklärt, dass er sich in Todesgefahr befinde, wenn er nicht häufig und auch ausgiebig Stuhlgang habe, und er glaubte es. Würde er ihre Vorgaben, was die Ernährung betraf, nicht befolgen und an Fäkalvergiftung sterben, dann würde auch sie, seine geliebte Mutter, sterben, aus Trauer um ihren Sohn.

Also gehorchte er ihr aus Liebe.

Um sicherzugehen, dass er auch ständig auf die Toilette ging, wurde Sam peinlichen Verhören unterzogen. Er musste seiner Mutter dabei gerade in die Augen schauen, damit sie sehen könnte, ob er lüge. Wenn ein Spiel- oder Schulkamerad mit Sam sein Pastrami-Sandwich gegen etwas tauschte, dass er von zu Hause nicht mitbekam, und seine Mutter merkte es, dann musste er sofort ins Badezimmer, ein Brechmittel schlucken und alles ausspucken.

»Das ist ein klassisches Symptom für Strahlenkrankheit durch eine starke Dosis Neutronen«, erklärte Sam Cohen dazu ironisch. Auch starker Durchfall sei eine Folge der Vergiftung durch eine Neutronenbombe.

Den Durchfall verursachte seine Mutter immer wieder durch Medikamente, die Sam in den Hintern gepumpt wurden. Mit der Zeit wurden ihm täglich Gemüsesäfte eingeflößt, um den Stuhlgang zu beleben. Und wenn die Säfte nicht ausreichend wirkten, dann verabreichte sie ihm Abführmittel.

Wenn Sam mit Kindern spielte und ihn plötzlich »das Bedürfnis« überkam, schaffte er es nicht immer nach Hause. Wegen des Gestanks zogen sich immer mehr seiner Spielkameraden zurück, sodass er sich aussätzig wie ein Leprakranker fühlte. Als er dann eingeschult wurde, begann für ihn ein wahres Martyrium. Manche Lehrer ließen Sam während des Unterrichts nicht austreten. Und wenn er dann nicht an sich halten konnte, litten die Mitschüler unter dem Mief, bis er nach Hause geschickt wurde. Seine Mutter putzte ihn brav und wusch die Hosen. Aber sein Vater war nicht so tolerant, und wenn der Junge wieder mal mit voll geschissenen Hosen nach Hause kam, konnte der, wie in einem Zornesausbruch, das Gesicht seines Sohnes in die Hose drücken. – Eine Kindheitserinnerung, die ihn nie mehr verließ.

In der High School begann Sam sich dann für Naturwissenschaften zu interessieren und war besonders gut in Chemie. Sein Chemielehrer schlug deshalb vor, er solle zusammen mit anderen aus seiner Schule an einer Prüfung teilnehmen, bei der die ersten vier oder fünf von mehreren Hundert ein Stipendium für ein Hochschulstudium erhielten. Er büffelte wie wahnsinnig für das Examen.

Am vorgesehenen Morgen holte ihn der Chemielehrer mit einigen anderen Klassenkameraden ab und fuhr ihn zur Prüfung. Wie üblich hatte seine Mutter ihn mit besonders viel Karottensaft voll gepumpt, um alles Gift aus seinem Körper zu entfernen und seine geistige Kraft zu stärken. Er wäre dann noch besser als sonst.

Bevor das Examen begann, wurde den Schülern erklärt, sie dürften den Raum für einen Gang zur Toilette erst nach der Hälfte der Zeit verlassen, um zu verhindern, dass sie abschrieben. Kaum hörte Sam diese Worte, begann er sich zu verkrampfen. Als zwei Drittel der Zeit vergangen waren, begannen die ersten Krämpfe ihn durchzuschütteln. Er versuchte, sich auf die Aufgabe zu konzentrieren, was ihm für eine kurze Zeit gelang. Schließlich machte er in die Hosen, bevor er den Raum verlassen durfte. Er rannte raus, hielt sich die Hose, sodass nichts herausfiel, und schoss in die nächste Toilette.

»Ich hoffte, ich könnte mich so weit reinigen«, schrieb Samuel Cohen in seiner Autobiographie, »um zurückzukehren und zu erklären, was geschehen war. Ich wollte um Entschuldigung bitten und weitermachen. Es war nicht möglich. Ich war durch und durch verschmutzt und stank.«

Sam zog seine Hose aus, und weil er für die Rückfahrt auf den Chemielehrer angewiesen war, wanderte er stundenlang über den Campus, jede Begegnung mit anderen vermeidend, bis die Prüfung zu Ende war und der Lehrer seine Schüler in großem Schweigen wieder zurückfuhr.

Sam ging nie mehr in den Chemieunterricht. Trotzdem gab ihm der Lehrer am Jahresende eine »Eins« im Zeugnis.

Nach diesem Erlebnis wurde aus der Liebe zur Mutter Hass. Später hat Sam seine Kinder nie mit seiner Mutter allein gelassen, aus Angst davor, was sie ihnen antun könnte.

Sam kam fröhlich aus dem Haus und brachte, neben frisch gefüllten Gläsern, eine flache Schatulle mit.

»Sie haben mich doch vorhin nach der moralischen Bedeutung meiner Erfindung gefragt. Schauen Sie hier«, er öffnete das Kästchen und holte eine flache Medaille heraus, »das ist die Friedensmedaille des Papstes. Die hat mir Johannes Paul II. 1979 im Vatikan persönlich überreicht!«

So führte er zu seinen Gunsten an, dass er von der katholischen Kirche, einer höchst moralischen Anstalt, reingewaschen worden war.

Ein Freund, ehemals Air-Force-General, jetzt Restaurantbesitzer in New York, lud Cohen zusammen mit dem Beobachter des Vatikan bei den Vereinten Nationen, Bischof Giovanni Cheli, und mit dem aus Rom zu Besuch weilenden Erzbischof Agostino Casaroli zum Abendessen ein. Cohen, von einem ebenfalls eingeladenen Jesuiten, einem Harvard-Absolventen, wegen seiner Waffe verurteilt, überzeugte die Bischöfe mit seiner praktischen Argumentation. Die Bischöfe und der Bombenbauer verstanden einander so gut, weil Sam einen völlig unaggressiven Charakter hat – auch hier ganz das Gegenteil von Edward Teller, dass er im Juni 1979 eine unerwartete Einladung erhielt.

Casaroli sollte im Vatikan zum Kardinal ernannt werden, und Samuel Cohen wurde als besonderer Gast geladen – als Mitglied der amerikanischen Delegation.

Sam flog nach Rom.

Was er dort erlebte, hätte auch ein Drehbuchautor aus Beverly Hills nicht besser erfinden können. Die Zeremonien überschlugen sich, tagelang wurde Cohen, Gast von Kardinal Casaroli, der das Amt des Außenministers des Vatikan übernehmen sollte, bei Empfängen und Essen herumgereicht, und zu seinem Entsetzen stets als »Vater der Neutronenbombe« vorgestellt.

»Dem ersten armen Kerl, dem ich so vorgestellt wurde«, sagte mir Sam diebisch grinsend, »fuhr der Schock in die Glieder. Als dieser, ein Kardinal, sich erholt hatte, sagte er: ›Sie müssen ein fürchterlicher Mensch sein.‹ Aber schon antwortete Bischof Cheli an meiner Stelle, nein, er ist eine durch und durch moralische Person.«

Schließlich wurde Cohen auch Papst Johannes Paul II. vorgestellt – der gefasst sagte: »Ich nehme an, Sie arbeiten für den Frieden?«

So weit die Frage der Moral.

Und die Erfindung? »Ach Gott«, sagte Sam, »die kann man vergessen. Die wird zwar gebaut, aber passt nicht in die NATO-Strategie. Wenn man uns nicht will, sollten wir Amerikaner uns aus Europa zurückziehen. Denn was dort passiert, ist nichts anderes als die Vorbereitung des Dritten Weltkrieges.«

Das sagte er so kühl, als wollte er mich zu einem weiteren Glas ermuntern.

Aber es kam anders.

Mit Gorbatschow setzte das Tauwetter ein. Der Kalte Krieg wurde beendet. Die Abrüstung begann, und Ronald Reagans Nachfolger George Bush ließ die siebenhundert Neutronenbomben vernichten.

Damit sah Sam seine Existenzberechtigung schwinden und behauptete schließlich, es gebe hundert Mikro-Atombomben in den Händen von Terroristen, fünfzig davon bei Saddam Hussein, der sie im Falle einer Invasion gegen US-Truppen einsetzen werde.

Solche verrückten Geschichten stehen ja noch nicht einmal in Comicstrips.

Als wir uns verabschiedeten, sagte Sam auf Französisch: »C'est la vie – so ist das Leben.«

»Merci beaucoup – vielen Dank«, antwortete ich.

»Thank you. So we finish in French!«

Sam begleitete uns zum Auto, den kleinen Pudel auf dem Arm. Als wir den Sunset Boulevard hinabfuhren, schob er den Rasenmäher in die Garage.

ALLERLETZTE MELDUNG
Hoechst vertraulich

Im Umgang mit Worten sind manche Leute genauso ungenau wie im Umgang mit Giften. Doch bei den Worten sind sie besonders dann ungenau, wenn sie mit den Giften nicht sorgsam genug umgegangen sind. Nach einem Chemieunfall bei Hoechst hieß es, die ausgetretenen Schadstoffe seien mindergiftig. Wie das schon klingt. Mindergiftig ist Beamtendeutsch und heißt wahrscheinlich: weniger giftig. Aber heute stellt sich heraus, dass die Firma Hoechst sich auch in der Wahl des Wortes getäuscht hat. »Mindergiftig« ist nämlich auch giftig, und wie sich nun plötzlich ergibt, sind die ausgetretenen Chemikalien so giftig, dass sie als krebserregend gelten, aber vielleicht nur minderkrebserregend?

PARISER ZUSTÄNDE

Auf die Frage, was er an einem freien Tag in Paris mache, antwortet Ulrich Wickert: »Ich gehe zunächst zu meinem Kiosk und kaufe mehrere Zeitungen. Dann gehe ich frühstücken im Café de Flore an der Place Saint-Germain. Dort treffe ich morgens Freunde, die abends nicht können. Zu einem solchen Tag gehört für mich unbedingt ein Spaziergang im Jardin du Luxembourg. Das ist meine romantische Seite. Es gibt kaum einen französischen Autor, der nicht eine Szene geschrieben hat, die in diesem Park spielt. Und dann finde ich bemerkenswert, dass dort die Statuen aller Königinnen Frankreichs stehen. In Deutschland würde man nur Statuen von Männern hinstellen. Und am Abend? Da treffe ich mich mit Freunden in einem kleinen Restaurant.«

Als er noch als Journalist aus der französischen Metropole berichtete, war Wickerts Leben natürlich hektischer. Sein erster Auftrag war 1969 die Berichterstattung über die Präsidentschaftswahl nach dem Rücktritt Charles de Gaulles, die dann Georges Pompidou gewann. Von 1978 bis 1981 arbeitete Wickert im Frankreich-Studio der ARD, von 1984 bis 1991 leitete er das Pariser ARD-Studio, um über die französische Politik und Gesellschaft zu berichten. Immer wieder war Wickert aber auch für Unkonventionelles zu haben. Eine seiner bekanntesten Reportagen handelte davon, wie man am besten die Place de la Concorde überquert. Im Selbstversuch schritt Wickert über den viel befahrenen Platz, ohne auf den Verkehr zu achten. Die französischen Autofahrer waren gezwungen, ihre Fahrweise anzupassen. Auf einem deutschen Platz wäre er so garantiert überfahren worden. Die Reportage erklärte mehr über die Unterschiede zwischen Paris und Berlin als ein langer Essay und ist symptomatisch für Wickerts Herangehensweise. Mit seinen erfolgreichen Büchern Frankreich: Die wunderbare Illusion, Und Gott schuf Paris, Vom Glück, Franzose zu sein, Mein Paris *und zuletzt* Frankreich muss man lieben, um es zu verstehen *hat er wie kein anderer das Frankreich-Bild der Deutschen in den letzten dreißig Jahren geprägt.*

Der Eiffelturm? Welcher Eiffelturm?

Wen der Weltschmerz peinigt, der möge früh am Morgen in die Mitte der Seine schreiten, auf dem Pont des Arts, jener Fußgängerbrücke, die vom Louvre hinüberführt zum Institut, unter dessen gewaltiger Kuppel die alten Mitglieder der ehrwürdigen Académie française seit mehreren Jahrhunderten tagen. Mitten auf der Brücke verharre dann, wen sein Gemüt bewegt, und verweile mit dem Blick gen Osten, wenn Menschen noch nicht aus den Metroschächten der Rive Gauche über die Bohlen in die Büros der Rive Droite hasten. Dann fließt das dunkle Wasser noch glatt auf einen zu, bewegt sich wie Muskeln unter der zarten, faltenlosen Haut eines sich räkelnden jungen Mädchens.

Meist strahlt einem das hellgraue Licht diffus über die Notre Dame entgegen, lässt die Île de la Cité als Silhouette erscheinen, erkennbar nur der Turm der Conciergerie, die hohe gotische Spitze der Sainte Chapelle und drei Finger breit südlich die stumpfen Türme ebenjener Notre Dame.

An beiden Seiten der Insel vorbei bündelt sich das Wasser als Lebenskraft erneut unter den Bögen des Pont Neuf, in deren Mitte Henri IV. hoch zu Ross thront – weil er den Bau dieser Brücke zu Ende führen ließ.

Häuser, Ufer und Louvre, alle aus dem gleichen hellen, leicht angegrauten Kalksandstein, tunkt jedes Licht in gleiche Farbe, meist ebenjenes helle Grau, das in den Bleidächern noch keinen Abschluss findet; denn auch der Himmel passt sich den bei unterschiedlichem Licht wechselnden Tönungen des Bildes an. Je dunstiger die Luft, je verschwommener die Stadt, desto leichter fällt dem Fremden der Zugang zu dem, was Paris ist: sichtbare Schönheit im Vordergrund und zu ahnende Tiefe im Hintergrund, beides sich ergänzend, keineswegs ein Gegensatz.

Über müde Füße klagen all jene, die den ganzen Tag auf der Jagd nach dem Vordergrund waren, die Anfänger auf den Champs-Élysées, auf dem Hügel von Sacré-Cœur oder auf dem Eiffelturm.

Der Eiffelturm! Ob man ihn besteigen solle, möge man einen eingefleischten Pariser bloß nicht fragen, da der arrogant abweisend antworten wird: »Der Eiffelturm? Welcher Eiffelturm?« Denn da sind sich alle Menschen gleich. Der Pariser begleitet vielleicht aus Höflichkeit seinen aus Köln angereisten Freund auf den Turm, so wie der Kölner den Kölner Dom höchstens besteigt, wenn er Besuch aus New York erhält, und der New Yorker fährt mit dem Aufzug zur Aussichtsterrasse des Empire State Building nur, wenn ihn sein römischer Freund bittet, ihn zu begleiten, denn er habe den Petersdom ja auch nur seinetwegen erklommen.

Mit dem Eiffelturm möge man so umgehen: sofort besteigen – und hinterher wie ein guter Pariser ignorieren. Von der dritten Etage aus erhält man einen perfekten Überblick, einen Sinn für die Geographie der Stadt, aber kein inniges Gefühl, denn man befindet sich allzu weit oben und zu weit weg. Anschließend kann man sich als Fortgeschrittener ausgeben und wird viel lieber auf die Dachterrasse des Luxushotels klettern, das im Gebäude des ehemaligen Kaufhauses Samaritaine gebaut wird – rechts am Ufer an der Rue du Pont Neuf –, und von dort über die Stadt schauen. Sehr viel intimer und unmittelbarer wirkt da der Blick über die Dächer von Paris.

Der Eiffelturm wird jedes Jahr von fast acht Millionen Menschen bestiegen, keine andere Sehenswürdigkeit in Frankreich wird so bedrängt. Was seit mehr als hundert Jahren Paris als Wahrzeichen ziert, war einst heftig umstrittenes Teufelszeug. Denn zur Hundertjahrfeier der Französischen Revolution im Jahr 1889 wurde der dreihundertzwanzig Meter hohe Turm zunächst nur als Provisorium errichtet.

Der Ingenieur Gustave Eiffel (1832–1923) galt als einer der klügsten und modernsten Brückenbauer seiner Zeit: Er hatte schon für den Bildhauer Frédéric-Auguste Bartholdi das Metallskelett der New Yorker Freiheitsstatue entworfen. Frankreich hatte sie den Amerikanern zu deren hundertstem Jubiläum der Unabhängigkeit 1886 geschenkt, weshalb in Paris auch zwei Abbildungen dieser Figur stehen, eine kleine im Jardin du Luxembourg, eine größere – immerhin fast zwölf Meter hoch – mitten auf der Seine an der Pont de Grenelle. Und an der Place de l'Alma, in deren Unterführung Lady Di ums Leben kam, wurde die Originalausgabe der Flamme der Freiheitsstatue aufgestellt, nachdem das Monument in Manhattan renoviert worden ist.

Gustave Eiffel also gewann die Ausschreibung für einen aus Eisen erbauten Turm, der ausdrücklich das höchste von Menschenhand errichtete Bauwerk der Welt sein und die magische Zahl von eintausend Fuß Höhe überschreiten sollte: Schließlich war die Französische Revolution nicht nur eine nationale Umwälzung, die Politik, Kultur und auch Wissenschaft betraf – sondern sie war schlicht das *größte*, nämlich ein *universelles* Ereignis, das die Franzosen feiern wollten. Eiffel machte sich an die Arbeit, und in nur zwei Jahren wurden achtzehntausend Einzelteile mit zwei Millionen fünfhunderttausend Nieten zusammengefügt. Aber das Endprodukt gefiel niemandem – damals.

»Das Schlimmste an ihm ist«, klagte der Schriftsteller Guy de Maupassant, *»dass man ihn von überall in Paris sieht«*, und beschimpfte den Turm als *»das teuflische Unternehmen eines Kupferschmieds im Größenwahn«*. Schon zu Beginn des Baus veröffentlichten empörte Künstler in der Zeitung *Le Temps* einen geharnischten Protest, in dem sie sich im Namen der *»bisher unversehrten Schönheit von Paris, des missachteten französischen Geschmacks und der bedrohten Kunst«* erbittert gegen diesen Turm von Babel aussprachen. Zu den Verächtern der Moderne gehörten neben Maupassant der Komponist Charles Gounod, der Architekt und Vater der Pariser Oper, Charles Garnier, und der Schriftsteller Alexandre Dumas der Jüngere. Aber was schert sich das Volk darum, was die Künstler stört: Innerhalb eines halben Jahres bestiegen knapp zwei Millionen Menschen den Eiffelturm.

Nun war das Eisenungetüm zwar nur für die Dauer der Weltausstellung errichtet worden, doch vor dem Abriss retteten den Turm die neuen Möglichkeiten der Funktechnik und deren strategische Bedeutung, denn immerhin drohte vom Osten her immer wieder die »Invasion der teutonischen Horden« – wie der Volksmund meinte. Der schmählich verlorene Krieg von 1870 lag ja nur zwanzig Jahre zurück und war allen im Gedächtnis, riefen die Sieger doch im Spiegelsaal von Versailles auch noch das Deutsche Reich aus und proklamierten Preußens König zum deutschen Kaiser. Und weitere fünfundzwanzig Jahre später würde tatsächlich der Erste Weltkrieg beginnen.

Inzwischen hatten die Künstler sich an den schlanken, eleganten Turm gewöhnt. Guillaume Apollinaire dichtete Verse auf ihn, Jean Cocteau schrieb ein – inzwischen längst vergessenes – Theaterstück, Maler wie Raoul Dufy und besonders Robert Delaunay – und auch dessen Frau Sonja – haben Dutzende heute noch berühmter Bilder vom Eiffelturm gemalt. Nun ist er mehrmals frisch gestrichen worden. Eine Hamburger Firma hat vor kurzem sogar eine neuartige Beleuchtung entworfen, die ihn nachts äußerst elegant über die Häuser von Paris hinausschweben lässt.

Anfänger, Fortgeschrittener – wann aber beginnt Kennerschaft? Erst bei Picassos Fernande oder schon an der Place des Vosges, wo Henri II. beim Turnier starb, bei Françoise B. und den Katzen hinter Notre Dame oder beim Kölner Jakob Ignaz Hittorf, dem Architekten der heutigen Anlage der Place de la Concorde? Oder gar erst bei Roland und seinem Vacherin oder dem stets mürrisch erscheinenden Jean-François und seiner »Guillotine«?

Auch Gerüche verbinden Vordergrund und Hintergrund, gleichgültig ob der appetitanregende Duft der frischen Croissants oder der Baguettes aus der offenen Tür des Bäckers dringt, der Käsegeruch durch die Fenster des Fromagers zieht oder das Parfum einer Passantin verleitet, tief durch die Nase zu atmen.

Stets verbindet der Duft Sichtbares mit Ahnungen. Dass in Paris die feinen Gerüche erfunden werden mussten, verwundert auch heute noch nicht. Louis XIV. verließ das Schloss mit dem Namen Le Louvre und baute ein neues in Versailles, weil die Dämpfe der noch nicht kanalisierten Fäkalien das Leben in Paris unerträglich machten. Immer noch stolpert man über diesen Geruch – wegen der unzähligen Hunde.

Guillotine am Nachmittag

Äußerlich erscheint das paradiesische Paris als Sieg der Bourgeoisie, jetzt, wo die Sozialutopien des letzten Jahrhunderts endgültig kapituliert haben, weil der Mensch zu unvollkommen ist, um sich elysische Gefilde auf Erden zu schaffen.

Das Vorurteil des Schmutzig-Schmierigen bestätigt sich höchstens noch in schlecht gelüfteten Plumpstoiletten, wie noch bis vor kurzem in der *Palette*, jenem alten Bistro unweit vom Pont des Arts, in der Rue de Seine, in dem Jean-François ein hartes Regiment führt. Seine »Guillotine« verkauft Jean-François jedenfalls nicht an jeden. Wer in der stets überfüllten Gaststätte einen Stuhl ergattern will, muss ihm gefallen. Er hat schon viele vor die Tür gewiesen, weil ihm irgendetwas an ihnen nicht passte. Und sollte ein ihm bekannter Ehemann mit einer anderen Schönen als der Gattin erscheinen, dann wird er laut und vernehmlich fragen, wo denn die Frau sei, wie es den Kindern gehe! Da achtet Jean-François auf Ordnung. Das Recht, seine Launen auszuleben, gehört zum Ambiente. »Guillotine« heißt bei ihm ein mit rohem Schinken belegtes, in kleine Happen zerteiltes Graubrot, wie man es am Nachmittag zu einem Glas Rotem so dringend benötigt …

Nein, die Stadtväter haben sich dem internationalen Wunsch nach Keimfreiheit angepasst. Weil die weichen Poren des hellen Kalksteins, aus dem die meisten Gebäude an den Pariser Boulevards gemauert sind, den Ruß der Zivilisation nur allzu willig aufsaugen, haben die Franzosen einen weltweiten Vorsprung in der Technologie, Fassaden zu reinigen. Und sie nutzen ihr Wissen, um die Stadt weiß zu waschen. Aber hinter den schönen Mauern verbergen sie, dass das Leben aus dem Jahrhundert der Passagen, dass Swanns Welt weitaus nüchterner, langweiliger geworden ist.

Émile Zolas *Nana* würde heute kaum noch ausgehalten. Den Mythos vom »verruchten« Paris beleben in der Öffentlichkeit stattdessen brasilianische Transvestiten. Und La Goulue, die Toulouse-Lautrec barbusig malte, würde kein Maler mehr im Moulin Rouge suchen, obwohl *die* dort tanzenden Nackedeis wie eh und je im Akkord von einer Vorstellung zur anderen hetzen, um ihr Leben mit den Eintrittsgeldern japanischer oder deutscher Reisender zu finanzieren – aber bei heller Beleuchtung würden die armen Mädchen keinen Maler mehr verführen.

Stadt der Dörfer

Paris spiegelt sich immer noch gern, täuscht Weite und Perspektiven im Glas vor, versteckt sein wahres Bild, indem es suchende Blicke zurückwirft. Wenn aber das eine oder andere Bistro seine Spiegel verliert, wenn die rote Markise durch eine grau gestreifte ersetzt wird, weil dies dem neuen Stil entspricht, ja, wenn immer mehr Bistros schließen und modischen Sandwich-Boutiquen weichen, dann fällt es nur dem *habitué* auf, dem Nachbarn, dem Dorfbewohner. Denn ganz Paris zerfällt, je nachdem, wo man lebt, in viele kleine Dörfer. Aus der Hektik von Metropolis zieht sich ein jeder abends in die Ruhe seines Fleckens zurück. So lebt es sich in dieser Millionenstadt recht provinziell-menschlich.

Das Pariser Dorf eines jeden dehnt sich gerade so weit aus, wie er zu Markt und Läden, zu Bistro oder Kino – und zur nächsten Metrostation – zu Fuß gehen kann. Wer von der Arbeit aus einem anderen Quartier heimkehrt, entspannt sich in seinem Dorf, wo er zu Hause ist, weil er dort alle kennt. Er weiß, bei welchem Bistro morgens die Sonne auf die Stühle *à la terrasse* scheint, wenn man dort die Zeitung lesen und dabei das Croissant in seinen *grand crème*, den Milchkaffee, tauchen will. »La terrasse« heißen Stühle, die manchmal auf dem engen Gehsteig noch an die Hauswand gestellt werden und jedem Fußgänger ein Hindernis sind. *À la terrasse* ist der Verzehr teurer als am *zinc*, an der Theke. Aus den gekauften Gazetten kann die Zeitungsfrau sehen, ob der Ehemann verreist ist. Und sie, die über alles Bescheid weiß, macht auf den einen oder anderen Artikel aufmerksam und vergisst nicht, über die Polizeiwagen zu schimpfen, die seit einigen Tagen an der Straßenecke parken. Mittags scheint die Sonne auf die Tische eines anderen Bistros.

Auch der Clochard, der selbst im kalten Winter manchmal mit

nackten Füßen in einem Geschäftseingang liegt, wird von der Dorf-gemeinschaft geduldet und finanziert. Es gehört sich, mit ihm ein paar Worte zu wechseln, während man ihm ein Geldstück zusteckt, und nicht nur ein paar Centimes, er weiß schon, wer mal zwei Euro zückt. Aber die Stadtindianerin, die – so sie da ist – meist auf dem Luft-schacht steht, aus dem die warme Metroluft nach oben dampft, lässt man in Ruhe, weil sie laut anfängt zu schreien, auch wenn man ihr etwas geben möchte. Den feinen und reichen Monsieur E. sieht man häufig gegen Abend, wenn er ausgeschickt wurde, die Baguettes zu kaufen, an einer der Theken mit den Berufstrinkern ein paar Worte wechseln, schnell einen kippen und wieder verschwinden, bevor man zweimal hingeschaut hat; es wundert keinen, bei der Schreckschraube, mit der er verheiratet ist.

In diesen Dörfern spielt die Concierge zwar immer weniger, aber doch immer noch eine Rolle, nicht jede eine löbliche. Selten ist sie Französin, kaum noch Spanierinnen haben's nötig, sich so zu verdin-gen – eher Portugiesinnen. Weil sich das Dorf nach außen abschirmt und kaum wahrnehmbar ist, muss der aus einem anderen Quartier mit der Métro angereiste Fremde bei der Concierge nachfragen, wer in welcher Etage wohnt. Selbst wenn an immer mehr Häusern inzwi-schen Klingeln mit Namensschildern angebracht werden, so versteckt man sich darauf noch hinter einer Nummer oder ein, zwei Buch-staben. Die Concierge verteilt die Post, und werden unangemeldet Blumen geliefert, ruft Madame – so sie noch die Lockenwickler auf dem Kopf trägt – durch die Tür: »Geben Sie's bei der Concierge ab!« Man weiß ja nie, wer da schellt.

Eine der wichtigsten Rollen der Concierge bleibt der Schwatz, da erfährt man viel über die anderen. Wissen Sie, dass die reiche Gräfin X, der ja die halbe Straße gehört, morgens um acht schon auf den Markt geht? Sie selbst! Weil es dort billiger sei als in den Läden, die näher liegen. Aber da werden auch böse Gerüchte ausgestreut, wenn Monsieur zu Weihnachten keinen anständigen Obolus gegeben hat. Wenn Madame verreist sei, dann vergnüge er sich mit kleinen Jungs; das erzählt sie der Putzfrau.

Die Männer der Concierges sind ein anderes Problem. Meist arbeiten sie auf dem Bau, sind im Winter arbeitslos und hängen dann rum. Drüben, der Mann der ordentlichen Concierge in der Rue de Grenelle, unweit vom Boulevard St.-Germain-des-Prés, er hat Magengeschwüre, hält das Leben in der Stadt nicht aus, weil er hier ja niemand ist – im Gegensatz zu seiner Frau. Er erkrankt am portugiesischen Macho-Syndrom. Sie hilft abends aus, wenn man Gäste hat, und putzt auch im Käsegeschäft, aber jetzt gehen sie leider zurück nach Portugal, wegen des Mannes.

Im Hof hinter der Fontaine des Quatre Saisons, die zu Zeiten von Louis XIV. gebaut wurde, hat Dina Vierny ein Privatmuseum für Maillol eingerichtet, dessen letztes Modell sie als Fünfzehnjährige gewesen ist. Sie hat alles allein bezahlt, doch selbst nach ihrem Tod wird noch darüber gelästert, wie geizig sie gewesen sei. Natürlich lebt in jedem Pariser Dorf einer, der öffentlich bekannt ist. Wo trifft man sich, wenn nicht im Bistro? Dann im Laden. Über Nacht hat der Geflügel-und-Wild-Metzger geschlossen. Er hat Pleite gemacht, erfährt man. Kein Wunder: Zuerst nahm er sich eine Mätresse, die er dann auch noch als Verkäuferin im eigenen Laden anstellte. Die Ehefrau saß hinter der Kasse. Im Zwiespalt fing er an zu saufen. Dann kam – jeder verdreht die Augen, weil er weiß, was das bedeutet – die Steuerprüfung. Aber der berühmte Käsehändler Roland hat einem Freund einen Tipp gegeben, dass der Laden frei würde. So hat der Kumpel Jacky nun einen Obst-und-Gemüse-Laden eingerichtet, in dem man die edelsten Produkte kaufen kann. Miniaturtomaten oder kleinste Maiskolben, wie sie sich nur als Zierde beim Vorlegen eignen, jede Art von exotischen Früchten, alle glänzend poliert und fein übereinander aufgebaut. Natürlich hatte der Käsehändler im Sinn, mit dem Geschäft des Freundes die Kundschaft an diese Ecke zu binden. Denn schräg gegenüber hat der Kolonialwarenhändler geschlossen und eine Boutique eröffnet.

Man muss Acht geben, dass ein Dorf nicht stirbt, was der Fall wäre, wenn sie vertrieben würden, die Metzger und Bäcker, Fromagers und Poissonniers, Käse- und Fischhändler. Sie bewahren die dörfliche Atmosphäre und die mitmenschlichen Werte.

Die traditionellen Händler retten das Dorf, das von der Kommunikation lebt, und ein Spezialist mit Renommee zieht immer noch Kundschaft aus anderen Dörfern an. So stauten sich sonntags früh die Wagen vor einer Bäckerei, weil dort die feinsten Buttercroissants weit und breit hergestellt wurden. Und wenn der Premierminister zu einem Sommerempfang in den Garten des Hôtel de Matignon einlädt, dann servieren der örtliche Fromager und Gemüsehändler unter einem Zelt ihre morgens um vier Uhr früh in den Markthallen von Rungis persönlich ausgewählten Leckereien. Dass bei ihnen ein Premierminister oder gar ein Staatspräsident im Laden erscheint, gehört zu den seltenen Gegebenheiten, von denen lange im Dorf geredet wird. Doch es geschieht. Die Herren sehen wohl eine willkommene Abwechslung darin, einmal ins wirkliche Leben einzutauchen. Und dass ein Politiker sich in sein Goldenes Buch einträgt, ist dem Händler wichtiger als manch strahlende Filmdiva.

Die Elite des Staates machen sie heute aus, die Herren der Behörden und der Privilegien. Und wer so weit ist, dies zu verstehen, der beginnt eine Ahnung zu haben von dem, was sich hinter den Fassaden von Paris verbirgt.

ALLERLETZTE MELDUNG
Eines langen Lebens Freude

Ein besonderes Glückslos glaubte der französische Advokat André-François Raffey gezogen zu haben, als er der neunzigjährigen Jeanne Calment ihr Haus für eine Leibrente von monatlich zweitausendfünfhundert Franc abschwatzte. Doch der Vertrag kam ihn teuer zu stehen. Das Dreifache des Immobilienwertes zahlte er in den verflossenen dreißig Jahren. Jetzt ist er gestorben, während Jeanne Calment immer noch in ihrem Hause lebt und mit hundertzwanzig Jahren als älteste Frau Frankreichs gefeiert wird.

Ein Denkmal zum Begehen:
Die Champs-Élysées

Die Raffgier führt vielleicht nicht zum Untergang des Abendlandes, doch zu dem jener Prachtavenue, die in ihrem Namen den Mythos des Paradieses trägt. Sogar die *International Herald Tribune*, als sie noch nicht *International New York Times* hieß, bezeichnete sie als »paradise lost«, als verlorenes Paradies. Denn »Kaufen, kaufen, kaufen!« lautet das Motto derjenigen, die das Kultobjekt Champs-Élysées betreten – oder betreiben. Kaufen, wie im Rausch ständig wiederholt ... Massenware bringt nun einmal mehr als ein einzelnes, noch so teures Edelprodukt. Denn trotz Mengenrabatt sind die Endpreise so überhöht, dass ein echter Pariser dort keinen Laden betritt. Nur Leute aus der Provinz oder Touristen »from all over the world« glauben, Pariser Schick verbinde sich mit dem Wort Élysée. Die großen Namen aber haben diese elysischen Gefilde längst verlassen.

Die schönste Avenue der Welt, das Symbol des Goldenen Zeitalters, der Mode und des Films, so sahen die Franzosen die Champs-Élysées noch in den sechziger, vielleicht sogar in den siebziger Jahren, aber heute sicher nicht mehr, wo es nur noch darum geht, die großen Geschäfte auch sonntags zu öffnen, damit der Umsatz stimmt. Mit drei Worten bewarf die französische Presse die Champs-Élysées, so als seien es Schlammbollen: »Banalisation, Banlieusardisation, Boulevardisation«. Schlimmer konnt es nimmer kommen. Banalisation kann nichts anderes bedeuten als den Verlust von Mythen; aus der Banlieue drängen statt der Stars nur noch deren Autogrammjäger ins Zentrum, das stil-, also kulturlose Massenpublikum, das diese Avenue zu einem alltäglichen Boulevard verkommen lässt, wo Lust dem Lüsternen weicht.

So sind auch die Beine der Lustobjekte länger geworden – im Lido, wo in den späten vierziger Jahren, als der Nachtclub gegründet worden war, nur Französinnen tanzten, sind die heute in der internationalen Tanzgruppe rares Futter. Als für die französische Aufführung des Musicals *Cats* in Paris Tänzerinnen ausgesucht wurden, klagte der Regisseur über die kurzen Beine der sich bewerbenden Französinnen. Wenn auch die Show im Lido immer noch perfekt ist, der Champagner ist gerade gut genug für den naiven Boulevardbesucher aus der Banlieue oder von weiter her, Euskirchen oder Osaka, eben für den, der sich von Lichtern täuschen lässt: Nächtliches Geglitzer macht sie schön für Touristen, die sich wie Motten von den Champs-Élysées anziehen lassen, weil sie, die Avenue, überall in der Welt ein Pariser Klischee ist wie der Eiffelturm.

Noch spät am Abend bilden sich Schlangen auf den Trottoirs, aber die Wartenden verharren nicht auf der Suche nach Mangelware, sondern um sich für rund zehn Euro auf der Leinwand etwas vorflimmern zu lassen. Trotz des Ansturms der Banlieue haben manche Kinos geschlossen. Andere haben ihre großen Säle in unbequeme kleine Kisten gesplittet und mussten wohl gerade deshalb dichtmachen. Ein paar kluge Geschäftsleute haben ihre Cinéma-Säle mit äußerst bequemen Sesseln versehen; man sitzt dort wie im Salon und genießt.

Rummel zehrt und schafft Appetit. Weil die Champs-Élysées keine Pause kennen, schließen manche Lokale überhaupt nicht. Und hat er einen hinter die Binde gegossen, lässt ein Vorstadtprotzer im Verkehr auch mal die Sau raus, startet an der Ampel mit seinem Motorrad so gewagt, als befände sich der Cowboy beim Rodeo, das Vorderrad hoch über den Kopf gerissen, schräg eingestellt, mit der Arschbacke auf dem tief unten hängenden Sitz kurz über dem durchdrehenden Hinterrad, und laut röhrender Lärm zieht die Blicke an. Jetzt kommt es nur noch darauf an, ob er es schafft, bis zur nächsten Ampel auf dem Antriebsrad zu fahren. Nicht immer klappt's. Bis zum frühen Morgen wird man von Bremslichtern geblendet, und noch bevor der Kater einsetzt, beginnt der Berufsverkehr.

Unten am Obelisk, auf der Place de la Concorde, liegt die Wurzel der Champs-Élysées, deren wahrer Existenzgrund ist, Prachtstraße zu sein. Deshalb schmücken das Pflaster alle Arten von Zeichen, die nicht dem normalen Verkehr dienen: gelbe Kreise, grüne Punkte, Pfeile, die im Laufe des Winters verblassen und jeden Sommer nachgemalt werden. Damit sie, die Statisten von Militärspektakeln, ihre Rolle an der rechten Stelle der Bühne spielen, folgen sie mit ihren Stiefeln, Pferden, Panzern oder Lafetten den gelben und grünen Markierungen. Als sie vor über dreihundert Jahren geplant wurden, führten die Champs-Élysées durch sumpfiges Gebiet. Doch bald schon machte Napoléon sie zur Paradestraße Frankreichs, und voller Hochachtung nannte man sie eine Avenue, nicht einen ordinären Boulevard. Und jeden Juli, genauer gesagt – wer wüsst es nicht – am 14., gedenkt man mit einer Parade der Revolution.

Und Paraden sind es, die die Champs-Élysées mit Frankreichs Geschichte verbinden. 1944 haben die Alliierten die Deutschen aus Frankreich vertrieben, doch Paris zurückzuerobern, das überließen sie den französischen Truppen, sodass General de Gaulle die befreiten Champs-Élysées hinuntermarschieren und den Franzosen vorgaukeln konnte, ihr Land wäre eine der Siegermächte. Nun gut – moralisch war das ja auch ein bisschen so!

Doch kurz zuvor noch hatten die Herren mit dem Stechschritt Paris einen Blitzbesuch abgestattet und an der Place de la Concorde einen Wegweiser aufgestellt, der die Kilometer nicht nur nach Berlin, sondern auch nach Murmansk und Kiew angab.

Weniger martialisch hatten die Franzosen das Ende des Ersten Weltkriegs gefeiert. Damals gab man noch zu, dass der Krieg tötete und verletzte. Da schleppten sich Veteranen auf Krücken, nicht uniformierte Heldenbrüste auf dürren Beinen, das Pflaster hoch. Übrigens liegt sie nicht flach, die Avenue, nein, jeder, der in die Pedale tritt, weiß, sie steigt nicht unbedeutend zum Triumphbogen an, sodass sich die Avenue nach unten hin ganz Paris eröffnet, nach oben aber, am Ende der elysischen Gefilde, der freie Himmel den Träumen Platz lässt.

Parademarsch schwebte Napoléon wohl vor, als er 1806 die Schlacht bei Austerlitz gewonnen hatte und den Triumphbogen in Auftrag gab. Und weil dort heute das Grab des Unbekannten Soldaten – aus der

Schlacht von Verdun – liegt und die ewige Flamme brennt, wird sie, die Avenue, zum Ärger der Pariser, die mit dem Auto zur Arbeit fahren, häufig morgens von halb zehn bis zehn gesperrt. Dann nämlich, wenn Staatspräsidenten, Könige oder Kalifen kommen und das Ritual der Kranzniederlegung zelebrieren, werden alle Zufahrten gesperrt. Leer liegen die Champs-Élysées dann da, niemand schaut hin, nur eine Karawane schwarzer Limousinen rollt bedächtig nach oben. Und links und rechts gibt's einen Stau, der sich in die ganze Stadt fortpflanzt und bis in den Abend hinein zu spüren ist.

Bevor aber der hehre Kaiser Napoléon kam, tummelten sich die niederen Gelüste hinter den Büschen. Nur die unten an die Tuilerien anschließenden Gärten wurden besucht, denn sie grenzten an die Parks der großen Palais, die an der Nordseite entstanden waren, darunter das heute noch berühmteste, in dem einst Madame de Pompadour lebte: das Palais de l'Élysée. Weil es dort aber häufig nicht mit rechten Dingen zuging, wurde ein Wachposten mit Schweizer Garden eingerichtet. Allerdings ließen die Soldaten sich gern mit den leichten Mädchen ein, betranken sich und begannen allerlei Händel mit den Spaziergängern oder anderen Soldaten.

Doch nicht nur die Wache sorgte für Aufregung, im Protokoll vom November 1788 vermerkt ein Wachmann: »Verhaftet, gegen acht Uhr am Abend, einen Geistlichen mit einer Negerin, der vorgab, ihr Beichtvater zu sein und sie zu unterrichten. Freigelassen, mit dem ausdrücklichen Befehl an Monsieur, den Geistlichen, nicht noch einmal unter den Bäumen die Beichte abzunehmen, besonders nächtens nicht.«

Mit der Revolution sieht die Avenue am 5. Oktober 1789 die von Théroigne de Méricourt und Reine Audu angeführten Frauen nach Versailles ziehen und die königliche Familie nach Paris holen; Chateaubriand beschreibt den vorbeiströmenden Tumult. Und als der geflüchtete Louis XVI. mit seiner Familie in Varennes festgenommen wird, führt man ihn über die Champs-Élysées zurück nach Paris, vorbei an den Wachen, die ihre Gewehre mit dem Kolben nach oben präsentieren. Plakate weisen das Volk zum Stillschweigen an: »Wer dem König Beifall spendet, wird geprügelt, wer ihn beleidigt, wird gehängt.«

Nach der Terreur kommen die lebensfrohen Sitten zurück. Heute noch unvergessen ist der Auftritt von Madame Hamelin, die dort nur mit einer durchsichtigen Gaze-Tunika bekleidet spazieren ging. Was hat sich seitdem geändert, außer dass wir prüder geworden sind? Die leichten Mädchen stehen jetzt eher in den angrenzenden Wohngebieten und fürchten, dass der im Senat blockierte Gesetzesentwurf einer Ministerin aus der Regierung von François Hollande, die männlichen Kunden der Geldschmusen für den bezahlten Liebesakt zu bestrafen, doch noch angenommen wird. Wenn der Kunde bestraft wird, fällt die Geschäftsgrundlage weg. Von wegen Emanzipation der Frau.

Le Jardin des Champs-Élysées

Wenn die Sonne scheint und es wieder warm wird in Paris, dann bevölkern sich auch heute noch die Bänke in der Mittagszeit oder nach Büroschluss mit Männlein und Weiblein, die überwältigt von ihren Sinnen sich umschlingen, als seien sie der »Geistliche und seine Negerin«, die die Welt um sich herum vergessen – samt den vielen Polizisten, die hier mit Maschinenpistolen unterm Arm herumlungern, um den Präsidenten im Palais de l'Élysée zu schützen. Aber die schreiben niemanden mehr auf, verbieten niemandem, seine Liebe zu beichten.

Nur das untere Drittel der Avenue nennt man den Garten, den Jardin des Champs-Élysées. Zwischen alten Bäumen verstreut stehen prächtige Pavillons, drei für pompöse Restaurants, drei für die Theatermuse Thespis. Und nicht zu vergessen die Palais, Le Petit und Le Grand, das kleine und das große, moderne Bauten, als man sie errichtete: Eisen- und Glaskuppeln. Und oben an den Dachkanten und über den Portalen – heute wegen des Kitsches zu ironischem Lächeln verleitende – Figuren, aus Stein gehauen, meist Damen oben ohne, die sich regen und räkeln. Sie schauen hinab auf Leute, die bei Hitze oder Kälte, bei Regen oder Schnee Schlange stehen. Manchmal dauert es zwei Stunden, bis es einem von ihnen gelingt, ein kleines rosa Papier zu ergattern: Für den Preis einer Kinokarte ersteht man das Privileg, eine Kunstausstellung zu betrachten, von Rembrandt bis Picassos Erbzahlung an den Staat, von den Dickleibern des späten Renoir bis zu den wilden Tieren Henri Rousseaus. Von überall aus Europa kommen die Kunstbeflissenen, so als handle es sich bei den bedeutenden Ausstellungen im Grand Palais um die Kaaba von Mekka: Kultur als Religionsersatz (die Werke im Petit Palais gelten als Zugabe).

Einer besonderen kulturellen Leidenschaft frönen jene, die sich dienstags und donnerstags an einer bestimmten Ecke treffen: Louis-Philippe, Frankreichs letzter König, hat den Briefmarkensammlern das Privileg eingerichtet, an diesem Ort ihre Wertobjekte zu tauschen oder gar zu verkaufen, wobei gute Schnäppchen nicht selten sind, denn manch ein Unwissender trägt das ererbte Album hierhin, ohne zu wissen, welche Schätze es birgt. Aber der Erbe geht gerade an diese Ecke, die vom Rond Point über das östliche Trottoir der Avenue Matignon und das südliche der Avenue Gabriel den Jardin de l'Élysée eingrenzt, weil Geschäfte hier per Handschlag und bar abgeschlossen werden. Auf diese Weise hofft der Verkäufer, die Erbschaftssteuer zu sparen. Auf dem Gehweg der Avenue Matignon sitzen die Tauschhändler auf mitgebrachten Faltstühlen, auf den grüngestrichenen Parkbänken oder bleiben stehen, haben vielleicht zwei oder drei aufgeklappte Alben vor sich hingelegt, während in der Avenue Gabriel richtige Stände mit Eisenstangen und Zeltplane das Geschäft seriöser erscheinen lassen: In Kästen oder Plastiktaschen werden alte Postkarten angeboten, geordnet nach den Straßen von Paris oder den Gegenden Frankreichs. Die Händler sind fix und folgen den Zeitläuften. Ein Denkmal seien sie, die Champs-Élysées; ein Denkmal für die Geschichte, Kultur, Zivilisation Frankreichs. Davon weichen die Pariser trotz aller Kritik nicht ab. Und so sieht es auch der Vorstadt-Beau, der sich John nennt, mit schwarzer Lederkleidung und Texas-Boots über die Avenue schlendert und auf der Lehne einer Bank Platz nimmt, die spitzen Lederstiefel auf die Sitzfläche stellt und mit dem Kamm über die ölige Elvis-Schmachtlocke fährt: »Für mich sind die Champs-Élysées ein Denkmal, selbst um vier Uhr nachts gibt's noch zu essen und zu trinken, und man trifft immer Leute.« Die Nouvelle Cuisine der Champs-Élysées stammt nicht mehr aus dem Lyonnais, sondern aus den Massenküchen, wo Fritten und Hamburger mit Ketchup auf Pappgeschirr in Sekundenschnelle hergerichtet und gleich hinter der Kasse verschlungen werden, wo man nicht den Rat des Kellners braucht und lange darüber grübelt, ob ein Sancerre besser dazu passe als ein Pouilly fumé. Da klagen sie wieder, die alten Pariser: »Avenue«, diesen Prestigenamen verliere sie nun wirklich, sie sei wahrhaftig nur noch ein Boulevard (und ganz Böse sprechen das Wort amerikanisch aus, um ihre Missachtung über den Zerfall der Kultur kundzutun), ein Boulevard also, auf dem Massenbedürfnisse befriedigt würden. Wer kennt denn noch die Namen der verflossenen Restaurants, Hotels und Kinopaläste?

Aber nichts ist billig hier, trotz Massenproduktion der Fritten. Versteckten sich hinter den Fassaden einst prachtvolle Salons, so wurden sie zu muffigen Büros, denn für einen Quadratmeter erhält man, ohne zu feilschen, mehr als tausend Euro Miete pro Monat; nun kann man auch in Paris nicht ohne weiteres seine Wohnung in ein Büro verwandeln, doch manch ein Beamter zeigte für ein paar Euro mehr ein weiches Herz. Kein Wunder, dass gerade noch fünfundfünfzig wahlberechtigte Franzosen an der Prachtstraße wohnen, über deren Trottoirs täglich etwa hundertfünfzigtausend Menschen trampeln, weshalb dies für bettelnde Zigeunerfrauen mit kleinen Kindern ein beliebter Arbeitsort ist. Man ist ganz froh, wenn man auf alte Leute trifft, die noch Werte haben.

Wer schön sein will ...

Aber manch vornehmer Kunde wird noch mit Polizei-Eskorte im ältesten Lokal der Champs-Élysées abgesetzt, im *Fouquet's*, das als wahrer Fresstempel von Paris gilt, nicht das *Maxim's*, wo sich nur noch amerikanische Millionäre sättigen, im guten Glauben, mitten in das Pariser Leben eingetaucht zu sein, was auch nicht ganz falsch ist, allerdings – es ist Jacques Offenbachs operettenhafte Inszenierung. Wenn Belmondo, Delon, Chabrol oder Lelouche einen Film planten, dann beredeten sie ihn bei *Fouquet's* am Mittagstisch, wenn der Film Premiere hatte, dann zogen sie zur Feier ins *Fouquet's*, und wenn schließlich der Abend mit der Verleihung der Césars, der französischen Filmtrophäe à la Oscar, bei viel Champagner ausklingen musste, dann natürlich bei *Fouquet's*. Wenn Politiker, Industrielle, Bankiers sich verabreden – zuerst einmal versucht man, einen Tisch bei *Fouquet's* zu reservieren. Als Nicolas Sarkozy 2007 zum Präsidenten Frankreichs gewählt worden war, feierte er den Sieg am Wahlabend mit seinen reichen Freunden im *Fouquet's*. Es war ein rauschendes Fest, und ein Milliardär lud den neugewählten Präsidenten und seine damalige Frau ein, mit seinem Privatjet nach Malta zu fliegen und dort einige Tage auf seiner Privatjacht zu verbringen. Sarkozy hatte zwar öffentlich gelobt, er werde nach der Wahl eine Woche in ein Kloster gehen, um sich zu sammeln, aber das Angebot war zu verlockend. Nicolas Sarkozy nahm an, um seiner Frau zu imponieren. Aber seitdem hat das *Fouquet's* einen »haut goût«, einen schlechten Ruf, bei seriösen Menschen. Um dem Restaurant wieder den Anschein zu geben, es sei »cool«, kaufte der Besitzer von der erfolgreichen Wirtin Nicole Ruby, Betreiberin von *La petite Maison* in Nizza, eine Lizenz und übernahm einen Ableger von *La petite Maison* ins *Fouquet's*. In meinem Kriminalroman »Das marokkanische Mädchen« trifft sich die Hauptfigur, Untersuchungsrichter Jacques Ricou, dort mit seiner Freundin Margaux und Kommissar Jean Mahon zum Mittagessen.

Obwohl das *Fouquet's* auch der Filmwelt-Treff ist, hat man's gar nicht gern, wenn ein Fotograf auftaucht. Dort lässt man sich nicht ablichten, denn der Bourgeois besteht auf Diskretion, beginnt für viele doch mit der Gaumenfreude das Vorspiel zu einer kleinen Liebelei am Nachmittag. Allerdings mit Umwegen, denn alle Hotels an der Avenue haben zugemacht; dafür sind in den Seitenstraßen viele neue, auch für Laufkundschaft, eröffnet worden, wo Zimmer vermietet werden, in denen es keine Schränke gibt – denn wer kommt für das Schäferstündchen schon mit einem Koffer.

Dreißig Jahre lang wurde am Triumphbogen gebaut, doch dann ließ man ihn langsam wieder verfallen, sodass Mitte der achtziger Jahre ein großes Netz unter den Bogen gespannt werden musste, damit herabfallende Steine keinen Touristen erschlugen. Als die geschäftstüchtigen Manager von American Express sich bereit erklärten, das Denkmal auf eigene Kosten zu renovieren, brach allerdings ein Schrei des Entsetzens in ganz Frankreich aus. Man stelle sich vor, die Kreditkarten-Haie hätten dann mit diesem Heiligtum geworben! Frankreichs ehemaliger Präsident Valéry Giscard d'Estaing gründete flugs einen Notverein, der die für eine Renovierung benötigten dreißig Millionen Franc (allerdings nur mit Mühe) zusammenkratzte. Gerade rechtzeitig zur Zweihundertjahrfeier der Großen Französischen Revolution strahlte die Fassade triumphierend neu.

Leider ist der Architekt Ribart mit seinem Vorschlag bei Ludwig XV. seinerzeit nicht durchgekommen, einen triumphalen Elefanten an dieses Ende der Champs-Élysées zu bauen; es sollte ein Ausflugspavillon mit schönen Salons zu Ehren des Königs werden. Aber den Riesenelefanten hätte man nicht für flotte Wetten nutzen können, etwa ob es einem gelingt, mit seinem Motorflugzeug untendurch zu fliegen, wie es auch heute immer wieder einmal geschieht. Im Ersten Weltkrieg spielten Flugzeuge zum ersten Mal eine militärische Rolle, aber – wie gemein – die Luftwaffe wurde zur Siegesparade auf den Champs-Élysées nicht zugelassen. Da protestierte der Kampfflieger Godefroy auf seine Weise und steuerte seinen Doppeldecker durch den Bogen des Denkmals. Er wurde dafür bestraft, während sein Fliegerkollege Védrine für eine Kunstlandung auf einem nahe gelegenen Kaufhaus belohnt wurde. Dabei ging zwar die Maschine zu Bruch, aber der Werbeeffekt war umwerfend.

Die Pariserin

Fragt man eine Frau in Paris, ob sie dem Bild der Pariserin entspräche, wird sie es mit einem Achselzucken abtun, die Pariserin sei ein überholtes Klischee. Überholt bleibt das Klischee aber nur so lange, bis ein Taxifahrer sie fragt: »Kommen Sie aus Lyon?« Da die Leute aus Lyon als weniger elegant gekleidet, weniger schnell, weniger weltläufig, eben als weniger pariserisch gelten, besteht die Pariserin sofort darauf, doch eine Parisienne zu sein.

Aber man sollte sie nicht auf das Äußerliche reduzieren. Zwar ist Paris wie kein anderer Ort der Welt mit der Crème de la Crème der Verschönerungskünstler versehen: die besten Frisöre der Welt, die teuerste Haute Couture, die edelsten Duftstoffe, die bekanntesten Erfinder von Cremes und Puder, von Sälbchen und Farbtöpfchen. All das, so scheint's, »gehört« zur Grundausstattung der Pariserin, und Frauen aus der ganzen Welt sehnen sich nach diesen gesegneten Gaben von Paris. Sagte nicht Guy de Maupassant, die Stellung der Frau werde stets von der Illusion bestimmt, die sie von sich zu erzeugen weiß?

Gibt es sie wirklich noch, die Pariserin? Immer wieder wird ihre Existenz in Frage gestellt. Aber die großen Modeschöpfer haben stets zu ihr gehalten: »Überall in der Welt repräsentiert die Pariserin die Eleganz«, sagte Yves Saint-Laurent. Und Pierre Cardin meinte: »Sie fällt schon beim ersten Hinschauen auf. Aus Instinkt findet sie die schicke Kleinigkeit, die es nicht zu kaufen gibt, deretwegen man sich aber nach ihr umdreht.«

Nino Cerutti sieht die emanzipierten Charakteristika in der Pariserin: »Sie ist eine Frau, die ihre Fraulichkeit ergänzt mit mehr Dynamik und Angriffsgeist.« Und dem stimmt Karl Lagerfeld zu: »Heute ist sie eher eine Idee als eine Wirklichkeit. Ein Geisteszustand, der durch eine Haltung ausgedrückt wird. Es ist also Inès de La Fressange.«

Poetisch rundet Sonia Rykiel das Bild ab: »Sie ist ganz Frau, ich säh' sie gern ein wenig mehr als Knabe. Sie ist liebreizend, ich säh' sie gern ein wenig kämpferischer. Sie wirkt so rein, ich säh' sie gern nirgendwo, aber sie schreitet mit stolzer Brust voran, eine Frau von Welt, die sich in ihrem Spiegel verliert, um ein Kleid überzustreifen, sich weiß zu pudern und Rouge auf ihre Lippen aufzutragen.«

Eigentlich ist sie eine Urgroßmutter, die Pariserin; denn ihr Mythos erreichte in den Jahren 1860 bis 1880 seinen Höhepunkt.

Die Frauen in ganz Europa begannen die Pariserin schon im 18. Jahrhundert, zur Regierungszeit Ludwig XV., nachzuahmen. Aber als Ende des 19. Jahrhunderts das Reisen mit der Postkutsche durch die Eisenbahn abgelöst und schneller und bequemer wird, zieht es Ausländer in Scharen in die Metropole, die mit dem Ehrentitel »Hauptstadt des 19. Jahrhundert« versehen wird, und die Pariserin verehren sie wie ein Altarbild. In allen Provinzstädtchen öffnen Läden mit dem »wahren Pariser Chic«. Was bleibt den Parisern anderes übrig, als sich selbst davon zu überzeugen, Zentrum der Welt zu sein. Als Maß aller Dinge schuf man eine Göttin: die Pariserin.

Die ganze Welt und die Provinz wissen damals, wo die Schauspielerin Jeanne Garnier (heute: Catherine Deneuve) sich einkleidet und ihren Tee (heute ihren Lounge-Cocktail) zu sich nimmt. Der Mythos der Pariserin erhält eine solche Bedeutung, dass der Archäologe Arthur Evans ein von ihm auf Kreta entdecktes Frauen-Fresko »Die Pariserin« nennt.

Anfang der fünfziger Jahre wird die Pariserin mit der Mode von Coco Chanel und Christan Dior wieder modern, und der Schriftsteller Jacques Laurent gründet eine freche Literaturzeitschrift, die er auf Rat von Jean Cocteau »La Parisienne« nennt. Der Karikaturen-Zeichner Kiraz entwirft für die Zeitschrift »Jours de France« eine Endlos-Serie mit dem Titel »Les Parisiennes«. Die Pariserinnen von Kiraz haben eine kecke Nase, lange Beine und eine scharfe Zunge. Während sie sich, auf dem Rand der Badewanne sitzend, die Fingernägel anmalen, unterhalten sie sich in lässigem Ton über die wichtigsten Dinge des Lebens und seufzen: »Ich hab ihr meinen Pullover und meinen Mann geliehen. Du kannst dir gar nicht vorstellen, in welchem Zustand sie mir beide zurückgegeben hat.«

Das Bild der Pariserin ist immer moderner geworden. Sie hält keinen Salon mehr, sondern arbeitet. Sie hat einen spannenden Beruf, so das Idealbild, wunderbare Kinder, nebenbei einen Mann, einen zärtlichen Liebhaber; sie ist unabhängig, energisch, lebt ihr Leben, gekleidet in ein makelloses Tailleur, wie eine große Abenteuerin.

Ja, der Liebhaber. Der gehört in dieses Bild. Die in Paris erfolgreichsten Theaterstücke der letzten Jahre hießen dann auch *L'Illusion conjugale (Illusionen einer Ehe)*, *Amour sur place ou à emporter (Liebe gleich hier oder zum Mitnehmen)*, *J'adore l'amour (Ich liebe die Liebe)*.

Es wäre jedoch verwunderlich, gäbe es unter den Pariserinnen nicht die in Frankreich üblichen Klassenunterschiede; wobei auch dort ein Wandel eingetreten zu sein schein: Zu der höchsten Kategorie der Bourgeoisen, die als TGB (Très Grande Bourgeoise) bezeichnet wird, gehören nicht nur die Abkömmlinge der großen industriellen oder finanziellen Bourgeoisie, sondern auch Frauen, die ein Adelsprädikat vor dem Namen tragen. Und was haben sie mit dem Volk gemein? Die Arbeit. Die TGB war schon jemand durch ihre Herkunft, sie erhielt eine hervorragende Erziehung, aber verzogen wurde sie nicht.

»Wir wurden überhaupt nicht verwöhnt«, erzählt die Politikerin Françoise de Panafieu, deren Vater Minister unter de Gaulle und deren Mutter Staatssekretärin unter Giscard d'Estaing waren. »Wenn unsere Eltern uns in den Ferien nach Megève zum Skifahren mitnahmen, haben sie sich im Luxushotel du Mont-d'Arbois eingemietet, und wir Kinder wurden bei einem Angestellten der Liftanlagen untergebracht.«

Ist sie nicht TGB, dann ist sie NB (Nouvelle Bourgeoise) und definiert sich ausschließlich durch die Arbeit, wo sie sich ihr »Adelsprädikat« erobert. Für ihre Ansprüche opfert sie Stunden des Schlafs, freie Tage, Bequemlichkeit. Weil sie von den Eltern schon zur Arbeit erzogen wird, geht sie – wie einst nur die Jungen – auf die besten Schulen und versucht, im Wettkampf mitzuhalten. Als Anfang der neunziger Jahre zum ersten Mal eine Frau als »Major«, als Rang-Erste, die École polytechnique, eine der renommiertesten Eliteschulen des Landes, verließ und auch noch als Rang-Erste in der ENA abschnitt, wo die staatliche Verwaltungselite gezüchtet wird, wurde sie in den Fernsehnachrichten interviewt und in fast jede Talkshow des Landes eingeladen, so als wolle man sagen: Seht her, das ist die moderne Pariserin!

Scheiden tut weh

Auf dem kurz geschorenen Rasen des Élysée-Palastes in
Paris watschelt gelegentlich eine Schar wilder Enten.
Als der scheidende Präsident François Mitterand die Amts-
geschäfte seinem Nachfolger Jacques Chirac übergab und
ihm dabei den Geheimcode für die Atomwaffen ins Ohr
flüsterte, bat er das neue Staatsoberhaupt, die Enten mit
dem grünen Hals nicht zu füttern, sie kämen allein zurecht.
Der Abschied fiel nicht nur dem scheidenden Präsidenten
schwer, sondern, so beobachtete Mitterand, am letzten
Morgen hatten auch die Enten feuchte Augen.

»Du warst eine Jugendliebe«

Liebesbrief an die französische Nationalfigur

Liebste Marianne,

weißt Du, das mag ein wenig altmodisch klingen, meine Liebe, wenn ich sage, ich schwärme für Dich. Aber das wird jeder verstehen, der unsere Geschichte kennt. Nur ein Mal habe ich Dich in Person getroffen, nämlich bei jener Zeremonie in Paris, als Deiner Büste die Gesichtszüge von Catherine Deneuve verliehen wurden. Aber schon viel früher hatte ich ein Auge auf Dich geworfen. Im Grunde bist Du eine Jugendliebe.

Denn näher kennengelernt habe ich Dich, als ich in den fünfziger Jahren in Paris zur Schule ging und wir die Französische Revolution durchnahmen. Deren Kind bist Du ja. Deshalb wird der Tag, an dem die Bastille gestürmt wurde, der 14. Juli, der französische Nationalfeiertag, auch gern als Namenstag der *Sainte Marianne* bezeichnet. Und bevor die Revolutionäre anfingen, König und Königin, dann aber auch sich untereinander zu köpfen, haben sie Dich als Sinnbild gewählt. Aus Liebe!

Marianne war damals in Frankreich nicht nur der beliebteste Mädchenname. Mit ihm verband sich symbolisch auch die Idee eines jungen Mädchens, das zu erobern sich der in Liebe entbrannte Junge vornimmt (zum Beispiel ich). Zur Melodie eines klassischen Liebeslieds sang man schon in alten Zeiten in der Auvergne: *La bouole lo Mariano – la bouole, omaï l'aurai.* (»Ich will sie, die Marianne, ich will sie und werde sie haben.«) Durch diese beliebte Volksweise wurde Dein Name so populär, dass man ihn seitdem immer dann benutzt, wenn man ein geliebtes weibliches Wesen symbolisieren will.

Später habe ich auf dem Flohmarkt an der Porte de Clignancourt ein altes Plakat erstanden, eine Kopie Deiner vermutlich bekanntesten Darstellung. Da führst Du mit der blau-weiß-roten Fahne in der erhobenen Faust die Revolutionäre über die Barrikaden. Natürlich mit blankem Busen. Ach, auch diese prallen Brüste sprechen für Dich, für die *exception culturelle* der Franzosen. Denn andere Frauensymbole, Britannia etwa oder Germania, sind Machtfiguren mit männlichen Zügen. *Britannia rules the waves*, und Germania trägt einen Brustpanzer samt Schwert und wacht am Rhein.

Bei Dir liegen die Waffen höchstens zu Deinen bloßen Füßen, denn Du, Marianne, bist friedlich. Und sollte das nicht liebenswert sein?

Je t'embrasse,

Dein Ulrich W.

ALLERLETZTE MELDUNG
Aus dem Nähkästchen geplaudert

Nach einem besonderen Charakterzug ihres Mannes wurde die Frau des neuen französischen Premierministers Lionel Jospin gefragt. Sie überlegte kurz und sagte dann: »Lionel lässt überall seine Socken rumliegen.«

GESPRÄCHE

»Der fruchtbarste und natürlichste Gebrauch unseres Geistes, für meinen Geschmack ist es das Gespräch. Sich darin zu üben halte ich für köstlicher als alles, was wir sonst in unserem Leben tun«, schreibt Montaigne in seinen Essais, die eigentlich eine langes Selbstgespräch im Beisein der großen Geister seiner Bibliothek sind.

Ulrich Wickert hat in seinem Leben viele große Persönlichkeiten getroffen und ihnen als Journalist das Mikrofon oder das Aufnahmegerät hingehalten. Im Journalismus ist das Gespräch oft zum schnöden Kurz-Interview verkommen, in dem immer die gleichen Fragen gestellt werden oder alles in einigen Minuten Platz finden muss. Davon weiß Ulrich Wickert ein Lied zu singen. »Ist der Korrespondent noch so fleißig, es bleibt bei einer Minute dreißig«, heißt es im Jargon der Fernsehmacher. Wer gute Antworten haben möchte, muss eben die besseren Fragen stellen. Und Wickert ist ein Meister des höflichen, aber bestimmten und unkonventionellen Nachfragens. Mit Charme und Chuzpe hat er vielen Politikern Statements entlockt, um die ihn andere Kollegen beneidet haben.

Anders als die Tagesthemen bot der TV-Sender Phoenix Ulrich Wickert ab 1999 mit der Sendung Zeitzeugen eine Bühne für intensive Gespräche mit Politikern wie Helmut Kohl, Helmut Schmidt, Richard von Weizsäcker und Angela Merkel. Die eindrucksvollen zeitgeschichtlichen Dokumente wurden zu Sternstunden der Fernsehgeschichte. Und auch in seiner Literatursendung Wickerts Bücher in der ARD und beim NDR wollte Ulrich Wickert nicht nur Bücher vorstellen, sondern sich vor allem mit Autoren unterhalten: über die Bücher, die sie geschrieben haben, und über Bücher, die sie mögen –

und sie gaben gerne Auskunft, von Eva Menasse über Feridun Zaimo-
glu, von Ilija Trojanow bis Martin Suter. Ein ganz besonderer Gast
war Günter Grass. Der Wirbel um seine Autobiographie, in der er
bekannte, als Jugendlicher zur Waffen-SS eingezogen worden zu sein,
führte sogar dazu, dass das Interview mit dem Literaturnobelpreis-
träger noch vor der offiziellen »Ursendung« von Wickerts Bücher
ausgestrahlt wurde.

»Eigentlich wollte ich Städtebauer werden«

Im Gespräch mit Helmut Schmidt

ULRICH WICKERT: Herr Schmidt, Ihr Platz in der Geschichte wird durch ein Ereignis gekennzeichnet, das erst zwanzig Jahre nach Ende Ihrer Amtszeit eintreten wird, die Einführung einer europäischen Währung. Sie gelten als der Schöpfer dieser Währungsunion und damit des Euro. Wie kam es dazu?

HELMUT SCHMIDT: Lassen Sie mich zwei Vorbemerkungen machen. Die eine ist: Ich bin an einem Platz in der Geschichte nicht sonderlich interessiert. Darüber sollen andere urteilen, wenn ich unter der Erde bin. Zweitens: Ich war nicht der einzige Urheber einer europäischen Währung, vielmehr haben sie der französische Staatspräsident, mein Freund Valéry Giscard d'Estaing, und ich gemeinsam erfunden. Wir sind uns schon seit den fünfziger Jahren begegnet, haben uns aber erst Anfang der siebziger Jahre als Finanzminister, er in Paris und ich in Bonn, näher kennengelernt. Der Zufall hat es dann gefügt, dass wir beinahe zur selben Zeit, nämlich im Frühjahr 1974, Regierungschefs wurden. Eine wichtige gemeinsame Erfahrung, die uns gleichermaßen geprägt hat, war der Zusammenbruch des Währungssystems von Bretton Woods. Bretton Woods ist ein kleiner Ort an der Ostküste der USA, wo 1944 ein System fester Wechselkurse aller wichtigen Währungen der Welt ausgeknobelt worden war, verbunden mit der Gründung der Weltbank und des Weltwährungsfonds. Der Dollar diente seither als Ankerwährung und das Gold wiederum als Anker für den Dollar. Die Amerikaner durften kein größeres Zahlungsbilanzdefizit entstehen lassen, als sie mit ihrem Goldschatz in Fort Knox aufwiegen konnten. Solange sie das schafften, war jeder Dollar ganz wörtlich Gold wert. Das System setzte ein erhebliches Vertrauen darauf, dass die Amerikaner keine allzu hohen Haushaltsdefizite und diese nicht über eine längere Zeit hinweg produzieren würden.

Viele Jahre ging das gut. Die Währungen wurden nur in gegenseitigem Einvernehmen ab- oder aufgewertet, wobei der Weltwährungsfonds mit einigen Hilfsmitteln, etwa mit Währungskrediten, verhinderte, dass dies zu oft geschah. Doch das US-Außenhandels- und Haushaltsdefizit stieg mit den Jahren, und die Welt begann zu zweifeln, ob die USA das wieder ausgleichen könnten. Das System brach schließlich Anfang der siebziger Jahre zusammen, weil die amerikanische Regierung – damals war Nixon Präsident – unter der finanziellen Last des Vietnamkrieges ächzte und dafür Dollars drucken musste, denen kein Gold als Sicherheit gegenüberstand. Von jetzt an glaubte Amerika nicht mehr, seine Rolle als weltweiter Währungshüter aufrechterhalten zu können. Die USA taten sich mit der Umstellung auf freie Wechselkurse zunächst schwer, aber letzten Endes waren sie es, die »Bretton Woods« zum Einsturz brachten. Sie fühlten sich durch das System mehr und mehr in ihrer Haushaltspolitik eingeengt. Nicht wenige Amerikaner dachten inzwischen, dass die eigene Haushaltspolitik, also die finanziellen Schwierigkeiten, kein anderes Land etwas anging. Nixon setzte die Konvertibilität des Dollars in Gold im Sommer 1971 aus.

Giscard und ich kamen in langen Gesprächen zu der Überzeugung, dass die europäischen Volkswirtschaften nicht in der Lage waren, sich einzeln gegen ökonomische Turbulenzen in der Welt ausreichend zu wappnen. Wir und auch andere in Europa sahen kommen, dass sich ohne »Bretton Woods« ein wildes Schwanken der Wechselkurse zwischen wichtigen Währungen entwickeln würde. Aus unserer Sicht gefährdete das die Beschäftigung in Europa, gefährdete auch den Handel und infolgedessen die Aufträge, die aus dem Welthandel an die eigenen exportierenden Industrien gegeben würden. Wir sahen auch Gefahren für die Preise der zu importierenden Güter, nicht zuletzt eine hohe Inflationsrate in unseren Ländern. Wir brauchten gemeinsam den Erfolg. So kamen wir auf ein, wie es damals hieß, Europäisches Währungssystem, das dafür sorgte, dass innerhalb Europas die Regeln des alten Bretton-Woods-Systems wieder eingeführt und aufrechterhalten wurden, sprich feste Wechselkurse unter den europäischen Währungen galten. Das Projekt sollte zunächst einmal nur eine gemeinsame europäische Währung schaffen. Es war pragmatisch auf eine langsame, schrittweise Verwirklichung angelegt. Das Ziel von Giscard und mir lautete aber von vornherein, daraus eines Tages die einzige Währung innerhalb der Gemeinschaft zu machen. In den siebziger Jahren stand das noch am fernen Horizont.

WICKERT: Mit dem Europäischen Währungssystem haben Sie etwas gemacht, was man einen Überraschungscoup und zugleich ein Lehrstück internationaler Politik nennen könnte. Sie haben es mit Giscard entwickelt, nur wenige Fachbeamte für die Details hinzugezogen und die europäischen Regierungschefs mit einem fertigen Konzept konfrontiert. In Ihrem Buch »Die Deutschen und ihre Nachbarn« beschreiben Sie, weshalb Sie die Sache fast im Alleingang gemacht haben – so sei etwa vom deutschen Wirtschaftsministerium hinhaltende Kritik und Mobilisierung parlamentarischer und journalistischer Gegentruppen zu erwarten gewesen. Sind Bürokratien innovationsfeindlich?

SCHMIDT: Generell darf man das bejahen. Generell sind Bürokratien darauf bedacht, ihre Zuständigkeiten zu wahren und ihre Einflussmöglichkeiten zu mehren. Insofern sind Bürokratien immer dagegen, dass etwas verändert wird. Sie haben ein Beharrungsvermögen in sich, und jede Veränderung birgt aus ihrer Sicht die Gefahr, dass ihre Zuständigkeit oder ihr Einfluss beschnitten wird. Man kann sagen, Bürokratien sind innovationsfeindlich. Das gilt auch für Finanzbürokratien, Finanzministerien und auch für privatwirtschaftliche Bürokratien und für Zentralbanken. Aber ich will noch etwas zu Ihrem Wort vom Alleingang sagen. Ich halte diese Beschreibung für richtig. Das Europäische Währungssystem hätte keine Chance gehabt, wäre es nicht zunächst von zwei Regierungschefs an einem Wohnzimmertisch in Hamburg-Langenhorn entwickelt worden. Bisweilen waren wir begleitet von jeweils einem vertrauten, sachverständigen Mitarbeiter, das war auf der französischen Seite

Bernhard Clapier, auf der deutschen Seite Horst Schulmann, beide leben nicht mehr. Diese Fachleute haben die Details ausgearbeitet, um die wir uns selbst nicht kümmern konnten.

WICKERT: Nachdem Sie das Konzept im kleinen Komitee ausgearbeitet hatten, mussten Sie es in die Europäische Union einbringen. Im Kreis der Regierungschefs haben Sie es sachte eingefädelt, ohne dass Sie durchblicken ließen, wie konkret die Vorstellungen von Giscard und Ihnen bereits waren.

SCHMIDT: Richtig. Übrigens hieß es damals noch nicht Europäische Union, wir sprachen von der Europäischen Gemeinschaft. Das war eine Verkürzung des ursprünglichen Begriffes von der Europäischen Wirtschaftsgemeinschaft. Giscard und ich haben unseren Kollegen die Idee zunächst mündlich vorgetragen, und zwar bei einem Treffen in einem Gästehaus der dänischen Regierung außerhalb Kopenhagens in ländlicher Umgebung. Diese Treffen der Regierungschefs waren ebenfalls eine Erfindung von Giscard und mir. Vorher hatte es nur ganz feierliche, sogenannte Gipfelkonferenzen gegeben. Wir haben daraus regelmäßige Arbeitssitzungen gemacht. Aber noch ein Wort zum Treffen in Kopenhagen: Einige Regierungschefs waren von der Idee überrascht, manche fanden sie auf Anhieb vernünftig, andere waren sehr skeptisch. Natürlich waren die Engländer skeptisch, in diesem Fall mein Freund Callaghan. Wir haben dann das Thema auf das nächste Treffen ein halbes Jahr später vertagt und dort auch verabschiedet. Der »Europäische Rat«, wie wir uns mittlerweile nannten, kam dieses Mal auf deutschem Boden, im ehrwürdigen Bremer Rathaus, zusammen. Aber das Wort »verabschiedet« ist nicht ganz korrekt, denn wir haben das Europäische Währungssystem nicht in einem völkerrechtlichen Vertrag, der die Ratifizierung durch die beteiligten Parlamente in jeder Hauptstadt erfordert hätte, festgeschrieben, sondern in einem Abkommen zwischen den Zentralbanken der europäischen Länder. Wir wussten, die Zentralbanken würden zwar auch nicht begeistert reagieren, aber es waren weniger Personen, zumal fachkundige Personen zu überzeugen.

WICKERT: Sie haben später mit Giscard auch ein Komitee gegründet, das zur Bildung einer europäischen Zentralbank führen sollte. Sind

Sie mit dem, was nun als Europäische Zentralbank entstanden ist, zufrieden?

SCHMIDT: Im Prinzip ja. Im Prinzip bin ich auch mit der zustande gebrachten gemeinsamen Währung zufrieden. Es hat im letzten Akt, kurz vor und kurz nach der Unterzeichnung des sogenannten »Maastrichter Vertrages«, in dem das Ganze in eine völkerrechtliche Form gegossen und von den Parlamenten, zum Beispiel in Bonn und Paris, ratifiziert worden ist, ein paar überflüssige Irritationen gegeben, die mich geärgert haben. Zum Beispiel hat der damalige deutsche Finanzminister gesagt: »Wir machen das nur, wenn die Zentralbank nach Frankfurt kommt.« Das war ungehörig. Es hat aber auf mehreren Seiten ungehörige Einlassungen gegeben, auch auf französischer und englischer Seite. Aber das liegt hinter uns. Es spielt für die Stabilität der gemeinsamen Währung Euro keine Rolle mehr.

WICKERT: Was sagen Sie denn zu der Schwäche, die man dem Euro im Augenblick andichtet?

SCHMIDT: Ich halte »Schwäche« für eine sehr leichtfertige Wortwahl. Genauso gut könnte man sagen, der Dollar und der Yen seien überstark. Währungsschwankungen beurteile ich vor dem Hintergrund meiner vierzigjährigen währungspolitischen Erfahrung: Den Dollar habe ich schon bei 4,00 DM erlebt, sprich: die Deutsche Mark war schon sehr viel schwächer als der Euro heute, aber ich habe den Dollar auch bei 1,37 DM stehen sehen. Währungen sind hinsichtlich ihrer Kaufkraft im Ausland immer mal mehr, mal weniger wert gewesen, die Deutsche Mark nicht ausgenommen. In den achtziger Jahren ist der Wechselkurs der Mark relativ abgesackt, weil der Dollar aus psychologischen Gründen – Reagan wurde US-Präsident – stärker wurde. Ich halte alle diese Bewegungen der Wechselkurse für ziemlich unwichtig. Entscheidend ist immer die innere Kaufkraft, und da zeigt sich der Euro bisher jedenfalls stabiler als vorher die Deutsche Mark.

WICKERT: Also kein Grund zur Sorge?

SCHMIDT: Überhaupt kein Grund zur Sorge. Im Gegenteil, die sogenannte Schwäche des Euro begünstigt augenblicklich die europäischen exportierenden Industrien, was Arbeitsplätze sichert. Ein anderer möglicher Effekt, die Verteuerung der Importe, hat sich auf unseren Inflationsindex bisher überhaupt nicht ausgewirkt.

WICKERT: Die Deutschen sind im ausgehenden Jahrhundert von Inflationsängsten geprägt worden. Wurden diese Ängste auf dem Weg zum Euro bedacht und berücksichtigt?

SCHMIDT: Die Inflationsängste sind in Deutschland besonders ausgeprägt, das ist wahr. Anlass zur Sorge sehe ich allerdings nicht. Es haben ja auch keine Sparerin und kein Sparer Angst um ihr Guthaben. Das Vertrauen in die eigene Währung, in die Stetigkeit ihrer Kaufkraft ist hoch. Bei der Konstituierung der Europäischen Zentralbank war es notwendig, dafür zu sorgen, dass nicht etwa ausgabefreudigere Regierungen als die deutsche die gemeinsame Währung ruinieren können. Deshalb hat die Europäische Zentralbank im Maastrichter Vertrag eine sehr unabhängige Stellung bekommen, unabhängiger als jede andere Zentralbank der Welt, auch als die Deutsche Bundesbank. Und es ist ihr ausdrücklich verboten, Schuldscheine einer Regierung zu kaufen. Das heißt, die Zentralbank kann nicht, wie das früher in manchen Staaten in Europa, übrigens auch zu Hitlers Zeiten besonders in Deutschland, der Fall gewesen ist, Regierungsschuldscheine und -anleihen kaufen. Eine Regierung, die sich verschulden will, muss sehen, dass sie ihre Anleihen auf dem Kapitalmarkt unterbringt und dafür Abnehmer findet, die das interessant genug finden. Das ist nur reizvoll, wenn jene Regierung anständig hohe Zinsen zahlt, höher als eine Privatanleihe. Ich meine also, dass die Europäische Zentralbank sehr unabhängig von regierungsseitiger Beeinflussung arbeitet.

WICKERT: Sie haben mit Giscard zusammen den Grundstein gelegt für den Euro, Sie haben sich mit ihm den Europäischen Rat ausgedacht, Sie haben aber auch den Weltwirtschaftsgipfel ins Leben gerufen. Welche Bedeutung sehen Sie in Treffen, an deren Ende möglicherweise kein konkretes Ergebnis steht?

SCHMIDT: Persönliche Treffen unter den Regierenden sind wichtig. Giscard und ich haben die Weltwirtschaftsgipfel erfunden, weil wir davon überzeugt waren, dass die westliche Welt eine gemeinsame

Antwort auf die von der OPEC ausgelöste Weltkrise, auf den Einsatz des Rohstoffes Öl als politisches Erpressungsmittel, brauchte. Das ging am besten, wenn die westlichen Regierungschefs ganz unter sich waren, wenn sie selbst miteinander sprachen, einander zuhören und antworten mussten. Dabei erreichen sie eine Offenheit, die ich im diplomatischen Verkehr häufig vermisst habe. Wenn man sich stunden- und tagelang begegnet und dabei merkt, man kann sich gegenseitig vertrauen, der andere zeigt Stetigkeit und Verlässlichkeit, kommt das der Klärung von Sachfragen entscheidend zugute. Es gibt natürlich auch den anderen Fall, ich habe ihn selbst oft erlebt, dass man merkt, man kann einem nicht so sehr vertrauen, er ändert häufig seine Meinung, oder er passt diese Meinung innenpolitischen Zwängen an, sobald er zu Hause ist. Auch das muss man wissen.

Das Konzept von Giscard und mir sah vor, dass wir die Gipfelteilnehmer von der Außenwelt abschirmen. Das haben wir auch geschafft – beim ersten Weltwirtschaftsgipfel in Rambouillet, aber auch später, durften keine Journalisten in der Nähe sein. Die Regierungschefs haben tatsächlich offen miteinander geredet, es gab keine Ansprachen vor Fernsehkameras, es herrschte Diskretion. Später hat sich das völlig verwässert. Heute lassen Regierungschefs schon während der Konferenz über ihre Pressesekretäre verlautbaren, was sie gesagt haben oder was ein anderer Regierungschef gesagt hat, damit sie ihre eigene Haltung dagegenstellen können. Heute sind die Weltwirtschaftsgipfel zum Teil zur Bühne für Selbstdarsteller und zu Fototerminen entartet.

WICKERT: Also braucht man sie nicht mehr.

SCHMIDT: Das will ich nicht sagen. Die Gipfeltreffen sind nicht überflüssig geworden, die Regierungschefs müssen in jedem Fall miteinander reden. Allerdings würde ich es für wünschenswert halten, das Konzept der Treffen an die neue Weltlage anzupassen, etwa dadurch, dass man die chinesische und die russische Führung nicht nur am zweiten Tag, sondern vollständig einbezieht. Anders als in den siebziger Jahren sind China und Russland zum Westen hin offene Weltmächte, deren ökonomische Entwicklung mittlerweile stark mit der in Westeuropa und Amerika verknüpft ist, an deren wirtschaftlichem Erfolg auch dem Westen sehr gelegen sein muss. Wir haben nicht mehr den Kalten Krieg mit der westlichen Welt auf der einen und der kommunistischen Welt auf der anderen Seite und mit der sogenannten Dritten Welt, den ehemaligen Kolonien, die sich zum größten Teil zu souveränen Staaten entwickelt haben, aber lange Zeit als nicht-relevant für die weltwirtschaftliche Entwicklung angesehen wurden. Den Ländern der Dritten Welt kam über Jahrzehnte hin die Rolle zu, den Industriestaaten ihre Massenprodukte abzukaufen und dafür Öl, Mais, Bananen oder sonst welche Rohstoffe zu liefern. Wir leben heute in einer politisch und wirtschaftlich völlig anderen Welt. Der Kalte Krieg ist zu Ende, wir haben globalisierte Märkte, und deshalb wäre es auf die Dauer ein schwerer Irrtum, China und Russland aus der Gruppe der Gipfelstaaten auszuschließen. Ich glaube, dass in absehbarer Zeit auch Indien dazugehören müsste, immerhin ein Land mit eintausend Millionen Menschen, und auf lange Sicht auch Brasilien.

WICKERT: Die Beziehung zwischen Ihnen und Giscard war eigentlich ein historischer Glücksfall. Freundschaften zwischen Politikern kommen selten vor, noch seltener zwischen Politikern unterschiedlicher Länder. Besonders selten passiert es, dass eine solche Freundschaft so viele politische Früchte zwischen zwei Nachbarländern trägt. Nun ist der familiäre Hintergrund von Giscard und Ihnen ganz verschieden. Gab das irgendwelche Schwierigkeiten?

SCHMIDT: Nein, Schwierigkeiten gab es nicht, aber Sie haben ganz recht: Der familiäre Hintergrund, der Wohlstandshintergrund war unglaublich verschieden. Der eine lebte mit seiner Familie in einem Schloss und der andere in einem Haus, das die »Neue Heimat« gebaut hatte.

WICKERT: Sie wurden am 23. Dezember 1918, also wenige Wochen nach Ende des Ersten Weltkrieges geboren. Wurde Ihre Kindheit von den wirtschaftlichen Wirren der Weimarer Republik geprägt?

HELMUT SCHMIDT: Unmittelbar nur in geringem Maße. Ab 1930 kamen die Notverordnungen, die zum Beispiel dazu führten, dass sich meine Eltern wegen der Gehaltseinbußen eine billigere Wohnung suchten. Aber indirekt habe ich sehr viel davon mitgekriegt. Ich kenne meine Frau seit 1929 und habe deshalb die wirtschaftliche Not ihrer Familie unmittelbar miterlebt. Mein späterer Schwiegervater war sechs oder sieben Jahre lang arbeitslos, obwohl er arbeiten wollte. Er war ein sehr begabter Mann, er spielte Cello und Flöte, und er konnte malen. Er hatte eine große Familie zu versorgen, mit vier eigenen Kindern und einem Ziehkind. Seine Dauerarbeitslosigkeit führte zu einer bitteren Situation. Die Armut, in der die Familie leben musste, das Zusammenleben in einfachsten Verhältnissen und auf engstem Raum, hat sich mir schon als Junge eingeprägt. In dieser Zeit entwickelte sich meine tiefe Abneigung gegen eine Gesellschaft, in der Massenarbeitslosigkeit möglich ist oder sogar dauerhaft anhält wie gegenwärtig in Frankreich, Italien oder Deutschland, und der dringende Wunsch als Politiker, etwas gegen Massenarbeitslosigkeit zu tun. Das geht mir bis heute so. Ich bekleide zwar kein politisches Amt mehr, meine Bücher, Aufsätze und Reden handeln aber noch immer wesentlich von der Frage, wie wir die strukturellen und wirtschaftlichen Ursachen von Arbeitslosigkeit in den westlichen Industriestaaten in den Griff bekommen. Denn vor den Gefahren, die von dieser Arbeitslosigkeit ausgehen können und die wir ja in den zwanziger Jahren des ausgehenden Jahrhunderts erlebt haben, sind wir keineswegs gefeit. Auch heute könnte einer kommen, dem eine Masse von Menschen, die durch Arbeitslosigkeit psychologisch dafür disponiert ist, blind hinterherläuft.

WICKERT: Sie haben später einmal gesagt: »Lieber fünf Prozent Inflation als fünf Prozent Arbeitslosigkeit.«

SCHMIDT: Ich habe es etwas anders gesagt, wenigstens etwas anders gemeint. Während der Ölpreisexplosion Anfang der siebziger Jahre – die ölexportierenden Länder haben den Preis innerhalb weniger Monate auf das Vierfache hinaufgetrieben, mit einer entsprechenden Verteuerung von Benzin, Heizöl und Strom in den Industriestaaten – hat man mir vorgeworfen, als Minister hätte ich diese Preissteigerung besser abfangen sollen. Darauf habe ich geantwortet: »Fünf Prozent Inflation sind leichter zu ertragen als fünf Prozent Arbeitslosigkeit.« Übrigens haben wir die Steigerung damals in Deutschland besser abgefedert als fast alle anderen westeuropäischen Staaten. Wir sind nicht so schlecht gefahren.

WICKERT: Sie sind 14, als Hitler an die Macht kommt. Wurde bei Ihnen zu Hause über dieses Thema gesprochen?

SCHMIDT: Wenig. Aber für uns Kinder – Sie sagten es, ich war 14, mein Bruder war 12 Jahre alt – gab es keinen Zweifel daran, dass unsere Eltern die Machtübernahme der Nazis missbilligten. Ich erinnere mich ganz deutlich daran, dass meine Großmutter sagte: »Welch ein Glück, dass Heinrich das nicht mehr erleben musste.« Heinrich war mein ein Jahr zuvor verstorbener Großvater. »Welch ein Glück, dass er das nicht mehr erleben musste.« Das Gefühl, dass ein großes Unglück eingetreten ist, hat sich auch uns Kindern mitgeteilt. Ich selbst habe das Ende der Weimarer Republik nicht so deutlich empfunden, wie es sich nun aus der Rückschau aus der geschichtlichen Betrachtung der damaligen Vorgänge darstellt. Da gab es keinen Bruch, das Neue stellte sich eher lautlos ein. Wir Jungs merkten, dass die Prügeleien und Schießereien in Barmbek und in Eilbek, in Ottensen und in ganz Hamburg aufhörten. Oder dass weniger Arbeitslose auf der Straße waren. In unserer Schule ist mit der Zeit eine Reihe von Lehrern freiwillig gegangen und ausgewandert, manche sind auch entfernt worden. Insgesamt war es für uns Schulkinder ein eher schleichender Übergang.

WICKERT: Als Sie dann in die Hitlerjugend eintreten wollten, wie es in Ihrem Alter üblich war, wurde Ihnen gesagt: »Das geht nicht, weil Sie einen ...«

SCHMIDT: Nein, das wurde zunächst nicht begründet. Meine Eltern haben nur gesagt: »Es geht nicht.« Darüber war ich sehr unglücklich. Ich war 14 oder 15, stand also mitten in der Pubertät, da sind Jungs ein bisschen aufmüpfig, ich war es auch. Ich habe bei meiner Mutter – bei meinem Vater hätte ich es nicht gewagt – darauf bestanden, zu erfahren, weshalb alle meine Klassenkameraden in die HJ durften, ich dagegen nicht. Und dann hat mir meine Mutter eröffnet, wovon ich bisher keine Ahnung hatte, dass einer meiner Großväter gar nicht der leibliche Vater meines Vaters, sondern der Ziehvater war, und dass sein wirklicher Vater ein jüdischer Kaufmann war. Ich habe diesen jüdischen Großvater nie kennengelernt, und ich weiß auch nicht, ob mein Vater seinem leiblichen Vater je persönlich begegnet ist. Mein Vater ist schon als Säugling adoptiert worden. Jedenfalls galt er im Sinne der Nürnberger Gesetze als sogenannter Halbjude, die Familie damit nicht als »rein arisch«. Dieses Geheimnis wurde strengstens gehütet. Ich selbst habe nur mit meiner Mutter darüber gesprochen. Ich wusste nicht einmal, ob ich mit meinem Vater hätte darüber reden dürfen. Jedenfalls habe ich es nicht getan. Mein Vater hat sehr geschickt manövriert, hat Papiere beschafft, die uns eine rein arische Abstammung bescheinigten. Ich habe das Verbot, in die HJ zu gehen, schon bald als großen Glücksfall angesehen, kam ich doch nie in die Versuchung, ein kleiner Nazi zu werden.

WICKERT: Sie haben noch im Dritten Reich geheiratet. Da brauchte man ja einen Ariernachweis.

SCHMIDT: Ich will noch etwas zur Hitlerjugend sagen. Ich bin dort doch noch Mitglied geworden, allerdings unfreiwillig. An der Lichtwark-Schule gab es eine Ruderriege, deren Kapitän ich war. Zu der Riege gehörten etwa zwanzig Jungs, wir hatten zwei oder drei Boote beim Ruderclub Hansa liegen. Der Club wurde wie viele andere Vereinigungen und Verbände irgendwann in die Hitlerjugend überführt. Plötzlich gehörte ich der Marine-HJ an, aber nur bis kurz vor meinem 18. Geburtstag, dann haben sie mich wegen Meckerei ausgeschlossen.

Aber Sie erwähnten die Heirat. Ja, zur Hochzeit haben wir einen Ariernachweis gebraucht. Es war das erste und einzige Mal, dass ich konkret vor dieses Problem gestellt wurde. Ich musste jetzt auch mit meinem Vater über unsere Vorfahren sprechen. Er zeigte mir ein Papier, das er sich beim Hamburgischen Staatsarchiv beschafft hatte und in dem stand, wann er von welcher Mutter geboren wurde. Zum Vater hieß es: »Vater unbekannt.« Der war natürlich sehr wohl bekannt, er hatte ja für die Adoption bezahlt. Meinen damaligen Kommandeur Andersen interessierte dieser Nachweis zum Glück nicht. Ich glaube, er wollte nur sehen, ob meine künftige Frau zu mir passt, ob sie meinem Stand entspricht. So muss er wohl gedacht haben. Jedenfalls hat er mir von seinem Adjutanten eine Bescheinigung ausstellen lassen, dass ich meinen Ariernachweis bei seiner Dienststelle erbracht hätte. Sie können sich denken, wie erleichtert ich und meine Familie waren. Loki und ich haben uns dann kirchlich trauen lassen. Allerdings sollte das keine politische Demonstration sein, wir wollten nur unsere Bindung an die Kirche ausdrücken.

WICKERT: Sie sind sehr musisch erzogen worden. Musik, Malerei wie auch Literatur spielten in Ihrem Elternhaus, aber dann auch an Ihrem Gymnasium – die Hamburger Lichtwark-Schule, Sie haben sie schon genannt – eine wichtige Rolle. Gab es eine von den drei Musen, der Sie mehr zugeneigt waren?

SCHMIDT: Eigentlich nicht. Es gab sogar ein weiteres Feld, das Sie nicht genannt haben: Ich war seit meinem 15. Lebensjahr darauf eingestellt, Architekt zu werden. Mir schwebte eine Kombination aus künstlerischem Schaffen und organisatorischer Tätigkeit vor. Mein Vorbild war der Hamburgische Oberbaudirektor Fritz Schumacher, den die Nazis schon 1934 aus dem Amt gejagt haben. Ganz konkret wollte ich Architekt und Städtebauer oder Städtebauer und Architekt werden. Zum Musiker hätte es nicht gereicht und zum Maler erst recht nicht.

WICKERT: Die Ausstellung »Entartete Kunst« im Jahre 1937 hat Sie stark beeindruckt, hat Sie aber auch politisch nachhaltig geprägt. Sie sagten einmal, seither hätten Sie ein Entsetzen vor den Nazis empfunden.

SCHMIDT: Ja, das stimmt. Mit meiner Familie und mit meinen Klassenkameraden verband mich die Liebe zu den deutschen Expressionisten. Die habe ich von einem fabelhaften Kunsterzieher an der Lichtwark-Schule vermittelt bekommen. Hierzu gehörten Ernst Barlach, Käthe Kollwitz, Emil Nolde, Max Pechstein, Karl Schmidt-Rottluff, George Grosz, Otto Dix, Christian Rohlfs und andere mehr. Diese Maler wurden in der von Goebbels inszenierten Ausstellung als »entartet« dargestellt und zugleich feierlich aus den Museen entfernt. Ich fand das entsetzlich und dachte mir: »Die müssen verrückt sein.«

WICKERT: Sie haben sich später als Bundeskanzler stark für den deutschen Expressionismus eingesetzt. Sie haben zum Beispiel expressionistische Bilder in das neugebaute Kanzleramt mitgenommen oder für eine Ausstellung im New Yorker Guggenheim-Museum gesorgt. War das ein Akt einer kulturellen Führerschaft?

SCHMIDT: Nein. Darüber habe ich damals nicht nachgedacht. Ich empfand es schlichtweg als angemessen, die Expressionisten auf diese Weise zu würdigen.

WICKERT: Aber ist es manchmal nicht wichtig, dass man als Politiker sagt: »Schaut euch das mal an und denkt in diese Richtung!«

SCHMIDT: Ja, das ist schon wichtig, und das Motiv stand auch bei mir dahinter. Aber den Ausdruck »kulturelle Führerschaft«, den Sie gebraucht haben, würde ich lieber vom Tisch nehmen. Meine Initiative beim Guggenheim-Museum hatte einen einfachen Grund: Mich hat bei meinen USA-Besuchen sehr geärgert, dass die Amerikaner vom deutschen Expressionismus, über den ich erzählte, kaum eine Ahnung hatten. Sie fanden in den amerikanischen Museen auch keine Bilder oder Skulpturen dieser Kunstrichtung, mit ein paar wenigen Ausnahmen. Inzwischen hat sich das verändert, und ich freue mich, dass ich zu dieser Entwicklung beitragen konnte. Deutsche Expressionisten erzielen heute auf den Kunstauktionen in New York horrende Preise.

WICKERT: Sie haben nach der Lichtwark-Schule zunächst den obligatorischen Arbeitsdienst geleistet. Der führte dann direkt in den Wehrdienst und zur Teilnahme am Zweiten Weltkrieg.

SCHMIDT: Ja, insgesamt waren das über acht Jahre.

WICKERT: Zunächst hat Sie aber noch etwas anderes stark geprägt, ich meine die Kontakte zu den Worpsweder Malern.

SCHMIDT: Eigentlich zu den Fischerhudern. Die ursprüngliche Worpsweder Malerkolonie war inzwischen in alle Winde zerstreut, und Otto Modersohn, der zu den Gründern gehört hatte, war in das Dorf Fischerhude bei Bremen gegangen. Ich kam dort durch einen Zufall hin. 1936 habe ich mit meinem Bruder eine Radfahrt von Hamburg bis nach Maria Laach am Rand der Eifel gemacht. Sie führte uns über Fischerhude, wo ein Kriegskamerad eines Onkels von mir lebte. Ich blieb dort ein paar Tage. Nach und nach lernte ich die Künstler dort kennen. Otto Modersohn habe ich noch selbst gekannt und auch ein paar Mal besucht. Auch seine Söhne Ulrich und Christian waren sehr begabt. Außerdem lebten dort die Bildhauerin Clara Rilke-Westhoff, die Witwe von Rainer Maria Rilke, und die beiden Töchter von Heinrich Breling, einer der ersten Maler in Fischerhude überhaupt, er war schon lange vor dem Ersten Weltkrieg gekommen, die Bildhauerin und Keramikerin Amelie Breling und ihre Schwester Olga, verheiratete Bontjes van Beek, ursprünglich eine Tänzerin, später Malerin. In den Ateliers dieser Künstler konnte ich viele Stunden verbringen.

Die Prägung, von der Sie sprechen, ging aber auch von der weltoffenen, politisch liberalen Atmosphäre unter den Fischerhudern aus. Freunde aus Deutschland, ja aus aller Welt, Maler, Musiker, Schriftsteller, kamen dort zusammen, um über Kunst zu reden und künstlerisch zu arbeiten. Mit einer oder zwei Ausnahmen, aber das bekam man rechtzeitig gesagt, waren alle Gegner der Nazis. Die Atmosphäre war ausgesprochen freigeistig. Ich war dort, sooft ich konnte. Ich wurde 1937 zur Luftwaffe nach Vegesack bei Bremen eingezogen. Fischerhude liegt zwar auf der anderen Seite von Bremen, aber doch nahe genug, dass ich immer wieder hinfahren oder besser hinwandern konnte, denn man musste vom Bahnhof Sagehorn einige Kilometer zu Fuß durch die ganz flache Wümmelandschaft gehen. Ich habe diese Landschaft geliebt. Fischerhude ist mir zu einer geistigen Heimat geworden und es eigentlich über das Ende der Nazizeit hinaus geblieben.

WICKERT: Die Schrecken des Krieges haben Sie im Russlandfeldzug unmittelbar erfahren. Dabei sind Sie bis kurz vor Moskau gekommen. Was wurde für Sie zum prägenden Kriegserlebnis? Todesangst?

SCHMIDT: Angst habe ich im Krieg mehrfach gehabt, allerdings weniger die Angst vor dem Tod. Ich hatte konkret Angst, in sowjetische Gefangenschaft zu kommen. Es machten grausige Gerüchte die Runde, wie es einem dort ergehen würde. Ich hatte auch Angst vor einer schweren Verletzung, die nach langen Qualen in einem Feldlazarett schließlich zum Tod führen würde. Vor dem Tod selbst hatte ich, glaube ich mich zu erinnern, keine große Angst.

WICKERT: Der sowjetische Staats- und Parteichef Breschnjew hat oft Klage darüber geführt, dass die deutschen Soldaten als Nationalsozialisten in sein Land eingefallen seien. Zwischen Breschnjew und Ihnen gab es mehrere Vier-Augen-Gespräche. Haben Sie ihm bei der Gelegenheit widersprochen?

SCHMIDT: Nein, ich habe ihm eigentlich nicht widersprochen. Ich erinnere mich an ein Abendessen mit Breschnjew in einem quasi privaten Kreis, es muss um 1973 herum gewesen sein. Gastgeber war der damalige Bundeskanzler Brandt. Breschnjew redete lange, sehr lange – niemand hat ihn unterbrochen – über die Schandtaten der Faschisten, wie er immer sagte, und wie schrecklich der Krieg für die russischen Soldaten und das russische Volk gewesen sei. Als er geendet hatte, habe ich das Wort ergriffen und ihm auseinandergesetzt, dass der Krieg für uns deutsche Soldaten nicht weniger schrecklich gewesen sei. Und dass auch an uns Kriegsverbrechen begangen worden seien. Ich habe ihm auch gesagt, dass sich mir unter den vielen Soldaten, die ich im Krieg kennengelernt hatte, keiner als Nazi zu erkennen gegeben habe, auch keiner meiner Vorgesetzten. Ich bin in meiner ganzen Militärzeit nur einem Nazi begegnet. Ich konnte es Breschnjew auch nicht ersparen zu sagen, dass die deutschen Soldaten genauso wie die russischen geglaubt haben, ihre patriotische Pflicht erfüllen zu müssen. An diesem Abend hat sich eine persönliche Annäherung zwischen Breschnjew und mir eingestellt, eine Art persönliches Einverständnis in dieser Frage, das über den Augenblick hinaus Bestand hatte.

Ich habe Breschnjew im Laufe des Lebens dann noch fünf oder sechs Mal im persönlichen Gespräch erlebt. Dabei hat sich unser Einverständnis darüber vertieft, dass wir beide den Krieg im Grunde unseres Herzens hassten. Breschnjew war keiner, der Krieg führen wollte, er hatte Angst vor dem Krieg. Übrigens hatte er weniger Angst vor einem Krieg mit dem Westen als vor einem Krieg mit China. Anfang der fünfziger Jahre war es ja zum Zerwürfnis zwischen dem Sowjetregime und Mao Tse-tung gekommen. Ich erinnere mich an ein Gespräch, in dem er sehr ausführlich über seine Sorge sprach, mit China könne es zu einem Krieg kommen. Umgekehrt hat mir

Mao Tse-tung in einem Gespräch 1975 gesagt, dass ein Krieg mit der Sowjetunion unausweichlich sei. Mao sagte: »Die sind militärisch sehr viel stärker als wir, die verfügen über Atombomben und haben so und so viele Divisionen entlang der gemeinsamen Grenze stationiert. Aber wir sind ihnen zahlenmäßig überlegen. Wir werden sie hereinlassen und mit dieser Überlegenheit schlagen.« Mao schilderte treffend die gereizte Atmosphäre, die damals zwischen diesen beiden Riesenreichen herrschte.

WICKERT: Aber was haben Sie dann gesagt, als der russische Präsident Jelzin gedroht hat, Russland werde sich mit China gegen den Westen verbünden?

SCHMIDT: Drohungen dieser Art gab und gibt es viele, auch von amerikanischer Seite. Oder denken Sie an die Drohung der NATO, gerade eben wieder ausgesprochen, dass ein etwaiger Angreifer im Ungewissen darüber bleiben müsse, wie der Westen reagieren würde; das schließt ein, dass der Westen auch mit nuklearen Waffen reagieren könnte. Meiner Meinung nach ist es ein Fehler, so etwas zu sagen und das auch noch zur Strategie zu machen. Aber was die Drohung Jelzins angeht: Ernster müssen Sie wohl nehmen, dass Jelzin hier nur etwas ausgesprochen hat, was nicht wenige Politiker in Russland denken. Jelzin selbst konnten Sie schon lange nicht mehr ernst nehmen, weil er sich durch Alkohol ruiniert hat, aber ernst müssen Sie nehmen, dass er hier das Mundstück, der Lautsprecher gewesen ist für das, was die gegenwärtige Führungsschicht im Kreml denkt. Ich denke, Fehler werden auf beiden Seiten gemacht, von den Russen wie von den Amerikanern.

WICKERT: Zurück zu Ihrer Biographie. Sie werden nach Berlin in das Luftwaffenministerium abkómmandiert. In dieser Zeit sollen Sie am Volksgerichtshof den Prozess gegen die Widerständler des 20. Juli miterleben. Welche Erinnerung haben Sie daran?

SCHMIDT: Ich wurde nach Berlin in das Oberkommando der Luftwaffe versetzt, um Schießvorschriften für neue Maschinen-Flak-Waffen auszuarbeiten. Wir mussten diese Waffen auf dem Schießplatz ausprobieren und unsere Erfahrungen in Vorschriften umsetzen, damit Kanoniere und Offiziere, die diese Waffen bedienen sollten, etwas an die Hand bekamen. Von dort aus, es war im Herbst 1944, wurde ich zur Teilnahme an diesem Prozess abgeordnet. Es wurde gegen Leuschner, Goerdeler, v. Hassell und Wirmer verhandelt. Ich habe erst später begriffen, dass ich nicht der Einzige aus unserer Dienststelle war, der dorthin als Zuhörer abkommandiert war. Dorthin mussten vor und nach mir auch einige andere. Das hing, wie ich nachträglich weiß, damit zusammen, dass mein unmittelbarer Vorgesetzter, ein Generalstabsmajor mit Namen Friedrich Georgi, Schwiegersohn des Generals Olbrecht war, ein Mann aus dem Widerstand, den die Nazis gleich am 20. Juli umgebracht haben. Die Gestapo hat auch Georgi sofort verhaftet, und obwohl er in die Pläne der Stauffenberg-Gruppe eingeweiht war, hat er sich durchlügen und sein Leben retten können. Seine Frau hat unter der tödlichen Bedrohung ihres Mannes und der ganzen Familie in schlimmster Weise gelitten. Georgi war ein wunderbarer Kerl. Er hat nach dem Krieg als Buchverleger in Berlin gearbeitet. Jetzt ist er nicht mehr unter den Lebenden.

Als unmittelbare Untergebene standen wir vielleicht nicht im Verdacht, von den Attentatsplänen gewusst oder gar daran mitgewirkt zu haben, aber offenbar gab es irgend jemanden in der Führung in Berlin, der gemeint hat, diesen Leuten um Georgi muss man mal einen gehörigen Schrecken einjagen, schicken wir sie doch in den Prozess am Volksgerichtshof. Was ich dort erlebt habe, hat mich tief erschreckt. Dieser Prozess war eine reine Farce. Die Angeklagten konnten kaum ausreden, ihre Pflichtverteidiger hatten zum Teil, das habe ich später erfahren, ihre Aufgabe erst am Tag vorher zudiktiert bekommen. Das Ganze war scheußlich. Ich muss mich sehr zurückhalten, um für diesen Freisler, den Gerichtspräsidenten, kein unanständiges Wort zu gebrauchen. Zu Kameraden habe ich hinterher gesagt, diesen Freisler könnte ich umbringen.

Nach dem ersten Prozesstag ging ich zu meinem General, Generalleutnant Heino v. Rantzau, ich weiß noch wie heute, wie er mich empfing. Er wusste, wo ich herkam, und sagte, als ich sein Zimmer betrat, zu mir: »Na, Schmidtchen, was haben die Braunen jetzt wieder angestellt?« Das war auf dieser Dienststelle der Ton;

die Nazis hatten mit ihrem Verdacht schon nicht ganz unrecht. Ich habe dann Rantzau meine Eindrücke geschildert und ihn gebeten, da nicht wieder hin zu müssen. Ich sollte ja eigentlich am nächsten Tag wieder hin. Mein General hat mich väterlich-gütig davon befreit. Rantzau war kein Nazi und die anderen auf der Dienststelle auch nicht, mit einer Ausnahme, vor diesem einen Reserveoffizier mussten wir uns in Acht nehmen. Aber in der Regel bin ich dort Berufsoffizieren begegnet, die bis zu diesem Zeitpunkt immer noch glaubten, dass es ihre Pflicht sei, das Vaterland zu verteidigen, so wie ich das ja auch für meine Pflicht hielt. Es war ein Glücksfall, dass ich dort als einer der wenigen Reservisten, als Reserveoffizier, später sagte man Kriegsoffizier, dienen durfte. Insgesamt habe ich schon viel Glück gehabt.

WICKERT: Sie sind dann wieder zur Truppe, wie man das nennt, zurückversetzt worden, nochmals an die Front, und haben dann das Ende des Krieges im Westen erlebt. Für kurze Zeit gerieten Sie in britische Kriegsgefangenschaft.

SCHMIDT: Das ist richtig. Diese Versetzung zur Truppe hatte übrigens eine interessante Vorgeschichte. Ich sagte schon, auf meiner Dienststelle war der Ton nazikritisch. Wir haben über die NS-Führungsleute freche Witze gemacht, ich auch. Ich hatte immer schon eine freche Klappe. Und dann hat mich dieser eine Nazi, ich erwähnte ihn schon, angezeigt, was zu einem Ermittlungsverfahren wegen Zersetzung der Wehrkraft führte. Zwei Generalstabsobersten aus dieser Dienststelle haben mich dann zu sich bestellt und mir eröffnet, in diesem Fall gebe es nur zwei Möglichkeiten: Entweder ich würde freigesprochen oder zu einer schweren Strafe, vielleicht zum Tode verurteilt. Um diese Frage gar nicht erst aufkommen zu lassen, haben sie mich von Berlin aus zweimal versetzt. Das Ermittlungsverfahren lief sozusagen hinter mir her, hat mich aber nie erreicht. Diesen Generalobersten verdanke ich, dass ich nicht vor Gericht gestellt wurde. Bei der Truppe wurde ich zunächst Chef einer 3,7-Flak-Batterie in einem Panzerkorps-Verband. Dieser Verband – er hatte weniger Panzer, als sich das anhört – nahm an der Ardennen-Offensive teil.

WICKERT: Sie sind nach der Entlassung aus der britischen Kriegsgefangenschaft sehr schnell der SPD beigetreten. Hatten Sie früher schon einen Hang zur Sozialdemokratie, oder was hat dazu geführt?

SCHMIDT: Ich wusste bis Ende des Krieges nicht, dass es die Sozialdemokratie gab. Eine politische Erziehung im demokratischen Sinne habe ich nicht gehabt. Allerdings wurde ich ja auch nicht politisch im Sinne der Nazis erzogen. Ich hatte einfach keine Ausbildung in politischen Fragen. Dass ich zur Sozialdemokratie ging, hing mit dem persönlichen Einfluss eines älteren Offiziers zusammen, eines Kameraden im belgischen Kriegsgefangenenlager. Da ging es uns ziemlich schlecht. Wir lebten Tag und Nacht unter freiem Himmel, erst später bekamen wir Zelte, und wir waren schlecht ernährt. Das Einzige, wovon die Engländer genug hatten, war Toilettenpapier. Aber noch einmal zu diesem Offizier, Oberstleutnant Hans Bohnenkamp, ein Mann mit Ritterkreuz und Eichenlaub, ein engagierter Demokrat und Sozialdemokrat. Er war vor 1933 religiöser Sozialist gewesen. In langen Gesprächen hat er mir geholfen, meine zunächst naive Vorstellung von Sozialismus auf den Begriff zu bringen. Die sozialistische Idee hatte mich schon vor 1945 beschäftigt, die Nazis – aber nicht nur die – hatten sie ja in ihr Programm und sogar in ihren Parteinamen geschrieben. Mich faszinierte die Vorstellung, dass die Menschen gleich seien, gleiche Rechte hätten und deshalb keine ungleichen sozialen Schicksale erleben und erleiden sollten. Ich weiß nicht, ob das schon in der Schule angefangen hat. In der Nazizeit war das eher ein unbestimmtes Gefühl, wir hatten – zum Glück muss man sagen – keinen Geschichts- oder Politikunterricht. Ich hätte meine vage Vorstellung von Sozialismus nicht rational begründen können. Ich habe auch nicht weiter darüber nachgedacht. Für einen Schüler oder jungen Soldaten ist sowieso nichts wichtiger als die eigene Freundin oder die Ehefrau zu Hause. Die gedankliche Durchdringung dieser Fragen begann erst in der Kriegsgefangenschaft, eben in den Gesprächen mit diesem Oberstleutnant. In Hamburg – ich wurde ja relativ früh aus dem Lager entlassen, wieder so ein großer Glücksfall – lag es nahe, mich für die Sozialdemokratie zu interessieren. Ich ging zu dem dortigen Ortsverein in

Hamburg-Neugraben, das muss im Oktober/November 1945 gewesen sein, und mir waren die Leute auf Anhieb sympathisch. Und ich fand die politischen Ziele, die sie formulierten, sehr einleuchtend, sehr vernünftig. Bald darauf bin ich der SPD beigetreten.

WICKERT: Sie wurden 1969 der erste sozialdemokratische Verteidigungsminister seit langer Zeit. Sind Erfahrungen aus dem Krieg in Ihre Amtsführung eingegangen?

SCHMIDT: Aber ja. Schon in meine Ämter vor 1969. Ich bin 1953 das erste Mal in den Bundestag gewählt worden, 1957 ein zweites Mal. Schon in diesen ersten Jahren meiner politischen Arbeit gehörte ich zu einer Allparteien-Koalition von Abgeordneten, die gegen den Willen Adenauers eine Änderung des militärischen Oberbefehls durchgesetzt haben. Wir erreichten, dass kein Soldat Oberbefehlshaber für die Bundeswehr wurde, und dass es auch nicht der Bundespräsident oder der Bundeskanzler wurde. Der hätte diese Rolle allenfalls formal gespielt, um sie dann doch einem General zu überlassen. Seither nimmt der Bundesminister für Verteidigung den Oberbefehl wahr. Bei dieser Entscheidung, für die sogar das Grundgesetz geändert werden musste, haben uns persönliche Kriegserfahrungen geleitet, aber sicher auch historische und politische Kenntnisse, die wir uns mittlerweile erworben hatten. Es lag zum Beispiel schon Karl Dietrich Brachers wichtiges Buch »Die Auflösung der Weimarer Republik« vor. Ich kann schon sagen, bei einer solchen Frage habe ich einen Teil meiner soldatischen Erlebnisse verarbeitend in Politik umgesetzt, und als Verteidigungsminister erst recht.

WICKERT: Sie werden der Wehrexperte in der Fraktion, aber 1961 kehren Sie dem Bundestag den Rücken, um als Innensenator nach Hamburg zu gehen. Dort kommt eine ganz große Bewährungsprobe, die Flutkatastrophe im Frühjahr 1962. Kurzerhand übernehmen Sie das Kommando über alle Einsatzkräfte zu Lande, zu Wasser und in der Luft. Seither gelten Sie als der Krisenmanager schlechthin. Trotzdem muss man fragen: Warum haben Sie sich damals einfach über alle und alles hinweggesetzt?

SCHMIDT: Mein Ausscheiden aus dem Bundestag will ich doch kurz erläutern. Ich bin auf den Ratschlag des damaligen Fraktionsvorsitzenden Erich Ollenhauer hin nach Hamburg gegangen. Die Hamburger Sozialdemokraten hatten mich aufgefordert, in den Senat einzutreten, aber ich wusste nicht so recht, ob ich das tun sollte. Ich war gerade zum dritten Mal in den Deutschen Bundestag gewählt worden. Ollenhauer sagte zu mir:»Mach das mal.«

WICKERT: Er meinte wohl, Sie sollten ein bisschen regieren.

SCHMIDT: Ja, das meinte er. Ein bisschen Regierungserfahrung sammeln, richtig. Bei der Flutkatastrophe – sie kam gleich wenige Wochen nach meinem Amtsantritt – erwiesen sich die hamburgischen Behörden als ziemlich kopflos. Es war einfach notwendig, dass einer das Ruder übernahm. Einer musste das in Ordnung bringen.

WICKERT: Auch bei der Gelegenheit haben Sie gezeigt: Wenn Sie erkennen, dass rasch gehandelt werden muss, kümmern Sie sich nicht so sehr um Strukturen, um Behörden und Hierarchien, sondern Sie machen es einfach.

SCHMIDT: Ja. Es ging darum, Menschen aus akuter Lebensgefahr zu retten, und dazu musste man praktisch handeln. Da konnte man nicht erst feststellen lassen, was das Gesetz erlaubt und was nicht. Hierzu sind mir in der Flutnacht und an den folgenden Tagen zwei Umstände sehr zu Hilfe gekommen: Zum einen kannte ich die hamburgische Verwaltung, ich war hier Amtsleiter gewesen, bevor ich in den Bundestag gekommen bin, ich kannte also viele der entscheidenden Personen. Ich wusste, auf wen ich zählen konnte und auf wen nicht. Zum anderen kam mir zugute, dass ich im Verteidigungsausschuss des Bundestages Personen kennengelernt hatte, denen ich vertraute, und die ihrerseits wussten:»Dieser junge Innensenator in Hamburg ist kein Schaumschläger, wir geben ihm jetzt, was er braucht.« Im Verteidigungsausschuss hatten wir zum Beispiel die Wehrverfassungsgesetzgebung gemacht. Bevor Sie ein solches Gesetz mitverantworten, treffen Sie unzählige wichtige Leute in der Bundeswehr oder im NATO-Oberkommando, es war ja auch das Verhältnis der Bundeswehr zur NATO zu regeln. So konnte ich zum Beispiel vom Hamburger Krisenstab aus den Oberbefehlshaber der NATO in Brüssel, Lauris Norstad, ein Amerikaner, ein wunderbarer Mann, anrufen und sagen:»Hier sind die Deiche gebrochen, Tausende von Menschen werden ertrinken, wenn wir sie nicht sofort mit Hubschraubern von den Dächern pflücken, auf denen sie sitzen.« Die harrten auf den Dächern ihrer Wochenend- und Schreberlauben aus, während die Flut um sie herum immer höher stieg. Norstad wusste, dass es mir ernst war, und schickte die Hubschrauber ohne Zögern. Auch die Bundeswehrdienststellen hier rund um Hamburg schickten Menschen und Material und unterstellten sich damit praktisch der Weisung eines Zivilisten. Das war zwar von Gesetzes wegen nicht verboten, es war vom Gesetz auch nicht vorgesehen, es hat aber gut funktioniert, und nur darauf kam es in diesem Augenblick an.

WICKERT: Haben Sie nicht den Eindruck, dass manchmal Politiker auch heute sagen müssten:»Jetzt setze ich mich über Strukturen und Hierarchien hinweg und handle.« Der Bürger hat doch häufig den Eindruck, die Lösung wichtiger politischer Probleme kommt nicht voran.

SCHMIDT: Ich glaube, die Demokratien in den westeuropäischen Ländern, also nicht nur in Deutschland, sondern genauso etwa in Frankreich, Italien oder England, erleben derzeit Belastungen, die eine zügige Lösung politischer Probleme behindern. Die eine Belastung ist die Verlagerung des politischen Willensbildungsprozesses heraus aus dem Parlament in das Fernsehen, in diese unzähligen Talkshows. Das Fernsehen verführt die öffentliche Meinung zu oberflächlichen Urteilen. Und es verführt die Politiker, diese Oberflächlichkeit noch zu verschlimmern, indem sie gezwungen werden oder sich zwingen lassen, komplexe Sachverhalte in 30 Sekunden zu beschreiben. Eine weitere Gefahr sehe ich darin, dass Kinder und Jugendliche mittlerweile mit Gewaltdarstellungen aus der Glotze groß werden und somit Gewalt als normalen Bestandteil des Lebens betrachten. Als Bundeskanzler habe ich einmal angeregt, einmal pro Woche die Glotze auszulassen und stattdessen miteinander zu reden und etwas in der Familie gemeinsam zu machen. Dafür wurde ich ausgelacht. Meine grundsätzlichen Hinweise zur Wirkung des Fernsehens wurden überhört. Heute haben die Medien die Demokratie bereits sehr weitgehend verändert.

Zweitens spielt eine Rolle, dass die Gesetzgebung in den westeuropäischen Ländern inzwischen unsinnig weit vorangetrieben worden ist. In Deutschland umfasst allein das Bundesrecht schon Zigtausende von Paragraphen, das Landesrecht und das Recht der Europäischen Union gar nicht mitgezählt. Einer hat mal ausgerechnet, dass bei uns 88 000 Paragraphen in Gesetzen und Rechtsverordnungen gelten, da sind die Erlasse noch gar nicht eingeschlossen. Keiner kann das mehr übersehen, auch die Politiker nicht. Das kann man ihnen wahrscheinlich gar nicht vorwerfen. Die deutsche Regelungswut ist gut gemeint, sie dient sozialen und gerechten Zielen, aber zugleich stranguliert sie unser Gemeinwesen und die Wirtschaft, indem sie unternehmerische Eigeninitiative erschwert.

Und dann kommt ein Drittes hinzu: Anders als die Generation der Adenauer, Schumacher, Dehler oder Heuss, anders auch noch als meine eigene Generation, hatten die Politiker von heute keine Herausforderungen zu bestehen. Die erste und zweite Generation sind durch Zuchthäuser oder Konzentrationslager der Nazis gegangen, oder sie mussten emigrieren, sie haben durch Nazimord oder Krieg Familienmitglieder verloren, oder sie haben selbst den Krieg und Kriegsgefangenschaft erlebt. Als sie entlassen waren, häufig körperlich und seelisch versehrt, sind sie in die Politik gegangen mit dem Vorsatz: »Das darf sich nie mehr wiederholen. Wir müssen Deutschland physisch und moralisch wieder aufbauen.« Ein schwieriger Lebensweg und die Konsequenzen, die daraus gezogen wurden, haben alle verbunden. Das Gemeinsame war das Erleben von Schicksal. Alle waren beherrscht von einem Pflichtgefühl, der res publica, dem öffentlichen Wohl zu dienen. Ein Strauß und ein Schmidt waren ganz unterschiedliche Typen, aber wir wussten beide, wo wir herkamen, nämlich aus dem Dreck der Schützengräben, wo es nach Tod gerochen hat. Und wir wussten beide, wir wollen unsere Lebensarbeit in dieses neue Gemeinwesen einbringen.

Längst haben wir diese stabile demokratische Ordnung, nicht nur in Deutschland, auch in den anderen westeuropäischen Ländern. Heute regiert eine politische Generation, die kein Schicksal hinter sich hat. Die Politiker von heute haben nicht nur weniger erleben müssen, sie haben es auch mit geringeren Herausforderungen zu tun. Das Leben ist ein bisschen leichter für sie. Man kann sie deswegen nicht schelten, sie können nichts dafür. Ich sage das auch ohne Vorwurf gegenüber der Generation der 68er-Intellektuellen, die inzwischen entweder Oberstudienräte oder Staatssekretäre oder sogar Minister geworden sind. Nein, im Gegenteil, alle späteren Generationen sollten sich darüber freuen, dass heutzutage selten eine große Herausforderung an einen Politiker herantritt und er ihr in der Krise gerecht werden muss. Das letzte Mal, dass das in Deutschland passiert ist, war der Zusammenbruch des Honecker-Regimes 1989. Kohl ist dieser Krise gerecht geworden, wenngleich er bei der wirtschaftlichen Vereinigung der beiden deutschen Staaten eklatante Fehler gemacht hat.

ALLERLETZTE MELDUNG

Gute Wahl

Politik kann auch ganz gemütlich sein. Auf der Hallig Gröde diente heute als Wahlkabine das Büro des Bürgermeisters, die Urne stand im Wohnzimmer. Diese persönliche Betreuung führte zu einer Wahlbeteiligung von hundert Prozent. Schon um halb zwölf hatte das Dutzend Wahlberechtigte gewählt.

In der Freiheit bestehen

Im Gespräch mit Richard von Weizsäcker

ULRICH WICKERT: 1999 wurde der zehnte Jahrestag der deutschen Wiedervereinigung gefeiert. Im Gefühl der Deutschen wurde die Einheit eigentlich schon am 9. November 1989 wiederhergestellt, als die Mauer aufging. Wie haben Sie diesen Tag erlebt?

RICHARD v. WEIZSÄCKER: Am 9. November 1989 war ich in Süddeutschland dienstlich unterwegs, so wie Helmut Kohl in Polen war. Wir hatten natürlich wahrgenommen, dass der Druck auf die DDR-Führung immer stärker wurde – von innen durch die Bürgerrechtsbewegung, insbesondere aber von außen durch die Veränderungen in Europa, vor allem in den Staaten des »Warschauer Pakts«, den es damals ja noch gab, und in der Sowjetunion selbst. Denken Sie an die Stichworte Perestroika und Glasnost, an die anschwellende Zahl der ausreisewilligen DDR-Bürger, die Botschaftsflüchtlinge in Ost-Berlin, in Warschau und vor allem in Prag, die Öffnung der Grenzen zwischen Ungarn und Österreich, nicht zuletzt an die friedlichen Demonstrationen in Leipzig und vielen anderen Städten. Dennoch hat niemand von uns den 9. November, so wie er ablief, vorausgesehen. Es gab ja in Wirklichkeit zunächst ein ziemlich großes Durcheinander – weder war klar, was für ein Signal Günter Schabowski vom SED-Politbüro eigentlich gegeben hatte oder geben wollte, noch wussten die Volkspolizisten an den Sektorenübergängen in Berlin, wie sie sich verhalten sollten, als viele Bürger plötzlich an der Grenze standen.

Sofort nach Bekanntwerden der Vorgänge in Berlin fuhr ich zurück und traf dort in diesem nach wie vor herrschenden Durcheinander von Anweisungen und Gegenanweisungen ein. Auch ich war na-

türlich von dem Gefühl und Trubel erfasst. »Was geht denn jetzt?«
Niemand wusste das genau, auch ich nicht. Nun war es ja nicht gerade meine Aufgabe als Bundespräsident, wie so ein Pionierleutnant
loszumaschieren, um festzustellen, was man kann und was nicht.
Aber man war eben doch gepackt von dieser unwiderstehlichen Atmosphäre. Und so habe ich mich dann am nächsten Tag vom West-
rand des Potsdamer Platzes, der heute durch seine großen, neuen
Bauten bekannt ist, der aber damals vollkommen leer war, also vom
Westteil der Stadt aus, allein auf den Weg gemacht in Richtung auf
den Ostteil ...

WICKERT: Ohne irgendwelche Begleiter?

WEIZSÄCKER: Vollkommen allein. Ich war auf dem ungefähr 300 Meter langen, leeren Platz, und auf der anderen Seite stand eine Baracke
der Volkspolizei. Na, nun wollen wir mal sehen, was passiert, dachte
ich. Nach einiger Zeit wurde ich durchs Fernglas beobachtet, das
sah ich. Ich ging weiter, dann öffnete sich eine Tür, heraus trat ein
Oberstleutnant der Volkspolizei, ging in militärischer Haltung auf
mich zu, als ob er gemeinsam mit mir Rekrut in Potsdam gewesen
wäre, obwohl er natürlich unvergleichbar viel jünger war als ich,
blieb stehen, machte eine tadellose Ehrenbezeigung und sagte: »Herr
Bundespräsident, ich melde, keine besonderen Vorkommnisse!« Und
das in einem Moment, in dem die Vorkommnisse nicht größer hätten sein können. Er wusste aber auch nicht, was er machen sollte.
Er hatte wohl mein Gesicht mal irgendwann im Fernsehen gesehen.
Eigentlich hat er sich ganz vernünftig verhalten. Das möchte ich
übrigens auch von anderen Volkspolizisten in dieser Nacht sagen, die
diesem Riesendruck der eigenen, nach Westen drängenden Bevölkerung gegenüberstanden, vor allem hier in Berlin an der Bornholmer
Straße. Dass diese Nacht in ihrem Durcheinander gewaltfrei verlaufen ist, dass wirklich alles friedlich und in wachsender Freude
ablief, das gehört zu den größten Wundern dieses Ereignisses.

WICKERT: Staatsrechtlich wurde die deutsche Einheit am 3. Oktober
1990 um 0.00 Uhr vollzogen. Sie haben aus diesem Anlass zu einer
großen Menschenmenge gesprochen, hier in Berlin vor dem Reichstag. Was ging in Ihnen damals vor? Was haben Sie gedacht?

WEIZSÄCKER: Es waren so starke Gefühle, dass man zum Denken gar nicht mehr viel Zeit hatte. Einerseits war ich in meinem Leben schon oft in Berlin gewesen, hatte hier gelebt und fühlte mich als Berliner; ich bin ja auch mal Bürgermeister gewesen. Somit waren für mich die Ereignisse speziell in Berlin besonders bewegend. Andererseits ging es eben doch nicht nur um Berlin, es ging auch nicht nur um die beiden deutschen Staaten und nunmehr um ihre staatliche Wiedervereinigung. Der 9. November 1989 und der 3. Oktober 1990 sind vielmehr in höchstem Maß europäische Daten. Die Deutschen waren an diesen Tagen nicht nur unter sich, vor allem waren auch unsere polnischen Nachbarn dabei, und das ist im Grunde das Entscheidende. Europa hatte unter der Teilung durch den Kalten Krieg gelitten. Nun konnte es sich seinem ja ursprünglich konzipierten Ziel nähern, nämlich sich im Ganzen zu vereinen. Deswegen sollten wir auch heute nicht von der Ost-Erweiterung der Europäischen Union sprechen, sondern von der Vollendung Europas. Davon hat man auch am 3. Oktober 1990 vor dem Reichstag etwas gespürt. Wir Deutschen sind eine kontinentale Macht, umgeben von vielen Nachbarn, mehr als alle anderen Länder, mit einer Geschichte, die sowohl von innen nach außen als auch von außen nach innen wirkte, und eben doch häufiger streitig oder auch kriegerisch als friedlich verlief. Nun war plötzlich am 3. Oktober 1990 die geographische Lage Deutschlands mit der politischen in Übereinstimmung, nämlich im Frieden mit allen Nachbarn.

WICKERT: Sie verlegten dann sehr schnell Ihren Amtssitz nach Berlin und traten dafür ein, dass auch die Bundesregierung und der Bundestag nach Berlin umziehen. Hat das nicht bei Rheinländern und solchen, die an Bonn gewöhnt waren, für Ärger gesorgt?

WEIZSÄCKER: Natürlich, ich würde sagen, in erster Linie für privaten Ärger, vielleicht auch für politischen bei denjenigen, die dort ihre Mandate und Wahlkreise hatten. Ein solcher Umzug ist auch nicht einfach. Die Kinder gehen seit langem in Schulen, haben Freunde, gehören Sportclubs an und …

WICKERT: Aber ist das nicht doch sehr kleinlich, wenn man vor solch einem so großen historischen Ereignis steht?

WEIZSÄCKER: Aber Herr Wickert, nun seien Sie doch milde. Ich meine, die privaten Entscheidungen sind letztes Endes das, was eine Familie noch mehr bewegt als die großen historischen Ereignisse. Dafür habe ich im Grunde immer Verständnis gehabt. Doch es half eben nichts. Wir haben vierzig Jahre lang gesagt: Im Falle der Vereinigung wird Berlin wieder Hauptstadt, und alle Parteien haben sich dazu bekannt. Als die Vereinigung kam, sollten wir da plötzlich sagen: Wir haben das nie ernst gemeint? Oder wir hätten sowieso nie an die Vereinigung geglaubt? Im Übrigen ist nicht nur innerhalb Deutschlands das Verständnis für die Unausweichlichkeit und die Richtigkeit dieser Entscheidung gewachsen. Überall in der Welt empfindet man ähnlich. Es ist dort überhaupt gar keine Frage; es gilt vielmehr im Ausland als selbstverständlich, dass Berlin die Hauptstadt des vereinigten Deutschland ist. Das, was es an Fragen an unsere Adresse gibt, hängt nicht mit dem Hauptstadtwechsel zusammen, sondern mit der Politik, die wir nun machen und die von uns erwartet wird.

WICKERT: Sie haben vorhin gesagt, Sie fühlen sich als Berliner. Aber geboren sind Sie am 15. April 1920 in Stuttgart, im Königsschloss. Wie kam es dazu?

WEIZSÄCKER: Ich bin zwar im Schloss geboren worden, aber nicht als Gast des Königs. Auf dem Schloss wehte die rote Fahne – nach einer, wie es den Württembergern entspricht, außerordentlich friedlichen Revolution. In einer Mansarde des Schlosses hatte meine Mutter gerade noch rechtzeitig vor meiner Geburt ein Quartier gefunden, und da bin ich halt zur Welt gekommen. Beinahe wäre ich auf einem Rheindampfer geboren worden, mit dem meine Eltern 1920 aus den Niederlanden, wo mein Vater Marineattaché war, zurück in ihre Heimat fuhren. Aber ich habe lieber gewartet, bis wir wieder festen Boden unter den Füßen hatten und Stuttgart erreichten.

WICKERT: Ihr Großvater war der letzte Ministerpräsident des Königs von Württemberg gewesen.

WEIZSÄCKER: Ja, er hat dann im Jahre 1918 gemeinsam mit dem König Stuttgart verlassen. Ich habe ihn kaum noch gekannt, aber er hat in unserer Familie als ein kluger, liberaler Mann eine sehr große Rolle gespielt. Er hatte eine starke Willenskraft und auch entschiedene politische Überzeugungen. Als in der Mitte des Ersten Weltkriegs der Reichskanzler Theobald von Bethmann Hollweg zurücktreten musste, wandte sich die Generalität, die ja damals in erster Linie das Heft in der Hand hatte, auch an meinen Großvater. Er sollte neuer deutscher Regierungschef werden. Er winkte aber sofort ab, weil er fand, dass inzwischen der Karren schon viel zu sehr in die falsche Richtung gelaufen war.

Zugleich war er ein sehr witziger Mann, wenn auch streng mit den kleinen Enkeln. Er hat auf uns einen unauslöschlichen Eindruck gemacht. Die württembergischen Wurzeln unserer Familie sind sehr tief. Ich bin eigentlich der Erste, der nie richtig Schwäbisch zu sprechen gelernt hat, sondern der sich gegen die älteren Geschwister mit ihrem nicht unerheblichen Gewicht – ich meine jetzt nicht nur das körperliche, sondern vor allem das geistige Gewicht – zur Wehr zu setzen versuchte, indem ich anfing, Berlinisch zu sprechen, als wir an die Spree gezogen waren. Das wurde mein Monopol, meine »Identität«, wenn Sie so wollen.

WICKERT: Inzwischen war Ihr Vater Diplomat geworden.

WEIZSÄCKER: Ja, sozusagen als »Seiteneinsteiger«, denn er war von Haus aus Marineoffizier. Er entschied sich mit dem Herzen für den auswärtigen Dienst, während sein Verstand und die Sorge um den Familienunterhalt ihm rieten, das Angebot eines AEG-Vorstands anzunehmen, Geschäftsführer im VDI, im Verein Deutscher Ingenieure, zu werden.

WICKERT: Und weil Diplomaten viel umziehen, sind Sie auch viel umgezogen. Wo haben Sie Ihre Jugend verlebt?

WEIZSÄCKER: Hauptsächlich in Berlin. Rein zeitlich und in den prägenden Jahren, also von meinem siebten bis zum vierzehnten Lebensjahr war ich in Berlin und habe dort später auch Abitur gemacht. Trotzdem, das durch den Diplomatenberuf des Vaters bedingte Umherziehen hat mir auch immer großes Vergnügen bereitet. Auf diese Weise habe ich zum Beispiel Lesen und Schreiben in Kopenhagen gelernt, konnte damals Dänisch wie Deutsch, was ich inzwischen leider fast vollkommen vergessen habe. Dann war ich in der Schweiz lang in der Schule und habe mit meinen Klassenkameraden aus Bern bis zum heutigen Tage guten und engen Kontakt. Das war nun schon in den Jahren 1933 bis 1936 – in einer Zeit also, in der für die Schweiz die Entwicklung des Nationalsozialismus in Deutschland eine immer größere Belastung wurde. Das kam unvermeidlicherweise auch gegenüber dem jungen deutschen Mitschüler zum Ausdruck.

WICKERT: Wie?

WEIZSÄCKER: Der Geschichtslehrer hielt mir, dem Kinde, oft quasi strafend die Ereignisse vor, bei denen die vollkommene Unabhängigkeit der Schweiz gegenüber dem nördlichen Nachbarn besiegelt wurde, etwa den Westfälischen Frieden von 1648. Die Mitschüler waren auf der einen Seite loyal wie Schweizer gegenüber diesem immer gefährlicher werdenden nördlichen Nachbarn, aber auf der anderen Seite verhielten sie sich vollkommen solidarisch mit dem Mitschüler. Das hat mir immer sehr geholfen. Meine Gedanken an diese Schweizer Schulzeit sind denn auch lebendig geblieben, und, wie gesagt, die Verbindung zu meinen Schulkameraden ist nie abgerissen, obwohl wir uns mittlerweile alle im 80. oder noch weiter vorgerückten Lebensalter befinden.

WICKERT: War Ihr Bruder Carl Friedrich, der ein berühmter Wissenschaftler geworden ist, zu dieser Zeit auch schon so eine Art kleines Genie?

WEIZSÄCKER: Ein ziemlich großes schon. Er ist acht Jahre älter als ich. Er beschäftigte sich mit geistigen und wissenschaftlichen Dingen von früher Kinderzeit her, und jemand wie ich hat ihn damals mitunter sicher gestört. Aber wie das nun so war in unserem Berliner Gymnasium, als er oben rausging, kam ich unten rein. Seine Leistungen in der Schule waren fraglos weit besser als meine. Mir kam noch eine Art Erinnerungsglanz von dem, was er da geleistet hatte, zugute. So wurde ich z. B. beim Abitur in Mathematik, einem Spezialfach meines Bruders, wie ich fand, besser behandelt, als ich es eigentlich verdient hätte. In einem Geschwisterkreis ist es immer oder doch meistens anregend, wenn der Älteste geistige Maßstäbe setzt. Der Respekt davor ist bei den jüngeren Geschwistern stets sehr lebhaft, auch wenn eben nicht so viel über Sport gesprochen oder Sport getrieben wird, wie ich es mir oft gewünscht habe. Die Verbindung mit meinem Bruder Carl Friedrich ist durch all die Jahrzehnte hindurch immer sehr intensiv gewesen, obwohl ich von Wissenschaft wenig verstehe. Sein Lehrer war Werner Heisenberg. Bei ihm habe ich nicht Physik gelernt, sondern Tischtennis gespielt, weil Heisenberg ein sehr guter Sportler und übrigens auch ein vorzüglicher Klavierspieler war. Er war zusammen mit Ricarda Huch und Ina Seidel gern Gast bei den Hausmusikabenden meiner Eltern. Doch wir sprachen von dem Einfluss Carl Friedrichs auf mich. Später habe ich Vorlesungen von ihm gehört, insbesondere als er von der theoretischen Physik mehr in die Philosophie überging. Er hat, wie ich finde, eine auch außerordentliche pädagogische Begabung, und insofern waren seine Vorlesungen für mich ein großer Gewinn.

WICKERT: Im Januar 1933, als Hitler an die Macht kam, waren Sie schon 12. Da erlebt man so etwas ja schon ganz bewusst. Wie hat Ihre Umgebung darauf reagiert?

WEIZSÄCKER: Ich selber habe natürlich kein eigenes Urteilsvermögen gehabt, obwohl wir in unserer Berliner Schule immer höchst lebhaft über die beinahe täglichen Straßenkämpfe, die immer neuen Reichstagswahlen und Regierungsumbildungen diskutiert haben. Im eigenen Elternhaus, wie wohl allseits in diplomatischen Kreisen, war man beunruhigt. Man befürchtete, dass Hitler eine von den Deutschen insgesamt angestrebte friedliche Revisionspolitik, also eine Milderung der harten Bedingungen des Versailler Vertrags, nun auf militante, laienhafte, gefährliche Weise gefährden würde. Aber man hat im Großen und Ganzen die mit dem Namen und der Sache Hitlers verbundenen Gefahren damals deutlich unterschätzt.

WICKERT: Mit noch nicht ganz 17 haben Sie Abitur gemacht. Waren Sie ein Überflieger, oder gab es andere Gründe?

WEIZSÄCKER: Nein, ich hatte zwar ganz ordentlich die Schulzeit durchlaufen und auch mal ein Schuljahr übersprungen. Im Übrigen aber fing man in Deutschland damals damit an, mehr junge Leute rechtzeitig für die Wehrmacht zu gewinnen. Deswegen wurde die Oberprima gestrichen und sie gemeinsam mit der Unterprima in einem Jahr auf das Abitur vorbereitet, das ich mit 16 am Berliner Bismarck-Gymnasium abgelegt habe. Ich war also in der Tat wirklich noch recht jung und habe deshalb die Gelegenheit genutzt, ein Jahr im Ausland zu studieren, bevor ich im Alter von 18 erst zum Arbeitsdienst und dann zum Militär kam.

WICKERT: Sie haben in Oxford und Grenoble studiert. Warum sind Sie ins Ausland gegangen?

WEIZSÄCKER: In erster Linie, um Englisch und Französisch zu lernen. Französisch konnte ich schon recht gut, weil ich in Bern in die Schule gegangen war, und die war fast zweisprachig. Englisch dagegen konnte ich so gut wie gar nicht. Ich wohnte als Student in Oxford bei einer Familie, mit der ich mich nur auf Französisch verständigen konnte. Dann schickte sie mich auf eine Feier, die alljährlich in Oxford zur Verleihung der Ehrendoktoren stattfindet. Als ich wieder nach Hause kam, fragten sie mich, wie ich es gefunden hätte. »Sehr schön«, erwiderte ich. Diesmal hätte ich doch alles verstanden, sagten sie. »Ich habe kein Wort verstanden. Sie wissen doch, dass ich kein Englisch kann«, war meine Antwort, worauf sie meinten: »Haben Sie denn nicht gemerkt, dass das alles Lateinisch war, was gesprochen wurde?« Leider überstieg die lateinische Aussprache der Engländer meine Aufnahmefähigkeit bei weitem. Übrigens nicht nur meine: Beinahe alle gebildeten Humanisten des Kontinents hielten oder halten das Oxfordlatein für einen britischen Dialekt, wenn sie es zum ersten Male hören. Ich selbst habe dann doch noch ganz gut Englisch gelernt.

WICKERT: 1938 wurde Ihr Vater Staatssekretär des Auswärtigen Amtes. Reichsaußenminister war damals Joachim von Ribbentrop, ein kriegslüsterner Gefolgsmann Hitlers. Warum hat Ihr Vater diese Spitzenposition angenommen, nachdem sie von ihm 1933 in einer weniger beunruhigenden Situation der äußeren Lage Deutschlands noch zu Lebzeiten des Reichspräsidenten von Hindenburg, in dem Konservative eine Garantie gegen Hitler sahen, ausgeschlagen worden war?

WEIZSÄCKER: Er ist tatsächlich schon von Ribbentrops Vorgänger Konstantin von Neurath, einem württembergischen Landsmann und Kollegen seines Vaters, meines Großvaters, gefragt worden, ob er sein Staatssekretär werden wolle, hatte aber abgelehnt. Dass er Ribbentrops Angebot angenommen hat, kann man nur verstehen, wenn man weiß, was ihn dabei bewegt hat. Mein Vater war im Grunde der Exponent derjenigen großen und auch vorherrschenden Gruppe von deutschen Diplomaten, die die Meinung vertraten, wir müssen den friedlichen Kurs einer Beteiligung im Völkerbund und einer allmählichen Revision der zu harten Bedingungen des Versailler Vertrags fortsetzen und retten. Er hat sich damals vor allem mit dem Generaloberst Ludwig Beck über das Angebot unterhalten. Beck wurde später einer der Führer des deutschen Widerstands und sollte nach Beseitigung Hitlers Staatsoberhaupt werden, nach dem missglückten Attentat vom 20. Juli 1944 nahm er sich das Leben. Er hat meinem Vater seinerzeit gesagt, wenn wir Soldaten Bedenken haben, müssen sie vor der Schlacht ausgeräumt sein; ihr Diplomaten müsst aber bis zum letzten Tag ausharren, um den Ausbruch der Schlacht zu verhindern. Die Frage beherrschte meinen Vater vollkommen, beherrschte auch die Gespräche mit allen Freunden und in der Familie. Er hat das Amt dann schließlich auf sich genommen, hat sich in der Sudentenkrise noch einmal zur Verhinderung eines Kriegsausbruchs ganz engagiert und im Zusammenhang mit dem Münchner Abkommen vom Herbst 1938 mit Engländern und Italienern gegen den Kurs von Ribbentrop und Hitler zusammengespielt. Später haben seine Bemühungen – wie natürlich niemand schärfer und tiefer empfand als er selbst – keinerlei Erfolg mehr gehabt.

WICKERT: Kamen solche Bemühungen zum Beispiel bei der Sudentenkrise auch zu Hause zur Sprache?

WEIZSÄCKER: Ja, natürlich, wenn auch nicht im Einzelnen. Ich wohnte zwar nicht zu Hause, sondern war im Arbeitsdienst, aber das Thema war so bedrückend, dass fast alle Gespräche darum kreisten, wenn ich zu meinen Eltern kam. Man kann sich das gar nicht plastisch genug vorstellen. Es ging ja nicht nur um politische und moralische, sondern auch um ganz normale menschliche Empfindungen. Viele Familien hatten Angehörige während des Ersten

Weltkriegs verloren. Der Ausbruch dieses unglückseligen Kriegs ist nicht nur in meinen Augen der eigentliche Beginn der Katastrophe des 20. Jahrhunderts. Die Vollendung dieser Katastrophe befürchtete mein Vater für den Fall, dass es wieder zum Krieg gekommen wäre – so verständlich, vielleicht partiell sogar legitim die Gründe waren, die zur Sudetenkrise geführt hatten. Aber darüber sollte verhandelt und deswegen nicht geschossen werden, gerade weil Hitler, Ribbentrop und mit ihnen der SS-Führer Himmler eine gewaltsame Lösung wollten. Deshalb beherrschte der Verlauf der Sudetenkrise und die Vorbereitung des Münchner Abkommens ganz und gar die Atmosphäre in der Familie.

WICKERT: Sie sind dann Herbst 1938 nach dem obligatorischen Arbeitsdienst in den Wehrdienst gekommen. Einer Ihrer Brüder war schon bei dem Infanterieregiment 9, dem Potsdamer Traditionsregiment. Dort sind Sie auch hingegangen. Weshalb haben Sie sich für dieses Regiment gemeldet?

WEIZSÄCKER: Mein zweiter Bruder, Heinrich, der knapp drei Jahre älter war als ich, wollte Geschichte studieren, mittelalterliche Geschichte. Wir hatten zusammen nach seinem Abitur unter Anleitung meiner Mutter eine wunderbare Reise nach Süditalien auf den Spuren Kaiser Friedrichs II. gemacht. Von ihm hatte der Historiker Ernst Kantorowicz, inspiriert von Stefan George, Ende der zwanziger, Anfang der dreißiger Jahre in einem bedeutenden Werk ein eindrucksvolles Bild gezeichnet. Der Staufer war auch der große Held meines Bruders. Aber nach der Rückkehr von unserer Reise merkte er, dass viele Geschichtsvorlesungen an den deutschen Universitäten inzwischen politisch-ideologisch indoktriniert waren. Deshalb meldete er sich für die aktive Offizierslaufbahn beim Infanterieregiment 9 in Potsdam, dessen Atmosphäre zwar konservativ war, sich aber den Nazis verschloss. Mein Bruder war gerade Leutnant geworden, als ich in das Regiment eintrat. Ich musste sowieso meinen Wehrdienst ableisten und wollte das gern in der Nähe der Familie tun, außerdem natürlich auch gern in der Nähe meines Bruders. Um die Stimmung in diesem Regiment zu schildern, will ich einen Vorgang erzählen: Unser Kompaniechef, Ekkehart von Ardenne hieß er, ein jüngerer Bruder von Manfred von Ardenne, der in der DDR eine größere Rolle gespielt hat, ließ uns am 9. November 1938 antreten.

WICKERT: In der sogenannten Reichskristallnacht?

WEIZSÄCKER: Ja, aber das war uns damals unbekannt. Oberleutnant von Ardenne sagte: 1918 entschied sich der Verlust des Ersten Weltkriegs für die Deutschen und meinte damit die Revolution. Was am 9. November 1923 passierte, so Ardenne weiter, das können Sie den Zeitungen entnehmen. Der Befehl, die Kompanie antreten zu lassen, war aber gerade wegen des 9. November 1923, also wegen des Marschs von Hitler auf die Feldherrnhalle in München, erteilt worden. Das war nicht uncharakteristisch für die Stimmung.

Ich bin dann am Nachmittag und Abend noch in Berlin gewesen und habe die Pogromnacht mit eigenen Augen und auf ganz unvergessliche Weise gesehen. Ich bin rings um die Gedächtniskirche in Berlin mit dem Fahrrad gefahren und habe gesehen, wie die jüdischen Geschäfte geplündert wurden, auf mehr oder weniger verstohlene Weise. Wir waren eine große schweigende Masse von Zuschauern, die nur gesehen und nichts getan hat.

WICKERT: Am 1. September 1939 begann mit dem Überfall auf Polen der Zweite Weltkrieg. Sie waren von Anfang an dabei. Ihr Bruder Heinrich fiel. Haben Sie es miterlebt?

WEIZSÄCKER: Wir waren im selben Bataillon und nur ein paar Hundert Meter voneinander entfernt. Er war der erste Zugführer, der am 2. September abends am Bahndamm von Klonowo in der Tucheler Heide fiel. Ich habe noch in der Nacht bei ihm gewacht und ihn am nächsten Tag an einem Waldrand mit beerdigt. Dann mussten wir weiterziehen.

WICKERT: War dieser Kriegsausbruch das, was einmal Ernst Jünger in seinem berühmten Buch »Stahlgewitter« beschrieben hat?

WEIZSÄCKER: Ich habe diesem gewiss an sich bedeutungsvollen Buch nichts abgewinnen können, um meine eigenen Gefühle nachzuempfinden. Dazu waren die ganze Aufregung zu Hause über den Kriegsausbruch, das beklemmende Erlebnis, ihn nicht mit verhindert zu haben, und dann auch noch der Tod des eigenen, heiß geliebten

Bruders ein zu tiefer Einbruch. Er hat meine ganze Einstellung für immer geprägt, und nichts war mehr so wie zuvor.

WICKERT: Also nicht so wie der Philosoph Max Scheler in seinem Buch über den »Genius des Krieges« sagt: Krieg als »die Stunde der Wahrheit«!

WEIZSÄCKER: Das hat Max Scheler im Ersten Weltkrieg gesagt. Kurz bevor der Zweite Weltkrieg ausbrach, sind wir aus unseren Kasernen zum Verladebahnhof marschiert, wohlweislich nicht tagsüber und unter dem Jubel der Bevölkerung wie am 1. August 1914, sondern bei Nacht. Die Menschen standen schweigend und sorgenvoll am Straßenrand. Die meisten Deutschen verbanden damals mit dem Nationalsozialismus vor allem die Hoffnung auf die Überwindung der Arbeitslosigkeit und auf die Erreichung anderer nationaler Ziele, aber der Krieg wurde weit mehr gefürchtet als erhofft. Deshalb herrschte, anders als ein Vierteljahrhundert zuvor, in Deutschland keine Jubelstimmung.

WICKERT: Die Soldaten hatten ja den Eid auf den »Führer« abgelegt. Sie wahrscheinlich auch. Zog man in den Krieg aus Pflichtgefühl?

WEIZSÄCKER: Man war zum Gehorsam erzogen und auch gezwungen. Das ist heute für jüngere Generationen schwer nachzuvollziehen, weshalb ich eine Geschichte schildern möchte, die vor zwei, drei Jahren passiert ist. Ich habe damals aus meinen Erinnerungen vorgelesen und dabei auch berichtet, wie ich den Kriegsausbruch erlebt habe, wie mein Bruder fiel und wie dies das eigene Wesen so tief prägte. Danach stand in der Diskussion ein junger Mann auf und sagte: Wenn Sie am 2. September 1939 so Furchtbares erlebt haben, warum sind Sie dann am 3. September nicht in den Zivildienst gegangen? Es ist ja gut, dass junge Menschen heute so sehr daran gewöhnt sind, den Dienst in den Streitkräften von einer Gewissensentscheidung abhängig machen und den Zivildienst wählen zu können. Das war aber natürlich Lichtjahre von der Lage in einer Diktatur entfernt, in der es selbstverständlich keinerlei Gewissensfrage über das Militär gab, erst recht keinen Zivildienst, sondern den Zwang zum Wehrdienst.

WICKERT: Die Wehrmacht wurde unweigerlich auch in Greueltaten hineingezogen. Es gab den berühmten »Kommissarbefehl«, wonach sowjetische Kommissare, also die politischen Kontrolleure der Roten Armee, gleich zu erschießen seien. Wie hat Ihr Regiment darauf reagiert?

WEIZSÄCKER: An den Kommissarbefehl erinnere ich mich gut. Diese sogenannten Polit-Kommissare sollten nicht als normale Gefangene behandelt, sondern umgebracht werden. Ich war damals Regimentsadjutant, das ist so eine gewisse Schlüsselstellung unter den jungen Leuten. Ich bin mittlerweile 22 oder 23 Jahre alt gewesen. Wir haben in unserem Freundeskreis darüber miteinander gesprochen und gesagt: Das ist ein klarer Mordbefehl, und ein solcher Befehl wird in unserem Regiment nicht ausgeführt, dafür werden wir sorgen. Solange ich beim Regiment war, ist es auch dabei geblieben.

WICKERT: Aus Ihrem Regiment sind ja einige Widerstandskämpfer gegen Hitler hervorgegangen, zum Beispiel Henning von Tresckow, Axel von dem Bussche. Wann kamen Sie in Verbindung mit deren Gedanken?

WEIZSÄCKER: Abgesehen davon, dass ich das eine oder andere von Widerstandsbestrebungen schon vor dem Krieg zu Hause gehört hatte, also zum Beispiel im Zusammenhang mit der vorhin erwähnten Sudetenkrise im Herbst 1938, habe ich zum ersten Male im Winter 1942/43 davon gehört. Tresckow war inzwischen schon in höheren Stäben und nicht mehr beim Regiment. Ein anderer Reserveoffizier bei uns, Fritz-Dietlof Graf von der Schulenberg, eine Schlüsselpersönlichkeit des 20. Juli, redete mit mir und einigen ganz wenigen Freunden über das, was wir denn tun könnten. Der Entscheidende für mich aber war Axel Bussche, mein ältester Freund schon aus der Vorkriegszeit. Er war nach einer Verwundung ein paar Monate lang in die Ukraine abkommandiert und hat dort mit eigenen Augen gesehen, wie sogenannte Einsatzgruppen Gräben aufhoben und Juden und andere unschuldige Zivilpersonen ermordeten. Er kam zum Regiment zurück und erzählte mir das. Später sagte Schulenburg, dass Graf Stauffenberg in Berlin einen jungen Offizier suche, der bereit sein würde, zur Vorführung einer neuen Uniform bei Hitler Sprengstoff mitzunehmen, um den »Führer« und sich selbst in die Luft zu sprengen.

Axel Bussche erklärte sich sofort bereit, das zu machen. Ich habe mich nur um die technische Seite gekümmert, zum Beispiel um eine Reiseerlaubnis und um die Telefongespräche, die deswegen mit Stauffenberg geführt werden mussten. Axel Bussche hat immer gesagt: Ja, wir haben einen Eid geleistet, aber ein Eid ist eine Verpflichtung auf Gegenseitigkeit. Nicht nur der, der den Eid leistet, sondern auch der, dem er geleistet wird, ist dadurch verpflichtet. Das, was hier geschieht, und das, was von uns verlangt wird, das können wir nur als einen Eidbruch von oben betrachten. Daher müssen wir das Mögliche tun. Es kam dann aber nicht zu dieser Vorführung der neuen Uniform, weil sie bei einem britischen Luftangriff verbrannt ist – einer von mehreren Attentatsversuchen, die zu keinem Ergebnis führten. Am Ende hat keine militärische Einheit nach dem 20. Juli 1944 so viele Opfer zu beklagen gehabt wie unser Regiment.

WICKERT: Sie selber sind mehrmals verwundet worden. Nahmen Sie das lakonisch hin, weil es zum Soldatsein gehört?

WEIZSÄCKER: Darüber hat man weder vorher noch nachher viel nachgedacht. Vorausgesetzt, dass die Verwundung einen noch halbwegs bewegungsfähig ließ; ich habe in dieser Hinsicht großes Glück gehabt.

WICKERT: Wie ging der Krieg für Sie zu Ende?

WEIZSÄCKER: Ich war nach meiner letzten Verwundung noch einmal bei unserem Ersatztruppenteil in Potsdam und wurde dann zu einem Genesungsurlaub nach Süddeutschland entlassen. Dort besaß meine väterliche Großmutter eine Hühnerfarm oberhalb von Lindau am Bodensee, auf die meine Schwester, die inzwischen ihren Mann im Krieg verloren hatte, und andere Frauen der Familie geflüchtet waren. Dort hielt ich mich am 8. Mai 1945 immer noch als Genesender auf, weshalb ich bis zum heutigen Tag nicht aus der Wehrmacht entlassen worden bin.

WICKERT: Sie haben einfach die Uniform ausgezogen?

WEIZSÄCKER: Ja, sicher. Die Franzosen, die das Gebiet besetzt hielten, haben damals verlangt, dass sich alle Männer zwischen 16 und 50 melden sollten. Das hat man eben nicht gemacht. Wenn Franzosen zu dieser etwas abgelegenen Farm kamen, sprach man mit ihnen

Französisch, was ich ja einigermaßen konnte. Da sie nicht so genau wussten, was das für einer ist, entging ich zu meinem Glück der Gefangenschaft.

WICKERT: Der 8. Mai ist in Frankreich noch ein Staatsfeiertag – als Tag, an dem der Zweite Weltkrieg zu Ende gegangen ist. Wäre das nicht auch etwas für uns?

WEIZSÄCKER: Die Bedeutung des 8. Mai ist uns wohl allen bewusst. Nach dem französischen Religionshistoriker Ernest Renan sollte ein Volk dem Erbe seiner Vergangenheit in gemeinsamer Verantwortung mit Stolz und Reue begegnen. Das spiegelt sich für mich am 9. November am repräsentativsten wider. Deshalb habe ich diesen Tag immer als das Datum empfunden, das in uns am zutreffendsten wachruft, was und wie alles gewesen ist – mehr als der 8. Mai, obwohl an diesem Tag der Krieg beendet wurde und wir damit alle von der NS-Herrschaft befreit waren, die für ungezählte Menschen Leid und Tod, aber auch den Verlust der Heimat bedeutet hat.

WICKERT: Sie haben in Ihrer berühmten Rede vom 8. Mai 1985, die heute noch nachwirkt und die im Inland wie im Ausland sehr viel Positives bewirkt hat, vom »Tag der Befreiung« gesprochen, was bis dahin nicht allgemein üblich war. Wie sind Sie dazu gekommen? Mit wem haben Sie sich beraten, um dies an dem Tag zu sagen?

WEIZSÄCKER: Ich habe mir schon viele Gedanken vor dieser Ansprache gemacht und auch mit vielen Menschen darüber gesprochen. Es stimmt nicht ganz, dass der 8. Mai 1945 nie als Tag der Befreiung bezeichnet worden wäre. Schon Theodor Heuss hat in dieser Richtung etwas gesagt. Aber 1985, als ich die Ansprache zu halten hatte, begann eine neue Entwicklung. Gorbatschow war gerade ans Ruder gekommen, der Kalte Krieg ging langsam zu Ende. Noch konnte zwar niemand ahnen, dass wir in vier oder fünf Jahren Deutschland wiedervereinigen könnten, wohl aber, dass die Bundesrepublik immer selbständiger würde. Wir konnten außenpolitisch aktiver werden und sollten da und dort auch weltpolitisch mitwirken. Das setzte für mein Gefühl die Notwendigkeit voraus, sich nicht, wie das sonst stets nach verlorenen Kriegen ist, in einem Friedensvertrag von den Siegern sagen zu lassen, wie die Geschichte gewesen ist, sondern sich selbst darüber Rechenschaft abzulegen. Darüber in Freiheit zu sprechen und Verantwortung zu übernehmen, wäre ohne den 8. Mai 1945 nicht möglich gewesen.

WICKERT: Aber die Deutschen fühlten sich trotzdem als Besiegte?

WEIZSÄCKER: Ja, ohne Zweifel. Sie waren ja auch besiegt, doch sie wurden zugleich befreit – nicht von jeder Vergangenheit, von jeder Last, jeder Hypothek, von jeder Schuld. Aber sie wurden in die Freiheit entlassen. Das hat sich nicht vom 8. Mai 1945 an sofort abgezeichnet. Es gibt doch auch sehr viele Erinnerungen, in denen Menschen ganz realistisch die große Angst schildern, die sie hatten, als Sowjettruppen einzogen und man nicht wusste, ob man das überleben würde. Da war eine Atmosphäre des Zwangs, die sich in das Lebensgefühl der allermeisten Menschen einschlich – und das wollte ich zum Ausdruck bringen.

WICKERT: Wie kam es zu dieser Rede?

WEIZSÄCKER: Sie hat eine etwas merkwürdige Vorgeschichte. Wir wollten des 8. Mai gedenken, an dem sich 1985 das Kriegsende zum vierzigsten Male jährte. Zudem bestand schon längere Zeit der Plan, dass der amerikanische Präsident Ronald Reagan bei uns Staatsbesuch machen sollte und auch wollte. Schließlich tauchte die Idee auf, lasst uns doch am 8. Mai im Deutschen Bundestag weniger eine Gedächtnis-, dafür mehr eine Bündnis- und Siegesfeier …

WICKERT: Es war die Idee von Helmut Kohl.

WEIZSÄCKER: Ja. Reagan sollte am 8. Mai im Bundestag reden. Da habe ich gesagt: Ich freue mich sehr auf den Besuch von Reagan. Er wird mit allen Ehren und in der Freundschaft empfangen, die uns mit den Amerikanern inzwischen verbindet. Aber der 8. Mai 1985 ist unsere Sache. Denn wir können uns nicht dadurch entlasten, dass wir einen Freund aus den USA bitten, unsere düsteren Gedanken an die Vergangenheit gewissermaßen zu vertreiben. Nein, das müssen wir selbst machen, und das war auch die Meinung des Ältestenrats des Bundestags oder doch die Mehrheitsmeinung seiner Mitglieder. Dann wurde ich eingeladen, was ich gar nicht vorgeschlagen hatte, die Rede an diesem Tag zu halten. Reagan kam vorher und war auch danach noch da, was gut war, aber …

WICKERT: Er ging auf den Soldatenfriedhof von Bitburg, was heftig kritisiert wurde.

WEIZSÄCKER: Das hat für ihn selbst große Schwierigkeiten ausgelöst.

WICKERT: Haben Sie mit dem lebhaften Echo Ihrer Rede gerechnet?

WEIZSÄCKER: Nein. Vor allem habe ich nicht mit der überaus positiven Reaktion im Ausland gerechnet. Ich hatte ja gerade gesagt, das ist unsere Angelegenheit. Wir wollen unter uns sein und uns selbst Rechenschaft ablegen, was war und was sich daraus entwickelt hat. Deswegen hatte ich auch nur auf Reaktionen – zustimmender oder auch kritischer Art – im eigenen Land gerechnet.

WICKERT: Franz-Josef Strauß hat Sie nach dieser Rede den »Spezial-Gewissenträger« der Nation genannt.

WEIZSÄCKER: Nun ja. Man konnte bei ihm einiges lernen, auch wenn man nicht immer mit ihm einig war. Mein Verhältnis zu ihm war mal besser, mal schlechter – es ging auf und ab. Aber er war so etwas wie ein »Mordskerl«.

WICKERT: Erlauben Sie mir bitte noch einmal eine Frage zu Ihrer Rede. Darin sagten Sie: Wer wissen wollte, der konnte wissen. Das betrifft natürlich die Deportation und Vernichtung der Juden.

WEIZSÄCKER: Ich habe nicht gesagt und auch nie gedacht, dass etwa im Jahre 1942 in der deutschen Bevölkerung eine Kenntnis von den Vernichtungslagern in dem unvorstellbaren Umfange von Auschwitz bestand. Natürlich wusste man nicht genau, was im Gang und geplant war. Aber dass die Juden mehr und mehr bedrängt, bedroht und schließlich deportiert wurden, das konnte man wirklich sehen. Das war ja auch in den öffentlichen Ansprachen zum Ausdruck gekommen. Was Hitler schon in »Mein Kampf« geschrieben hat, haben die allermeisten nicht ernst genommen, aber was er in den Jahren 1938/39 öffentlich sagte, waren doch Hinweise, denen man sich verantwortlicherweise nicht entziehen konnte. Wenn ein Deportationszug in östlicher Richtung rollte, konnten vielleicht manche Leute meinen, es gehe zu einer Zwangs- und Sklavenarbeit, nicht in ein Vernichtungslager. Aber dass auch das Leben der Deportierten aufs höchste bedroht war, war nun tatsächlich kein Geheimnis, und das habe ich gemeint.

WICKERT: Helmut Schmidt und Rainer Barzel haben dagegen protestiert.

WEIZSÄCKER: Ich muss selbstverständlich ernst nehmen, wenn sie mir sagen, sie hätten die Züge nicht gesehen, sie hätten keinen Zugang zu Informationen gehabt, aus denen sie Schlussfolgerungen ziehen konnten. Das bleibt ein Konflikt. Da muss jeder mit sich selbst ins Reine kommen.

WICKERT: Nach dem Krieg fingen Sie in Göttingen an, Jura zu studieren. Schon nach fünf Semestern nahmen Sie am ersten Prozess als Hilfsverteidiger teil – bei einer Verteidigung Ihres Vaters vor dem Nürnberger Kriegsverbrecher-Tribunal der Alliierten. Hatten Sie oder hatte er mit einem solchen Prozess gerechnet?

WEIZSÄCKER: Die letzte Position meines Vaters war die eines Botschafters am Vatikan.

WICKERT: Eine ziemlich unpolitische Rolle eigentlich.

WEIZSÄCKER: Lesen Sie mal nach, was gerade in letzter Zeit wieder über die Rolle von Papst Pius XII. vor 1945 publiziert worden ist. Nach dem 20. Juli 1944 gibt es mehr als ein Dokument des Reichssicherheitshauptamts der SS, aus dem hervorgeht, mein Vater müsse wegen Hoch- und Landesverrats vor Gericht gestellt werden, aber er sei nicht erreichbar, weil die Alliierten seit Anfang Juni in Rom stünden. Mit einem solchen Prozess durch die Nazis hätte er also zu rechnen gehabt, wenn der Zugriff auf ihn möglich gewesen wäre. Aber wegen der Führung von Angriffskriegen gegen die Alliierten in Nürnberg vor Gericht gestellt zu werden, damit hatte er wahrlich nicht gerechnet. Dennoch muss man sich ja immer wieder darüber im Klaren sein, dass angesichts der ungeheuerlichen Verbrechen, die geschehen waren, die Siegermächte darauf drängen mussten, nun die Schuldigen auch vor Gericht zu stellen. Aber wie sollten die richtigen Schuldigen gefunden werden? Die drei Richter, die aus dem fernen und mittleren Westen der USA kamen, waren gut ausgebildete, aber über die Verhältnisse einer Diktatur vollkommen ahnungs- und kenntnislose Juristen.

WICKERT: Wäre es nicht besser gewesen, wenn Deutsche über die Deutschen gerichtet hätten?

WEIZSÄCKER: Das habe ich auch immer gefunden. Die Amerikaner haben uns auf die großherzigste Weise mit dem Marshall-Plan auf die Beine geholfen. Sie haben bald nach dem Ende des Kriegs die Deutschen in der Bundesrepublik aufgefordert, wieder Streitkräfte aufzustellen, in das Nordatlantische Bündnis einzutreten und sich damit verantwortlich an der Sache des Westens zu beteiligen. Aber als Richter sollten Deutsche nicht fungieren, wenn es um die Verbrechen ging, die im deutschen Namen begangen worden waren. Hätte es nicht die Besinnung der Deutschen weit mehr gefördert, wäre es nicht zu dem gekommen, was nicht nur unverbesserliche Hitler-Anhänger polemisch »Siegerjustiz« nannten?

WICKERT: Der amerikanische Chefankläger Robert Jackson meinte allerdings, Deutsche hätten als Richter alle angeklagten Deutschen freigesprochen.

WEIZSÄCKER: Das halte ich für einen Irrtum von Jackson. Selbstverständlich hat es unter den deutschen Richtern viele gegeben, die in der Nazizeit ihre eigene Urteilsfähigkeit und Unabhängigkeit preisgegeben haben, aber es hat auch andere gegeben. Außerdem sind genug Verbrechen nicht nur an unseren Nachbarn, sondern auch an Deutschen verübt worden. Wieso sollten wir auf der einen Seite in der NATO mitkämpfen, andererseits aber die Maßstäbe von Recht und Gerechtigkeit im eignen Land mit eigenen Richtern nicht finden können? Das hat mich immer entrüstet. Die Erziehung zum demokratischen und rechtsstaatlichen Denken durch die Siegermächte, die »reeducation«, hat die politische Entwicklung im Westen Deutschlands jedenfalls teilweise eher verlangsamt als gefördert.

WICKERT: Damit stellte sich die Frage der Schuld. Karl Jaspers hat schon 1946 sein berühmtes Buch über »Die Schuldfrage« veröffentlicht. Können Sie zumindest dem, was Jaspers »die metaphysische Schuld« nennt, zustimmen?

WEIZSÄCKER: Auf der Ebene, auf der Jaspers geschrieben hat, kann ich ihm ohne Weiteres folgen. Bei Prozessen geht es aber um die ganz persönliche Schuld oder Unschuld eines Menschen. Die Unterscheidungsfähigkeit, die ja unverzichtbarer Bestandteil eines Rechtsstaats ist, besaßen diese amerikanischen Richter nicht im ausreichenden Maße. Woher auch? Natürlich haben sie gelegentlich gesagt oder gedacht: Was ist denn das für ein Land? Hier gibt es offenbar nur noch Widerstandskämpfer und überhaupt keine Täter. Tatsächlich haben sich viele Leute mit Entschuldigungen, mit einem »Persilschein« herauszureden versucht. Aber bei anderen war es eben anders, bei meinem Vater auch. Ich stehe mit dieser Meinung nicht allein, schließlich hat Churchill im britischen Unterhaus gesagt: Die Anklage gegen meinen Vater sei ein »deadly error«, ein tödlicher Irrtum der Amerikaner.

WICKERT: Ihr Vater wurde dennoch verurteilt – erst zu sieben, dann zu fünf Jahren Haft, aber von dem amerikanischen Hochkommissar in der amerikanischen Besatzungszone, John McCloy, nach anderthalb Jahren im Herbst 1950 entlassen. War Ihr Vater danach ein gebrochener Mann?

WEIZSÄCKER: Das war er schon vorher. Ihn haben die Ereignisse stark belastet, ja, tief gequält. Es war eigentlich nicht in erster Linie die Anklage und die Zeit im Gefängnis, sondern der ganze Ablauf, der ihn in seiner Gesamtempfindung und Existenz einfach verändert hat. Bei seiner Entlassung sagte McCloy, er sei zwar keine Berufungsinstanz, aber mit den Mitteln, die ihm zur Verfügung stünden, wolle er zum Ausdruck bringen, dass mein Vater unter keinen Umständen ins Gefängnis gehöre. Das hatte ihm übrigens auch Theodor Heuss nahegelegt, der damals schon Bundespräsident war, aber mein Vater ist kurz darauf, Anfang August 1951, gestorben.

WICKERT: Vor mehr als einem Jahrzehnt ist auch eine andere deutsche Diktatur zu Ende gegangen. Nach der Wiedervereinigung Deutschlands sind einige ehemalige Verantwortliche der DDR verurteilt worden: Egon Krenz zum Beispiel und Günter Schabowski. Sollte man solche Leute nicht ebenfalls begnadigen?

WEIZSÄCKER: Das Verhältnis von Gnade und Recht sollte auch in diesem Zusammenhang wieder zur Sprache kommen. Die Gnade ist ja ursprünglich ein Instrument aus einer Zeit der absoluten Monarchie und ähnlicher, nicht demokratischer Regierungsformen. Aber auch im Rechtsstaat spielt die Gnade eine große Rolle. Nicht nur, weil man sich selbst im Rechtsstaat irren kann, sondern weil zwar zuweilen das Recht eine scharfe und unerbittliche Anwendung finden muss, es aber dennoch Gründe geben kann, im Strafvollzug eher das Mittel der Gnade als das des Vollzugsrechts zur Geltung zu bringen. Man spricht heute immer wieder von Gnadenrecht. Das ist jedoch ein Unbegriff. Es handelt sich nicht um das Recht der Gnade, sondern um die Gnade als etwas, was wir neben dem brauchen, was das Recht ist. Um nun konkret auf Ihre Frage einzugehen: Es geht nach meiner Überzeugung bei der Aufarbeitung der zweiten deutschen Diktatur im 20. Jahrhundert, also bei der SED-Zeit in der DDR, auf der einen Seite selbstverständlich darum, der Wahrheit so nahe wie möglich zu kommen und die daraus notwendigen rechtlichen Konsequenzen zu ziehen. Auf der anderen Seite sollten wir aber die Wahrheit nicht um ihrer selbst willen suchen, sondern darum, wie es in dieser berühmten südafrikanischen Kommission heißt, Wahrheit und Versöhnung zusammenzubringen. Das Ziel der Wahrheitssuche und der Rechtsprechung ist in der Tat die Versöhnung. Im Rahmen der Versöhnung ist die Gnade ein unverzichtbares Mittel; es ist nach meiner Überzeugung auch hier angebracht. Das heißt: Die Verurteilung war rechtsstaatlich nötig und keine »Siegerjustiz«. Aber zum Vollzug dieser Strafen gehört Gnade.

ALLERLETZTE MELDUNG
Blitzaffäre

Andere Länder, andere Sitten: In Italien fuhr ein Senator zu schnell mit seinem Auto und wurde von der Polizei geblitzt. Der Strafzettel mit dem Foto kam zu Hause an, seine Frau machte den Brief auf und sah neben dem Senator dessen Geliebte. So flog die Affäre auf. Da das inzwischen mehreren Senatoren passierte, hat der rechtsgerichtete Senator Antonio Russo jetzt eine Gesetzesänderung beantragt. Fotos sollen nicht mehr mit dem Strafzettel verschickt werden. Stattdessen können Autofahrer, die geblitzt werden, sich den Schnappschuss bei der Polizei abholen.

Sternstunde der Deutschen

Im Gespräch mit Hans-Dietrich Genscher

ULRICH WICKERT: Herr Genscher, Sie haben immer wieder betont, dass die Stunden in der Deutschen Botschaft in Prag am 30. September 1989 für Sie in Ihrem ganzen Amtsleben die bewegendsten gewesen sind. Offensichtlich traf hier ein politisches Ereignis mit persönlichem Empfinden zusammen. Was war das private Element dabei?

HANS-DIETRICH GENSCHER: Ich konnte ja besonders gut die Motive der im Botschaftsgarten wartenden Menschen verstehen – es waren meist jüngere, etwa in dem gleichen Alter, in dem ich selbst 1952 die DDR verlassen hatte. Ich war damals 25 Jahre alt und wusste also, dass sie vor allen Dingen in Freiheit leben wollten, dass das für sie der Antrieb war. Ihnen nun sagen zu können, dass dieser Wunsch in Erfüllung geht, war so aufwühlend – und natürlich war es auch das tiefe Gefühl, dass sich an diesem Tag mehr tat als die Entscheidung über das Schicksal der Landsleute in Prag. Das war menschlich gesehen schon genug. Wenn Sie bedenken, dass nur 20 Tage vorher, am 10. September, die Regierung in Budapest gegen den wirklich heftigsten Protest der DDR-Führung die ungarischen Grenzen für die Flüchtlinge aus der DDR geöffnet hatte und sich 20 Tage später, am 30. September, die Tore der Botschaft in Prag mit Zustimmung der DDR-Führung öffneten, dann war doch etwas ganz Entscheidendes passiert: In diesen 20 Tagen hatte sich die Führung der DDR in ihrer Haltung um 180 Grad gedreht. In Budapest wurden die Ecksteine aus der Mauer herausgebrochen. Mit dem tiefen emotionalen Eindruck der Botschaftsöffnung in Prag war die Mauer zum Abbruch freigegeben, und die Menschen aus der DDR haben alles das bewirkt. Aber was eigentlich so tief auf mich eingewirkt hat, war eben ein ähnliches Erleben sehr viel früher und auch das unendliche Glück, das aus den Jubelrufen dieser mehr als 3000 Menschen herauszuhören war.

WICKERT: Sie haben ja die Möglichkeit, dass die Leute nach Westdeutschland ausreisen konnten, mit dem DDR-Außenminister Oskar Fischer in New York ausgehandelt oder zumindest vorbereitet. Wie haben die DDR-Politiker damals reagiert?

GENSCHER: Das war ein Prozess, der schon lange lief. Immer wieder hatten in unseren Botschaften Bürger der DDR Zuflucht gesucht. Und immer wieder hat es Proteste der DDR gegeben, dass wir sie aufgenommen haben. Wir hatten an der einheitlichen deutschen Staatsangehörigkeit festgehalten; jeder Deutsche aus der DDR hatte deshalb einen Anspruch auf Ausstellung eines Reisepasses der Bundesrepublik Deutschland. Nur in den Staaten des Ostblocks nutzte ihm das nicht viel, man brauchte schon die Zustimmung der DDR zur Ausreise. Aber ich habe es stets abgelehnt, unsere Botschaften für die DDR-Bürger zu verschließen, weil ich nicht bereit war, die Mauer, die Deutschland oder Berlin trennt, nun auch noch vor den Toren unserer Botschaften zu errichten, sie also nach Prag, Budapest und Warschau hin zu verlängern. In Prag lief die Botschaft 1989 im wahrsten Sinne des Wortes voll. Es wurden immer mehr Menschen, und ich reiste nach New York – gerade wieder genesen oder noch nicht einmal richtig genesen von einem Herzinfarkt – und führte Gespräche mit DDR-Außenminister Fischer, mit dem sowjetischen Außenminister Schewardnadse und bat auch um die Unterstützung meiner westlichen Kollegen, vor allen Dingen der amerikanischen, englischen und französischen Außenminister. Ich hatte den Eindruck, dass Oskar Fischer ehrlich darum bemüht war, Ost-Berlin davon zu überzeugen, dass man eine Regelung finden müsste. Aber das schien nicht so einfach zu sein und auch länger zu dauern. Auf der anderen Seite wurde die Lage in der Prager Botschaft unerträglich. Zwar erlaubten die tschechoslowakischen Behörden, dass wir alles für die Versorgung taten, aber es zog sich immer mehr hin. Deshalb bat ich Eduard Schewardnadse noch einmal um ein Gespräch. Ich hätte eigentlich an diesem Nachmittag – das war der Donnerstag vor dem 30. September – in meinem Hotel in New York mit anderen Außenministern sprechen sollen, aber das Gespräch mit Schewardnadse hatte jetzt absolute Priorität. Nur, wir hatten alle unsere Wagen weggeschickt, weshalb mein Mitarbeiter Frank Elbe und ich etwas ratlos vor dem Hotel standen, als wir zur sowjetischen Vertretung fahren wollten. Aber plötzlich hielt ein Streifenwagen der New Yorker Polizei vor uns. Wir erklärten den amerikanischen Polizisten den Sachverhalt und fragten sie, ob man uns nicht – wir müssten schnell dorthin – fahren könnte. So sind wir mit Blaulicht durch New York gefahren und erregten einiges Aufsehen, als wir vor der sowjetischen Vertretung vorfuhren und aus dem Polizeiwagen stiegen. Schewardnadse stellte mir nur eine Frage:»Sind Kinder dabei?« Und als ich wahrheitsgemäß erklärte:»Viele«, da hat er gesagt:»Ich helfe Ihnen.« Er zeigte sich sehr betroffen und versprach mir, nicht nur mit Gorbatschow zu sprechen, sondern auch auf die Führungen in der DDR und der Tschechoslowakei einzuwirken.

WICKERT: Sie sind ja von New York erst mal nach Bonn zurückgeflogen, haben dort Kanzleramtsminister Rudolph Seiters eingepackt und sind mit ihm weitergefahren. Es gab damals Leute, die sagten: Na ja, der Kohl gibt dem schon einen Aufpasser mit.

GENSCHER: Das ist ganz abwegig. Die Verhandlungen hatte ich geführt; Herr Seiters fuhr auf meinen Wunsch mit. Noch in New York kam, als wir am Freitag, also am 29. September, das Hotel verlassen wollten, um zum Flugplatz zu fahren, der Anruf eines Mitarbeiters des DDR-Außenministers. Uns wurde gesagt, dass wir in Bonn über die Lösung des Falles eine Mitteilung bekommen würden; der ständige Vertreter der DDR wolle in das Auswärtige Amt zu mir kommen. Nun hatte ich schon als Innenminister – zuständig für Verfassungsfragen – Wert darauf gelegt, dass im Interesse der Aufrechterhaltung der Einheit Deutschlands die Zuständigkeit für die Beziehung zur DDR nicht beim Außenministerium lag, weil wir ja die DDR nicht als Ausland betrachteten. Die Zuständigkeit lag vielmehr beim Bundeskanzleramt. Ich ließ deshalb wissen, dass ich zu dem Gespräch bereit sei, dass es aber im Bundeskanzleramt und in

Gegenwart von Kanzleramtsminister Seiters stattfinden würde, der dafür die Zuständigkeit hatte. Ich rief noch den Bundeskanzler aus New York an, um ihm das zu sagen, ebenso Minister Seiters, und so kam es dann auch am nächsten Tag.

Zu meiner ganz großen Überraschung ging die DDR-Führung auf den zweiten meiner ihr unterbreiteten Vorschläge ein. Ich hatte gesagt, entweder wir erlauben – es ging immer wieder um den Souveränitätsanspruch der DDR – ihren Konsularbeamten, dass sie in unserer Prager Botschaft die Pässe der Deutschen mit Ausreisegenehmigungen versehen. Dann könnten die Züge direkt über die Grenze nach Bayern fahren. Oder, und das war mein zweiter Vorschlag, die Züge fahren, eben um den Souveränitätsanspruch Ost-Berlins zu wahren, durch die DDR nach Westdeutschland. Ich hatte mir gar nicht vorstellen können, dass die DDR diese Alternative bevorzugen würde. Es war offenkundig, dass Züge mit Tausenden von Flüchtlingen aus der DDR, die durch die DDR fuhren, dort natürlich große Emotionen erregen würden, wie es besonders in Dresden, aber auch anderenorts geschehen ist.

WICKERT: Ursprünglich wollten Sie doch in einem der Züge mitfahren?

GENSCHER: Als wir in Prag auf dem Balkon der Botschaft standen und ich dort sagte: »Der Weg ist frei«, kam es zu dem Jubelschrei, den alle aus dem Fernsehen kennen. Aber als ich dann erläuterte, dass die Züge durch die DDR fahren würden, da gab es eine ganz andere Reaktion. Die Menschen waren beunruhigt. Ich konnte das verstehen und sagte deshalb: »Ich weiß, was Sie empfinden. Sie sind alle in einem Alter, in dem ich war, als ich selbst die DDR verlassen habe. Deshalb kann ich nachfühlen, was Sie empfinden, auch Ihre Sorge ... Ich verbürge mich aber dafür, dass die Versprechungen eingehalten werden ... In jedem Zug werden zwei Beamte von uns sein. Hier stehen sie.« Ich habe sie dann einzeln vorgestellt. Ursprünglich war es in der Tat meine Vorstellung, dass bei einem Zug Herr Seiters mitfährt, bei einem anderen ich. Dagegen hatte die DDR etwas. Deshalb war es nun erst recht wichtig, dass ich dort auch mit dem, was ich einbringen konnte, als jemand, der selbst die DDR verlassen hatte, die Menschen beruhigte und ihnen die Sicherheit gab, es wird nichts passieren. Ich musste das große Vertrauenskapital einsetzen, das ich bei den Menschen in der DDR hatte.

WICKERT: Sie sind 1927 in Reideburg bei Halle auf dem Bauernhof Ihrer Großeltern geboren. Was hat dieses Landleben bei Ihnen hinterlassen? Sie sind ja auf dem Hof nicht nur geboren worden, sondern auch eine Zeitlang aufgewachsen.

GENSCHER: Mindestens, dass ich Frühaufsteher geblieben bin. Auf einem Bauernhof wird früh aufgestanden, und das habe ich mir ein Leben lang bewahrt. Das fing schon in der Schule damit an, dass ich meine Aufgaben morgens, bevor ich in die Schule ging, erledigt habe. Das gab mir eine höhere Lebensqualität mittags nach dem Unterricht. Es waren wirklich sehr glückliche Jahre, die ersten sechs Jahre, die ich bis 1933 dort verlebt habe. Mein Vater war Justitiar beim Landwirtschaftlichen Verband und fuhr jeden Tag von Reideburg nach Halle. 1933 mussten wir die Wohnung im Haus meiner Großeltern verlassen, weil eine Schwester meiner Mutter, die ihren Mann verloren hatte, mit ihren beiden Kindern dorthin zurückkam. Wir zogen deshalb nach Halle in eine Fünf-Zimmer-Wohnung, was an meinem Leben aber nur insoweit etwas änderte, als ich jetzt drei- bis viermal in der Woche mit der Straßenbahn nach Reideburg fuhr, um dort mit meinen alten Kumpeln zu spielen. Heute ist Reideburg übrigens ein Stadtteil von Halle.

WICKERT: Drei Jahre später, als Sie neun waren, ist Ihr Vater gestorben. Hat er Ihnen sehr gefehlt?

GENSCHER: Ja, das war natürlich schon ein Schock, zumal sein Tod recht unvorbereitet kam. Mein Vater starb im Januar 1937 an einer Blutvergiftung als Folge einer Kieferhöhlenvereiterung. Heute ist das kein Problem, aber damals war eben so etwas möglich. Vor einigen Jahren hat mir ein Arzt der Universitätskliniken in Halle eine Fotokopie der Krankenakte geschickt, in der man noch einmal die letzten Tage meines Vaters aus medizinischer Sicht verfolgen kann. So bitter sein Tod für mich seinerzeit war, noch sehr viel stärker habe ich meinen Vater vermisst, als ich als Achtzehnjähriger 1945 aus der Gefangenschaft zurückkam und es um meinen weiteren

Lebensweg ging. Da war es wirklich für mich sehr hilfreich, dass der Vater meiner Mutter, auf dessen Bauernhof ich geboren war, doch so etwas wie die Stelle des Vaters eingenommen hatte. Er war für mich jedenfalls eine ganz große Autorität, und was er gesagt hat, hat mir sehr viel bedeutet.

WICKERT: Dieser Großvater hatte ja seinen Wehrdienst – wenn ich richtig gelesen habe – in Lothringen absolviert und offenbar deshalb einen besonderen Hang zu Frankreich. Hat das Sie beeinflusst?

GENSCHER: Mein Großvater war am Ende des 19. Jahrhunderts tatsächlich zum Wehrdienst in Diedenhofen in Lothringen. Er wollte eigentlich das Abitur machen und Lehrer werden. Aber weil er der Älteste war, musste er den Hof übernehmen. Aus seinem Wehrdienst in Lothringen hat er eine große Verehrung für Frankreich, für französische Lebensart und Kultur mitgebracht. Als ich noch ein kleiner Junge war, kaufte er einen riesigen Radioapparat, einen Saba, um einen französischen Sender hören zu können, und las, solange es möglich war, französische Zeitungen. Das bedeutete ihm sehr viel. Ich glaube, was für einen Mitteldeutschen gar nicht so selbstverständlich ist, dass ich sehr früh die Bedeutung deutsch-französischer Zusammenarbeit verstanden habe, verdanke ich meinem Großvater.

WICKERT: Sie haben zeit Ihres Lebens ein sehr enges Verhältnis zu Ihrer Mutter gehabt; sie hat ja auch bis zu ihrem Tode bei Ihnen gewohnt. Darf man da bei Ihnen den despektierlichen Begriff »Muttersöhnchen« verwenden?

GENSCHER: Vielleicht nicht in dem abschätzigen Sinne, in dem er meistens oder fast ausschließlich gebraucht wird. Aber dass ein Neunjähriger, der keine Geschwister hat und der den Vater verliert, in besonderer Weise auf die Mutter fixiert ist und umgekehrt, das ist doch wohl verständlich. Meine Mutter war 35 Jahre, als mein Vater starb. Sie hat dann ja auch viele Sorgen mit mir gehabt: Mit 15 Jahren wurde ich Flakhelfer, dann zum Kriegsdienst eingezogen, später kamen meine schweren Krankheiten – da habe ich ihr schon eine Lebensaufgabe gestellt, was natürlich auch eine ganz enge Bindung hervorgerufen hat. Vielleicht sagen wir vor diesem Hintergrund, dass ich ein Muttersohn war.

WICKERT: Ihre Mutter hat nach dem Tode Ihres Vaters ein rumänisches Mädchen in die Wohnung aufgenommen, um nicht mit Ihnen ganz alleine zu sein. Hat das Ihr Verhältnis zu Auslandsdeutschen besonders beeinflusst?

GENSCHER: Das Mädchen oder besser gesagt die junge Frau war eine Siebenbürgen-Deutsche aus Kronstadt, die in Halle das Lehrerseminar besuchte. Viel später habe ich aus der Begegnung und den Gesprächen mit dieser jungen Frau aus Kronstadt, aus ihren Berichten über die Deutschen in Siebenbürgen und im Banat auch politische Schlüsse ziehen können. Als ich Bundesinnenminister wurde und zuständig war für die sehr diskreten und geheimen Verhandlungen, die die Bundesrepublik Deutschland mit der rumänischen Führung über die Ausreise der Deutschen aus Rumänien führte, da habe ich sie immer vor Augen gesehen. Ich habe als Innenminister auch einen Besuch dort gemacht und sie bei dieser Gelegenheit zum ersten Mal wieder gesehen. Bald darauf konnte ich ihre Ausreise und die ihrer Familie bewirken.

Das hat schon meinen Blick geweitet und mir ein sehr viel zutreffenderes Urteil über die Bedeutung der Ausreiseproblematik ermöglicht. Es gab damals ja viele Stimmen, die gesagt haben, man müsse die Deutschen dort halten, um nicht zum Untergang des deutschen Volkstums in Südosteuropa beizutragen. Aber ich habe diese Frage anders gesehen. Ich hatte mir selbst das Recht genommen, durch das Verlassen meiner Heimat in dem Teil Deutschlands zu leben, der meinen Vorstellungen entsprach. Und ich habe es darum als meine Verantwortung als Mitglied der Bundesregierung gesehen, den Deutschen, die unter den damals wirklich sehr schlimmen Umständen im kommunistischen Rumänien leben mussten, ebenfalls den Weg in die Freiheit zu ebnen, wenn sie das wollten.

Wer kann erwarten, dass ein anderer sein Schicksal hier nicht selbst in die Hand nimmt? Und wenn er es tut, dann ist es die Verantwortung der deutschen Regierung, dabei zu helfen. Das war für mich der Grund, warum ich diese sehr diskret und über Anwälte geführten Verhandlungen nachhaltig gefördert habe, um auf diese Weise möglichst vielen Menschen möglichst bald ein menschenwürdiges

Leben, einen neuen Anfang in der Bundesrepublik Deutschland zu ermöglichen.

WICKERT: Wir haben jetzt der Zeit weit vorausgegriffen. Als die junge Deutsche aus Siebenbürgen zu Ihnen kam, waren Sie ja noch in der Schule. Waren Sie eigentlich ein guter Schüler?

GENSCHER: Ich war ein mittelmäßiger Schüler und sage nicht ohne Eitelkeit: in der oberen Gruppe des zweiten Drittels.

WICKERT: Sie haben als Zehnjähriger in der Klasse einen Verein für Biochemie gegründet. Warum denn das?

GENSCHER: Da waren wir schon auf der Oberschule und begannen uns für die Fragen der Sexualität wissenschaftlich zu interessieren. Deshalb gründeten wir diesen Verein für Biochemie, der nichts anderes war als eine Vereinigung von Jungen, die beschlossen, in den Bücherschränken ihrer Eltern nachzusehen, was man so auf diesem Gebiet finden kann, und darüber dann in Sitzungen, die wir nach der Schule abhielten, gegenseitig zu berichten. Das war also, wenn Sie so wollen, die erste Gründung einer wissenschaftlichen Gesellschaft, an der ich beteiligt war.

WICKERT: Sie sind als Zehnjähriger ins Deutsche Jungvolk gekommen, später dann in die HJ, das war damals so üblich. Wie standen Sie, wie stand Ihr Umfeld zum »Dritten Reich«, zu den Nazis?

GENSCHER: Meine Eltern und meine Großeltern waren sehr konservative Leute. Meine Großväter wählten genauso wie mein Vater die Deutsch-Nationale Volkspartei. Diese konservative Grundhaltung war gleichzeitig auch eine Ablehnung der Nazis, die man zuerst nur so als eine Art politische Parvenüs betrachtete. Mein Vater – das ist die politische Erinnerung, die ich an ihn habe – hatte immer wieder gesagt, Hitler bedeutet Krieg. Nun, als er starb, war ich neun, als der Krieg begann, war ich zwölf. Da ist meine ohnehin große Achtung vor meinem Vater noch einmal gestiegen, denn er hat ja recht gehabt, das kam wirklich so. Meine Mutter, das werde ich nie vergessen, sagte beim ersten Kriegstag, na Gott sei Dank, mein Junge braucht in diesen Krieg nicht mit, er ist ja erst zwölf.

WICKERT: Mit 15 waren Sie Flakhelfer?

GENSCHER: Meine Mutter konnte nicht ahnen, dass es nur wenige

Jahre dauern würde, nämlich bis zum 15. Februar 1943, dass ich zusammen mit anderen Angehörigen meines Jahrgangs 1927 und des Jahrgangs 1926 von den Oberschulen bei der Flakartillerie als Luftwaffenhelfer eingesetzt wurde. Man brachte uns in die Flakstellungen um die Großstädte, meist um unsere Heimatstädte, also um Halle und später um Leipzig. Unsere Lehrer kamen dreimal in der Woche für fünf Stunden dorthin, und dann wurde in der Kantine Unterricht abgehalten; Fremdsprachen fielen weg, für die Naturwissenschaften gab es keine Möglichkeiten für Experimente, es war eine höchst dürftige Schulausbildung, die wir da erhielten. Am Tag vor dem 15. Februar – wir wussten seit einer Woche, dass wir da einrücken mussten – hatte eine Tante von mir Geburtstag. Wir gingen dorthin. Es gab wunderbaren Pflaumenkuchen, und ich habe 14 Stück gegessen. Meine Mutter saß tiefbesorgt neben mir und sagte:»Junge, Junge, hör endlich auf, dir wird ja schlecht, und morgen wirst du eingezogen.« Alle sagten, der arme Junge, jetzt wird er eingezogen. Plötzlich meinte eine der anwesenden Tanten:»Ach, lasst ihn doch essen, weiß man denn, ob er es noch mal kann?« Das war ganz unfreiwillig eine Beschreibung dessen, was alle eigentlich empfanden. In diesem Moment war es ganz still, weil sie alle so gedacht haben.

WICKERT: Haben Sie Angst um Ihr Leben gehabt?

GENSCHER: Zu diesem Zeitpunkt noch nicht, weil wir Anfang 1943 in Mitteldeutschland den ganzen Schrecken des Bombenkrieges noch nicht erfahren hatten, später ja.

WICKERT: Sie sind dann auch noch Soldat geworden, ganz zum Ende des Krieges.

GENSCHER: Wir wurden im Herbst 1944 von der Flak entlassen. Danach mussten wir drei Wochen in ein Wehrertüchtigungslager und dann zwei Monate in den Reichsarbeitsdienst nach Frauenstein im Erzgebirge. Anfang 1945 wurde ich schließlich zur Wehrmacht eingezogen, und zwar zu den Pionieren nach Wittenberg.

WICKERT: Im Juli 1944 gab es das Attentat auf Hitler. Wie haben Sie das erlebt, bewusst?

GENSCHER: Ganz bewusst. Ich hatte einen ganz engen Freund, Friedrich Kräger, mit dem mich nachher das Leben noch zweimal zusammengeführt hat. Wir sind, als wir die Nachricht vom Attentat hörten, vor die Flakbaracke gegangen und haben überlegt, müssen wir jetzt auch was tun? Dann haben wir auf unserem »Volksempfänger« versucht, Radio London zu bekommen, um Näheres zu erfahren. Der 20. Juli 1944 spielte unter uns Luftwaffenhelfern eine große Rolle; die überwiegende Stimmung war die Hoffnung, der Staatsstreich möge gelingen.

WICKERT: Sind Sie dann, als Sie im Januar 1945 Pionier wurden, auch noch ins richtige Kriegsgeschehen geraten?

GENSCHER: Ja. Wir wurden bald der Zwölften Armee des Generals Wenck zugeteilt. Diese Armee sollte Berlin entsetzen. Sie wurde in Dessau-Rosslau aufgestellt und marschierte von dort nach Norden. Es gibt heute noch eine Menge Dokumente über den Funkverkehr zwischen dem Führerhauptquartier und dieser Armee, in denen immer wieder die Frage auftaucht: Wo bleibt Wenck? Ich verdanke wie viele andere Soldaten diesem General ganz sicher mein Leben, denn er hat sehr frühzeitig beschlossen, seine Armee – alles junge Leute in unserem Alter – nicht auch noch im Kessel von Berlin zu verheizen, sondern in der Nähe von Beelitz auf die Reste der Neunten Armee zu warten, die aus Frankfurt an der Oder nach Westen marschierte. Wenck kam während einer Marschpause plötzlich in einem Motorrad mit Beiwagen, einem Krad, zu uns. Wir mussten uns um ihn stellen, und dann tat er das, was man später innere Führung nannte, indem er sagte: Also Jungs, ihr müsst jetzt hier noch mal die Stellung halten, denn in den nächsten zwei Tagen kommen die Kameraden von der Neunten Armee mit Luftwaffenhelferinnen, mit Krankenschwestern, mit Verwundeten, und ihr wollt doch nicht, dass sie in russische Gefangenschaft geraten. Ich verspreche euch, dass ich euch dann nach Westen in amerikanische Gefangenschaft führen werde. Das hat jeden überzeugt; so haben wir dann dort gewartet und sind später Richtung Tangermünde marschiert, wo in drei Tagen die Reste der Neunten Armee und die Zwölfte Armee über die Elbe gehen konnten.

Man darf sich nicht etwa vorstellen, dass man da über eine Brücke marschierte, die war nämlich zerstört, aber über die Trümmer der

Elbbrücke von Tangermünde war ein Laufsteg gelegt, sodass gerade einer nach dem anderen drüber gehen konnte – gebaut von Pionieren. Ich war, glaube ich, eine halbe Stunde, bevor die russischen Truppen am östlichen Ufer waren, über die Elbe gegangen und sah dann, auf der anderen Seite, Sanitätskraftwagen, deutsche und amerikanische Sanitäter, Krankenschwestern. Dort hieß es sofort, Verwundete und Kranke rechts raus; wir selbst marschierten weiter und sind zunächst in die Hindenburg-Kaserne nach Stendal gekommen, jetzt Hindenburgcamp. Wir waren acht Tage in amerikanischer Gefangenschaft bei recht guter Verpflegung, aber ziemlich rauer Behandlung. Dann kamen die Engländer – mit sehr fairer Behandlung, aber magerer Verpflegung, weil sie selbst nicht viel hatten. Sie haben sich schließlich überlegt, dass es viel vernünftiger ist, diese mehr als 100 000 Mann nicht irgendwo in den Kasernenlagern zu verpflegen, sondern sie in die Altmark zu schicken, um dort die Ernte einzubringen. Denn die Bauern waren aus dem Krieg noch nicht zurück, und die Zwangsarbeiter, die dort in der Landwirtschaft gearbeitet hatten, waren längst nach Hause aufgebrochen. So bin ich in den kleinen Ort Flechtingen gekommen und habe dort versucht, einer Bäuerin auf ihrem Hof zu helfen.

WICKERT: Sie sind ja nicht lange in Kriegsgefangenschaft geblieben, sondern Sie haben sich irgendwann selber entlassen.

GENSCHER: Das war deshalb gar keine so einfache Entscheidung, weil es plötzlich nachts Alarm gab, was wir schon gar nicht mehr kannten. Es hieß, alle Kriegsgefangenen sollten sich mit ihrem Gepäck auf dem Dorfplatz versammeln. Das Gepäck war die Uniform und das Kochgeschirr. Dann mussten wir zum nächsten größeren Ort marschieren. Dort standen eine Menge englischer Lkws und englische Soldaten mit Maschinenpistolen. Ein deutscher Oberstleutnant hielt eine Ansprache und sagte uns, mittags um 12 Uhr würde die Rote Armee hier einmarschieren. Das war die berühmte Entscheidung, ich würde sagen: Fehlentscheidung der westlichen Besatzungsmächte, die von ihnen schon besetzten Teile von Brandenburg, Mecklenburg, Sachsen-Anhalt, Thüringen und Sachsen an die Sowjets zu übergeben. Deshalb sollten wir nach Westen verlegt werden.

Meine Mutter war in Halle. Ich wusste nicht, ob sie überlebt hatte. Dann hieß es, man müsse nicht mit in den Westen gehen, man könne auch in einer Schule auf die Rote Armee warten. Das habe ich natürlich nicht gemacht, sondern das als Stunde meiner Entlassung betrachtet. Ich hatte in Flechtingen eine junge Dame kennengelernt, deren Vater beim Landratsamt beschäftigt war. Nachdem ich wieder bei meiner Bäuerin war und er mir einen Zivilausweis besorgt hatte, habe ich erst mal ein paar Tage abgewartet, wie sich das mit dieser neuen Besatzung entwickelte. Denn Flechtingen lag nicht sehr weit entfernt von der neuen Grenze der sowjetischen Besatzungszone, man hätte nachts also durchaus noch nach Westen durchkommen können. Schließlich bin ich mit dem Zug nach Halle gefahren, was wieder möglich war, und am 7. Juli war ich zu Hause. Meine Mutter blickte gerade aus dem Fenster, als ich mit einem Persilkarton unter dem Arm auftauchte, die Militärhosen kurz geschnitten und die Militärjacke »zivilisiert«, indem die junge Dame ihr von einer Tiroler Jacke Knöpfe angenäht hatte, was sehr malerisch aussah und auch mit sehr viel Liebe gemacht worden war. Meine Mutter sagte nur: »Junge!« Es war unbeschreiblich.

WICKERT: Welchen Einfluss hat Ihr Kriegserlebnis später auf Ihr politisches Denken und vielleicht auch auf Ihr Handeln gehabt?

GENSCHER: Das Kriegserlebnis und das, was danach kam, wirkt auf mich bis auf den heutigen Tag. Wenn man mit 15 Jahren das erlebt hat, wenn man das überlebt hat – und das empfinde ich jeden Tag neu als eine Gnade und nicht als Verdienst –, dann sagt man sich, das darf nicht wieder geschehen. Damals hatten wir die Hoffnung, jetzt wird alles anders. Jetzt wird es ja wohl ein freies Deutschland geben. Dann wurde diese Hoffnung wieder enttäuscht, sodass mich das Thema Freiheit und Frieden immer wieder beschäftigt hat, unter ganz verschiedenen Umständen.

Ich hatte im Arbeitsdienst einmal eine despektierliche Bemerkung über die Nazis gemacht, und einer meiner Kameraden sprach mich deswegen an, als wir zum Essenholen von der Stube zur Küche gingen. Er sagte, was du da gesagt hast, hat mir gut gefallen. Wir nannten diesen Kameraden »Stalin«, weil er einen kurz geschnittenen Bürstenhaarschnitt wie der sowjetische Diktator hatte. »Ihr wisst gar nicht, welchen Gefallen ihr mir tut, wenn ihr mich Stalin nennt, ich bin nämlich Kommunist«, sagte er zu mir – wohlgemerkt: mitten im Krieg. »Um Gottes Willen«, erwiderte ich, »das ist ja genauso schlimm wie die Nazis«, worauf er meinte, »ja, das ist eben euer bürgerliches Vorurteil. Was denkst du denn, wie das werden wird nach dem Krieg?« Meine Vorstellung war offensichtlich weniger klar als seine; ich sagte: »Na ja, so wie in England oder Amerika«.

Ich habe ihn in meinem Leben nie wieder gesehen, mir aber seinen Namen gemerkt: Werner Jarowinsky. Von einem bestimmten Zeitpunkt an war er Mitglied des Politbüros der SED. Ich habe ihm einmal über den ständigen DDR-Vertreter in Bonn Grüße bestellt, darauf hat er aber nicht reagiert. Später hat er unseren Vertreter in Ost-Berlin, Hans-Otto Bräutigam, bei einem Essen angesprochen und gefragt: Sehen Sie Herrn Genscher gelegentlich? Bräutigam sagte ja, immer wenn ich nach Bonn komme. Dann bestellen Sie ihm doch mal einen Gruß, bat Jarowinsky. Kennen Sie ihn denn?, wollte nun Bräutigam wissen. Ja, aus alten Zeiten, war die Antwort. Bräutigam hatte zunächst vermutet, wir hätten vielleicht zusammen studiert. Ich hätte unseren »Stalin« aus dem Arbeitsdienst gerne wieder gesehen, aber er ist kurz nach der Wende, Anfang 1990, gestorben.

WICKERT: Sie haben gerade gesagt, für Sie bedeutet Ihr Kriegserlebnis, das darf nicht wieder passieren. Was war Ihre politische Meinung zur Zeit der Wiederbewaffnung?

GENSCHER: Diese Diskussion haben wir unter uns, unter Freunden in Halle, geführt. Wir haben ja sozusagen mitgedacht und uns bei wichtigen Fragen, die in Westdeutschland diskutiert wurden, überlegt, wie würdest du dich dazu stellen. Am Ende sind wir zu dem Ergebnis gekommen, ja, die machen das richtig. Denn wenn sie es nicht machen, wird es dort so wie hier. Aber das war keine Sache, die man kalt entschieden hat. Wie das bei jungen Leuten, gottlob, so ist um die 20 herum: Eine solche Frage wurde ausführlich und mit Leidenschaft diskutiert und das Ergebnis hin und her gewendet.

Aber am Ende waren meine engeren Freunde und ich uns einig: doch, das muss sein.

WICKERT: Noch einmal zurück zum Ende des Zweiten Weltkriegs. 40 Jahre später, am 8. Mai 1985, hat der damalige Bundespräsident Richard von Weizsäcker eine bis heute nachwirkende Rede gehalten. In dieser Rede sagte er: »Wer damals wissen wollte, was mit den Juden geschah, der konnte es wissen.« Dafür ist er sehr kritisiert worden. Was sagen Sie?

GENSCHER: Ich denke, dass er mit dieser Feststellung doch den Kern getroffen hat. Oder will jemand ernsthaft bestreiten, dass es Schilder an Restaurants und Geschäften gab, auf denen stand: »Juden unerwünscht«? Will jemand bestreiten, dass er gesehen hat, wie Menschen an ihrer Kleidung durch den Judenstern diskriminiert wurden? Und will jemand bestreiten, dass die jüdischen Mitbürger plötzlich nicht mehr unter uns waren? Ich denke, dass jeder von der Judenverfolgung durch die Nazis wusste – spätestens seit dem 9. November 1938, der verharmlosend als Reichskristallnacht bezeichnet wird. Etwas anderes war es mit den Vernichtungslagern und der grausamen Ausrottung der Juden, von der doch ein nur beschränkter Personenkreis wirklich gewusst hat – aber das hat Richard von Weizsäcker mit der Rede auch gar nicht sagen wollen. Ich fand, dass es eine bedeutende Rede war. Ich war ja zu dieser Zeit Außenminister und kann deshalb sagen, dass der Bundespräsident Richard von Weizsäcker sich mit dieser Rede im besten Sinne des Wortes um Deutschland verdient gemacht hat. Er hat uns damit die Herzen vieler Menschen geöffnet, die uns bis zu diesem Zeitpunkt mit Reserve gegenüberstanden.

Ich habe eine solche Wirkung in ganz anderer Weise nur noch ein zweites Mal erlebt, das war 1989 die friedliche Freiheitsrevolution, die zuallererst eine Leistung der Menschen in der damaligen DDR gewesen ist. Da hat man gespürt, wie beeindruckt die Völker um uns herum davon waren, dass auch Deutsche für die Freiheit auf die Straße gehen können. Sie hatten ja ein anderes Bild von uns und der deutschen Geschichte, wobei ganz gewiss vergessen wurde, dass die erste Freiheitsrevolution im sowjetischen Machtbereich ebenfalls in

Deutschland stattgefunden hat – am 17. Juni 1953. Mir hat damals ein mir auch menschlich sehr verbundener Außenminister-Kollege gesagt: Jetzt klopfen wir dir ja alle auf die Schulter, aber wenn du nicht dabei bist, dann sagt auch schon mal einer, eigentlich hätten wir das den Deutschen gar nicht zugetraut.

WICKERT: Sie haben das Abitur, glaube ich, nachgemacht und dann haben Sie angefangen zu studieren.

GENSCHER: Ich habe die Ergänzungsreifeprüfung bestanden und dann angefangen, Rechtswissenschaften und Volkswirtschaft zu studieren.

WICKERT: Sie machen das Referendarexamen und werden kurz danach zu Hilde Benjamin zitiert, der späteren Justizministerin der DDR. Was wollte sie von Ihnen? Sie rekrutieren?

GENSCHER: Nein, überhaupt nicht. Zunächst einmal zum Referendarexamen selbst, das in Leipzig stattfand. Ich war zum 6. Semester dorthin gegangen. Durch meine Krankheiten hatte ich nur einen der sechs erforderlichen Seminarscheine machen können. Ich musste also fünf noch im letzten Semester erwerben, was an der Universität Leipzig möglich war, wo es eine hervorragend besetzte juristische Fakultät mit großen Namen gab. Ich habe das Examen am 5. Oktober 1949, zwei Tage vor Gründung der DDR, bestanden. Damals bekamen wir, die bestanden hatten, überraschend einen Brief, wonach wir uns bei der Universität zu melden hätten. Als ich hinkam, sagten die Leipziger, die pünktlich gewesen waren – ich hatte Zugverspätung, wie übrigens am Tag des Referendarexamens auch –, die Benjamin ist da. Dann musste jeder einzeln zu ihr kommen. Zu mir hat sie gesagt: Sie sind Herr Genscher von der LDP. Dann hat sie sich beklagt, dass ich keine gesellschaftlichen Aktivitäten entwickelt hätte, das hieß, dass ich mich nicht in den verschiedenen Gruppierungen betätigte. Was machen Sie eigentlich in Ihrer Freizeit, wollte sie wissen. Ich antwortete ihr, ich würde viel lesen, so auch die Werke der Klassiker des Marxismus-Leninismus. Wahrscheinlich dachte sie, das sei eine opportunistische Verbeugung, und hat mir deshalb Wissensfragen gestellt, die ich beantworten konnte. Sie haben das ja wirklich gelesen, meinte sie. Warum sind Sie dann in der LDP und nicht in der SED? Meine Antwort: Weil ich das gelesen habe.

Das war nicht ganz richtig, denn ich hatte mich für die LDP schon entschieden, lange bevor ich Marx, Engels und Lenin zu lesen anfing. Ich hatte mir die Versammlungen der Sozialdemokraten angehört, der CDU und der Liberalen. Bei der LDP erklärte ein Redner, der Liberalismus sei die umfassendste Alternative zu jeder Form der Unfreiheit. Das traf mein Lebensgefühl, das war meine Partei, und deshalb bin ich im Januar 1946 in die Liberal-Demokratische Partei eingetreten. Hilde Benjamin konnte also mit mir nicht allzu viel anfangen und hat dann nur noch gefragt, was ich werden wolle. Da habe ich ihr gesagt: Rechtsanwalt. Das ist gut so, stellte sie fest, denn in unserem Staat haben wir für Leute wie Sie keinen Platz. Na, das ist ja wenigstens etwas, womit sie einverstanden ist, habe ich mir gedacht.

WICKERT: Sie sind ja dann auch 1952 in den Westen gegangen. Was hat Sie dazu veranlasst?

GENSCHER: Da gab es eine ganze Reihe von Gründen. Ich hatte natürlich immer wieder politische Bemerkungen gemacht und bekam Hinweise, dass beim Landgericht in Halle und anderen Justizbehörden Kollegen und Vorgesetzte nach mir gefragt wurden, was immer ein Indiz dafür war, dass die sogenannten »Organe« ein besonderes Interesse an jemandem zeigten. Ich hatte auch Verbindung zum Untersuchungsausschuss freiheitlicher Juristen in West-Berlin aufgenommen. Wenn das jemand erfahren hätte, wäre das schlimm genug gewesen. Aber letztlich hat natürlich auch eine Rolle gespielt, dass mir klar war, hier hast du keine Zukunft – es sei denn, du willst deine Gesinnung verleugnen, sodass diese äußeren Anlässe mir nur noch den letzten Schub gegeben haben.

WICKERT: Sie gingen nach West-Berlin und von dort aus nach Bremen.

GENSCHER: In West-Berlin hatten wir uns über die Höhe der Unterhaltszuschüsse für Referendare informiert und dabei festgestellt, dass es in Bremen den höchsten Unterhaltszuschuss gab, nämlich brutto 200 DM, netto 182 DM. Sie sehen, wie mich das beeindruckt hat, sodass ich heute noch die Summen weiß. Aus Bremen kam übrigens die einzige Ablehnung, weil natürlich viele aus finanziellen Gründen dorthin wollten. Ich habe mich trotzdem für Bremen entschieden und mich bemüht, da als Referendar zugelassen zu werden, was dann auch möglich war. Dort lebte auch eine Cousine meines Vaters, wodurch mir der Neuanfang etwas erleichtert wurde. Ich habe die ganze Weltoffenheit dieser Stadt kennengelernt und auch einen Kommilitonen wiedergetroffen, mit dem ich schon in Halle studiert hatte. Andere Kollegen, die später gute Freunde geworden sind, hatten in Jena Jura studiert und waren ebenfalls nach Bremen gekommen. Wir alle wurden mit offenen Armen aufgenommen. Offenbar habe ich aber zu viel darüber geredet, wie wichtig es sei, schnell die Einheit Deutschlands wieder herzustellen – bis mir ein Amtsrichter, der eigentlich gar kein Bremer, sondern Rheinländer war, gesagt hat, also werden Sie mal hier nicht zum Emigranten, gucken Sie nach vorne, die Wiedervereinigung können Sie später betreiben. Das habe ich dann auch versucht.

ALLERLETZTE MELDUNG
Schuld und Sühne

Eine der ältesten Anekdoten der verblichenen Sowjetunion handelt von drei Briefen. Diese drei Briefe schreibt der Staats- und Parteichef für seinen jeweiligen Nachfolger. Und diese drei Briefe hat – so die aktuelle Anekdote – auch Boris Jelzin von Michail Gorbatschow erhalten. Den ersten hat Jelzin gleich aufgemacht, und darin stand: Schieb alle Schuld auf den Vorgänger. Hat Jelzin gemacht: Schuld an der wirtschaftlichen Misere ist also Gorbatschow. Im zweiten Brief steht: Reformen ankündigen! Hat Jelzin auch getan. Aber in seinem Hass auf Gorbatschow hat Jelzin den abgesetzten Sowjetführer noch mehr gedemütigt, indem er dessen Institut zusperren ließ. Gorbatschow weiß allerdings, was im dritten Brief steht: Schreibe als Sühne drei Briefe für deinen Nachfolger …

Politisches und Persönliches

Im Gespräch mit Gerhard Schröder

ULRICH WICKERT: Herr Bundeskanzler, in fünfzig Jahren Bundesrepublik bei einer Bevölkerung, die etwa jetzt achtzig Millionen ausmacht, haben es gerade sieben Politiker geschafft, das zu werden, was Sie, Herr Schröder, immer werden wollten – nämlich Bundeskanzler. Schon nach einem Jahr im Amt haben Sie gesagt, man sollte die Amtszeit freiwillig auf zehn Jahre beschränken. Warum das denn?

GERHARD SCHRÖDER: Weil aus 16 Jahren Kanzlerschaft Helmut Kohl Konsequenzen zu ziehen sind. Ich denke, er wünscht sich manchmal, vielleicht doch vier Jahre eher aufgehört zu haben. Das Amt des Kanzlers bringt eine ungeheure Anspannung mit sich und führt dazu, dass man unter steter öffentlicher Beobachtung ist. Nach acht bis zehn Jahren ist zudem die Grenze dessen, was in dem Amt greifbar ist, wirklich erreicht, von wem auch immer. Danach beginnen Abnutzungserscheinungen, die das Amt nicht verträgt, aber auch die Menschen, die es versehen, schwerer vertragen, als sie es vielleicht sich selbst vorstellen. Ein Teil der Probleme, die wir im Zusammenhang mit Helmut Kohl öffentlich diskutieren, hat auch etwas mit der Dauer der Amtszeit zu tun. Deswegen soll man sein Zeitmaß kennen.

WICKERT: Wo liegen die Versuchungen für die Politiker?

SCHRÖDER: Sie liegen darin, dass man sich mit zunehmender Zeit für unersetzbar hält und glaubt, es gäbe keinen vernünftigen Nachfolger. Das konnte man immer wieder feststellen – bei Kohl zum Beispiel, aber auch schon bei Adenauer und im 19. Jahrhundert bei Bismarck. Es ergibt deshalb einen Sinn, daraus Konsequenzen für sich selbst zu ziehen. Das heißt rechtzeitig zu gucken, wer von den vielen, die es gibt und die sich, Gott sei Dank, engagieren, könnte denn als Nachfolger in Frage kommen. Das geht aber nur, wenn man sich selbst zeitliche Grenzen setzt oder wenn sie vom Parlament gesetzt werden.

WICKERT: Muss denn der Kanzler auch gleichzeitig Parteichef sein?

SCHRÖDER: Das muss er nicht, aber bei uns hat es sich wegen des Rücktritts von Oskar Lafontaine so ergeben, dass man das für eine Weile in einer Hand konzentriert. Ob das auf Dauer eine Lösung ist, wird sich zeigen. Auf der anderen Seite hatten wir in den Jahren nach Willy Brandt nicht unter zu wenig Parteivorsitzenden zu leiden. Der häufige Wechsel in diesem, für die Integrationsnotwendigkeit einer Partei, vor allem einer großen Volkspartei, so wichtigen Amt ist nicht gut. Aber auch hier sollte man sich ein Zeitmaß setzen.

WICKERT: Die Parteien haben sich daran gewöhnt, dass sie viel Geld brauchen und viel Geld ausgeben – nicht nur für die Wahlen. Ist die Parteienfinanzierung zu wenig geregelt?

SCHRÖDER: Nein, das ist sie nicht, nach meiner Auffassung jedenfalls nicht. Wir haben ein Parteiengesetz, das funktioniert, wenn sich jeder daran hält. Diejenigen, die Vorsitzende und Schatzmeister der Parteien sind und meistens im Bundestag sitzen, also die Gesetze selbst gemacht haben, sollten sie auch einhalten. Denn wenn man das nicht hinbekommt, dann muss man sich nicht wundern, wenn ganz normale Menschen sagen: Na ja, wenn die Politiker lax mit Gesetzen umgehen, warum soll ich sie denn strikt befolgen? Das ist die größte Gefahr, die darin besteht. Man kann überlegen – das ist eine ernsthafte Überlegung –, ob man Verstöße gegen das Parteiengesetz nicht strafbewehrt. Ich will jetzt nicht über Grenzen und Strafmaß reden. Man sollte zunächst nicht darüber diskutieren, sondern eine aufklärerische Debatte über die Fehler führen, die gemacht worden sind. Denn dass welche gemacht worden sind, hat sich ja schon bestätigt.

WICKERT: Wäre es nicht sinnvoll, die Spenden auf Personen zu beschränken, die auch wählen dürfen – also keine Unternehmens-, sondern nur noch Bürgerspenden zuzulassen?

SCHRÖDER: Hinter den Unternehmen stehen ja Personen, die auch wählen dürfen. Dann würde man zum Beispiel bei dem Inhaber einer Personengesellschaft eine Spende erlauben, bei einer Kapitalgesellschaft aber nicht. Das scheint mir keine vernünftige Unterscheidung zu sein. Nein, nach deutschem Recht muss ja jede Spende über 20 000 DM veröffentlicht werden. Wenn das strikt eingehalten und nicht umgangen wird, kann das eigentlich kein Problem ergeben, denn dann liegt offen, wer für wen was gegeben hat. Man kann in den Rechenschaftsberichten darüber nachlesen, ob es unter Umständen zwischen politischen Entscheidungen und Spenden Zusammenhänge gibt. Das ist auch der Sinn der Offenlegungspflicht, die natürlich nicht umgangen werden darf.

WICKERT: Und wie handhabt die SPD das?

SCHRÖDER: Wie das Gesetz es vorsieht – jedenfalls soweit ich das überprüfen konnte. Ich bin ja noch nicht lange Parteivorsitzender. Bei uns ist das nach meiner Kenntnis ordentlich gelaufen. Da gibt's keine Ausnahmen.

WICKERT: Haben Sie nach Bekanntwerden des CDU-Parteispendenskandals verstärkt Einblick in die Spenden der SPD genommen?

SCHRÖDER: Nein, das habe ich nicht. Ich vertraue meiner Schatzmeisterin, die da sehr penibel ist und im Zweifel sagt, lieber weniger Geld, aber in Übereinstimmung mit dem Parteiengesetz als umgekehrt. Die Debatte, die andere seit Herbst 1999 am Hals haben, bestätigt ja diese Position.

WICKERT: Man sagt immer, alle brauchen eine schwarze Kasse. Hat die SPD das?

SCHRÖDER: Nein, sie hat keine. Auch alle anderen brauchen keine, denn wir haben bei den deutschen Parteien eine Mischfinanzierung aus öffentlicher Finanzierung, was ich für in Ordnung halte, und privater Finanzierung, die öffentlich gemacht werden muss. Das ist eine vernünftige Finanzierung für die Parteien. Aber Finanzierung muss auch sein. Nach dem Grundgesetz wirken die Parteien an der Willensbildung des Volkes mit und kanalisieren sozusagen diese Willensbildung durch ihre bloße Existenz. Ohne die Parteien wäre parlamentarische Demokratie sehr, sehr viel schwieriger zu organisieren, schon gar in einem Volk von 80 Millionen. Wenn das so ist, dann brauchen die Parteien dazu auch einen Apparat – weniger in Berlin, aber ebenso da, als vielmehr in den Ländern und Gemeinden, und das kostet das meiste. Wie gesagt, die Fehler müssen abgestellt werden, ansonsten ist die Finanzierung der Parteien in Deutschland in Ordnung.

WICKERT: Die Parteien bekommen ja fast eine halbe Milliarde Mark im Jahr vom Bund. Ist das nicht zu viel?

SCHRÖDER: Nein, wenn die Parteien Personal beschäftigen wollen, und das müssen sie, dann sollte das auch so bezahlt werden, dass es seine Aufgaben machen kann. Es zeigt sich, das gilt für alle Parteien, dass das immer schwieriger wird, weil die Personalkosten der größte Anteil der Kosten sind. Dann brauchen sie auch ein bisschen Material, um politische Willensbildung zu betreiben. Das kostet ebenfalls Geld. Die Bundestagswahlkämpfe kosten viel Geld – nicht zuletzt deswegen, weil die Werbemöglichkeiten ja auch nicht billig sind, die sie brauchen, um Politik in etwas gekürzt dargestellter Form an den Mann und an die Frau zu bringen. Insofern lässt sich vertreten, was es da gibt. Dass wir zur Sparsamkeit bei den Ausgaben der Parteien aufgerufen, ja gezwungen sind, versteht sich von selbst. Aber ich sag's noch einmal: Wenn sich jeder an die Gesetze hält, haben wir in Deutschland mit der Parteienfinanzierung eigentlich wenig Probleme.

WICKERT: Der Bürger hat immer das Gefühl, die Politiker nehmen zu viel Geld – wahrscheinlich nicht bei den Diäten, also bei der Bezahlung –, aber bei dem, was danach kommt, der Vorsorgung hinterher. Muss da nicht auch etwas gespart werden?

SCHRÖDER: Es kann sein, dass man die Versorgung überprüfen muss. Dagegen ist nichts einzuwenden. Das geschieht im Übrigen. Zum Beispiel werden die Übergangsgelder abgeschafft, wenn man längst einen anderen Job hat. Aber gewisse Versorgungsnotwendigkeiten gibt es. Denn in kaum einem anderen Beruf ist das Risiko der Kündigung so groß. Ich kenne Fälle aus Wirtschaftsunternehmen, da werden Manager, die Verträge für fünf Jahre haben, ganz anders, das heißt viel besser versorgt als Politiker. Ich will das dennoch nicht vergleichen. Es gibt sicher Reformbedarf. Eine Änderung habe ich genannt, die wir auch gemacht haben. Aber zu bedenken ist, dass Sie, wenn Sie alle vier Jahre sozusagen auf den Prüfstand müssen und einen anspruchsvollen Beruf haben, bei einem Fulltimejob wie dem des Politikers mit der Zeit Qualifikationen verlieren. Die müssen Sie sich wenigstens wieder erwerben können. Nehmen Sie mal einen Naturwissenschaftler. Wenn der acht Jahre lang in einem Parlament saß, dann ist der für seinen Fachbereich wegen der rasanten Geschwindigkeit, in der Wissen in diesem Bereich veraltet, nicht nahtlos in seiner alten Funktion wieder einsetzbar. Er braucht eine Übergangsphase, in der er sich erneut qualifiziert.

WICKERT: Die meisten sind ja hinterher schwer wieder unterzubringen.

SCHRÖDER: Ja, die meisten sind Berufspolitiker, das ist das Problem. Wenn sie's auf einmal nicht mehr sind, weil die Wählerinnen und Wähler gesagt haben, wir wollen eine andere Partei zum Zuge kommen lassen, kann das persönlich fatale Folgen haben. Ich sag mal ein Beispiel: Wir haben in Nordrhein-Westfalen bei den Kommunalwahlen im Jahre 1999 etwa 1500 kommunale Mandate verloren – das sind nun keine hauptberuflichen Tätigkeiten. Dafür ist keine Entschädigung und keine Versorgung fällig. Aber wenn es so richtig dramatische oder jedenfalls nachdrückliche Veränderungen im Bundestag oder im Landtag gibt, dann muss man die, die acht Jahre oder länger aus ihrem Beruf raus sind und schwer wieder reinkommen, auch so stellen, dass sie keine existenziellen Sorgen haben. Sie brauchen eine Chance, sich beruflich neu zu orientieren. Denn es darf ja auch nicht passieren, dass Politik sozusagen etwas wird, was man unter »ferner liefen« betrachtet, wenn über Karriere nachgedacht wird. Wäre das so, würde keine qualifizierte Frau, kein qualifizierter Mann mehr Politiker – und den Schaden hätte das Land zu tragen.

WICKERT: Sie sind ein Jahr vor Kriegsende geboren worden. Ihr Vater ist wenige Tage nach Ihrer Geburt gestorben, gefallen, in Rumänien wohl. Sie selbst haben ihn nicht gekannt. Haben Sie ihn in Ihrer Jugend vermisst?

SCHRÖDER: Das konnte ich gar nicht. Als Kleinkind ist man nicht in der Situation, in der man den Vater unbedingt vermisst. Zudem existiert kein einziges Foto von ihm, sodass ich mir auch kein Bild von ihm machen konnte. Und später bin ich nicht vaterlos aufgewachsen, weil ich einen Stiefvater hatte, der dann aber auch schon Mitte der sechziger Jahre an Tuberkulose gestorben ist, sicher ebenfalls als Folge des Krieges.

WICKERT: Haben Sie versucht, etwas über Ihren Vater zu erfahren, Verwandte zu finden?

SCHRÖDER: Ja natürlich, soweit das möglich war. Wir haben lange, über Jahrzehnte, zusammengelebt mit der Mutter meines Vaters, also mit meiner Großmutter. Sie ist erst im gesegneten Alter von 98 Jahren gestorben.

WICKERT: Wissen Sie, wo Ihr Vater begraben liegt?

SCHRÖDER: Mir wurde gesagt, in Rumänien. Aber ich habe das Grab nie sehen können, weil es auch nicht wirklich ermittelt worden ist.

WICKERT: Wie ordnen Sie den Kriegstod Ihres Vaters in Ihren eigenen Lebenslauf ein?

SCHRÖDER: Ich kenne sein Schicksal aus den Erzählungen meiner Mutter, die ihn sehr geliebt hat, und später den Krieg von den Erzählungen meines Stiefvaters, der auch an der Front war. Aber ich kann den Tod meines Vaters nicht als Ereignis, das eine bestimmte Einstellung zum Krieg für mich bedeutet hätte, einordnen, dazu war ich zu klein, als er starb. Außerdem war die Diskussion über den Krieg, über seine Folgen und Ursachen in unserer Familie nicht an der Tagesordnung. Da ging's doch mehr um die Beschaffung des täglichen Brotes.

WICKERT: Das heißt, bei Ihnen gab es keine Diskussion über das Dritte Reich?

SCHRÖDER: Nein, meine Mutter hat nur die Volksschule besucht, wo man nicht so viel mitbekam, um große Debatten über Politik führen zu können. Wir haben deshalb relativ wenig über Politik geredet – in meiner Kindheit wohl überhaupt nicht. Da ging es um viel handfestere Dinge, die naheliegender waren, etwa was man den Tag über tut und wer was zu arbeiten hat. Meine Mutter war

nebenbei immer als Putzfrau beschäftigt, sodass sie nach einem 14-
oder 16-Stunden-Tag weder Zeit noch großes Interesse hatte, über
Politik zu reden. Das ist erst später gekommen, als ich mich selbst
der Politik genähert habe.

WICKERT: Geboren sind Sie im ostwestfälisch-lippischen Land, in
Mossenberg bei Detmold. Sie sind in sehr ärmlichen Verhältnissen
aufgewachsen. Haben Sie als Kind die Armut gespürt?

SCHRÖDER: Nein, das habe ich nicht. Wir mussten nicht hungern.
Wir hatten zwar nicht das, was andere vielleicht hatten, aber ich
muss meiner Mutter dankbar sein, weil sie uns das Überleben ermöglicht hat. Wir haben angemessen gelebt, ich habe also nichts
entbehrt. Wir sind im Unterschied zu manch anderen zum Beispiel
nie geschlagen worden – nicht nur deshalb, weil meine Mutter selten
zu Hause war, sondern weil sie kein Mensch ist, der Kinder prügeln
könnte. Wenn ich zurückdenke im Nachhinein, erscheint es mir,
als hätte ich eine durchaus glückliche Kindheit gehabt, obwohl bei
uns wirklich ärmliche Verhältnisse herrschten. Ich weiß, was Leben
von Sozialhilfe bedeutet, was auch bestimmte Entscheidungen immer noch prägt. Aber dass ich damals unglücklich gewesen wäre,
das kann ich beim besten Willen nicht sagen – ganz im Gegenteil.

WICKERT: Stimmt es wirklich, dass Sie manchmal mit Ihrer Mutter
loszogen, um sich dann einen Braten zu schnappen?

SCHRÖDER: Nein, da wird ja viel hineingeheimnist. Aber ich erinnere
mich aus meinen frühen Jahren – das kann man ja jetzt sagen, weil
das alles verjährt ist –, dass man schon mit anderen zusammen mal
guckte, ob Kohlen bei der Ziegelei auf der Straße lagen, vielleicht
auch ein bisschen am Rand der Straße. Das war so in der ersten Zeit,
an die ich mich erinnere, etwa Ende der vierziger, Anfang der fünfziger Jahre. Es waren halt so Grenzgänge in harten Jahren.

WICKERT: Sie haben relativ bald eine wichtige Rolle in der Familie
übernommen, weil der Stiefvater lungenkrank und viel im Sanato-
rium war. Sie sind sozusagen der Vater, der Mann im Haus gewesen.
Wie haben Sie diese Rolle empfunden?

SCHRÖDER: Ich kann mich kaum erinnern, wie ich diese Rolle empfunden habe. Ich hab halt gemacht, was zu machen war. Vielleicht

hat das dazu geführt, dass ich Jurist und dann Rechtsanwalt geworden bin. Ich musste immer alle Dinge regeln, um die es in der Familie ging. Das war mein Job. Deshalb hab ich das nicht als Belastung empfunden. Ich war derjenige, der am weitesten in der Ausbildung war.

WICKERT: Sie sagten, deswegen sind Sie Jurist geworden. Es kam ja auch der Gerichtsvollzieher ab und zu. War das belastend?

SCHRÖDER: Ja, belastend, aber nicht bedrückend, weil ich versuchen konnte, die Ursachen für solche Besuche zu beseitigen.

WICKERT: Das war also mehr wie ein Spiel.

SCHRÖDER: Nein, das war natürlich kein Spiel. Meine Mutter war für alle möglichen Warenangebote empfänglich – auch für die, die sie nicht bezahlen konnte –, wenn argumentiert wurde:»Wenn Sie das nicht kaufen, dann haben es Ihre Kinder in der Schule schwerer.« Zum Beispiel weiß ich genau, dass wir wahrscheinlich als eine der Ersten im Dorf eine Schreibmaschine im Haus hatten. Auf ihr konnte keiner schreiben – meine Mutter nicht, meine Geschwister nicht und ich auch nicht; ich hab's übrigens auch nie gelernt. Aber sie wurde ihr mit dem Hinweis aufgeschwatzt, jetzt müsste bald jeder in der Volksschule Schreibmaschine schreiben lernen. Und die Kinder würden zurückgesetzt, wenn keine im Hause wäre. Dann hat meine Mutter durchaus auf Raten, wie das damals so üblich war, solche Verträge abgeschlossen. Und ich hab mich relativ früh um die Auflösung derselben zu kümmern gehabt.

WICKERT: Nebenbei haben Sie immer wieder gearbeitet, Rübenziehen und ähnliche kleine Jobs, um sich ein Taschengeld zu verdienen. Oder haben Sie das abgeliefert?

SCHRÖDER: Das habe ich abgeliefert. Aber man musste nicht alles abliefern. Oder wir haben was für die gesamte Familie gekauft. Ich konnte viel für mich behalten. Das war ja auch nicht so gewaltig. Man bekam 50 Pfennige in der Stunde für Rübenziehen, Kartoffeln auflesen und andere Gelegenheitsarbeiten, Wir haben auf einem Bauernhof gelebt, in dem, was man »Leibzucht« nennt. Das war in früheren Jahrhunderten der Altenteil von Leibeigenen, die es nicht mehr gab, damit das klar ist. Dort sammelte man gar keine so schlechte Erfahrung. Was wir taten, war keine Kinderarbeit im juristischen Sinne, weil wir nicht gezwungen worden sind, dort zu helfen, sondern das gerne taten, um ein paar Pfennige zu verdienen.

WICKERT: Können Sie eine Kuh melken?

SCHRÖDER: Ich konnte das mal. Aber das kann ich sicher nicht mehr, weil es ein sehr schwieriges Geschäft ist.

WICKERT: Sie sind dann in die Volksschule gekommen. Das war eine Zwergschule.

SCHRÖDER: Am Anfang war die erste bis vierte Klasse, dann die fünfte bis sechste in Wülfter-Bexter bei Bad Salzuflen, Bexten hieß der Ortsteil. Ich erinnere mich genau. Es war eine zweizügige Volksschule.

WICKERT: Es gab noch den Rohrstock?

SCHRÖDER: Ja, den gab es; mit dem Rohrstock wurde auf die Finger, also auf die Hand geschlagen. Gelegentlich, wenn der Lehrer ganz schlecht drauf war – ich will seinen Namen nicht nennen, obwohl er längst tot ist –, gab's auch so riesige Zeigestöcke. Besonders gefreut hat uns, als der Vater eines Schulkameraden dann mal in die Schule kam und sich den Lehrer vorknöpfte. Na, die Freude durften wir nicht so sehr zeigen, aber die Hände gerieben hat sich da ein jeder.

WICKERT: Sie bekommen dann den Spitznamen Acker. Wer hat sich den ausgedacht?

SCHRÖDER: Das kommt vom Fußball. Ich hab damit relativ früh angefangen.

WICKERT: Da waren Sie aber noch klein.

SCHRÖDER: Ja, bei der ersten Jugendmannschaft in Kalle, wo wir später wohnten, im Kalletal, einem sehr idyllischen Fleckchen Erde nahe der Grenze zu den Niederlanden. Dort habe ich das letzte Jahr in der Schüler- oder Jugendmannschaft gespielt, später auch als erster Profi in der Bezirksklasse.

WICKERT: Als erster Profi?

SCHRÖDER: Ja, ich war damals in Göttingen, wo ich arbeitete und später studierte. Ich bekam die Fahrkarte und ein Kotelett mit Kartoffelsalat.

WICKERT: Das ist wahrscheinlich das Wichtigste gewesen.

SCHRÖDER: Na ja, die Fahrkarte auch, deswegen war das interessant.

Der Vereinsschatzmeister knickerte immer rum, wenn's ums Essen ging, sodass ich ihn mehrfach mahnen und darauf hinweisen musste, dass ich Hunger hätte.

WICKERT: Sie waren Mittelstürmer.

SCHRÖDER: Ich habe Halbstürmer gespielt, aber auch Mittelstürmer.

WICKERT: Sie sind in der Volksschule geblieben, haben den Hauptschulabschluss gemacht und sind nicht auf das Gymnasium gekommen. Das ging damals nicht.

SCHRÖDER: Na ja, das war bei uns nicht drin. Gleich am Anfang, als ich ins Gymnasium hätte gehen müssen, kostete es noch Schulgeld. Das Gymnasium war in der Stadt, wohin kein Schulbus fuhr, das hätte man selbst finanzieren müssen, wozu wir erst recht kein Geld hatten. Obwohl meine Noten so schlecht nicht waren, konnte ich jedenfalls nicht aufs Gymnasium.

WICKERT: Fanden Sie das ungerecht?

SCHRÖDER: Ich hab nicht darüber nachgedacht, muss ich ehrlich sagen. Erst später habe ich das als ungerecht empfunden, denn mein Berufswunsch war klar. Mir war vorbestimmt, ich sollte zur Post.

WICKERT: Gerechtigkeit – was ist das für Sie heute?

SCHRÖDER: Vor allen Dingen Gerechtigkeit in den Chancen, was auch tatsächlich mit meiner Erfahrung zu tun hat. Ich denke, wir können es uns unter diesem Gesichtspunkt, aber auch volkswirtschaftlich nicht leisten, vorhandene Begabungen nicht zu fördern und auszuschöpfen – gleichgültig, ob das Elternhaus das finanzieren kann oder nicht. Wo immer das Elternhaus es nicht finanzieren kann, muss die Gesellschaft das tun. Das wird volkswirtschaftlich immer wichtiger. Aber das hat für mich auch etwas mit Gerechtigkeit zu tun. Es kommt auf die Zuteilung von Bildungschancen am Anfang des Lebens an. Und da Wissen immer schneller veraltet, kann man das nicht mehr nur auf den Anfang des Lebens beschränken. Auch demjenigen, der aus seiner Stellung fliegt, weil seine Kenntnisse den Marktbedingungen nicht mehr angemessen sind und für seinen Beruf nicht mehr ausreichen, muss die Gesellschaft eine Chance geben, sich neue Kenntnisse zu erwerben, um wieder in die Wirtschaftsgesellschaft integriert zu werden.

WICKERT: Ist Bildung heute noch ein Privileg?

SCHRÖDER: Immer noch, das denke ich schon. Für Familien, die besser gestellt sind, ist es doch eine Selbstverständlichkeit, dass Tochter und Sohn auf eine weiterführende Schule gehen, wenn's denn vom Intelligenzgrad her reicht. Sogar in den Familien, aus denen ich komme, ist es oft selbstverständlich geworden – aber meist nur bei den Söhnen, bei den Mädchen hapert's noch. Da muss kräftig nachgearbeitet werden, denn diese Ungleichheit zwischen Jungen und Mädchen ist eine ebenso ökonomisch wie natürlich auch sozial schreiende Ungerechtigkeit. Es ist jedoch, glaube ich, in Deutschland nicht mehr ein solches Privileg wie in anderen Ländern. In England dürfte es zum Beispiel für ein Kind aus der Arbeiterschaft schwieriger sein, wirklich die hohen und höchsten Schulen zu besuchen. Und wenn ich Deutschland mit Amerika vergleiche, wo ja eine gute Schule richtig Geld kostet, dann bin ich immer wieder vom Nutzen des Bildungssystems überzeugt, in dem es prinzipiell nicht auf die Geldbörse der Eltern ankommt.

WICKERT: Man macht auch unserem Bildungssystem im Augenblick viele Vorwürfe. Man sagt, es wäre zurückgefallen.

SCHRÖDER: Es mag ja sein, dass man auf den teuren amerikanischen Eliteschulen und den noch teureren Eliteuniversitäten der USA in der Spitze größere Leistungen erreicht. Ich hab nichts dagegen, dass man sich die Frage stellt, wie muss denn die Eliteausbildung in Deutschland aussehen. Das ist nicht der Punkt. Aber in der Breite kann ich überhaupt keinen Anlass erkennen, das deutsche Bildungssystem in Grund und Boden zu verdammen, nur weil demjenigen, der in der Lage ist, was weiß ich, 50 000 Dollar im Jahr für sein Kind auszugeben, vielleicht eine bessere Ausbildung für seinen Sohn oder seine Tochter fehlt. Deswegen können wir doch unser Bildungssystem nicht ändern! Für mich war sehr interessant, was ich in China bei einer Diskussion mit Intellektuellen gehört habe. Man hat nachher dort noch ein bisschen zusammengesessen. Die Chinesen konnten alle Deutsch – wir haben ja inzwischen 10 000 chinesische Studenten hier –, und ihre Frage war, bleibt das bei euch so, dass man nicht bezahlen muss, wenn man auf eine Universität gehen will? Da habe ich auch den außenpolitischen und außenhandelspolitischen Wert des Bildungssystems begriffen, das frei ist. Denn diese jungen Leute, die wir später als Multiplikatoren in ihren eigenen Ländern brauchen, kommen nicht aus reichen Elternhäusern. Sie überlegen sich inzwischen sehr genau: Können wir das Studium in Amerika eigentlich bezahlen? Und wenn nicht, wo gibt's denn andere Möglichkeiten? Ich glaube, dass das deutsche Bildungssystem, wenn wir es im Großen und Ganzen von Gebühren freihalten, auch unter diesem Aspekt eine Renaissance erleben wird.

WICKERT: Also sind Sie überhaupt gegen Studiengebühren?

SCHRÖDER: Ich finde den Ansatz richtig, dass, soweit es geht, keine Gebühren erhoben werden. Wir verfolgen diesen Weg ja auch in der Koalition. Ob man da gleich zu einem Verbot kommen muss, wage ich zu bezweifeln. Man versucht das ja vertraglich zu regeln. Das ist auch in Ordnung so. Wenn es ohne Aufwand gelänge, großzügige Einkommensgrenzen einzuführen und zu sagen, dass Kinder wohlhabender Eltern Studiengebühren bezahlen müssen, dann habe ich prinzipiell keine Einwände. Aber ich fürchte, wenn man erst einmal, so ist das ja nun halt, der Gesellschaft den kleinen Finger reicht, dann wird einem gleich die ganze Hand ausgerissen.

ALLERLETZTE MELDUNG
Ein schöner Kinoabend

Eine hamletsche Dimension hat es, wenn der israelische Premierminister Benjamin Netanjahu mal einen Film sehen will. Als er gestern Abend mit seiner Frau ins Kino ging, löste er sechzig Karten. Zwei für sich, den Rest für die Leibwächter, die sich rund um das Ehepaar platzierten.

»Literatur ist Selbstzeugnis«

Im Gespräch mit Siegfried Lenz

ULRICH WICKERT: Am 17. März werden Sie fünfundachtzig Jahre alt. Sicher ist das auch für Sie ein Anlass zur Rückschau. Sie haben in diesem Zusammenhang einmal Albert Camus beifällig zitiert, der sagte: »Man muss sein Leben rechtfertigen.« Wie stehen Sie heute dazu?

SIEGFRIED LENZ: Das bleibt jedem selbst überlassen. Ich für meinen Teil bin nie dazu gekommen, mein Leben explizit zu rechtfertigen. Ich schaue auf meine Bücher und denke mir, mein Verlag hat ja gerade eine zwanzigbändige Ausgabe herausgebracht. Andere sollen darüber befinden, ob es damit in meinem Leben genug gewesen ist.

WICKERT: Ihre Bücher sprechen eigentlich nie von dem, was Sie selbst sein könnten. Bei Martin Walser oder Philip Roth hat man dagegen das Gefühl, hier schreibt jemand über sich selbst. Interessieren Sie sich literarisch nicht für sich?

LENZ: Ich glaube, jeder Schriftsteller schreibt über sich selbst. Fast jede Art von Literatur ist ein Selbstzeugnis des Schriftstellers. Man delegiert eigene Wunschentwürfe an einen anderen. Allein die Wahl der Themen, der Probleme, der Konflikte charakterisiert einen Schriftsteller. Damit gibt er etwas über sich selbst zu erkennen.

WICKERT: Sie arbeiten schon wieder an etwas Neuem. Darf ich verraten, dass Ihr nächstes Buch *Die Maske* heißen könnte?

LENZ: Aber selbstverständlich. Ja, ich versuche eine neue Novelle. Ich habe mir vorgestellt, dass einem Schiff der China Shipping Line ein Container fehlt. Er ist bei Stürmen über Bord gegangen, was ja oft vorkommt. Ich habe mir vorgestellt, was geschieht, wenn ein Container auf einer Insel an den Strand geschwemmt wird, Leute ihn öffnen. Im Container finden sich Masken, die für das Hamburger Völkerkundemuseum bestimmt waren. Die Finder probieren die Masken an, stellen fest, dass sie plötzlich anders sprechen. Natürlich gibt es auch ein Liebespaar. Wie verhält es sich, wenn er die schöne Maske eines sehr menschenfreundlichen Drachen gewählt hat, während sie entweder einen Puma oder einen kleinen Tiger als Maske trägt? Kurzum: Daraus ergeben sich Komplikationen.

WICKERT: Wie entwickelt sich ein solches Buch bei Ihnen?

LENZ: Also, der wichtige Gedanke, der Konflikt sind rasch da. Und dann versuche ich, für diesen abstrakten Konflikt ein Personal zu finden. Personen wiederum sind eingebunden in eine bestimmte Landschaft, soziale Gegebenheiten. Und so entwickelt sich eines nach dem anderen.

WICKERT: Sie waren ja bei der Kriegsmarine. Fühlen Sie sich immer noch als Seefahrer?

LENZ: Das kann ich nicht sagen. Ich war Seekadett auf dem schweren Kreuzer »Admiral Scheer«. Ich habe das Deck geschrubbt, habe gelernt, was bei der Seefahrt zu lernen ist, Tanken, Spleißen, Knotenmachen und so weiter. Damit hat sich meine Tätigkeit erschöpft. Ich war siebzehn, achtzehn Jahre alt. Ich kann aber auch sagen, dass ich damals leidenschaftlich gern Seefahrer war.

WICKERT: Und dann sind Sie desertiert.

LENZ: Das war später in Dänemark, weil ich mir dachte, der Krieg ist jetzt zu Ende. Ich kam sehr schnell in englische Gefangenschaft.

WICKERT: Aber auf Desertion stand die Todesstrafe.

LENZ: So weit habe ich gar nicht gedacht.

WICKERT: Sie wollten nur noch weg?

LENZ: Ich wollte vor allem sehen, was aus Deutschland geworden war und ob ich dort leben könnte. Dann hatte ich das Glück, von der englischen Armee aufgefangen zu werden. Und da meine Englischkenntnisse allem Anschein nach ausreichten, war ich dann Dolmetscher, sagen wir Hilfsdolmetscher.

WICKERT: Sie wurden relativ schnell freigelassen und bekamen einen richtigen Schatz mit, nämlich 600 Zigaretten. Und dann begann Ihre durchaus erfolgreiche Karriere auf dem Schwarzmarkt in Hamburg.

LENZ: Es waren an die tausend Zigaretten, ein großes Vermögen damals. Das half mir, zumindest in der ersten Zeit zu bestehen. Ich hatte auch das große Glück, dass ich rasch studieren konnte an der Hamburger Universität.

WICKERT: Dann wurden Sie Moderator beim NWDR und Redakteur bei der *Welt*. Wie kam das?

LENZ: Unter den englischen Offizieren dieser Entlastungseinheit gab es zwei Captains, die literarisch interessiert waren. Und die fragten mich, was ich nach meiner Entlassung tun wolle. Ich sagte, studieren. Dank ihrer Fürsprache kriegte ich einen Studienplatz, was nicht leicht war. Denn es kamen sehr viele alte Soldaten aus dem Krieg zurück, die natürlich ein Vorrecht hatten. Und da die Verbindung dieser englischen Offiziere auch in die Welt hineinreichte, kam ich dank einer Empfehlung auch dorthin und habe also als Volontär angefangen und wurde dann Feuilletonredakteur – bis hin zu der Möglichkeit, mein eigenes Buch zu empfehlen.

WICKERT: Phantastisch. Sie hatten wirklich sehr viel Glück in Ihrem Leben. Was halten Sie übrigens von Kennedys Motto: »Frag nicht, was dein Land für dich tun kann; frag, was du für dein Land tun kannst.«

LENZ: Das ist natürlich sehr hoch gegriffen. Ich glaube, dass ein Mensch, der in einem bestimmten Sinne etwas für sich selbst tut, gleichzeitig etwas für sein Land tut, indem er darauf verweist oder sich dafür einsetzt, dass ein erwünschtes demokratisches Gemeinwesen eingeführt wird nach Zeiten der Diktatur. Und ich glaubte damals wie andere Kollegen auch, mich politisch engagieren zu sollen und mich für die Partei einzusetzen, die ich mit meinen politischen Hoffnungen betraute.

WICKERT: Für die SPD, für Willy Brandt.

LENZ: Ja, für Willy Brandt und später dann für Helmut Schmidt. Und ich war dankbar dafür, dass Willy Brandt oder Helmut Schmidt mich mitnahmen auf bemerkenswerte politische Reisen.

WICKERT: Sie waren 1970 in Warschau dabei, als Willy Brandt vor dem Ehrenmal für die Helden des Ghettos niederkniete. Haben Sie damals Stolz empfunden? Grass hat das mal von sich gesagt.

LENZ: Nein, Stolz nicht. Es war eine Geste der Anerkennung. Nun kannte ich Willy Brandts Biographie. Und dass ein Mann mit dieser Biographie zu dieser Geste fand, erfüllte mich mit Freude.

WICKERT: Es gibt in Deutschland ja immer wieder Leute, die sich gegen Symbole aussprechen, die auch missbilligen, dass sich Kohl und Mitterand in Verdun die Hand gaben. Halten Sie solche Symbole für wichtig?

LENZ: Ja, weil sie einen Mitteilungswert haben, den Worte nicht haben können. Mitterand und Kohl Hand in Hand wird unvergesslich bleiben. Man ist eingeladen, die Vorgeschichte zu bedenken, sich in Erinnerung zu rufen, wann dieser Händedruck nicht möglich gewesen wäre.

WICKERT: Später wollte Bundespräsident Karl Carstens Sie, Grass und Böll mit dem Bundesverdienstkreuz ehren. Grass und Böll haben abgesagt, weil ihnen Carstens politisch nicht passte. Sie haben einen anderen Ablehnungsgrund genannt. Weshalb?

LENZ: Ich schätzte das, was als »Verdienst« bezeichnet wird, nicht als so verdienstwürdig ein. Außerdem betrachtete ich mich, obwohl in Masuren geboren, als Hamburger. Und wie Sie wissen, ist in Hamburg nicht gerade Gesetz, aber Gewohnheit geworden, Verdienste, Verdienstkreuze und Orden abzulehnen, nicht empört, sondern höflich abzulehnen.

WICKERT: Wir Deutschen haben ja besonders wegen des Dritten Reichs Schwierigkeiten mit der nationalen Identität. Ist mein Eindruck richtig, dass Ihr Werk mit Romanen wie *Deutschstunde* oder *Heimatmuseum* belegt, dass Sie persönlich diese Schwierigkeiten nicht haben?

LENZ: Ich habe lange Zeit im Ausland verbracht, in Dänemark zum Beispiel. Meine Frau ist Dänin. Ich habe sehr früh den Vorbehalt – nicht allein in Dänemark, auch in Norwegen – dieser Menschen gegenüber Deutschland gespürt. Aber die Fairness dieser Leute, die noble Art des Umgangs zeigten mir, dass es etwas gibt, zu dem du dich bekennen musst. Ich habe immer gesagt, dass ich Deutscher bin, immer und überall, und dass ich versuchen möchte, diesem Bekenntnis zu entsprechen – sagen wir es mal so.

Rindviecher erwünscht

In seiner Rede zur Eröffnung der Frankfurter Buch-
messe sagte der Wiener Schriftsteller Robert Menasse:
»Schade, dass Kühe nicht reden können. Sie würden als
Eröffnungsredner von Landwirtschaftsmessen die schönsten
Reden über ein friedvolles Zusammenleben aller Arten
auf diesem Planeten und die notwendige Versöhnung von
Mensch und Natur halten. Meine Erfahrung mit literarischen
Festansprachen ist, dass man vom Schriftsteller erwartet,
ein solches Rindvieh zu sein.«

»Es war mir immer präsent«

Im Gespräch mit Günter Grass

ULRICH WICKERT: Wir sind hier in einem Hotel in Dänemark, denn in Dänemark haben Sie die erste Fassung Ihrer Autobiographie *Beim Häuten der Zwiebel* geschrieben. Sie stehen in der Kritik, weil Sie in diesem Buch zum ersten Mal offenbaren, dass Sie am Ende des Krieges Soldat der Waffen-SS waren. Warum erst jetzt?

GÜNTER GRASS: Das lag bei mir begraben. Ich kann die Gründe auch nicht genau nennen. Es hat mich immer beschäftigt, es war mir immer präsent, und ich war der Meinung, dass das, was ich tat – als Schriftsteller und Bürger dieses Landes, was das Gegenteil dessen bedeutete, was mich in meinen jungen Jahren während der Nazizeit geprägt hat –, ausreichte. Ich war mir auch keiner Schuld bewusst. Ich bin zur Waffen-SS gezogen worden, war an keinem Verbrechen beteiligt, hatte aber immer das Bedürfnis, eines Tages darüber in einem größeren Zusammenhang zu berichten. Und das hat sich jetzt erst ergeben, indem ich meine inneren Widerstände überwunden habe, überhaupt autobiographisch zu schreiben und diese meine jungen Jahre zum Thema gemacht habe. Es reicht von meinem zwölften bis zu meinem dreißigsten Lebensjahr. Und in diesem größeren Zusammenhang konnte ich offen darüber sprechen.

WICKERT: Nun ist die Kritik groß. Die Präsidentin des Zentralrats der Juden, Charlotte Knobloch, sagte, mit diesem Bekenntnis hätten Sie eigentlich Ihre früheren Reden ad absurdum geführt, und man denkt natürlich ganz schnell an Bitburg, wo Sie Bundeskanzler Kohl und dem amerikanischen Präsidenten Reagan vorgeworfen haben, auf einen Friedhof zu gehen, auf dem Soldaten der Waffen-SS lagen, und Kohl sagte, das war verfrüht.

GRASS: Das, was mich an dem Vorgang empört hat, war dieses Benutzen der Toten. Das ist wie ein Propaganda-Akt gewesen, und daher kam meine Kritik. Was Frau Knobloch dazu sagt, das ist ihr gutes Recht. Ich will nicht in Zweifel stellen, dass man durchaus kritisieren kann, dass ich erst jetzt öffentlich darüber spreche. Aber es ist auch mein gutes Recht, die Gründe dafür zu nennen, wie ich es getan habe. Und die mögen für manche unzureichend sein. Im Übrigen kann ich nur darauf hoffen, dass Frau Knobloch Zeit findet, mein Buch zu lesen, denn innerhalb des Zeitraums, den ich schildere – meine jungen Jahre –, spielt das zwar eine Rolle, aber die weit kritischeren Fragen stelle ich mir in einem ganz anderen Zusammenhang. Dass ich zum Beispiel in meiner Verblendung als Jungvolk-Hitlerjunge zu bestimmten Situationen im engeren Kreis, auch zum Beispiel im Familienkreis, keine Fragen gestellt habe, nicht die richtigen Fragen gestellt habe. Zum Beispiel – ein Onkel aus meiner Familie ...

WICKERT: ... Onkel Franz ...

GRASS: ... ein Lieblingscousin meiner Mutter, war Postbeamter bei der polnischen Post in Danzig und gehörte zu deren Verteidigern. Er ist nach der Kapitulation dieser Post von den Deutschen standrechtlich erschossen worden. Auf einmal war er nicht mehr da, wir durften nicht mehr mit den Kindern spielen. Meine Eltern haben sich da durchaus opportunistisch verhalten, und ich habe keine Fragen gestellt. Das sind die Dinge, die mich mehr und stärker beschäftigt haben als das, in das ich ohne mein Zutun hineingeraten bin, wie die Waffen-SS. Hier ist die Frage zu stellen, und das ist der Versuch meines Buches, und es ist nicht einfach, sich diesem zwölf-, dreizehn-, vierzehn-, fünfzehn-, sechzehnjährigen Jungen, der mir in vielen Verhaltensweisen fremd geworden ist, wieder zu nähern ... mit ihm zu konfrontieren ... herauszufinden ... mit all dem Misstrauen auch der eigenen Erinnerung gegenüber. Wir wissen, dass Erinnerung dramatisiert, schönfärbt; Dinge, die wirr sind, in ihren Einzelheiten zu Anekdoten zusammenschnurren lässt. All diese Bedenken hatte ich vor Beginn des Schreibens, und ich habe sie im Schreibprozess berücksichtigt.

WICKERT: Und all das, was Sie gerade gesagt haben, spielt in Danzig. Sie sind Ehrenbürger der Stadt. Nun hat der Friedensnobelpreisträger Lech Wałęsa gesagt, Sie mögen die Ehrenbürgerwürde zurückgeben. Haben die Polen nicht ein gewisses Recht, jetzt enttäuscht zu sein?

GRASS: Ja, diese Frage, warum ich es so spät sage ... Ich habe es ja gesagt, und es ist jedem offen, diese Kritik zu äußern, und dazu will ich auch nichts Verteidigendes sagen, das würde auch schwer fallen. Aber das andere ist: Ich glaube, dass ich diese Ehrenbürgerwürde damals angetragen bekommen habe, weil ich in meinen Büchern und auch in meinen politischen Bestrebungen als Bürger meines Landes zu einem sehr frühen Zeitpunkt für den Brückenschlag zwischen Deutschen und Polen gewesen bin, für Verständigung, für ein beginnendes Gespräch unter damals sehr schwierigen Umständen, noch zur Zeit des Kommunismus in Polen. Das muss der Stadtpräsident entscheiden. Ich würde jede Entscheidung, die in eine solche Richtung geht, wie Lech Wałęsa sie vorgeschlagen hat, akzeptieren, aber ich sehe von mir aus keinen Grund, diese Ehre zurückzuweisen.

WICKERT: Ich habe in Ihrem Gesamtwerk eine sehr wichtige Rede gefunden, die Rede von der »Gewöhnung«, die Sie 1967 in Israel gehalten haben. Da schreiben Sie, was Sie ja nie verheimlicht haben, dass Sie als Vierzehnjähriger Hitlerjunge waren, dass Sie als Sechzehnjähriger Soldat wurden; mit siebzehn waren Sie schon Gefangener. Hätten Sie da nicht sagen können »Ich war Soldat bei der Waffen-SS«?

GRASS: Ja, hätte ich sagen können. Das ist jetzt leicht gesagt, und das ist auch die Frage, die ich mir selbst stelle. Ich habe in meinem Buch auch mein Schweigen zum Thema gemacht. Deswegen kann ich in der jetzigen Situation nur darauf verweisen. Das Buch wird jetzt ausgeliefert, und die Leser können sich selbst ein Bild machen. Ich bin diesem Thema im Buch nicht ausgewichen. So wie es in der Presse durch eine Vorabmeldung der *FAZ* dargestellt worden ist, sieht es aus, als hätte ich der *FAZ* ein Geständnis gemacht. Das ist nicht der Fall, es ist Inhalt meines Buches.

WICKERT: Sie sagen in Ihrem Buch, nichts konnte die Last erleichtern.

Sie hätten sie erleichtern können, wenn Sie es einfach mal gesagt hätten!

GRASS: Das habe ich jetzt mit dem Buch getan. Man kann sagen: zu spät, oder sehr spät. Ich war erst jetzt in der Lage, es so zu machen, und wer richten will, mag richten. Nur, was ich zur Zeit erlebe, führt zu einem Aburteilen. Man möchte mich zu einer Unperson machen und all das im Nachhinein in Frage stellen, was mein späteres Leben ausgemacht hat, und dieses spätere Leben war unter anderem auch von dieser Scham gezeichnet und von einem permanenten Versuch, der bis heute nie aufhören wird.

WICKERT: War es vielleicht auch Motivation für Sie, dass Sie dieses Tabu immer noch in sich getragen haben, dass Sie gesagt haben, es motiviert Sie zum Schreiben über gewisse Themen?

GRASS: Ganz gewiss, ja! Nun gut, ich weiß nicht, ob es zusätzlicher Motivation bedurfte, aber bestärkt hat es mich ganz gewiss.

WICKERT: Der Philosoph Karl Jaspers hat 1946 die Schuldfrage untersucht und gesagt, es gebe keine kollektive Schuld der Deutschen, sondern nur eine individuelle Schuld der Täter. Haben Sie sich Schuld vorzuwerfen, haben Sie sich schuldig gemacht?

GRASS: Wenn man das auf nachweisbare Verbrechen bezieht, ist dieser Art nichts geschehen. Aber das will ich nicht als Verdienst ansehen. Wenn ich zwei, drei Jahre älter gewesen und verstrickt worden wäre in Verbrechen, nicht nur der Waffen-SS, sondern, wie wir mittlerweile auch wissen, der Wehrmachtsverbände, mit Geiselerschießungen, niemand kann da für sich garantieren. Jedenfalls ich könnte es für mich nicht tun. Ich weiß nur, dass ich in dieser ideologischen Gefangenschaft des Nationalsozialismus aufgewachsen bin, mit acht Jahren gehörte ich zum Jungvolk, zu den sogenannten »Wölflingen«, steckte in einer Uniform und war begeistert dabei, und dass ich in dieser Verblendung – und darüber habe ich auch immer offen gesprochen – bis zum Schluss an den Endsieg geglaubt habe.

WICKERT: Wurden Sie als Antisemit erzogen?

GRASS: Nein! Überhaupt nicht. Meine Mutter hat mal gesagt, und das kommt auch in dem Buch vor, sie weiß gar nicht, was man gegen die Juden hat. Sie hatte ein Geschäft, und ein Vertreter, der zu uns kam, war jüdischer Herkunft, und der war besonders nett und gab mir immer Rabatt. Sie erklärte dies auf ihre Art und Weise, als Geschäftsfrau. Es gab nichts dergleichen. Das ist ja, was die Schrecklichkeit des Verbrechens noch vergrößert, dass in Deutschland keine Pogromstimmung herrschte, sondern dass alles aus Kalkül geschehen ist.

WICKERT: Nun schildern Sie in dem Buch auch, wie Sie als Kriegsgefangener ins KZ Dachau geführt wurden. Und Sie glaubten aber nicht daran, dass man Juden vernichtet hat.

GRASS: Ich habe das anfangs nicht akzeptieren können und wollen, habe noch gedacht, es wäre feindliche Propaganda. Und auch das absurderweise ... Erst als ein Jahr später, bei dem Nürnberger Prozess, bei den Schlussworten war es, als mein ehemaliger Reichsjugendführer Baldur von Schirach, um die Hitlerjugend zu schützen, gesagt hat: »Meine Jungs haben nichts davon gewusst, aber ich habe davon gewusst.« Er hat diese Verbrechen zugegeben, erst da fiel diese Sperre für mich. Und für mich kann ich das sagen – und das wird vielen meiner Generation so gehen: Das Entsetzen darüber und auch das Nicht-Begreifen-Können der Dimension des von uns zu verantwortenden Verbrechens hat bis heute nicht aufgehört.

WICKERT: Sie haben später Christa Wolf verteidigt, als ihr vorgeworfen wurde, sie sei als junger Mensch mit der Stasi verstrickt gewesen. Sie haben Walter Jens und seine NSDAP-Vergangenheit verteidigt. Haben Sie da auch ein bisschen an Ihre Jugend gedacht?

GRASS: Ja, ich wehre mich gegen diese Art von Pauschalurteil. Jeder ist in seine Zeit hineingeboren. Und ich wünschte keinem, dass er jemals in solche Verhältnisse hineingeraten würde, wo es so wenig oder keine Alternativen gab. Es sei denn, man wuchs in einem Elternhaus auf – das hat es ja Gott sei Dank bei einigen gegeben –, wo die Eltern gegengehalten haben. Was unter Umständen für die Eltern gefährlich sein konnte, denn es sind Eltern, die sich, zumindest verbal, gegen das nationalsozialistische System gestellt haben, selbst von ihren Kindern denunziert worden.

WICKERT: Es kam später bei einer Lesung von *Örtlich betäubt* vor dem Kirchentag von 1967 zu einer fürchterlichen Situation: Da kam ein Mann auf die Bühne, sagte:»Ich will jetzt provozieren, ich grüße die Kameraden von der SS«, nahm eine Zyankalikapsel und war tot. Was haben Sie dabei gedacht?

GRASS: Das war eine schockierende Veranstaltung, und ich bin dann einige Wochen später zu der Familie Scheub gefahren und habe mit der Witwe und den Kindern gesprochen. Und mehr über diesen Mann erfahren, der völlig hin- und hergerissen war. Er war auf der einen Seite nach wie vor gefangen von diesen nationalsozialistischen Vorstellungen, die ihn geprägt hatten. Auf der anderen Seite half er seinen beiden älteren Söhnen, die Wehrdienstverweigerer sein wollten, solche Schreiben aufzusetzen, weil er sich zugleich auf Grund der Kriegserfahrungen als Pazifist sah. Eine merkwürdige Person. Seine Tochter hat jetzt ein Buch herausgegeben und hat die Passagen, die ich im *Tagebuch einer Schnecke* über diesen Vorfall geschrieben habe, weil mir diese Sache sehr nahegegangen ist, zitiert.

WICKERT: In dem Buch kommen immer wieder die Worte »Schuld«, »Last« und »Angst« vor. Sie befragen sich selbst, und da heißt es dann auch: »Sobald ich mir den Jungen von einst, der ich als Dreizehnjähriger gewesen bin, herbeizitiere, ihn streng ins Verhör nehme und die Verlockung spüre, ihn zu richten, weicht er mir aus, will nicht beurteilt, verurteilt werden, er flüchtet auf Mutters Schoß, er ruft ›Ich war doch ein Kind nur, nur ein Kind‹.« Ist da das Motiv von Oskar zu sehen »Ich bin nicht verantwortlich für das, was ich als Kind gemacht habe«?

GRASS: Sicher spielt das mit eine Rolle. Aber es ist auch gleichzeitig: Ich muss mich selbst zur Ordnung rufen. Ich ertappe mich dabei, wie ich mich selbst als den Dreizehnjährigen aburteile, und der weist natürlich auch zu Recht darauf hin, dass er ein Kind ist. Auch meine Mitgliedschaft: Ich bin einberufen worden in die Waffen-SS. Was genauso idiotisch war: Ich habe mich zu den U-Booten gemeldet und landete dann bei der Waffen-SS.

WICKERT: Warum haben Sie sich freiwillig gemeldet? Wollten Sie ein Held werden?

GRASS: Das spielte vielleicht mit eine Rolle, aber es war auch die Enge der Wohnung, das Elternhaus. Wie viele, die damals in so engen Verhältnissen aufgewachsen sind, war Soldat zu werden wie eine Art Befreiung. Ein tödliches Missverständnis.

WICKERT: Es gibt ein Kapitel, das heißt »Wir tun das nicht«, und so bezeichnen Sie auch eine Person, die im Arbeitsdienst vorkommt: ein Zeuge Jehovas, der das Gewehr immer fallen lässt. Hat Sie das nicht auch zum Nachdenken gebracht?

GRASS: Eben – das beschreibe ich ja, das ist ja der Inhalt eines Kapitels, und das sind die Vorwürfe, die ich mir mache, die für mich und für meine Biographie schwerwiegender sind als die Mitgliedschaft der Waffen-SS, in die ich hineinberufen wurde. Beim Arbeitsdienst gibt es in der Gruppe einen, der sich nicht artikulieren kann, der aber kein Gewehr anfasst, der zu den Zeugen Jehovas gehört, der das Gewehr fallen lässt und geschliffen wird. Und wir werden mit ihm geschliffen, weil wir Druck auf ihn ausüben müssen. Später verschwindet er, höchstwahrscheinlich ins KZ, und wir, oder auch ich, muss ich jetzt sagen, haben ihn einerseits bewundert, wie er das durchhalten konnte, und andererseits gehasst, weil wir seinetwegen geschliffen wurden. Aber es ist bei mir hängengeblieben, sonst hätte ich diese Geschichte nicht so schreiben können, bis ins Einzelne schreiben können, aber es hat mich nicht irregemacht am Glauben an den Endsieg und an das, was ich mir unter dem Führer vorstellte.

WICKERT: Sie waren dann Soldat, sind ausgebildet worden. Das war, wie Sie im Buch schildern, ziemlich schrecklich. Und dann werden Sie noch in den Kampf geschickt, aber Sie kommen eigentlich gar nicht mehr richtig an.

GRASS: Ja, ich bin dann zweimal hinter die russischen Linien geraten. Mein Überleben verdanke ich in erster Linie diesem wunderbaren Typ des deutschen Obergefreiten ...

WICKERT: Ja, aber den trafen Sie nur, weil Sie die deutsche Identität kennen, und dazu gehört das Liedchen »Hänschen klein« ...

GRASS: Ich tappte in der Lausitz in einem Waldgebiet herum, und es war kein Ende und kein Anfang mehr zu finden. Ich war gerade davongekommen, weil wir auf russische Panzerspähwagen gestoßen waren, konnte mich also in die Büsche hineinschlagen und hörte dann in der zweiten Nacht ...

WICKERT: Alleine?

GRASS: Alleine! Ich hatte Angst, das Kapitel heißt »Wie ich das Fürchten lernte«. Ich hörte Schritte, wusste nicht, wer da war, und aus irgendeinem Instinkt heraus habe ich angefangen, »Hänschen klein« zu singen. Und der andere hat geantwortet, und da wusste ich, dass es ein Deutscher war. Es war dieser Obergefreite, der Typ, der nie Unteroffizier werden wollte, der alles mitgemacht hatte und alle Tricks kannte und mich gerettet hat. Als ich dann verwundet wurde, wenige Tage später, hatte es ihm beide Beine zerfetzt, und ich weiß nicht, ob er überlebt hat.

WICKERT: Er war derjenige, der Ihnen empfohlen hat, den Waffen-SS-Rock auszuziehen und gegen eine normale Uniformjacke umzutauschen.

GRASS: Ja, im Gegensatz zu mir wusste er, dass es gefährlich war, was ich da als Uniform hatte, und da hat er dafür gesorgt, dass ich eine andere Uniformjacke bekam.

WICKERT: Und im Rheinland treffen Sie dann Ihre Eltern und Schwester wieder, und dann schreiben Sie in Ihrem Buch: »Es wird verschwiegen, was passierte, als die Russen nach Danzig kamen, ob die Mutter vergewaltigt wurde, ob vielleicht auch die Schwester vergewaltigt wurde.« War das Verschweigen gewisser Dinge auch ein Phänomen der Zeit?

GRASS: »Verschweigen« ist das Ergebnis von Nicht-darüber-sprechen-Können. Meine Mutter hat nie mit mir über diese Vergewaltigung gesprochen; erst nach ihrem Tod habe ich von meiner Schwester davon erfahren. Und auch bei mir ist dieses Thema lange nicht im Vordergrund gewesen, weil das Andere, die von uns verursachten Verbrechen im Vordergrund standen. Ich habe ja auch sehr lange gebraucht, um die Novelle *Im Krebsgang* zu schreiben. Das Thema, der Untergang der Gustloff, und damit eben auch das Flüchtlingsthema, das Thema der Vertreibung, das war mir zwar immer präsent, aber es wurde nur angetippt, es wurde erwähnt, die Gustloff in *Hundejahre*, aber der Stoff lag da, und erst viele Jahrzehnte später habe ich eine Form gefunden, um das auch literarisch gestalten zu können.

WICKERT: Damit haben Sie auch eine Debatte über die deutsche Vertreibung eröffnet, über die der eine oder andere auch sagt ›Na ja, darf man das aufrechnen?‹ Das tun Sie nicht, aber ist dies vielleicht der Schlüssel dafür gewesen, dass Sie jetzt in diesem Buch autobiographisch weitergehen?

GRASS: Das hängt sicher mit meinem Alter zusammen, mit der wachsenden Distanz und mit den übriggebliebenen Themen, die mich nach wie vor berühren und umtreiben und an denen ich mich abarbeite. Und das wird auch so bleiben.

WICKERT: Das Buch geht bis zum Erscheinen der *Blechtrommel*, und wir erleben Sie im Buch zu Besuch bei einer Freundin in der Schweiz, der Sie nachreisen. Dann heißt es in einem ganz kleinen Satz: »Es kommt ein dreijähriger Junge mit einer Kindertrommel rein.« Was hat Sie daran berührt?

GRASS: Wir saßen mit lauter Erwachsenen um den Tisch und rauchten, redeten, schwadronierten, und dann kam dieses Kind herein, schlug seine Trommel und beachtete die Erwachsenen überhaupt nicht. Es ging dreimal um den Tisch herum, trommelte seinen eintönigen Rhythmus und war auch durch Schokolade oder Kekse nicht vom Trommeln abzulenken und verließ wieder die Stube. Das ist bei mir als Bild hängengeblieben. Bis es zu einem Buch, zum Zünden kommt, bis es zu einer literarisch tragfähigen Idee wird, müssen viele Dinge geschehen, und oft liegen Jahre dazwischen, bis das eine ins andere hineinpasst und -greift und sich wechselseitig entzündet, aneinander entzündet. Ich sage das nicht als Entschuldigung, sondern als Erklärung dafür, dass solche Bücher – wie *Im Krebsgang* oder jetzt *Beim Häuten der Zwiebel* – eben ihre Zeit brauchen, und im zuletzt genannten Buch ihre überlange Zeit gebraucht haben, bis ich sie schreiben konnte.

WICKERT: Nachdem *Die Blechtrommel* zum Welterfolg geworden ist, reisten Sie unter anderem auch zu Erich Maria Remarque, besuchten ihn und sagten ihm: »Als Kind habe ich übrigens beide Bücher gelesen: Ihres, den Antikriegsroman *Im Westen nichts Neues*, und auch die Kriegsbücher von Ernst Jünger.« Und dann schildern Sie, dass Remarque eigentlich ziemlich unwirsch reagiert habe, weil er wieder auf dieses eine Buch reduziert worden ist. Ärgert es Sie, dass manche Leute Sie nur auf die *Blechtrommel* reduzieren?

GRASS: Ja sicher, das ist für den Autor unangenehm, nicht? Das ist bequem von der Kritikerseite. Ich kann mich nur damit trösten, dass es einer ganzen Reihe Autoren so ergangen ist ... und lebe damit.

WICKERT: Vielen Dank, Herr Grass.

ALLERLETZTE MELDUNGEN

Gerissen

Bücher sind die neue Droge. Es gibt sogar eine Beschaffungskriminalität. Am schlimmsten trifft sie Universitätsbibliotheken. Angehende Juristen und Theologen scheinen am meisten suchtgefährdet – sie sind Spitzendiebe, obwohl die Theologen doch predigen: Du sollst nicht stehlen, und die Juristen für die Einhaltung der Gesetze zuständig sind. Entsetzt meldet Jürgen Kenst von der Universitätsbibliothek Mainz: »Neulich hatte ich sogar ein Kirchenrechtslexikon in der Hand, in dem die Artikel ›Eigentum‹ und ›Gewissen‹ fehlten. Jemand hatte sie 'rausgerissen.«

Who with Who?

Unsere Gerichte, so wird geklagt, seien überlastet. Das stimmt. Dank des Bonner *General-Anzeigers* wissen wir, warum. Denn vor dem Zivilrichter Volker Huhn klagte gestern Herr Klaus, beim Rasenmähen sei er am Hinterkopf von einer Salatgurke getroffen worden. Die Wucht habe eine Gehirnerschütterung verursacht. Geworfen habe der Sohn des Nachbarn Paul. Der Sohn erklärte, er habe die Gurke nur zurückgeschmissen. Nachbar Paul klagte, Herr Klaus habe Dreck nach Frau Paul geworfen. Daraufhin hatte Sohn Paul eine Kartoffel in den Auspuff von Herrn Klaus' Auto gesteckt, der dann das Fahrrad von Sohn Paul klaute, der wiederum auf die frisch geputzten Scheiben des Autos von Herrn Klaus spuckte. Weil der Versöhnungsversuch von Richter Huhn platzte, findet nun ein neuer Gerichtstermin statt.

GOLDENE REGELN

»Sie haben doch dieses Buch geschrieben. Das ist zwar ein etwas rei-
ßerischer Titel, aber können wir mal miteinander darüber reden?«
Wenngleich Helmut Schmidt der Titel von Ulrich Wickerts erfolg-
reichstem Buch Der Ehrliche ist der Dumme *nicht sonderlich gefiel,*
nahm er es doch zum Anlass, das Gespräch zu suchen. Über Themen,
die auch ihn zeit seines Lebens beschäftigten: Moral, Werteverlust und
die Folgen für die Politik.

Angeregt durch seine erneute Lektüre der Schriften des französi-
schen Soziologen und Ethnologen Émile Durkheim begann Wickert
Anfang der neunziger Jahre, sich mit der Relevanz moralischer Fra-
gen zu befassen: »Ich habe gemerkt, dass das ein Thema ist, das die
Gesellschaft wirklich berührt.« Und Wickert, der, als das Buch 1994
erschien, bereits seit drei Jahren Moderator der Tagesthemen *war,*
traf den Nerv der Zeit: Sein Buch stand fast zwei Jahre auf Platz
1 der Spiegel-*Bestsellerliste und gilt als eines der erfolgreichsten der*
letzten fünfzig Jahre. Mit Der Ehrliche ist der Dumme *hat Wickert*
die Debatte um Werteverlust und Wertewandel neu angestoßen und
seitdem wie nur wenige andere weitergeführt und ins Licht der Öf-
fentlichkeit gerückt. Seine Bücher über Werte und Tugenden tragen
Titel wie Redet Geld, schweigt die Welt, Gauner muss man Gauner nennen *und* Zeit zu handeln. Den Werten einen Wert geben,
denn Wickert ist überzeugt: »Es wird sich nicht dann etwas ändern,
wenn wir die Strukturen ändern, sondern es wird sich dann etwas
ändern, wenn sich in unserem Denken und in unseren Werten etwas
verändert.«

Als präziser Beobachter der bundes- und weltweiten Verhältnisse wurde Wickert so zu einem bedeutenden Moralisten, der statt zu warnen und zu mahnen für Anstand, Ehrlichkeit, Hilfsbereitschaft und Solidarität als Grundpfeiler eines friedlichen Zusammenlebens plädiert.

Wertewandel und Werteverlust

Weshalb noch Normen?

Die Entfernung verzeichnet ein Bild ins Grobe; Feinheiten verschwimmen; nur Umrisse bleiben sichtbar; sie aber zeigen das Wesentliche. Beginnen wir deshalb weit weg, in einem Erdteil, der uns scheinbar wenig betrifft – im fernen Asien –, in China, dort, wo Laotse und Konfuzius lebten, die uns so viele Aphorismen hinterlassen haben. Dort, wo in diesem Jahrhundert Mao hundert Blumen blühen ließ und Deng anschließend den Weg aus der Ideologie zur Marktwirtschaft wies, ohne aber der Freiheit wesentlich mehr Raum zu geben.

Im Herbst 1993 reiste Lee Kuan Yew, der Staatsgründer und langjährige Ministerpräsident von Singapur, nach China und hielt in dem kleinen Ort Chü Fu, wo vor zweitausendfünfhundert Jahren der heute noch für seine Weisheit in Staatskunst und Gesellschaftspolitik verehrte Konfuzius lehrte, eine Rede über den Westen und die Bedeutung gesellschaftlicher Werte. Lee sagte, China müsse sich entscheiden, wie schnell es wirtschaftlich wachsen, welche traditionellen Werte es bewahren und welche es abwerfen wolle. Denn Länder, die sehr schnell emporschössen, industrialisiert und modern würden, liefen stets Gefahr, einen Teil ihrer alten sozialen Strukturen zu verlieren. »Man muss immer einiges von dem Alten abstreifen, wenn man sich Neuem zuwendet«, erklärte Lee, »wenn aber die grundlegenden gesellschaftlichen Strukturen nicht mehr geachtet werden, dann verliert die Gesellschaft ihre Wurzeln und verfällt.« Wie Konservative es gern tun, so forderte Lee dazu auf, die alten Familientraditionen zu wahren: »Das Grundproblem im Westen ist«, sagte er, »dass man dort glaubt, der wirtschaftliche Fortschritt dauere an, sodass es für Familien nicht notwendig sei, Kinder aufzuziehen – der Staat und die Regierung würden sich um sie kümmern;

was ich für ein großes Risiko halte, denn noch keine Zivilisation hat das über einen langen Zeitraum hinweg mit Erfolg erprobt.«

Auch wenn man vom Osten in den Westen schaut, gilt der Satz, dass die Entfernung ein grobes Bild zeichnet. Außerhalb Chinas bestehen in Asien drei aus Kolonien hervorgegangene Gesellschaften, deren Wirtschaft und Kultur chinesisch geprägt sind: Hongkong, Taiwan und Singapur. Hongkong ist am meisten vom Westen beeinflusst, Singapur am wenigsten, und das dank der »Einsichten« von Lee Kuan Yew. Singapur, so Lee, werde sich nie in eine liberale, westliche Gesellschaft, ähnlich der in Großbritannien oder in den Vereinigten Staaten, verwandeln. Falls dies dennoch geschähe, würde Singapur »in der Gosse landen«: »Wir hätten mehr arme Menschen in den Straßen, die im Freien schliefen, wir hätten mehr Drogen, mehr Verbrechen, mehr unverheiratete Mütter mit kriminellen Kindern, eine verunsicherte Gesellschaft und eine schlechte Wirtschaftslage. Die Schüler würden den Unterricht nicht mehr ernst nehmen. Sie würden ihren Lehrern nicht zuhören.«

Diese bisher unbekannte Herablassung gegenüber den europäisch geprägten Ländern sollte man nicht unterschätzen. Die von den westlichen Industriestaaten vorgenommene Aufteilung in Erste, Zweite und Dritte Welt galt während des Konflikts zwischen Kapitalismus und Kommunismus, während des Kalten Krieges, doch diese Kategorisierung ist längst überholt. Diese Einteilung wiegt politisch genauso wenig wie der Besitz der Atombombe, der nicht mehr das Gewicht eines Landes bestimmt, wie noch zu jenen Zeiten, als die Abschreckung notwendig war. In den neuen Zeiten bekommen Wirtschaft und Zivilisation plötzlich eine ungeahnte Bedeutung. Es wird wahrscheinlich nicht so drastisch kommen, wie es der Harvard-Professor Samuel P. Huntington in seiner Studie »Zusammenstoß der Zivilisationen?« vorhersagt; dennoch werden die kulturellen Unterschiede der verschiedenen Zivilisationskreise – westlich, konfuzianisch, japanisch, hinduistisch, slawisch-orthodox, lateinamerikanisch, afrikanisch – an Bedeutung gewinnen, weil die einzelnen Weltregionen wirtschaftlich erstarken und in politischen Wettbewerb zu der einst herrschenden Zivilisation des Westens treten werden.

Um zu überleben, so Lee, müssten die Bürger von Singapur in diesem Wettbewerb mithalten, und dazu benötigte Singapur Kinder, die willig seien zu lernen, die produktive und kooperative Arbeiter würden, die einen angemessenen Teil am Gewinn ihres Unternehmens verdienten. Das Gesellschaftsziel scheint für Lee im wirtschaftlichen, also materiellen Erfolg zum einen und in sozialer Disziplin zum anderen zu liegen.

Wer nach Singapur reist, der kann diesen Erfolg besichtigen. Der Erhalt der Ordnung ist sogar wichtiger als die Wahrung der Menschenrechte. Die Regulierungswut geht weit: So ist es verboten, mit Hilfe einer Satellitenschüssel ausländische Fernsehsender zu empfangen. Bestraft wird, wer in öffentlichen Toiletten die Spülung nicht betätigt, wer eine Zigarette auf die Straße wirft oder um Zentimeter falsch parkt. Einem Politiker, der sich bestechen lässt, wird der seidene Schal zugeschickt, damit er sich nach alter Tradition selbst erhänge. Und bei Rauschgiftschmuggel oder »Vandalismus« ist zwingend die Auspeitschung vorgeschrieben. Zu sechs Hieben mit dem »Rotan«, der 120 Zentimeter langen, 1,3 Zentimeter dicken Peitsche, wurde 1994 der achtzehnjährige Amerikaner Michael Peter Fay verurteilt, weil er in Singapur Autos mit Farbe besprüht und getreten hatte. Die Strafe ist äußerst brutal, doch die von den Eltern von Michael Peter Fay in den USA veranstaltete Kampagne dagegen hatte kaum Erfolg: Vielmehr wollten die meisten Amerikaner derlei auch in ihrem Land einführen, vielleicht gäbe es dann in New York und anderen großen Städten weniger Verbrechen. »Wer recht hat oder unrecht, das wird die Geschichte zeigen«, sagte Lee in Chü Fu und fügte hinzu: »Aber ich glaube, ich habe recht.«

Überzeugt, richtig zu denken, haben asiatische Länder das Kürzel NDC, mit dem sie vom Westen als »newly developing countries« (neu sich entwickelnde Länder) bezeichnet werden, für die alten Industrienationen süffisant umformuliert. Sie nennen den Westen jetzt auch NDC, was für sie jedoch bedeutet: »newly decaying countries« (neu verfallende Länder).

* * *

Vier kleine Zeichnungen, gedruckt in den wichtigsten Tageszeitungen der USA, dem zivilisatorischen Vorreiterland der »newly decaying countries«, zeigen einen Schüler, der so denkt, wie es einem westlichen Land entspricht, in dem die gesellschaftlichen Werte durcheinandergeraten sind.

In dem Comicstrip »Calvin and Hobbes« geht ein Erstklässler zu seiner Lehrerin, baut sich vor ihrem Schreibtisch auf, hält ihr ein Stück Papier hin und sagt im ersten Bild: »Miss Wormwood, ich möchte, dass Sie diesen Vertrag unterzeichnen.«

Im zweiten Bild erklärt der Schüler: »Es ist eine Vereinbarung, wonach Sie mir einen Ausgleich für jeden Verdienstausfall zahlen, den ich als Erwachsener wegen schlechter Volksschulerziehung erleiden könnte.«

Drittes Bild: Die Lehrerin beugt sich vor und weist mit dem Zeigefinger auf den Knaben: »Wenn du nichts lernst, liegt es an deiner Faulheit, nicht an mir. Geh zurück auf deinen Platz!«

Im vierten Bild sitzt der Knabe zornig auf seinem Stuhl, stiert auf das Pult und meint: »By Golly, irgend jemand muss doch zahlen, wenn ich nichts lerne.«

So drückt der Comic-Zeichner aus, wie heute gedacht wird. Die Lehrerin repräsentiert die Gesellschaft. Nach Ansicht des Schülers muss die Gesellschaft für seine Faulheit eintreten. Nicht er ist für sich selbst verantwortlich, sondern die Gesellschaft. Sie muss alles für ihn tun, weil er keine Lust zum Lernen (Arbeiten) hat. Da verweigert sich der Erstklässler – als *pars pro toto* – nicht nur gegenüber der Gesellschaft, sondern zunächst gegenüber sich selbst. Er nimmt eine als anonym empfundene Allgemeinheit für seine individuellen Bedürfnisse in Anspruch, will aber keine Verantwortung für sich selbst, geschweige denn für andere – wie es das Leben in einer Gesellschaft erfordert. Das Verhalten des Schülers ist charakteristisch für die extrem von Egoismus und Hedonismus geprägte westliche »Überfluss«-Gesellschaft.

* * *

»Es gibt Leute, vor denen man sich ekelt«, mit diesen Worten begann ich in den *Tagesthemen* die Moderation zu einem Tabuthema aller westlichen Gesellschaften: Sex mit Kindern. Leute, die Kinder missbrauchen, so stellte sich in der Sendung heraus, sind keine Monster, sondern scheinbar ganz normale Bürger, der Mann oder die Frau von nebenan. Keine Scham bremst sie, sich an den Kleinen zu vergreifen. Keine Tugend veranlasst die anderen, einzugreifen, wenn sie davon erfahren.

Jedes vierte Kind, so sagen Fachleute, wird missbraucht, doch meist schauen die Eltern oder die Verantwortlichen weg, wenn es passiert, weil ihnen dieser ungeheure Moralbruch peinlich ist. Es sei denn – sie sind selbst an der Untat beteiligt.

Im Frühjahr 1994 wurde eine Gruppe von zwanzig Männern und Frauen im mittelfränkischen Flachslanden wegen Kinderschändung vor Gericht gestellt. Über Jahre hinweg hatten sie neun Kinder sexuell missbraucht. Die Eltern selbst hatten ihre Söhne und Töchter im Alter von zwei bis zwölf Jahren für brutale Orgien zur Verfügung gestellt. Und als bei einem Kindergeburtstag die Kleinen von Erwachsenen vergewaltigt wurden, hielten die Eltern den schreienden Opfern den Mund zu, damit die perversen Handlungen mit einer Videokamera aufgezeichnet werden konnten. Verhalten die Eltern sich so, weil die Werte verfallen sind?, fragt sich da der Bürger, der doch von »so etwas Ekligem« weit entfernt ist.

In Rostock steckten Jugendliche ein Ausländerheim an. Die Polizei hat zugesehen; die Bewohner des Ortes griffen nicht ein, sie haben die Gewalttäter eher noch ermutigt. In Mölln und in Solingen zündeten junge Männer nachts die Wohnhäuser türkischer Bürger an – Frauen und Kinder kamen dabei um. Auch damit hat der durch diese Nachrichten erschreckte Bürger nichts zu tun. Wirklich nicht?

Da hat sogar der ehemalige Berater von Bundeskanzler Helmut Kohl, Pater Basilius Streithofen, öffentlich gedonnert, die Juden und die Polen seien die größten Nutznießer des deutschen Steuerzahlers. Wenn ein Mann von solch gesellschaftlicher Stellung – Geistlicher und Kanzlerberater – so hetzt, darf sich dann der Normalbürger nicht an diesem Vorbild ausrichten? Es wurde Klage gegen Basilius Streithofen erhoben, der Pater wurde verurteilt, zahlte eine Buße und schwor, derlei öffentlich nicht mehr von sich zu geben.

Aber wenn man es auch nicht an die große Glocke hängt, so denkt doch manch einer: Mit den Ausländern gibt es tatsächlich »Probleme«. Das sagen Väter und Mütter am Abendbrottisch, an dem Halbwüchsige sitzen, die – vielleicht im Rausch – dann irgendeines dieser »Probleme« mit dem Zündholz lösen wollen. Denn viele von ihnen haben nicht gelernt, mit Problemen umzugehen. Ihnen fehlt das soziale Rüstzeug. Ihnen fehlen Wertorientierungen, die ein von der Gesellschaft gebilligtes Wollen und Handeln vorgeben; ihnen fehlen von der Gemeinschaft aufgestellte Schranken, die sie vor Brandanschlägen, vor Mord oder Totschlag zurückschrecken lassen.

* * *

Das ist, meint der Durchschnittsbürger, nicht meine Welt. In welcher Welt aber lebt er, der als normal bezeichnete Bürger? Da wird gemeldet: »Bürgermeister, Landräte und Kommunalbeamte genehmigten sich drei Jahre lang mehr als das Doppelte der ihnen zustehenden Gehälter.« Das war kein Einzelfall, sondern es waren acht Landräte, 42 Bürgermeister und 68 kommunale Beigeordnete in Sachsen, fast alle Mitglieder der Christlich Demokratischen Union, die sich bis zum Zweieinhalbfachen der üblichen Gehälter auszahlen ließen. Trotz einer Rüge des Bundesrechnungshofes erklärte ein Sprecher des sächsischen Finanzministeriums: »Sehr ärgerlich, doch machen kann man da wohl nichts.«

Diese Herrschaften haben sich verhalten wie der Erstklässler in dem Comicstrip: Sie nehmen das Geld der anonym empfundenen Allgemeinheit für ihre individuellen Bedürfnisse in Anspruch. Und die Öffentlichkeit hat sich damit abgefunden, dass viele von denen, die nah an der Staatskasse sitzen, sich so viel wie möglich zu eigenen Gunsten auszahlen lassen, so als sei der Staat eine Gelddruckmaschine. Das Image der ehrlichen, hart arbeitenden Politiker, von denen es mehr gibt, als die Öffentlichkeit erfährt, ist längst in Mitleidenschaft gezogen worden. Die Bürger könnten die sich selbst bedienenden Politiker zu ethischem Verhalten zwingen, indem sie bei Wahlen dieses gesellschaftsschädigende Verhalten abstrafen. Doch dann – so stellen sie bei genauerer Analyse resigniert fest – erlaubt ihnen die politische Wirklichkeit wegen des Wahlrechts und des Parteiengefüges kaum eine Alternative. Also nehmen sie hin, was geschieht.

Das Streben nach Geld, nach einem materiellen Wert, lässt schließlich auch den vermeintlich unbescholtenen Bürger seine ideellen Werte vergessen. Auf der gesellschaftlichen Skala der angesehenen Personen stehen Professoren als Vorbilder im Staat weit oben. Doch was verbreitet der Präsident des Deutschen Hochschulverbandes? In Deutschland gebe es immer mehr Doktores, die ihren akademischen Titel zu Unrecht trügen. »Die Eitelkeiten und Karrieregelüste einer zahlungskräftigen Klientel« haben früher schon manchen – dafür von anderen belächelten – Menschen dazu verführt, sich einen ausländischen Titel zu kaufen, doch inzwischen bieten einige Hundert deutsche »Promotionsberater« ganz offiziell Mithilfe bei der Doktorarbeit an, für bis zu 150 000 Mark. »Verständnisvolle« Hochschulprofessoren an deutschen Universitäten sind bereit, die Dissertation eines »privaten Spenders« weniger genau zu prüfen als die eines ehrlichen Studenten. Und was Professoren recht ist, ist Rechtsanwälten billig: Eine schriftliche Arbeit für das juristische Staatsexamen kann man sich gegen Bezahlung schreiben lassen.

Auch in diesem Bereich erleben wir das Versagen der Vorbilder. So ruft der Deutsche Hochschulverband nun diesen in der Gesellschaft herausragenden Personenkreis nicht etwa zu ethischem Verhalten auf, sondern geht den einfacheren Weg und fordert andere Prüfungsordnungen. Würde man die »verständnisvollen« Hochschullehrer dazu bewegen, zum ethischen Handeln von einst zurückzukehren – mit all den Einsichten und Pflichten, die daraus folgen –, würden sie den Missbrauch aus eigener Einsicht einstellen. Ändern die Universitäten aber nur die Prüfungsordnungen, dann wird, wer auf Geld aus ist, Wege suchen und finden, um die neuen Verfügungen zu umgehen und weiterhin unethisch zu handeln.

* * *

»Irgend jemand muss doch zahlen«, denkt der Erstklässler im Comicstrip, der den normalen Bürger verkörpert, und irgend jemand zahlt immer. Die Deutschen sind die »Weltmeister« im Reisen. In den einsamsten Tälern Nepals trifft man sie, im Dschungel von Guyana, in Thailand, auf den Philippinen ... Und weil man nie weiß, was einem unterwegs widerfährt, versichert man sich. Rund siebzehn Mark kostet eine Auslandsreise-Krankenversicherung. Und dann sitzt der gesunde, versicherte Reisende an der Theke in Bangkok. Dort bietet der Barkeeper, der seine deutschen Pappenheimer schon kennt, für dreihundert Mark Arztrechnungen an: »Diagnose: Magen- und Darminfektion. Aufenthaltsdauer: acht Tage. Ort: Thai-White-Star-Hospital. Gesamtbetrag: 2800 Mark.« Die Klinik ist erfunden, solche Rechnungen wurden dennoch an Versicherungen geschickt.

Ein deutsches Ehepaar legte gleich zwei Rechnungen von den Philippinen vor, wo sie angeblich zur gleichen Zeit in zwei verschiedenen Krankenhäusern stationär behandelt worden waren. Der Sachbearbeiter der Versicherung wurde jedoch stutzig, als er auf die Landkarte schaute und feststellte, dass die Hospitäler tausend Kilometer auseinander lagen. Ein anderes Paar kam sich noch schlauer vor: Es hatte bei dreizehn privaten Krankenkassen Reiseversicherungen abgeschlossen und bei allen die gleichen gefälschten Belege über 70 000 Mark eingereicht. Hätte der Coup funktioniert, wären die beiden fast Millionäre geworden.

So geht es auch anderen Versicherern: Ein Pizzabäcker in Südwestdeutschland hatte seiner Frau ein Auto im Wert von 150 000 Mark gekauft und vollkaskoversichert. Dreimal widerfuhr ihm Pech, dreimal wurde das Auto geklaut, dreimal wollte er kassieren; doch beim letzten Fall stellte sich heraus, dass er zuvor einen Nachschlüssel zu dem Wagen hatte anfertigen lassen. Ein Einzelfall? Keineswegs.

In Deutschland wurden 1992 rund 131 000 Autos im Wert von 1,3 Milliarden Mark gestohlen, doch es sind weniger Diebe unterwegs, als diese Zahl vermuten lässt. Das Bundeskriminalamt schätzt den Anteil der vorgetäuschten Diebstähle auf dreißig bis fünfzig Prozent. Mit einer halben Million Betrugsfälle im Jahr rechnen die deutschen Autoversicherer, was die Taschen der betrügerischen Bürger um zwei bis vier Milliarden Mark füllt. Die Privathaftpflicht scheint manch einer als Zusatzeinkommen anzusehen, denn bei den Schadensmeldungen schätzt der zuständige Referent eines Versicherungsunternehmens die Betrugsversuche auf achtzig Prozent.

Nach einer Studie der Nürnberger Gesellschaft für Konsumforschung, publiziert im Juli 1994, hat jeder Vierte seine Privathaftpflicht schon einmal betrogen. Davor schreckt kaum jemand zurück, selbst diejenigen nicht, die sich als Verteidiger der Tugenden empfinden und den Benimm im Panier führen. Wenn etwa beim Kaisercorps Borussia in Bonn die Mannschaft wieder einmal über das Maß gebechert hat, dann tritt schon mal ein Sturzbetrunkener mit Gewalt eine Tür ein. Kaisercorps nennen sich die Borussen, da dort während des Kaiserreichs der Kronprinz Corpsbruder war, und heute noch fühlt sich diese Studentenschaft als edelste von allen. Eine mutwillig demolierte Tür, so berichtet ein Corpsmitglied, wird aber auch bei ihnen ein Fall für die Versicherung.

Der Betrug ist inzwischen ein Gesellschaftsspiel geworden, von dem man meint, man schade niemandem, höchstens den Versicherungen, denen man ohnehin »kriminelle« Machenschaften nachsagt. Und vom Hilfsarbeiter bis zum Professor sind alle gesellschaftlichen Gruppen bei diesem Spiel vertreten. Das Freiburger Max-Planck-Institut erforschte, dass Versicherungsbetrüger häufig über Abitur und weiterführende Ausbildung verfügen – die kaufmännischen Berufe sollen sogar besonders häufig vertreten sein.

Betrug ist ein strafrechtlicher Tatbestand, dennoch kommen die meisten Versicherungsbetrüger ungeschoren davon, selbst wenn ihre Schadensmeldung als falsch auffliegt. Die Versicherungsfirmen wollen ihre Kunden nicht vergrätzen, und schließlich wird aus dem Versicherungsaufkommen gezahlt, also kostet es das Geld der Gemeinschaft der Versicherten, aber nicht des Unternehmens. Da andere zahlen, ist auch der Versicherungsgesellschaft am ethischen Verhalten ihrer Kunden nur wenig gelegen. Wer sich aber gemäß den Normen verhält, wird bestraft, denn er zahlt für seine Police einen unnötig hohen Betrag – und damit für den Betrug der anderen.

So stellt die Gesellschaft eine neue Spielregel auf: Der Ehrliche ist der Dumme.

Vernunft ist Utopie

Weil es inzwischen auch dem einfältigsten Ehrlichen dämmert, dass er der Dumme ist, beginnt er über die Ursache dafür nachzudenken. Und er stellt sich die Frage:»Was habe ich davon, wenn ich ehrlich bin?«

Übertragen in die Begriffswelt der Ethik heißt dies:»Welchen Sinn macht es, wenn ich Gutes will und entsprechend handle?« Was zu der eigentlich völlig überflüssigen Frage führt:»Was für ein Sinn steckt in dem Wort ›gut‹?« Denn was »gut« ist, sollte jeder wissen. Wenn es schon so weit ist, dass solch banale Begriffe in Frage gestellt werden, dann sind die Wurzeln der Gesellschaft angegriffen.

Solange der politische Gegensatz von rechts und links offensichtlich war, hie Kapitalismus, dort Sozialismus, wusste fast jeder, was gut und was böse war, und damit schien alles sehr einfach. Zwei Ideologien, zwei Wertesysteme standen sich gegenüber. Der ideologische Gegner war immer der Böse, im Umkehrschluss vertrat man selbst das Gute.

Spätestens mit der deutschen Einheit fand dieser Gegensatz ein Ende, weil die politischen Systeme der sozialistisch-kommunistisch regierten Hälfte der Welt zu Grabe getragen wurden. Und ohne die Herrschaftssysteme hatte auch die sozialistische Ideologie im staatlichen Bereich keine Existenzberechtigung mehr.

Wenn nun das Denkschema wegfällt, wonach soll man sich dann richten? Was macht Sinn, was ist Unsinn?

Was die daraus resultierende Sinnkrise bewirkt hat, lässt sich leicht in der Außenpolitik darstellen: Ein Konflikt wie der in Jugoslawien konnte unter den »alten« Umständen gar nicht ausbrechen. Wäre er trotzdem entstanden, dann wäre er anders gelöst worden. Der Westen hätte sich herausgehalten, denn die Respektierung der Einflusssphären gehörte zu den ungeschriebenen Abmachungen der Weltpolitik. Der Ostblock hätte das Problem mit eigener Gewalt gelöst – wie in

Budapest 1956 oder in Prag 1968, oder auch wie später in Polen, wo der Westen nicht gewagt hätte einzugreifen. Nun stehen sich seit Ende der achtziger Jahre Ost und West nicht mehr als Gut und Böse, nicht mehr als Todfeinde gegenüber. Russland wird zwar gerade noch als Weltmacht akzeptiert, und Moskau beansprucht diese Rolle ganz bewusst, aber der Gegensatz beruht nicht mehr auf Ideologien. Ideologien sind nichts anderes als ganzheitliche Wertesysteme. Und weil diese Wertesysteme weggefallen sind, fehlen in vielen Bereichen die Maßstäbe, die den Willen und das Handeln bestimmen.

Aber es sind nicht nur die Maßstäbe weggefallen, sondern auch ein anderes, wesentlich mit der Durchsetzung moralischer Regeln verbundenes Element: die Pflicht. In der kapitalistischen wie auch in der kommunistischen Gesellschaft wurde jeder durch die Ideologie in die Pflicht genommen. Es war Pflicht, nicht gegen die Interessen des eigenen Systems zu verstoßen. So war unethisch, was dem Gegner diente.

Ein Beispiel: Die westliche Gemeinschaft schützte sich durch eine Ausfuhrverbotsliste (Cocom) gegen eine zu schnelle technologische Entwicklung der Sowjetunion. Regelmäßig trafen sich Diplomaten geheim in Paris und gingen die Liste durch, auf der vermerkt war, welche zivilen Güter (Computer etc.) nicht an den Ostblock verkauft werden durften. Nach dem Wegfall des ideologischen Gegensatzes gibt es diese Liste nicht mehr. Jetzt ist gut, was einst böse war. Jetzt macht der Unternehmer nämlich seinen Gewinn und sichert Arbeitsplätze, wenn er nach Moskau, Kiew oder Baku verkauft, was einst verboten war.

Dass die ehemaligen Ostblockländer eine Sinnkrise durchmachen, leuchtet jedem ein, denn ihre Gesellschaften wurden mindestens vierzig Jahre lang von der kommunistischen Ideologie geprägt. Zwar wurde diese Ideologie anders verwirklicht als im Ideal vorgegeben, doch als Ziel hatte man immer noch ein gerechteres Leben für den Menschen vor Augen, und viele – auch Intellektuelle – glaubten daran. Wenngleich die Menschen in diesen Staaten wenig wirtschaftlichen Erfolg und politische Freiheit hatten, Gegner der Regierung gefoltert, ja, in Gulags eingesperrt oder unter Stalin millionenfach umgebracht wurden, so wissen die Menschen nach dem Bankrott dieses Systems nicht, wie sie sich in einer nun kapitalistisch geprägten Welt zurechtfinden sollen. Das fängt mit ganz einfachen Dingen des täglichen Lebens an: Man muss lernen, sich dem Wettbewerb zu stellen, etwa um einen Ausbildungs- oder Arbeitsplatz zu bekommen.

Die Ideologie, mit der der Ostblock sein System begründete, basierte auf dem Versprechen einer besseren Welt. Wer hätte ihn nicht, diesen Wunsch? Deshalb ist er auch nicht neu: Die Philosophen im alten Griechenland, später Jesus und seine Jünger und immer wieder neue Denker in allen Zivilisationen haben sich damit befasst. Die sozialistische Ideologie, die von einer wirtschaftlichen Interpretation der Gesellschaft ausging, basierte auf dem Gedanken, wenn der Mensch nur der Vernunft folge, könne die gerechte Gesellschaft verwirklicht werden. Sie ist – ebenso wie das Paradies – eine Utopie.

Der Vernunft zu folgen klingt in gleicher Weise klug und verführerisch. Schließlich versuchten auch im Westen Bürger, Intellektuelle und Politiker eine Utopie zu verwirklichen. Dabei spielt die Studentenrevolte von 1968 eine große Rolle, die in Wirklichkeit eine Kulturrevolution war. Eine ganze Generation war von dem Denken beseelt, eine bessere Gesellschaft sei möglich, wenn die Vernunft siege. Aus der Vernunft leiten auch die modernen Philosophen die Definition des Guten her. Im Umgang mit Autoritäten, im politischen, aber auch im gesellschaftlichen Verhalten, in der Erziehung wurde in dem folgenden Jahrzehnt im Sinn eines neuen Wertesystems viel verändert.

Zwei grundlegende Begebenheiten, eine im Westen, die andere im Osten, haben jedoch dazu geführt, diese Bewegung aufzuhalten. Denn in beiden Fällen ist die Vorstellung gescheitert, der Mensch könne das Gute umsetzen, wenn er Vernunft walten ließe.

Zum einen führte der Wegfall des real existierenden Sozialismus zu der Frage: Ist mit dem kommunistischen System auch die Idee des Sozialismus gescheitert? Zum zweiten haben in Deutschland und Frankreich lange Jahre sozialdemokratische Regierungen geherrscht. Viele werden sich noch an die Euphorie erinnern, die bei einem großen Teil der Bevölkerung einsetzte, als Willy Brandt an die Macht kam und nach über zwanzig Jahren eine konservative Regierung ablöste – und noch mehr, als er das Misstrauensvotum überstand. Eine ähnliche

Stimmung herrschte im Mai 1981 in Paris, als François Mitterrand das Amt des Staatspräsidenten antrat – und auch mit ihm nach zwanzig Jahren konservativer Herrschaft in Frankreich ein Sozialist die Macht übernahm. Beide verkörperten den vermeintlichen Aufbruch in eine neue Zeit, das Versprechen einer besseren, gerechteren Zukunft. Sozialdemokraten wie Sozialisten beseitigten zwar viele Missstände, schufen mehr Freiheiten und größere Gerechtigkeit; doch die Politiker der Parteien, die diese fortschrittlichen Regierungen trugen, gaben sich, statt die Utopie umzusetzen, dem reinen Verwalten der Probleme hin, was zwar mit den Zwängen der Politik entschuldigt wird, aber eher als konservativ gilt.

Die deutsche Sozialdemokratische Partei ist schließlich an sich selbst gescheitert, weil ihrer Mehrheit, die vorgab, eher ethisch als politisch zu denken, Werte – wie Frieden – wichtiger waren als die vom sozialdemokratischen Kanzler Helmut Schmidt vertretene Machtpolitik. Die Parteidelegierten wandten sich gegen das Wettrüsten zwischen Ost und West, eine Gefahr für den Frieden, während der »Macher« Helmut Schmidt sich an alte Regeln der Macht hielt; auch er handelte, um den Frieden zu wahren. Helmut Schmidt hat – ein Jahrzehnt später ist es klar – recht behalten, was diejenigen, die damals den Wert »Frieden« für sich in Anspruch genommen hatten, heute verunsichert.

Während des Golfkriegs engagierten sich noch einmal viele Deutsche für ihre ideellen Werte. Auch hier war ein Gegner klar erkennbar, nämlich der »kriegslüsterne amerikanische Imperialismus«. Kirchen wurden mit weißen Betttüchern behängt, Mahnwachen fanden statt, sogar der rheinische Karneval wurde abgesagt.

Als kurz darauf jedoch der geographisch sehr viel nähere Bürgerkrieg in Jugoslawien beginnt mit seinen unendlichen Greueln, Morden, Vergewaltigungen von Frauen und Kindern, geht der rheinische Karneval weiter. Ein klarer Gegner ist nicht auszumachen; damit fehlt plötzlich auch die Erkenntnis, wer (und was) gut und böse ist. Plötzlich fordert mancher Friedensbewegte, Europa müsse – notfalls mit der NATO – militärisch eingreifen, um diesen Krieg zu beenden. In diesen Widersprüchlichkeiten entpuppt sich der Zwiespalt, in dem unsere Gesellschaft und damit ein in Werten haltsuchender Mensch sich befindet, dessen moralisches Koordinatensystem durcheinandergewirbelt wurde.

In Paris ist die sozialistische Regierung nicht abgewählt worden, weil sie versuchte, eine Utopie zu verwirklichen, nicht weil sie Großunternehmen und Banken verstaatlichte, auch nicht, weil sie schließlich eine realistische Wirtschaftspolitik betrieb, sondern weil sozialistische Politiker sich so in Machtkämpfe und Korruption verstrickten, dass sich die Bürger angewidert abwandten. Damit ist der scheinbar greifbare Traum zerstoben, Ideale könnten mit praktischer Politik umgesetzt werden. Die Glaubwürdigkeit ist verlorengegangen.

Diejenigen, die in Protestparteien – wie bei den deutschen Grünen – einen anderen Weg gehen, erleben auf der einen Seite, dass die Beteiligung an der Macht eine »reale« Einschätzung von Politik erfordert, dass jedoch in der Opposition bleibt, wer auf »fundamentalen« Werten beharrt. Darin liegt der Grund, weshalb diejenigen, die eher fortschrittlich denken, sich die Frage stellen: Gibt es noch eine Linke? Sie suchen ein Wertesystem, das durch die Wirklichkeit nicht so korrumpiert ist wie der Sozialismus, das aber Hoffnung auf eine bessere Zukunft verspricht. Mit Ethik verbanden sie bisher eher einen bürgerlichen Moralbegriff, dessen Werte sich allein auf das Individuelle und Zwischenmenschliche beschränken und nichts wirklich Verbindliches vorgeben, es sei denn, man zöge sich auf christliche oder andere religiöse Traditionen zurück – was Aufgeklärte eher abschreckt. Doch da der Begriff »Ideologie« durch die nahe Vergangenheit negativ besetzt ist, benutzen auch sie plötzlich das in den letzten Jahren eher konservativ gedeutete Wort »Werte«, sprechen von Ethik und Werten, von Moral und Sitte.

Für die Gegner des Sozialismus sah es zunächst so aus, als habe ihre Ideologie, der Kapitalismus, gesiegt, der sich in Deutschland als soziale Marktwirtschaft versucht. Der Glaube an den Sieg der kapitalistischen Ideologie steckt noch in den Worten von Bundeskanzler Helmut Kohl, in den östlichen Bundesländern würden blühende Landschaften entstehen – also dort, wo der Sozialismus gescheitert ist, werde die Marktwirtschaft triumphieren.

In den Vereinigten Staaten begann Ende der achtziger Jahre die größte Rezession der Nachkriegsgeschichte – etwa zu dem Zeitpunkt, an dem der kommunistische Block zusammenbrach. Diese Krise löste den Zweifel am eigenen Wertesystem aus. Die Garantie eines ständigen Fortschritts, der immer mehr Geld und damit eine materiell bessere Zukunft versprach, lief ab. So verlor auch der Kapitalismus in seiner bisherigen Form seine Glaubwürdigkeit. Denn plötzlich war offensichtlich, dass ein ethisches Fundament fehlte. Krisen hat die Wirtschaft des Westens immer wieder durchgemacht. Die letzte große Veränderung wurde durch die Automation mit Robotern und Elektronik ausgelöst, doch meist betrafen Entlassungen nur untere Einkommensschichten. Dieses Mal verlieren ihre Anstellung auch Akademiker und Topmanager, die sich bisher völlig sicher fühlten. Finanziell sicher ist damit gemeint. Das Wort »abspecken« wird salonfähig, so, als handle es sich bei denen, die entlassen werden, um überflüssigen Speck am Körper. Die Maden können gehen!

Wirtschaftsforscher sagen voraus, in Zukunft würden Akademiker in hohem Maße unbeschäftigt bleiben; eine zwanzigprozentige ständige Arbeitslosigkeit wird für die westlichen Industriestaaten prognostiziert. Demzufolge werden etwa dreißig Prozent der Bevölkerung das gesamte Sozialprodukt erwirtschaften. Als die Arbeitslosigkeit – manchmal versteckt als Frührente, Umschulung oder Kurzarbeit etc. – nur diejenigen traf, die ihr ganzes Leben mit jedem Groschen zu rechnen hatten, berührte es diejenigen nicht, die Geld hatten. Jemand, der sich stets am Rande des Existenzminimums bewegt, ist gewohnt, mit nur wenig Geld auszukommen. Aber ohne Geld oder nur mit einem Minimum zu leben, das kannte bisher keiner, der an der Park Avenue für eine halbe Million Dollar eine Wohnung auf Kredit kaufte oder in Long Island ein Wochenendhaus besaß. Jetzt hat es viele erwischt, nicht nur an der Park Avenue oder an der Avenue Foch, sondern auch in Stuttgart, München oder Frankfurt. Das ist der Aspekt »Marktwirtschaft« im Kapitalismus.

Aber auch das damit verbundene Adjektiv »sozial« wird von konservativen wie fortschrittlichen Parteien zum ersten Mal in Frage gestellt: Der von rechts wie links aufgebaute Sozialstaat ist nicht mehr finanzierbar. Also erfanden die Politiker das unverfänglich klingende Wort vom »Sozialabbau«. Wenn es die Unterschicht trifft, dann scheint es natürlich. Wenn aber der Finanzier, Bankier, Manager plötzlich auf der Straße sitzt, sein Apartment wegen der Wirtschaftskrise nur noch die Hälfte wert ist, dann bricht nicht nur er, sondern mit ihm der Glaube an die (materiellen) Werte zusammen. Denn dann trifft es eine Säule des Kapitalismus. Plötzlich stimmt etwas nicht mehr in dem System der Marktwirtschaft. Und alle – von *Wall Street Journal* über *Le Monde* bis zu *Die Zeit* – fallen mit ihm in den Chor ein: »Was jetzt?«

Überall, in den Vereinigten Staaten wie in Europa, vor allem in Frankreich, in Deutschland und neuerdings lautstark in Italien, suchen Intellektuelle und Publizisten die Antwort darauf. Von Ideologien – als umfassenden Wertesystemen – hat die herrschende Meinung Abschied genommen. Die Frage nach dem Sinn beantworteten die Kirchen ehemals ganz einfach, man musste nur an Gottes Gebote glauben. Glauben wollen die Menschen heute kaum noch. Sie wollen begründet wissen, was die verbindlichen Werte sind, die Wollen und Handeln in einer Gesellschaft bestimmen.

Philosophen haben schon vor einigen Jahren die Frage nach der Ethik wiederentdeckt, die eine Antwort darauf geben soll, was das Gute sei. Und auf der Suche nach einer gemeinschaftlichen Wertorientierung ist gleich wieder Streit entbrannt.

* * *

Da es modern ist, mit dem Begriff »Werte« zu jonglieren, wird damit viel Schindluder getrieben. Denn jetzt, nach dem Zerfall der ideologischen Systeme, versuchen Vertreter jeder Geistesrichtung, ihre Ansicht als die einzig wahre zu erhöhen; wobei wir behutsam von der Feststellung ausgehen sollten, dass es eine »einzige« Wahrheit nie geben wird. Aber, so fragt sich manch ein Politiker, können wir uns nicht »wertkonservativ« nennen und damit die Werte für uns Konservative in Anspruch nehmen? Wobei insgeheim mit »Wert« allein »Macht« gemeint ist.

Die Macht aber ist überhaupt kein Wert. Und Politiker, die nur die Macht um ihrer selbst willen konservieren wollen, sollten von den Bürgern schleunigst abgewählt werden. Soziologen streiten sich darüber, ob die neue Gesellschaft an Werten orientiert oder multikulturell ausgerichtet sein sollte, wobei sie übersehen, dass darin kein Widerspruch steckt. Nun war es zu den Zeiten, in denen die Religion die Werte vermittelte, sehr viel einfacher, denn ihre Herkunft von Gott war allein schon Begründung und Gebot. Wer aber stiftet heute die Werte? Die Politiker etwa? Sicher nicht!

»Die öffentliche Klage über die Schwindsucht der Werte und der vielstimmige Ruf nach der Stiftung neuer ist von seltsamer Naivität«, klagt Helmut Dubiel. Denn wenn die öffentlichen Mittel knapp würden, dann könne der Staat Kredit aufnehmen. Wenn aber die öffentliche Moral knapp wird, ist das schwierig. Werte lassen sich weder stehlen noch übertragen noch kreditieren. Und Lebenssinn und Gemeinschaftsverpflichtung lassen sich nicht einfach verordnen. »Außerdem«, so Dubiel, »ist die selbstverständliche Annahme verblüffend, früher hätte es an Sinn und verpflichtenden Traditionen keinen Mangel gegeben. War die vor fünfzig Jahren betriebene industrielle Massenvernichtung von Menschen nicht auch die Folge einer Erosion von Werten ganz anderen Ausmaßes?« Allerdings kann man eine Diktatur – und noch dazu eine so brutale wie die der Nazis – nicht mit den westlichen Demokratien vergleichen, die heute unter der Auszehrung konsensstiftender Werte leiden.

Zwar hält in einer modernen Demokratie der Staat mit all seinen Instrumenten die Gesellschaft zusammen, aber er regelt nur die Infrastruktur, sicherlich nicht den kulturellen Ausdruck. Der Staat ist zuständig für den geregelten Ablauf von Verkehr, Justiz, innerer und äußerer Sicherheit etc. Der Staat – und seine Agenten, die Politiker – ist jedoch primär nicht zuständig für den Bereich der »Werte«, die sich im vorstaatlichen Raum bilden. Der Staat hat sie höchstens zu schützen.

Jeder Jurist lernt, dass Gesetze nur nachvollzogene moralische Regeln aus dem vorstaatlichen Raum sind. Und da die Moral sich ständig mit der Gesellschaft ändert, werden Gesetze im Nachhinein angepasst – oder aber abgeschafft.

Noch in den sechziger Jahren war Homosexualität gesellschaftlich und sogar strafrechtlich geächtet, doch mit wachsender Toleranz und zunehmender Aufklärung wuchs der Druck der Homosexuellen und derjenigen, die sich für die Rechte von Minderheiten einsetzten, das gesellschaftliche Tabu zu durchbrechen und die Gesetze zu verändern. Die Homosexualität ist nur ein Beispiel von vielen. Die Abschaffung des Paragraphen 175 Strafgesetzbuch, der die Homosexualität betraf, aber auch die Veränderung der Strafbarkeit von Abtreibungen in Paragraph 218 Strafgesetzbuch gehen zurück auf einen Wertewandel im vorstaatlichen Bereich. Nach der Veränderung der Vorstellungen und Lebenspraxis wuchs der Druck auf die Politik, nun die gesellschaftliche Veränderung staatlich nachzuvollziehen.

Die Gesetze allein reichen nicht aus, um das Zusammenleben in einer Gesellschaft zu regeln. Dazu bedarf es, wie gesagt, im vorstaatlichen Raum der »Werte«; denn mit seinen Gesetzen regelt der Staat den Umgang der Menschen miteinander weitgehend nur in den Bereichen, wo es um Nutzen oder Schaden geht, also rein materialistisch. Die juristischen Normen sind mit Sanktionen versehene Regeln für das Zusammenleben. Sie messen sich nur an der Zweckmäßigkeit.

Nun könnte man annehmen, dass der Wegfall des Wettkampfes der Ideologien eine Chance zu mehr Freiheit im politischen Leben sei, wo nun jedes Einzelteil, das sich in dem Getümmel des »Multikulturellen« entfaltet hat, friedlich neben allen anderen existieren kann.

Hier stehen sich zwei Theorien gegenüber: Die »Kultur der Kohärenz« will den Zerfall der westlichen Demokratien durch den Wertekonsens aufhalten. Die »Kultur des Konflikts« will keine durch den Wertekonsens ausgelöste Pflicht zur Gemeinsamkeit, vielmehr sollen kulturell unterschiedliche, nebeneinander existierende Gruppen durch Auseinandersetzung zu gemeinsamen Formen kommen. In beiden Theorien liegt ein richtiger Kern. Werte sollen das konfliktfreie Zusammenleben in der Gesellschaft zwar ermöglichen, aber Konflikte sollen dadurch keinesfalls ausgeschaltet werden. Im Gegenteil: Das Austragen der Konflikte auf zivile Art muss ein Teil des Wertesystems sein, sonst erleben wir, dass Probleme, wie in Rostock oder Solingen, mit Gewalt ausgefochten werden, ohne aber zu einer Lösung zu führen.

Die demokratische Gesellschaft braucht eine kollektive Identität, die sie in Werten findet, um Konflikte austragen zu können und um das Nebeneinander von Bürgern unterschiedlicher Religion, ethischer Herkunft oder nationaler Traditionen zu ertragen. Alle müssen dann das Wertesystem mittragen.

Werte sind die Grundlage einer Gemeinschaft, die sich durch moralische Regeln zu einer Gesellschaft formiert. Diese Gesellschaft gibt sich einen Staat, dessen Institutionen sie bestimmt und deren Schaltstellen sie durch Wahlen mit Politikern besetzt. Und bei diesen Wahlen bestimmen die Bürger, wie die Politiker beschaffen sein sollen, die sie an der Macht sehen wollen.

* * *

»Solange sich mehrere Menschen vereint als eine einzige Körperschaft betrachten, haben sie nur einen einzigen Willen, der sich auf die gemeinsame Erhaltung und auf das allgemeine Wohlergehen bezieht. In diesem Zustand sind alle Triebkräfte des Staates gesund und einfach, seine Grundsätze klar und einleuchtend, es gibt keine verwickelten, widersprüchlichen Interessen, das Gemeinwohl ist immer offenbar, und man braucht nur gesunden Menschenverstand, um es wahrzunehmen. Friede, Einheit und Gleichheit sind Feinde politischer Spitzfindigkeiten«, schreibt Jean-Jacques Rousseau in seinem »Gesellschaftsvertrag«.

Damit schildert der französische Staatsphilosoph nichts Geringeres als den paradiesischen Zustand einer Gesellschaft, von dem westliche Industrienationen nur träumen können. Denn dort hat sich das gesellschaftliche Band gelockert; der Staat ist schwach geworden, da er Sonderinteressen nachgibt, statt der Gemeinschaft zu folgen. So ist das Interesse der Bürger erlahmt, es gibt keine auf Gemeinwohl ausgerichtete Einstimmigkeit mehr, und der Gemeinwille ist nicht mehr der Wille aller. Daraus sind Widersprüche und Konflikte entstanden, die immer häufiger mit Gewalt in all ihren Erscheinungsformen gelöst werden. Und die moralische Unsicherheit finden wir in fast allen Bereichen. Gewiss fehlen Werte als Maßstab für das Wollen und Handeln in der Politik, in der Wirtschaft, in den Medien, besonders aber in der Erziehung.

Wenn die Gewalt so auffällig wird, wie sie von Jugendlichen in Deutschland ausgeht, dann lässt der Staat ihre Ursachen untersuchen. Im Mai 1993 legte das Erfurter Justizministerium eine Studie der juristischen Fakultät der Friedrich-Schiller-Universität vor, aus der hervorgeht, dass nicht rechts- oder linksradikale politische Inhalte das Motiv für die Gewalt von Jugendlichen sind, sondern »Langeweile, Frust, Hass und Spaß«, wie Professor Günter Kräupl bei der Vorstellung des Berichts zusammenfasste. Gewalt üben die Jugendlichen aus, weil in ihrem Leben die Konflikte zunehmen und gleichzeitig soziale Beziehungen brechen. Wird beides über einen längeren Zeitraum nicht bewältigt, dann empfinden sie es als soziale Zurücksetzung und leiden unter dem Verfall ihrer eigenen Identität, heißt es in dieser Studie. Das bedeutet: Ihnen fehlen Wertmaßstäbe, die sie befähigen würden, richtig zu handeln und in der Gesellschaft ihren Platz zu finden.

Nun ist es einfach, das Verhalten dieser jugendlichen Gewalttäter zu verurteilen und zu sagen: Wer Gewalt ausübt, verstößt gegen die Werte, die Grundregeln einer Gesellschaft. So dachte auch der Philosoph Karl Popper, der davon ausging, dass eine »offene Gesellschaft« ohne Gewalt auskomme. Doch selbst dieser große Denker wurde von der »Sinnkrise« eingeholt und musste umdenken. Jetzt sagt er in einem Appell an Europa, eine moralische Gesellschaft dürfe auf Gewalt nicht verzichten! Natürlich meint Popper eine andere Gewalt. Er möchte, dass Gewalt eingesetzt wird, um noch größeres Unrecht zu beenden. Die Welt ist so eng, die Kommunikation so schnell, die Möglichkeiten sind so groß geworden, dass die Gewalt aus anderen Kulturen und Zivilisationen, aus anderen Ländern in die der westlichen Demokratien getragen wird.

In Frankreich lassen iranische Fanatiker Bomben auf Straßen, in Geschäften und in der Untergrundbahn explodieren, wobei Dutzende von Menschen umkommen oder verstümmelt werden; in Deutschland erschießen gedungene Mörder Kurden; in den USA versuchen islamistische Fundamentalisten das World Trade Center in die Luft zu blasen. Knapp ein Dutzend Personen wurden bisher ermordet oder verletzt, weil sie als Übersetzer oder Verleger mit Salman Rushdies *Satanischen Versen* zu tun hatten. Der Gewalt des Terrors begegnen die betroffenen Staaten mit Gesetzen, mit Sicherheitskräften und der Justiz, also mit staatlicher Gewalt. Doch die meint Karl Popper nicht: Er meint militärische Gewalt im Fall des Bürgerkriegs in Bosnien.

Und hier zeigt sich plötzlich, wie schwer es den betroffenen westlichen Gesellschaften fällt, eine auf Werten basierende Linie des Handelns zu finden. Aus Hitler habe man lernen müssen, meint Popper; und um ein ähnliches Unheil zu verhindern, gelte es, Gewalt auszuüben. Gewalt in Bosnien fordert in Deutschland inzwischen manch ein Moralist, der die Gewalt im Golfkrieg noch verurteilte, der aber gleichzeitig den Einsatz der Bundeswehr verneint.

Das aus dieser Unsicherheit herrührende »moralistische«, nicht moralische Verhalten kritisiert Alfred Grosser, der den Deutschen gern den Spiegel vorhält. Da fordern, so sagt er, Deutsche lauthals den Frieden, preschen bei der Anerkennung von Kroatien und Slowenien vor, wollen aber – mit der Begründung der eigenen »schrecklichen« Geschichte – keine Mitverantwortung tragen, während die Franzosen über sechstausend Blauhelme in Bosnien stationiert und einige von ihnen sogar ihr Leben gelassen haben. So weicht die Außenpolitik in Deutschland vor einem (nach Popper) »verantwortungsvollen« Handeln zurück. Aber gerade die deutsche »schreckliche« Geschichte, so Popper, verlange entschlossenes Eingreifen, »um dem jahrelangen Massenmord von unschuldigen Kindern, Frauen und Männern im früheren Jugoslawien endlich ein Ende zu setzen. Die jahrelange Duldung dieser Mord- und Schandtaten hat zu einer wahnwitzigen Zunahme der Verbrechen geführt. Wir müssen eingreifen, und zwar sofort.«

Nicht die Einsicht der betroffenen Außenpolitiker führte schließlich zu einem militärischen Druck gegen die Serben in Bosnien, sondern ein moralischer Aufschrei, der nicht durch eine Erkenntnis ausgelöst wurde, sondern durch Fernsehbilder mit brutalen Szenen: Es war das Entsetzen über die Toten und Verletzten auf dem Markt von Sarajevo, die von einer Granate zerfetzt worden waren. Wer die Granate abschoss, ob Serben oder Bosnier, das ist nie geklärt worden. Aber weil die Bilder für die Zuschauer nicht zu ertragen waren, deshalb handelten die Politiker – aus Angst vor ihren Wählern. Sie handelten nicht aus der Überzeugung, die ihnen ein moralischer Maßstab vorgegeben hätte.

Das könnte anders sein, doch da »allgemeingültige geistige Maßstäbe für das Handeln fehlen, ist die Anhäufung und Ausübung von Macht willkürlich geworden, nur von Egoismus und Eigennutz motiviert und von einer eigenen inneren Logik gesteuert. Somit wird die vermeintlich fruchtbare Befreiung des Menschen zu einer gefährlichen Unterwerfung unter historische Kräfte«, urteilt Zbigniew Brzeziński, der unter Präsident Jimmy Carter Sicherheitsberater im Weißen Haus war.

Menschenwürde als Prinzip

Der Werteverlust, der Wertewandel, die Wertorientierung, die Wertekrise; solche Schlagworte prasseln seit einiger Zeit auf uns nieder. »Eine ganze Nation rutscht gerade auf dem Bauch herum und schaut unters Sofa, ob ihre Werte daruntergekullert sind. Dabei liegen sie auf der Straße, die Werte, das heißt, sie fahren, wenn sie nicht gerade stehen; wir reden natürlich von den Autos«, so macht sich Herbert Riehl-Heyse über den Missbrauch des ethischen Wertebegriffs lustig. Er zitiert dabei aus der Kundenzeitschrift von Mercedes-Benz, wo Vorstandsmitglied Jürgen Hubbert auf Hochglanz ein Editorial zur Wertefrage unter dem Titel »Ein ganz neues Wert-Gefühl« veröffentlichte. »Wie darin ausgeführt wird, ist die neue C-Klasse nach der ›Grundphilosophie‹ ›wertvoller, aber nicht teurer‹ ersonnen worden, was besonders ›erfahr- und erlebbar‹ werde, weil ›auf der Werteseite ein spürbarer Zugewinn beim Innen- und Kofferraum steht‹. Das war jetzt natürlich polemisch«, fügt Riehl-Heyse hinzu.

Aber nein!, möchte man ihm widersprechen. Das ist doch nur ein mildes Beispiel! Versucht die Werbewirtschaft nicht, den Verlust der gesellschaftlichen Werte wettzumachen durch das Anpreisen von Sachwerten? Stand nicht in dem Magazin einer Autoverleihfirma über den Fahrbericht mit einem Ford sogar:»Innere Werte«? Eine Werte-Inflation ist plötzlich über uns hereingebrochen. Schließlich war letzthin sogar auf der Sportseite der *Frankfurter Allgemeinen Zeitung* vom »Wertewandel im Sport« zu lesen, während sich im Feuilleton dieser Zeitung regelmäßig Philosophen, Soziologen und Historiker die Feder reichen, um kompetent über die ethischen Werte zu reflektieren.

Nun ist es ja nicht falsch, wenn die Wirtschaft das Wort »Wert« im materiellen Sinn verwendet, denn das ist seine ursprüngliche Bedeutung. Der Tauschwert eines Objekts war schon messbar, bevor es Geld gab. Wert bedeutet also zunächst einmal einen Gegenwert für eine Sache.»Das ist es mir schon wert« heißt: Der Zweck eines Handelns wird begründet, indem man an einen Gegenwert denkt. Das Auto, das Kleid sind ihr Geld wert. Neben der materiellen Bezeichnung bestehen andere »Werte« – wie etwa der ästhetische. Er wird in der Konsumgesellschaft immer wichtiger genommen. Kunst basiert teilweise nur auf ästhetischen Werten, die hauptsächlich für das Betrachten da sind und nicht unbedingt in Geld allein aufgewogen werden, denn auch ein Lustgewinn ist ein Gegenwert. Selbst das kann zum Konsum führen – weshalb Illustrierte mehr Auflage machen, wenn sie die ästhetischen Körpermaße und Gesichtszüge eines berühmten Models auf ihrem Titelblatt abbilden.

In jeder Wissenschaft bedeutet »Wert« etwas anderes: Für Mathematiker ist es eine abstrakte Rechengröße ohne Dimension, für Physiker eine konkrete Messgröße mit Dimension; in der Chemie gilt Wertigkeit als Fähigkeit der Atome eines Elementes, eine Anzahl von Atomen anderer Elemente zu binden; in der Psychologie ist der Wert ein handlungsleitendes Motiv.

Häufig wird im täglichen Leben auch der Satz verwendet:»Ich tue das, weil mein Freund, meine Mutter, mein Mann mir das wert sind.« Das klingt sittlich, mag vorschnell als »ethisches« Verhalten bezeichnet werden, ist es jedoch noch nicht. Denn der Beweggrund des Handelns ist privat. Erst wenn unser Handeln nicht einer Laune entspricht, kann es ethisch sein. Nach dem Motto: Ich tue es, weil es getan werden muss.

Eine ethische Forderung steckt dagegen in dem Satz des amerikanischen Präsidenten Thomas Jefferson, der im Allgemeinen John F. Kennedy zugeschrieben wird, weil er ihn beim Antritt seiner Präsidentschaft seinem Volk vorhielt: »Frag nicht, was dein Land für dich tun kann, frag, was du für dein Land tun kannst.« Als im Juni 1992 in Gesamtdeutschland die Frage gestellt wurde, ob der Befragte sich mit diesem Sinnspruch identifiziere, sagten nur 21 Prozent, die Aufforderung Kennedys entspreche ihrer Auffassung, 45 Prozent lehnten diese Idee ab, während 34 Prozent keine Meinung hatten.

In der Ethik wird »Wert« nicht in materieller Bedeutung, sondern in einem übertragenen Sinn verwendet. »Dabei verändert sich der Begriff, denn er bezieht sich nicht mehr auf Sachen, sondern auf den Menschen selbst.« Während ich beim Tauschgeschäft fragen kann: »Was ist es mir wert?«, ist solch eine Frage beim ethischen Wert nicht vorstellbar. Denn der Mensch, auf den sich der Wert bezieht, ist keine messbare Größe.

* * *

»Wert im ethischen Sinn ist eine Gestalt, in der sich die Würde des Menschen selbst ausdrückt«, definiert der Tübinger Ethiker Dietmar Mieth diesen Begriff. »Sonst könnte sich der Mensch nicht an Werten orientieren.« Betrachtet man das Leben des Menschen, die Freiheit, die sozialen Beziehungen, die Solidarität, die Verantwortung für die Zukunft als Wert, dann verlässt man den Bereich, in dem man etwas berechnen oder materiell messen kann, denn hier gilt die Idee des gelungenen Lebens.

Nun haben Philosophen verschiedener Kulturkreise seit Jahrhunderten darüber gestritten, ob Werte eine subjektive oder eine objektive Grundlage haben. Doch das soll uns hier gleichgültig sein. Gehen wir davon aus, dass in den Werten die Idee des Guten, Rechten, Anzustrebenden liegt. Und diese Werte treten unseren individuellen Trieben und Gelüsten mit einer gewissen Autorität gegenüber. Sie erheben den Anspruch, als verbindlich anerkannt zu werden: Ohne solche Werte kann eine Gemeinschaft nicht existieren, denn sie legen die Richtlinien für das Verhalten des Einzelnen in der Gesellschaft fest; sie sind mehr als Gesetze. Werte bestimmen die Moral, indem sie menschliches Handeln individueller Willkürlichkeit entziehen.

Es reicht nicht zu sagen, in den Werten stecke die Idee des Guten, ohne zu definieren, was das Gute ist, wie es die Werte durchdringt und wie diese Werte in einer Gemeinschaft das Verhalten bestimmen können. Da stellt sich uns wieder die leidige Frage der Philosophen, ob das Gute nun universell absolut sei oder nur relativ. Anders ausgedrückt, ob es nur heißt: Das ist überall auf der Welt gut – es wird nur um seiner selbst willen gewollt. Punktum! Oder ob es heißen kann: Das ist gut für etwas.

Wie dem auch sei, wir wollen hier annehmen, dass das Gute nur ein Ergebnis der Erkenntnis sein kann. Da die Erkenntnis in den verschiedenen Zivilisationen jeweils anderen kulturellen und gedanklichen Bahnen folgt, da mit den Zeiten wachsender Aufklärung auch die Möglichkeiten des Wissens größer werden, verändert sich die Ansicht von dem, was gut oder was böse ist. Die Todesstrafe für Gotteslästerer halten wir heute für barbarisch, doch für Aristoteles, den Vater der ethischen Philosophie, soll sie nur ein Teil der Tradition gewesen sein – wie übrigens auch die Sklaverei. Mit jeder Generation verändern sich die Werte.

Die einzige universelle Grundlage für das Gute kann nur in der Würde des Menschen liegen. Damit die Menschen miteinander gut in der Gemeinschaft auskommen, haben die verschiedenen Gesellschaften sich sittliche Gebote oder Verbote gegeben, die für jedes Vernunftwesen »objektiv, notwendig und allgemein gültig« sind. Und wie universell diese Gedanken sind, sehen wir darin, dass sie an extrem auseinander liegenden Orten der Welt gleichzeitig gedacht wurden und unabhängiges Ergebnis der Vernunft sind, zu Zeiten, als das alte Griechenland und Asien voneinander noch nichts wussten.

Jeder wird der Behauptung zustimmen, dass in der chinesischen Gesellschaft manch andere Werte gültig sind als in denen des Westens, dennoch beruht die Ethik auch dort auf einem universellen Moralansatz, der in der Menschenwürde gründet. Konfuzius (551–479 v. Chr.) bezeichnete dies als die göttliche Komponente des Menschen: »Der Himmel hat die Tugend geschaffen, die in mir ist.« Menzius

(371–289 v. Chr.) vertiefte dessen Gedanken: Der »integre Mensch« könne vor dem Himmel und der Menschheit bestehen, ohne sich schämen zu müssen. Und wenig später erklärte Hsün-tzu die Würde des Einzelnen aus der unmittelbaren Beziehung zwischen Himmel, Erde und Mensch: »Himmel und Erde bringen den integren Menschen hervor, und der integre Mensch ordnet Himmel und Erde.« Allerdings sind die auf der universellen Grundlage aufbauenden Normen und Werte unterschiedlich, denn sie sind der Ausdruck der historischen, kulturellen und politischen Traditionen der jeweiligen Gesellschaft.

Gerade in den heutigen Zeiten, in denen sich medizinisch und wissenschaftlich so viel wandelt, hat ein Wert wie die Menschenwürde Hochkonjunktur. Die Menschenwürde als Motto stellte der ehemalige Bundespräsident Richard von Weizsäcker im November 1992 einer großen Demonstration in Berlin voran, bei der er die Deutschen aufforderte, sich gegen die ausländerfeindlichen Gewalttaten in Deutschland zu bekennen. Und er berief sich dabei auf den ersten Satz im deutschen Grundgesetz, der da lautet: »Die Würde des Menschen ist unantastbar.«

Die Menschenwürde war der Kernsatz, der im Winter 1992/93 Hunderttausende in vielen deutschen Städten und Dörfern veranlasste, Lichterketten zu bilden. Die Menschenwürde wird ins Feld geführt, wenn es um das Selbstbestimmungsrecht der Frau bei der Abtreibung geht oder um das Lebensrecht des Embryos. Menschenwürde ist auch das Stichwort bei der Diskussion um das humane Sterben, und mit der Menschenwürde wird dagegen argumentiert, wenn eine hirntote Schwangere künstlich am Leben gehalten wird, damit ihr Embryo auswachsen kann.

Woraus die Würde des Menschen als ethischer Grundwert resultiert, dafür gibt es mehrere Ansätze, sei es die Mitgifttheorie, wonach die Natur (oder Gott) dem menschlichen Individuum als besondere Qualität die Würde mitgibt, sei es die Leistungstheorie, die Immanuel Kant vertritt, wonach der Mensch deswegen Würde besitzt, weil er kraft seiner Vernunft Einsicht in sittliche Notwendigkeiten hat. »Danach gewinnt der Mensch Würde aus eigenem selbstbestimmten Verhalten durch gelungene Identitätsbildung.« Im Ergebnis besteht jedoch kein wesentlicher Unterschied zwischen beiden Denkarten.

Die Würde des Menschen ist der Grundwert, auf dem die Bundesrepublik Deutschland aufgebaut ist, weshalb Artikel 1 Satz 1 des Grundgesetzes heißt:»Die Würde des Menschen ist unantastbar.« Und dort steht er ganz bewusst nach den Erfahrungen des Dritten Reiches, wo die größten Greueltaten in der deutschen Geschichte von Staats wegen vollzogen wurden. Geschützt ist mit Artikel 1 jeder in Deutschland lebende Mensch, nicht nur derjenige mit deutscher Staatsangehörigkeit.

Aus der Würde des Menschen leitet sich vieles ab: nicht nur die wechselseitige Achtung des Lebens, der Unverletzlichkeit und der Freiheit. In der Würde steckt auch die individuelle Identität. Allerdings betrifft die gesetzliche Regelung nur das Verhältnis des Bürgers zum Staat. Im vorstaatlichen Raum regelt die sittliche Norm den Respekt vor der Würde des Menschen, oder sollte es zumindest tun.

So diskutieren wir in der *Tagesthemen*-Redaktion bei der Entscheidung, welche Szenen wir in den Nachrichten senden, über die Würde des Menschen, die ihm über seinen Tod hinaus zusteht und geschützt werden muss. Welche Bilder eines Massakers kann man noch zeigen? Der Tote, der gefilmt worden ist, hat eine Würde, die von einem sensationsheischenden, über den Nachrichtenwert hinausgehenden Abbild verletzt wird. Aber auch die Würde des Zuschauers kann durch ein zu brutales, rein voyeuristisches Bild verletzt werden. Und manch eine Szene ist deshalb nicht gesendet worden.

Mit dem Schutz dieses Wertes argumentiert selbst der Chef des Anatomischen Instituts der Universität Innsbruck, der die wissenschaftliche Neugier an der fünftausend Jahre alten Leiche aus den Ötztaler Alpen hinter die Rechte des Menschen zurücksetzte:»Der Tote aus dem Eis ist eine Sensation, aber es handelt sich immer noch um die Leiche eines Menschen, die ein Anrecht auf Würde hat.«

* * *

Obwohl die verschiedenen Gesellschaften sich nach ihren eigenen Werten einrichten, befolgen fast alle jenen Grundsatz, der die Goldene Regel genannt wird. Diese Regel wird sowohl positiv wie negativ formuliert: »Was du nicht willst, das man dir tu, das füg auch keinem andern zu.« Und: »Behandle andere so, wie du auch von ihnen behandelt sein willst.« Die Goldene Regel ist eine volkstümliche Maxime für sittlich richtiges Verhalten, und sie kommt sowohl bei Konfuzius vor als auch bei den Sieben Weisen (Thales), im indischen Nationalepos »Mahabharata« wie im Alten (Tobias 4,16) und im Neuen Testament (Matthäus 7,12).

Weil sie einleuchtend ist und auch von Kindern verstanden werden kann, wird die Goldene Regel häufig in der Erziehung benutzt. Doch bei genauem Hinsehen erweist sie sich als sehr unpräzise. Ein abstruses Beispiel wird gern als Beweis für ihre Unzulänglichkeit angeführt: Wenn der Masochist andere so behandelt, wie er behandelt sein will, dann müsste er seine Mitmenschen quälen.

Genauer ist Immanuel Kants kategorischer Imperativ, den wir in der Schule gelernt und den viele schon wieder vergessen haben. In seiner ersten Formel heißt er: »Handle nur nach derjenigen Maxime, durch die du zugleich wollen kannst, dass sie ein allgemeines Gesetz werde.« Nun ist der Mensch schwach und folgt häufiger seinen Gefühlen und Affekten, statt so zu handeln, dass daraus ein allgemeines Gesetz werden könnte. Doch auch daran hat Kant gedacht: »Wenn wir nun auf uns selbst bei jeder Übertretung einer Pflicht Acht haben, so finden wir, dass wir wirklich nicht wollen, es solle unsere Maxime ein allgemeines Gesetz werden, das ist uns unmöglich, sondern das Gegenteil derselben soll vielmehr allgemein ein Gesetz bleiben; nur nehmen wir uns die Freiheit, für uns (oder auch nur für diesmal) zum Vorteil unserer Neigung davon eine Ausnahme zu machen.«

»Gut« definiert Kant als eine Frucht der Vernunft: Praktisch gut ist, was objektiv, aus Gründen, die für jeden vernünftigen Menschen gültig sind, den Willen bestimmt.

In der Philosophie klingt das überzeugend, doch in der gesellschaftlichen Praxis stellen sich sofort zahlreiche Fragen. Ist der Mensch tatsächlich ein von der Vernunft geleitetes Wesen? Wenn ja, kommen alle, wenn sie Vernunft anwenden, zu den gleichen Ergebnissen? Die Wirklichkeit sagt nein. Aber in dem Glauben an die Absolutheit der Vernunft des Menschen lag die Hoffnung, eine Utopie wie den Sozialismus verwirklichen zu können. Des einen Menschen Vernunft ist so schwach ausgebildet, wie des anderen Menschen Wille schwach ist, was bei beiden zu moralischem Versagen führt. Die Vernunft eines jeden wird auch durch seine unterschiedliche Herkunft, vom Land oder aus der Stadt, durch seinen Beruf, seine jeweils andere Erziehung – religiös oder laizistisch – und durch seine soziale Lage beeinflusst. Wenn nun jeder Mensch mit der Befähigung zur Vernunft geboren wird, woraus sich seine Würde ableitet, so ergibt sich daraus auch seine Fähigkeit zur Pflicht.

Doch genauso wenig wie der Mensch mit einer *ausgebildeten* Vernunft auf die Welt kommt, steckt in ihm schon bei der Geburt der Kern einer Moral. Durch die Vernunft ist er zur Moral fähig, mehr nicht. Die Gesellschaft, in der er aufwächst, wird ihn mit den Werten und Tugenden vertraut machen, die sein Streben und Handeln so beeinflussen sollen, damit er ein Mensch wird, wie ihn die Gesellschaft haben will.

* * *

Die Vernunft steht aber im Widerspruch zu dem Element, das über Jahrtausende die Moral prägte, dessen Moralvorstellungen aus der Gemeinschaft kamen und heute noch darin weitergetragen werden: Es geht um die Religion. Spätestens mit der Aufklärung entstand für das Abendland der Widerspruch zwischen Vernunft und Glauben. Je mehr die Vernunft sich durchsetzte, desto stärker wandten sich die Menschen von jenseitsorientierten Religionen ab, verloren Gottesfurcht und Angst vor Strafen. Die erste Angst, die Kindern einst eingebleut wurde, war die vor der verbotenen Frucht. Es war das Verbot vor der Vernunft, vor Erkenntnis!

Nicht nur der Kirchenbesuch, ja die Zugehörigkeit zu einer Kirche (und damit verbunden die Kirchensteuer!) sind laut Statistik dramatisch gesunken, sondern auch der Glaube an religiöse Autoritäten. Sogar der Glaube an die Zehn Gebote – und ihre Kenntnis – haben im Zeichen des Wertewandels (fast erschreckend) abgenommen. »Natürlich spielt Gott noch eine bedeutende Rolle in der Moral«, schreibt

Émile Durkheim: »Er verschafft ihr Respekt, und er unterdrückt die Verletzung. Moralverletzungen sind Gottverletzungen. Aber er ist nicht mehr ihr Wächter. Moraldisziplin ist nicht mehr *für ihn* eingesetzt, sondern *für den Menschen.*«

Die beiden großen christlichen Kirchen reagieren auf die Folgen, die der Werteverlust für sie hat, hektisch und unüberlegt. Rom zieht sich in den Fundamentalismus zurück, und so schrumpft in den westlichen Ländern die katholische Gemeinde weiter. Die Protestanten versuchen, das *Gute* naiv, nämlich populistisch, vor sich herzutragen. Doch in den letzten Jahren kamen die evangelischen Gemeinden in große Konflikte: weiße Betttücher für den Frieden im Golfkrieg, Schweigen im Gemetzel des zerbrechenden Jugoslawien, Kirchenasyl für Ausländer, aber Zurückhaltung bei der Aufnahme ausländischer Kinder in Kirchenkindergärten – weil sonst die »deutsche« Gemeinde rebelliert!

* * *

Die Werte, die sich aus der Würde des Menschen ergeben, finden wir in den drei Begriffen wieder, die als Motto über der Französischen Revolution standen: *Freiheit, Gleichheit, Brüderlichkeit.* In *Freiheit* befinden sich Unterbegriffe wie Sicherheit, Verantwortung, Toleranz, vielleicht auch Bescheidenheit oder Besonnenheit. *Gleichheit* hat mit Gerechtigkeit zu tun, während *Brüderlichkeit* das bedeutet, was vormals Barmherzigkeit war und heute als Solidarität bezeichnet wird. Dies, so meine ich, sind die Grundwerte, auf die sich jeder verpflichten muss; allerdings wird es immer Konflikte um die Auslegung dieser Termini geben.

Solchen Konflikten darf die Gesellschaft jedoch nicht ausweichen. Sie sind weder gefährlich noch zerstörerisch, wie erzkonservativ Denkende meinen, sondern sie entsprechen einer modernen Demokratie. Und wenn sie sinnvoll geführt werden – was leider nicht immer der Fall ist –, dann bringen gerade diese gesellschaftlichen Konflikte von selbst die Bindungen hervor, durch die der Bürger die Grundwerte als notwendigen Zusammenhalt seiner Gesellschaft akzeptiert.

Der Wertekanon einer modernen Gesellschaft ist sehr viel länger als hier angeführt. Und je nachdem, ob man katholisch, protestantisch, jüdisch, sunnitisch oder agnostisch ist, ob man sich als Vegetarier, Asket oder Gourmet verwirklicht, ob man Bayer oder Berliner, Türke oder Japaner ist oder als Seemann, Bauer oder Bankier auf dem Meer, dem Land oder in der Stadt arbeitet oder gar als Privatier oder Aussteiger das Leben genießt, so richtet sich jeder nach den Wertvorstellungen ein, die ihm wichtig sind. Aber, könnte man da nicht sagen, es hält sich eben jeder an seine *eigenen* Werte? Ja. Und damit stellt sich die Frage, ob es nicht subjektive Werte sind, die, weil sie nur der individuellen Befriedigung dienen, aus dem ethischen Rahmen herausfallen.

* * *

Zwei nah beieinanderliegende Begriffe werden in der öffentlichen Diskussion immer wieder verwendet, doch sie führen, wenn sie nicht sorgfältig auseinandergehalten werden, zu weiterer Verwirrung: Werteverlust und Wertewandel. Unter Werteverlust verstehen wir, dass der Einfluss der Werte abnimmt. Mit Wertewandel ist eine Verschiebung der Inhalte von Werten gemeint: Alte Werte gehen verloren, neue treten an ihre Stelle.

Den Wertewandel hat in der Wissenschaft der Sozialforscher Ronald Inglehart mit einer in den siebziger Jahren durchgeführten Untersuchung zum ersten Mal weitläufig beschrieben. Ihm schlossen sich auch in Deutschland zahlreiche Untersuchungen und Berichte an. Der Wertewandel, den Ronald Inglehart ausmachte, fand Ende der sechziger bis Mitte der siebziger Jahre statt und war dann abgeschlossen. Die These Ingleharts lautet: Ein grundsätzlicher Wandel von Werten habe stattgefunden, weil die junge Bevölkerung Werte wie »berufliche Leistung«, »Pflichtgefühl«, »Konventionalität«, »Konformismus« gegen neue, emanzipatorische, partizipatorische und hedonistische Werte ausgetauscht oder in ihrer Geltung eingeschränkt habe.

Ende der achtziger Jahre ist Ingleharts Ansatz durch andere Arbeiten relativiert worden: Bestätigt wird zwar ein Wertewandlungsschub in der Periode zwischen den sechziger Jahren und Mitte der siebziger

Jahre, dennoch werden die Folgerungen Ingleharts relativiert und um das Ergebnis erweitert, dass »ein unverändert hoher Konsens über die Bedeutsamkeit der ›Grundwerte‹ Freiheit, Gerechtigkeit, Gleichheit, Frieden und Sicherung der physischen Existenz« besteht. Allerdings ist diese Erkenntnis nur mit großen Einschränkungen richtig. Ein hoher Konsens mag zwar vorhanden sein, doch heißt das noch lange nicht, dass sich die Gesellschaft auch nach diesem Konsens richtet.

Erstarkt sind während der Periode des Wandels die Werte der Selbstbestimmung und Selbstverwirklichung, zurückgefallen jene, die das Verhalten des Menschen von außen beeinflussen: Pflicht, Askese, Fremdbestimmung. Auch die Arbeit hat in dieser Zeit ihre zentrale Bedeutung für das eigene Leben verloren. Jetzt ist bei der Berufsauswahl nicht mehr allein der materielle Erfolg ausschlaggebend – das heißt: so hoher Lohn wie möglich –, sondern »postmateriell« entscheidet der Einzelne, ob er lieber ein bisschen weniger verdient, dafür aber Spaß an der Arbeit hat. Die zunehmende Freizeit, verbunden mit Wohlstand, der einem immer mehr Vergnügen erlaubt, die Verringerung des Einflusses von Staat und Kirche und schließlich das Ende des ideologischen Drucks haben privatistischen Lebensmaximen mehr Gewicht gegeben. Hinzugesellt haben sich – durch die fortschreitende Aufklärung – neue Werte: die Ökologie und die Verantwortung für die Auswirkungen menschlichen Handelns auf die Zukunft.

Orientierungskrise und Sinnsuche

Die Offenheit der Demokratie, die Marktwirtschaft, die Chance, durch Reisen oder durch die Medien fremde Kultur- und Wertvorstellungen kennenzulernen, führen zu einer Vielfalt von Möglichkeiten, ideelle Ziele zu verfolgen. Die Überfülle verunsichert aber den, der aus diesen reichhaltigen, sich in den einzelnen Werten sogar widersprechenden Angeboten nicht zu wählen weiß, zumal das Korsett einer »guten« Ideologie als Gegner einer »bösen« Ideologie weggefallen ist.

Daraus resultiert die »Orientierungskrise« besonders der Jugendlichen. Sie hören von Selbstbestimmung, erfahren aber, dass es nur eine geringe Wahrscheinlichkeit gibt, auf dem Arbeitsmarkt »sich selbst zu verwirklichen«. Sie werden von materiellen Wertangeboten überschüttet, können die Wertehierarchie aber nicht interpretieren, da staatliche, gesellschaftliche oder kirchliche Wertvorgaben weithin fehlen. Und durch den Rückzug ins Private besitzen Werte »zunehmend nur noch Gültigkeit innerhalb sozialer Subsysteme«.

Wenn wir hier jedoch vom Verlust der Werte in einer Gesellschaft sprechen, dann wollen wir uns auf die Grundwerte beschränken, die – wie gesagt – ein jeder mit dem »Gesellschaftsvertrag« unterschrieben hat. Sie sind der Rahmen, der das Verhalten ausnahmslos aller Mitglieder der Gesellschaft bestimmen soll. Innerhalb dieses Rahmens kann sich dann eine jede oder ein jeder selbst verwirklichen, wie es ihr oder ihm genehm ist.

* * *

Wenn wir uns nun die Frage stellen, wie diese ethischen Werte in einer Gesellschaft wirken, so lautet die Antwort: Es gibt mehrere Elemente, die neben den ethischen Werten die Gesamtheit einer Moral ausmachen.

– Da ist erstens *die Pflicht*:
»Wir können sagen, dass die Moral ein System von Handlungsregeln ist, die das Verhalten bestimmen. Sie bestimmen, wie man sich in bestimmten Fällen verhalten muss: Gut handeln heißt gut gehorchen.«
Gehorchen ist Grundvoraussetzung, denn die wesentliche Rolle der Moral besteht ja darin, das Verhalten objektiv festzulegen und der individuellen Willkürlichkeit zu entziehen. Wenn die Moral wirksam sein soll, dann muss sie Beständigkeit erzeugen. Deshalb sind ihre Werte etwas immer Gleichbleibendes, solange man nicht zu kurze Zeiträume ins Auge fasst. Handelt eine Person, so muss unabhängig von ihren Launen das moralische Ergebnis zu allen Zeiten gleich sein, allerdings nicht aus Gewohnheit.
In der Idee der Regelmäßigkeit steckt vielmehr auch der Begriff der Autorität. Sie ist jene moralische Macht, die wir als überlegen

anerkennen; und wir handeln in ihrem Sinn, nicht etwa, weil dies unserer persönlichen Laune entspricht, sondern weil in der Autorität, mit der sie unser Handeln beeinflusst, ein Zwang steckt.

– Da ist zweitens *die Einsicht* in die Moral:
Da die menschliche Vernunft die Quelle der Moral ist, muss der Handelnde auch die Gründe für sein Tun kennen. Und die durch Vernunft gewonnene Erkenntnis befähigt ihn zur Einsicht in gutes Handeln. Schon das Kind muss mit Hilfe der Erziehung Moralbewusstsein entwickeln.

»Dieses Bewusstsein vermittelt unserer Handlung jene Autonomie, die das öffentliche Bewusstsein von nun an von jedem wirklich und völlig moralischen Wesen verlangt ... Das ist vielleicht die große Neuheit, die das Moralbewusstsein der heutigen Völker darstellt; nämlich, dass Intelligenz ein Element der Moralität geworden ist und es immer mehr wird ... Moral lehren heißt nicht, sie predigen und eintrichtern: es heißt, sie erklären. Wenn man aber dem Kind jede Erklärung dieser Art verweigert und nicht versucht, ihm die Gründe der Regeln, denen es folgen soll, begreiflich zu machen, so heißt das, es zu einer unvollständigen und niedrigen Moralität zu verurteilen«, schrieb Anfang dieses Jahrhunderts der französische Soziologe und Pädagoge Émile Durkheim.

– Schließlich ist da drittens *die Gemeinschaft*:
Eine Handlung ist nur dann moralisch, wenn sie ein unpersönliches Ziel verfolgt. Moralisch sind also nur jene Ziele, die eine Gemeinschaft zum Objekt haben, weswegen man von dem sagt, er handle moralisch, der mit seinem Streben auf ein Kollektivinteresse zielt.

Unter Gemeinschaft kann man jede menschliche Gruppe verstehen, von der Familie über die Nachbarschaft, die Stadt, den Staat, die Menschheit. Doch dabei kann es zu Konflikten in der Wertigkeit kommen: Manche moralischen Ziele können wichtiger sein als andere, weshalb wir davon ausgehen, dass das Hauptziel des moralischen Handelns die politische Gesellschaft ist. Damit aber eine solche Gesellschaft Ziel moralischen Handelns sein kann, muss sie mehrere Voraussetzungen erfüllen.

Die erste, und sicherlich wichtigste, liegt in dem »Gesellschaftsvertrag«, den die Individuen abschließen. Bei Jean-Jacques Rousseau heißt es: »Wenn man also beim Gesellschaftsvertrag von allem absieht, was nicht zu seinem Wesen gehört, wird man finden, dass er sich auf folgendes beschränkt: *Gemeinsam stellen wir alle, jeder von uns seine Person und seine ganze Kraft unter die oberste Richtschnur des Gemeinwillens; und wir nehmen, als Körper, jedes Glied als untrennbaren Teil des Ganzen auf.* Dieser Akt des Zusammenschlusses schafft augenblicklich anstelle der Einzelperson jedes Vertragspartners eine sittliche Gesamtkörperschaft …«

Und vielleicht liegt die Crux manch einer westlichen Gesellschaft darin, dass zu viele Vertragspartner sich nicht mehr an die Richtschnur des Gemeinwillens halten, weil ihnen die Einsicht fehlt. Und das kann damit zusammenhängen, dass sie ausgegrenzt werden. Diese Gründe sind dem Individuum nicht vorzuwerfen, machen seine Entscheidung, sich so weit wie möglich der Gesellschaft zu verweigern, jedoch verständlich. Wenn die Gesellschaft allerdings in eine einfache Ansammlung von Individuen zerfällt, verliert sie ihren moralischen Charakter. Denn da die Handlung eines Individuums lediglich in seinem Interesse ohne jede moralische Ausrichtung ist, kann auch die Summe der individuellen Interessen nicht mehr sein.

Der Mensch muss ein Interesse haben, den »Gesellschaftsvertrag« zu unterschreiben. Denn weshalb sollte er die Gesellschaft als Ziel seines Verhaltens annehmen, wenn sie über ihm schwebt, ohne dass ihn irgendein inhaltliches Band verbindet?

Nun zeigt die Untersuchung des Werteverlusts in den sechziger und siebziger Jahren, dass er eine Folge demokratischer Aufklärung ist. Durch das, was landläufig die 68er Jahre genannt wird – was, wie gesagt, eine Kulturrevolution war –, wurde die Autorität von Persönlichkeiten in Frage gestellt, die leere Begriffe repräsentierten. Immer noch stellt das Plakat mit der Aufschrift »Unter den Talaren der Muff von tausend Jahren« genau dar, worum es ging. Statt sich mit den kritischen Studenten, die das Transparent mit der ironischen Aufschrift trugen, auseinanderzusetzen, wurde ihnen von einem Professor gar mit dem KZ gedroht. Zugegeben, ein extremer Fall, aber er sagt aus, dass die Autorität Gehorsam und nicht Einsicht erwartete. Das zu akzeptieren aber waren die kritischen, sich aufklärenden jungen Menschen nicht mehr bereit. Und aus den von ihnen vorgetragenen und über die Medien verbreiteten Thesen zog auch die ältere Generation emanzipatorische Konsequenzen. Daraus ergaben sich ein Werteverlust und ein Wertewandel. Erheblich zurückgegangen ist der Anteil an der deutschen Bevölkerung, bei dem »Pflicht- und Akzeptanzwerte« vorherrschten. Diese sehr große Gruppe neigte zu positiven Einstellungen zum Staat und seinen Institutionen, zeigte »Staatszufriedenheit«, »Staatssympathie« und »Staats- und Parteienvertrauen«, stand dagegen Werten, die mit Selbstentfaltung zu tun haben, negativ gegenüber. Bei genauerem Hinsehen gehören diese Bürger zu den unpolitischen. Während der Staat für sie »vertrauenswürdig«, »ehrlich«, »verlässlich« und »fähig« wirkte, waren Begriffe wie »Zeitung lesen«, »Widerstand gegen Ämter«, »Kontakt mit Politikern«, »politische Diskussionen«, ja sogar »politisches Interesse« und erst recht »Teilnahme an Demonstrationen« negativ besetzt. Solch ein Staatsbezug ist gefährlich, da unkritisch. Allerdings kann eine plötzliche politische Enttäuschung der so treu dem Staat Ergebenen in Hass, Wut und »Verdrossenheit« umschlagen.

Statistisch wurde die Entwicklung so gemessen: Die Frage, auf welche Eigenschaften sollte die Erziehung der Kinder vor allem hinzielen, wurde folgendermaßen beantwortet:

	1964	1976	1992
	%	%	%
Selbständigkeit und freier Wille	31	51	62
Ordnungsliebe und Fleiß	45	41	38
Gehorsam und Unterordnung	25	10	8

Zwischen dem Absinken der Pflichtwerte und dem Ansteigen der Selbstentfaltung besteht allerdings keine hundertprozentige Deckung, es findet kein Austausch wie bei einer kommunizierenden

Röhre statt. Oder in modischem Slang gesagt: Es ist kein Nullsummenspiel.

Zahlreiche Untersuchungen zeigen, dass die Hinwendung zur Selbstentfaltung mit einer Privatisierung des Lebens einhergeht. Dennoch sind die Mitglieder dieser Gruppe politisch, kritisch, besser informiert, bereit zu Aktionen, allerdings weniger in etablierten Formen, und wenn sie in den traditionellen Parteien mitarbeiten, dann gehören sie dort zum linken Flügel.

* * *

Theoretisch ist die Individualisierung in unserem Grundgesetz vorgesehen, das jedem Bürger ein Recht auf Entfaltung der eigenen Persönlichkeit gibt, während dort keine Pflicht zur Gemeinschaft besteht. Grundsätzlich ist die Individualisierung nichts Negatives. Sie ermöglicht jedem Einzelnen, sein Leben so einzurichten, wie es ihm behagt, was einer modernen Demokratie entspricht.

Bei der Diskussion um die Zukunft der Bundeswehr im Frühjahr 1994 meinte die F.D.P., eine »Spreizung der Wehrdienstdauer zwischen neun und zwölf Monaten« sei denkbar, damit der einzelne Soldat die Wahlmöglichkeit hätte, »seine Dienstzeit je nach persönlicher Lebensplanung zu verlängern«. Nicht der Dienst für die Gesellschaft steht an erster Stelle, sondern die Möglichkeit zur Selbstentfaltung.

Dem Grundgesetz folgend, bevorzugen Politik und Justiz in der Bundesrepublik das Individuum vor der Gesellschaft. Das geht sogar so (zu) weit, dass Volljährige bei nicht vorhandenem eigenem Einkommen gegen ihre Eltern auf Unterhalt klagen können – und Recht erhalten, damit sie sich aus der Familiengemeinschaft zurückziehen können, um ihre »Individualität« zu entfalten. Ja, die Gerichte verurteilten Eltern sogar zur Finanzierung eines Zweitstudiums ihres Sprösslings, wenn sie dazu in der Lage waren. Damit wurden die »Kinder« von der Pflicht gegenüber der Gemeinschaft freigesprochen, während die Familie in die Verantwortung genommen wurde. So verliert das Verhältnis zwischen Individuum und Gesellschaft an Gleichgewicht.

Juristisch sind die Urteile sicherlich korrekt, aber ethisch sind sie fragwürdig. Gewiss kann man sich vorstellen, dass Eltern solch einen Zwang auf ein Kind ausüben, dass es ihm unerträglich erscheint, noch länger in der Familie zu verweilen. Wenn es sich um Minderjährige handelt, schreiten die Ämter in solchen Fällen ein. Aber welch ein Verzicht auf die Verantwortung gegenüber sich selbst liegt in der Klage eines Volljährigen gegen seine Eltern auf Geld!

Man braucht sich nicht zu wundern, dass in den letzten beiden Jahrzehnten der mitmenschliche Umgang unverbindlicher, oberflächlicher wurde – aber auch leichter und lockerer. Inzwischen glaubt die Mehrheit der jungen Generation nicht mehr daran, dass es in Zukunft mehr Nachbarschaftshilfe geben wird. Die so eingestellt sind, gehen auch davon aus, dass das Engagement in Bürgerinitiativen sowie die aktive Mitarbeit in Vereinen und sozialen Verbänden zurückgehen werden; ebenso die Teilnahme an Partei- oder Gewerkschaftsarbeit.

Die Individualisierung bedeutet aber nicht nur, dass man sein Leben nach eigenem Gusto gestalten kann, vom Gruppenzwang so frei wie möglich, sondern sie bedeutet letztlich auch »die Aufzehrung und Entzauberung der gruppenspezifischen Identitäts- und Sinnquellen (ethnische Identität, Klassenbewusstsein, Fortschrittsglauben) der Industriegesellschaft«. Darin liegt eine große Gefahr. Denn der Einzelne ist von nun an damit allein gelassen, sich selbst aus sich heraus zu definieren, was unmöglich ist.

»Das eigene Leben wird damit zugleich das globale Leben«, meint der Soziologe Ulrich Beck. Die Individualisierung führt zunächst zum Verlust von Traditionen, die nicht alle schlecht sein müssen. Da der Mensch unter diesem Defizit leidet, erfindet er neue Gewohnheiten, was schwer ist, oder sucht sich, was leicht ist, alte, ganz alte! Ein an Identitätsverlust leidender Jugendlicher, der sich gegenüber der Umwelt aggressiv abgrenzen möchte oder vielleicht von den anderen ausgegrenzt wird, findet auf diese Weise leicht zum Neofaschismus als Tradition, die ihn von den anderen, die ihn individualisieren, abhebt.

Werte brauchen Bestätigung. Wichtig ist, dass die Gesellschaft den bestätigt, der gut handelt, dass sie aber genauso klar dem Ablehnung zeigt, der gegen die Werte verstößt. Sonst bleibt der Ehrliche der Dumme.

* * *

Verantwortung und Pflicht liegen nah beieinander. Und wer Verantwortung für morgen fordert, kann sich nicht aus der Pflicht für heute stehlen. So fordern etwa die Grünen mit ihrem Einsatz für eine gesunde Umwelt die Verantwortung für morgen. Und die Grünen sind die Partei, die am stärksten von jugendlichen Bürgern gewählt wird. Ganz im Sinne der Individualisierung ist sie jedoch eine Partei, die man mit einer Spezialzeitung vergleichen könnte. Sie fordert einen sorgsameren Umgang mit der Natur. Und damit hat sie völlig recht. Ihre Forderung stellt sie jedoch nicht im Zusammenhang mit der Pflicht für die gegenwärtige Gesellschaft, sondern die Partei der Grünen gibt sich – was die Gegenwart betrifft – individualistisch utopisch.

Die Gesellschaft aber ist – es kann nicht oft genug wiederholt werden – Hauptziel allen moralischen Handelns. Und Anfang dieses Jahrhunderts hat Émile Durkheim die politische Gesellschaft als »das Vaterland« definiert. Heute ist Vaterland ein Begriff, den wir nur mit der Feuerzange anfassen, so arg ist er als Begründung für den Ersten und den Zweiten Weltkrieg strapaziert worden. Wer Vaterland hört, denkt schnell an Hitler, das Dritte Reich, die Nazis und damit unwillkürlich an die Judenvernichtung.

Durkheim war, bevor diese Kriege stattfanden, schon sehr modern. Er fasst das Vaterland »als Teilverkörperung der Menschheitsidee« auf: »Das Vaterland, so wie es das moderne Bewusstsein verlangt, ist nicht der eifersüchtige und egoistische Staat, der nichts anderes kennt als seine eigenen Interessen und sich von jeder Moraldisziplin entbunden glaubt. Was seinen Moralwert ausmacht, ist die höchstmögliche Annäherung an die menschliche Gesellschaft, heute noch unerfüllt und vielleicht unerfüllbar, die aber die Idealgrenze darstellt, der wir uns ständig zu nähern versuchen. Man möge sich hüten, in dieser Auffassung vom Vaterland irgendeine utopische Träumerei zu sehen. Die Geschichte lehrt uns, dass sie immer mehr Wirklichkeit wird. Aus der

Tatsache, dass die Gesellschaften immer größer werden, hebt sich das soziale Ideal immer mehr von allen lokalen und ethnischen Bedingungen ab, um einer immer größeren Anzahl von Menschen gemeinsam zu werden, von Menschen aller Rassen und aller Regionen. Damit wird es immer allgemeiner und abstrakter, und abstrakter folglich dem menschlichen Ideal immer näher.«

Den Vaterlandsgedanken, den Durkheim definiert, finden wir in dem Wort wieder, das in Deutschland dazu dient, den belasteten Begriff zu umgehen: Verfassungspatriotismus. Man bekennt sich zum Grundgesetz und so zu den dort aufgezeichneten Rechten. Damit ist die Identifikation mit Kultur und Geschichte des eigenen Landes ersetzt durch die Identifikation mit den Grundwerten.

Ohne dass es den meisten Deutschen bewusst ist, haben sie aufgrund der deutschen Geschichte ein Problem nicht nur mit dem Wort Vaterland, sondern auch mit dem damit zusammenhängenden Begriff Identität. Es wird – selbst von klugen Leuten – gern geleugnet, dass es eine deutsche Identität gebe. Da wird die Ausflucht gebraucht, Identität sei eine Sache, die nur bei einem Individuum zu finden sei. Andere, alte Nationen haben mit ihrer Identität keine Schwierigkeiten; junge Nationen – wie die USA – tun alles, um eine nationale Identität heraufzubeschwören, sei es durch das Sternenbanner, das an jeder öffentlichen Stelle, ja fast in jedem Klassenzimmer zu finden ist, sei es durch unzählige Symbole, die immer wieder die Gemeinschaft beschwören.

In Frankreich hat des Landes bedeutendster Historiker dieses Jahrhunderts, Fernand Braudel, sein dreibändiges Alterswerk »L'identité de la France – Die Identität Frankreichs« genannt. Um eine Identität zu beschreiben, sind drei Bände fast zu wenig, denn sie umfasst so vieles aus der Sozialgeschichte, aus den Hochkulturen, aus der Politik, der Vernunft und aus den Gefühlen eines Volkes, dass jede Schicht, jede Region sich aus dieser Menge ihre Einzelteile für ihre jeweilig besonders geprägte Identität zusammensuchen kann. Sie ist für jeden anders, doch alle finden darin etwas Gemeinsames.

Die Massenvernichtung der Juden durch die deutsche Staatsmaschinerie im Dritten Reich hat zu einer einmaligen historischen Situation geführt: Die Deutschen können sich nicht ungehemmt auf ihre Vergangenheit berufen. 1945 ist ein Trennungsstrich in der Geschichte. Damit ist einem ganzen Volk verwehrt, sich unbelastet auf seine Vergangenheit zu beziehen. Nun beschreibt aber die Vergangenheit eines einzelnen Menschen seine Herkunft. Sie umfasst die Eltern, die Familie, die gemeinsamen Erinnerungen, die Sprache, die Erziehung, die Verbundenheit mit dem, was Heimat genannt wird und ein Ort oder eine Gegend ist. Ähnlich – nur in größerem Rahmen – steht es um die Herkunft eines Volkes, die sich Generation für Generation tradiert. Doch plötzlich entstand zwischen den Generationen ein Bruch, der sich aus zwei Daten herleitet: 1945 und 1968.

* * *

Die Studentenbewegung von 1968 fand ihren Anfang in der Frage, wie die Professoren an den Universitäten mit dem Dritten Reich umgegangen sind. Wie haben sie sich damals verhalten? Die Autoritäten haben zum großen Teil diese Diskussion nicht führen wollen.

Eine Identität des Volkes könne es nicht geben, sagen diejenigen, die den Bruch zwischen der Vorkriegs- und der Nachkriegsgeneration intellektuell dazu benutzen, sich von der Geschichte des eigenen Volkes zu distanzieren. Dabei begehen sie einen elementaren Fehler: Sie trennen die Vergangenheit einfach von der Gegenwart ab. Denn wenn es eine Identität des Volkes gibt, dann ist in dessen Vergangenheit auch die Ermordung der Juden Inhalt. Gibt es keine Identität, dann ist der Holocaust aus der Herkunft gestrichen.

Aber nicht nur historische Entwicklungen, die auch bei unseren Nachbarn auftraten – wie der Antisemitismus, allerdings nicht mit diesen Folgen –, sind in Deutschland belastet, weil sie zum Nationalsozialismus führten, sondern auch kulturelle und volkstümliche Ausdrucksweisen bleiben mit den Nazis so lange verbunden, wie das Gedächtnis reicht.

Als Folge von Auschwitz und diesem Teil der deutschen Geschichte, so sagt Jürgen Habermas, hätten die Deutschen die Möglichkeit eingebüßt, ihre politische Identität auf etwas anderes zu gründen »als auf universalistische und staatsbürgerliche Prinzipien, in deren Licht die nationale Tradition nicht mehr unbesehen, sondern nur noch kritisch und selbstkritisch angeeignet werden kann«. Das zu lehren wäre mutig.

* * *

Eine bewusst wahrgenommene Identität gibt Sicherheit, kann sogar stolz (im positiven Sinn) machen. Wer seine Identität in der Gesellschaft findet, die die Gesamtheit der Moralregeln ausmacht, fühlt sich wie hinter einem Schutzwall geborgen, da er die Möglichkeiten und die Grenzen kennt.

Eine fehlende Identität macht unsicher: nicht nur in der Politik, auch in der Wirtschaft und im täglichen Leben. Viele Deutsche haben mehr oder minder deutlich Probleme damit, Deutsche zu sein. Das erlebe ich immer wieder, wenn ich zum Thema »Angst vor Deutschland« rede. Da erklärte in der Diskussion eine Frau, Mitte dreißig, sie hätte um ein Haar einen Italiener geheiratet, nur um dem Deutschsein zu entfliehen.

Ein Deutscher kann seiner Identität durch Leugnen jedoch nicht davonlaufen. Das spürt er, sobald er im Ausland auf Menschen trifft, die der deutschen Vergangenheit sensibel gegenüberstehen. Als Auslandskorrespondent in New York und Paris bin ich häufig Opfern des Nazi-Regimes begegnet, Menschen, die im KZ gesessen oder dort ihre Familien verloren haben. Als Berichterstatter während des Prozesses gegen den SS-Mann Klaus Barbie in Lyon hatte ich viel mit solchen Menschen oder ihren Angehörigen zu tun. Die ehemalige Leiterin des Kinderheimes von Izieu, dessen Betreuer und Kinder Klaus Barbie nach Auschwitz schickte, darunter die jener Frau, sagte, als ihr Anwalt mich zu ihr führte: »Sie sind der erste Deutsche, mit dem ich seit vierzig Jahren spreche.« Ich war damals gerade 44 Jahre alt.

Deutsche sind Schwaben, Bayern, Hamburger oder Sachsen, Thüringer und Brandenburger – wer einen jungen Menschen fragt, ob er Deutscher sei, erhält häufig als Antwort: »So steht es in meinem Pass.« Auch das ist eine Distanzierung.

Der Größenwahn Hitlers beschränkt heute noch Regierung wie Unternehmer. In der Außen- und Verteidigungspolitik wird die Vergangenheit als Grund dafür angeführt, dass deutsche Soldaten im Auftrag der UNO nicht eingesetzt werden könnten, was andere, auch die Italiener mit ihrer eigenen faschistischen Vergangenheit, tun. Die Italiener haben wieder Neofaschisten an der Macht, doch nicht die Deutschen haben darauf hart reagiert, sondern die Norweger, die idealistisch bekannten, mit den neofaschistischen Ministern jeden Kontakt abzulehnen. War Deutschland vor 1945 ein Land mit großen Forschern und enormen technologischen Leistungen in den Bereichen Atom-, Luftfahrt- und Raketentechnik, so haben die Deutschen seit 1945 Angst vor großen Projekten. Die Franzosen waren es, die die Deutschen zu einer europäischen Zusammenarbeit in der Luftfahrt regelrecht drängen mussten. Weshalb, so in den sechziger Jahren, sollten die Deutschen sich am Bau von Flugzeugen beteiligen, wenn man doch amerikanische kaufen konnte? Wiederum waren es die Franzosen, die Bonn dazu brachten, sich an der europäischen Weltraumfahrt und dem Bau der Ariane-Rakete zu beteiligen. Doch der Hinweis auf die Amerikaner blieb auch diesmal nicht aus. Die Deutschen hatten immer neue Ausflüchte parat. Während die Franzosen mit den Engländern den Kanaltunnel gruben und dieses Mammutprojekt mit einem Finanzvolumen von über fünfzehn Milliarden Mark privat durchführten, konnte sich die deutsche Industrie nicht dazu durchringen, die Magnetschnellbahn Transrapid aufs Gleis zu heben. Da waren staatliche Genehmigung und Hilfe gefragt, statt die Ärmel aufzukrempeln und zu handeln. All das bewirkt eine fehlende Identität.

Durkheim definiert Vaterland modern; dennoch kann man ein Wort, sollte es zu belastet sein, ersetzen. Für die Franzosen ist – neben der Nation Frankreich – der Begriff Republik ein Teil ihrer Identität. Weshalb berufen die Deutschen sich nicht auf solch einen demokratischen Wert?

* * *

»Deutsche, wir können stolz sein auf dieses Land.« So lautete der Wahlslogan von Willy Brandt 1972. Aber inzwischen gilt der Satz: »Ich bin stolz, ein Deutscher zu sein«, als rechtsradikale Parole. Nicht, weil dieser Satz etwas Rechtsradikales ausdrückte, sondern weil Rechtsradikale ihn zu ihrem Slogan gemacht haben. Die beste Bekämpfung des Rechtsradikalismus wäre, wenn alle Demokraten diesen Satz übernähmen. Aber das geht wegen des Problems der Deutschen mit ihrer Herkunft nicht.

Zwar versuchen Prominente aus allen Bereichen der Gesellschaft mit einer Anzeigenkampagne den Begriff *Deutschland* anders zu definieren. Doch was tun sie? Sie bilden Wirtschafts- oder Gewerkschaftsführer ab und sagen:»Deutschland, das sind wir.« Die Vorbildfunktion soll also wirken. Aber das wird nicht ausreichen.

Andere, wie der CDU-Fraktionsvorsitzende Wolfgang Schäuble, plädieren unkritisch für das Nationale. Nichts gegen einige unbelastete nationale Symbole oder Gemeinsamkeiten, nichts gegen die deutsche Fahne, deren Farben Schwarz-Rot-Gold mit den Freiheitskämpfen gegen Napoleon zu tun haben. Doch weshalb versucht man nicht, eine neue Identität aufzubauen und mit Inhalten zu füllen, statt eine alte zu restaurieren – und das mit nationalen Parolen?

Als der französische Premierminister Édouard Balladur im April 1993 seine Antrittsrede vor der Volksversammlung hielt, versprach er, die Gesellschaft innerhalb der nächsten fünf Jahre so zu modernisieren, dass Frankreich für die Welt wieder ein Modell sei. Da mag man schmunzeln, dass Frankreich sich dies anmaßt, aber Frankreich ist heute noch stolz darauf, mit der Revolution von 1789 und den Menschenrechten der (damals europäischen) Welt ein Vorbild gewesen zu sein. Und Frankreich handelt – nicht immer, aber doch immer wieder nach diesen Prinzipien: Als die Apartheidpolitik Südafrikas in der ganzen Welt Kritik hervorrief, zog Frankreich demonstrativ seinen Botschafter ab und ließ ihn für lange Zeit nicht zurückkehren, während die deutsche Politik – trotz aller Vergangenheit – mit Rücksicht auf die in Südafrika stark vertretene deutsche Wirtschaft die Augen schloss.

Eine moderne deutsche Identität könnte darin liegen, der Welt ein Modell an Verantwortung zu sein. Aber: nicht ein belehrendes Modell, sondern ein vorgelebtes.

ALLERLETZTE MELDUNG
Strengste Sitten

»Immer mehr Urlauber weigern sich, sich auszuziehen.
Dieses Verhalten ist sehr beleidigend für wahre Nudisten«,
beklagt sich der Bürgermeister des französischen Nudisten-
ortes Cap d'Agde. Drum hat er eine Strandpolizei aufgestellt,
die angezogenen Strandbesuchern befiehlt, sich sofort
die Badehosen runterzuziehen.

Tugenden sind modern

ugenden sind modern. Diese Behauptung klingt gewagt, denn wer heute von einem tugendhaften Menschen hört, der glaubt sich ins letzte Jahrhundert zurückversetzt: Er stellt sich wahrscheinlich einen wohlgescheitelten Knaben vor; Klassenprimus ist er, Streiche verabscheut er; vielleicht trägt er auch eine Brille, einen dunklen Konfirmandenanzug und petzt; er gilt als Tugendbold, der scheinheilig alle Sittengesetze befolgt und auf andere hinabblickt. Das tugendhafte Mädchen zieht keine »Männerhosen« an, noch nicht einmal ein ärmelloses Kleid und besteht auf Keuschheit.

Tatsächlich galt die Keuschheit als Tugend. Als Benjamin Franklin seinen persönlichen Moralkatalog von dreizehn Tugenden aufstellte, zählte er darunter ganz selbstverständlich auch die Keuschheit und definierte sie in einer Art und Weise, die uns heute eher verstaubt anmutet; seine Maxime lautete: »Gebrauche die Sexualität selten und nur um der Gesundheit oder Nachkommen willen – nie zur Abstumpfung, Schwächung oder Schädigung des eigenen oder des Friedens oder Rufes eines anderen.« Doch wie soll Keuschheit noch als Maßstab des Verhaltens gelten, wenn die Kinder, kaum sind sie sexuell gereift, schon kostenlos Kondome an den Schulen erhalten und in deren Benutzung eingewiesen werden – als Vorsorge weniger gegen Schwangerschaft als gegen die Seuche Aids.

Im strengen Ton einer schwarz gekleideten Gouvernante scheint »die Tugend« zu ermahnen: »Das gehört sich nicht!« Und deshalb versteht die Allgemeinheit heute darunter etwas, das vor allem einschränken soll. Tugend wird so zu etwas Negativem, zu bloßem Nichttun. Hinter der Tugend versteckt sich, so sehen es viele, ein drohender

Zeigefinger, weswegen man nicht zu tun wagt, was man heimlich gern täte. Wer Tugenden so altertümlich definiert, dem muss dieses Wort überholt und veraltet vorkommen.

Ähnliches gilt für Begriffe wie Moral (auch Sitte genannt; Moral bestimmt demnach das Verhalten des Menschen zu sich und seinen Mitmenschen, aber auch zur Natur) und Ethik (als Philosophie und Wissenschaft, die sich mit der Idee des Guten in Bezug auf ein sinnvolles menschliches Leben befassen), die im täglichen Umgang und Sprachgebrauch zu wenig benutzt werden. Selbst gebildete Leute wissen immer seltener eine konkrete Antwort auf die Frage: »Was ist moralisches Handeln?« Dabei galt vor noch nicht allzu langer Zeit die Bezeichnung *tugendhaft* als ehrenvoll, und sie wurde als höchstes Lob einem Verstorbenen sogar auf den Grabstein gemeißelt.

Auch Begriffe unterliegen der Mode. Sie wechseln zwar nicht so schnell wie die jeweilige Frühlings- oder Herbstkleidung, aber doch mit den Generationen. Begriffe wirken nicht mehr modern, wenn sie historisch belastet sind oder aber nicht mehr dem Erkenntnisstand der Gesellschaft entsprechen. Wer würde sich an der Schwelle zum 21. Jahrhundert noch trauen, Tapferkeit zu fordern, wie sie bei den alten Griechen als Kardinaltugend galt? Er würde sich lächerlich machen. Tapferkeit lässt an alte Ritter, an Soldaten, an »kriegerisches« Gehabe denken. Und recht hat, wer die von Ernst Jünger in diesem Jahrhundert geschriebenen Zeilen dafür als Beweis anführt: »In göttlichen Funken spritzt das Blut durch die Adern, wenn man zum Kampfe über die Felder klirrt im klaren Bewusstsein der eigenen Kühnheit. Unter dem Sturmschritt verwehen alle Werte der Welt wie herbstliche Blätter.«

Zu den vier Kardinaltugenden gehört aber auch die Gerechtigkeit, die heute mit dem Attribut *sozial* in jeder Munde ist und zu heftigen politischen Auseinandersetzungen führt. Als Grundwert einer Demokratie wird die Gerechtigkeit bezeichnet, aber wer hätte heute noch den Mut, sie eine Tugend zu nennen? Genauso wie die Toleranz im Umgang mit ausländischen oder jüdischen Bürgern im eigenen Lande jedes Mal hoch und heilig beschworen wird, wenn wieder einmal junge Deutsche einen Brandsatz gegen ein von Ausländern bewohntes

Haus oder in eine Synagoge geworfen haben. Ist sie etwa keine Tugend, die Toleranz?

Viele problembewusste, sich als fortschrittlich einstufende Menschen fordern in diesen Zeiten täglich die Achtung vor der Natur, die gerechte Verteilung der Arbeit und die Gleichberechtigung der Frau, den Kampf gegen Armut und die Zweidrittelgesellschaft, den sorgsamen Umgang mit der Genforschung, verantwortliche Politiker, die keine Soldaten in den Krieg schicken, oder auch die pflegliche Behandlung von Tieren usw. All dies sind fortschrittliche Ziele, die den Namen »moralisch« verdienen und die nur verwirklicht werden können, wenn sich die Gesellschaft darauf einigt, ihr Verhalten an gewissen allgemein gültigen Normen auszurichten. Allerdings widersprechen sich manchmal mehrere jeweils moralisch begründete Forderungen. So wird in Deutschland alles, was mit dem Thema Krieg verbunden ist, aufgrund der Lehren aus der eigenen Geschichte besonders feinfühlig behandelt. Das Eingreifen der UNO-Truppen im Golf verurteilte ein großer Teil der Deutschen moralisch: Solch ein Krieg sei schlecht, da Krieg (besonders wenn er unter amerikanischem Oberkommando geführt wird) an sich schlecht ist. Ein anderer Teil der Deutschen argumentierte ebenso moralisch und kam zu dem Ergebnis: Wer den Frieden wolle, müsse für den Krieg rüsten, um Diktatoren wie Saddam Hussein abzuschrecken. Und nur wer bereit sei, einen begrenzten Krieg auch zu führen, werde den Frieden – so gut wie möglich – bewahren. Wer dies nicht tue, wird besiegt und verliert möglicherweise seine Freiheit und mit ihr einen großen Teil der gesellschaftlichen Werte einer Demokratie. In einem anderen moralischen Zwiespalt stecken diejenigen, die einen Krieg am Golf ablehnen, den Einsatz von Waffen zur Befreiung unterdrückter Völker aber rechtfertigen.

Wie schwer es ist, moralische Richtlinien aufrechtzuerhalten, zeigt die unterschiedliche Beurteilung des Bürgerkrieges im ehemaligen Jugoslawien. Selbst innerhalb der Parteien, die pazifistischen Gedanken eher nahe stehen wie Sozialdemokraten und Bündnis 90 / Die Grünen, war – jeweils aus moralischer Argumentation – keine Einigkeit über solch eine »Kleinigkeit« wie den Einsatz von Tornado-Kampfflugzeugen in Bosnien herbeizuführen. Die einen fürchteten eine Ausweitung des Krieges, die anderen hofften auf den Schutz der Blauhelme und damit der Bevölkerung in dem umkämpften Land. In einem ähnlichen Konflikt befindet sich, wer für die gerechte Verteilung von Arbeit plädiert, den Export von Waffen jedoch ablehnt, was wiederum zum Verlust von Arbeitsplätzen führen würde.

Noch problematischer wird die moralische Festlegung bei Fragen des Lebens. Wann, so wird immer häufiger diskutiert, darf ein Mensch als tot erklärt werden. Damit befassen sich vor allem Mediziner, weil sie den Augenblick bestimmen wollen, von dem an sie aus dem Toten gesunde Körperteile wie Niere, Leber, Herz etc. entnehmen können, um so anderen Todkranken durch die Transplantation eines Organs das Leben zu schenken. Viele Ärzte gehen davon aus, dass der Hirntod der richtige Augenblick sei, denn dann könne ein durch die Herz-Lungen-Maschine am Leben erhaltener Körper am besten für Transplantationen verwertet werden. Wenn der Sterbende sich nicht zum Organspender erklärt hat, wird die Entscheidung, ob seine gesunden Körperteile einen anderen retten, von Angehörigen und deren Gefühlen und Weltanschauung abhängen. Hat aber jemand seine Einwilligung schriftlich niedergelegt, so ist damit auch eine Aussage darüber verbunden, von welchem Zeitpunkt an Organe entnommen werden dürfen. Diese Problematik zwingt zu der unerlässlichen Beantwortung der ethischen Frage, ob ein gesunder Mensch nicht aus Solidarität gegenüber anderen (kranken) Menschen moralisch verpflichtet wäre, sich als Organspender zur Verfügung zu stellen. Daraus könnte dann der Gesetzgeber Folgerungen ziehen und eine rechtlich bindende Regelung beschließen. Die könnte etwa so lauten: Die Entnahme von Organen für Transplantationen ist erlaubt, solange kein Widerspruch eingelegt wird (entweder zu Lebzeiten durch den potenziellen Spender oder nach dem Tod durch Angehörige). Und unter diesen Umständen wird man sich darauf einigen, dass der Mensch aus medizinischer Sicht tot ist, sobald das Hirn aufgehört hat zu funktionieren. Ein Organ zu entnehmen wäre dann ethisch erlaubt.

Und hier entsteht eines jener Probleme, die der Ethik wie der Moral eigen sind: Es kann bei derselben Fragestellung verschiedene Antworten geben. Sollte es moralisch erlaubt sein, den Todeszeitpunkt des Organspenders auf den Moment des Gehirntodes festzulegen, so bleibt dem Toten über diesen Moment, ja auch über den Herztod hinaus dennoch seine grundsätzliche Würde. Denn seine Würde verliert er auch als Leichnam nicht. Es bleibt bei der sittlichen Forderung: *de mortuis nihil nisi bene* – auch die Würde eines Verstorbenen muss gewahrt werden. Das hat in der modernen Welt der elektronischen Kommunikation eine neue Bedeutung.

Denn Aufnahmen von Verunglückten oder Erschossenen werden immer häufiger in aller Breite im Fernsehen gezeigt. Als ein französischer Blauhelmsoldat in Sarajevo erschossen wurde, war ein Kamerateam anwesend und drehte. Von zahlreichen Fernsehsendern der Welt wurde der Kopf des am Boden liegenden Soldaten in Großaufnahme gezeigt, bis der Zuschauer plötzlich sah, wie seine glasig gebrochenen Augen den Tod verkündeten. Eine solche Szene in aller Ausführlichkeit zu senden, verletzt, solange sie keine übergeordnete Bedeutung für die Nachrichtengebung hat, die Würde dieses Toten.

Tritt jemand dafür ein, ein Mensch sei erst dann tot, wenn das Herz aufhöre zu schlagen – bis zu diesem Augenblick stehe ihm das Recht an der eigenen Person zu –, dann wird er bei einer anderen Entscheidung in eine moralische Zwickmühle geraten: Er hat sich nämlich darüber klar zu werden, wann das Leben beginnt. Mit dem ersten Herzschlag als Embryo? Darf unter diesen Umständen abgetrieben werden? Erst nach siebzig Tagen, wenn der Embryo ein Nervensystem gebildet hat? Oder überwiegt hier das Recht der Frau an der eigenen Person und dem eigenen Körper gegenüber den Rechten des anderen Lebens? Kann es überhaupt die moralische Abwägung zwischen zwei Lebensrechten geben?

Jedes der vorgebrachten, einander widersprechenden Argumente kann logisch untermauert werden. Doch die jeweils anders gewählte Ausgangslage führt zu einer unterschiedlichen Schlussfolgerung, ohne dass die entgegengesetzte Meinung unmoralisch sein muss. Die Ursache dafür liegt in den Wertvorstellungen, die für die entsprechenden Beweisführungen vorausgesetzt werden. Und es gibt jeweils verschiedene Gründe, weshalb eine Person den einen oder den anderen

Wert als Anfang für seine Argumentationskette wählt. Was macht es so schwer, zwischen scheinbar gleichwertigen Meinungen abzuwägen? *Erstens* stehen sich gelegentlich unterschiedliche Werte oder Tugenden gegenüber – etwa Freiheit oder Gleichheit –, und es fehlt der Gesellschaft jener Maßstab, der darüber entscheidet, welcher der beiden ethischen Ansprüche im Streitfall überwiegt.

Zweitens stellt sich die Frage nach dem Grund, weshalb eine Person so und nicht anders handelt. Welcher Grund zwingt sie in die Pflicht, fordert von ihr das »du sollst«? Moralisch kann er nur sein, wenn er an objektiven Normen gemessen werden kann und sich über die persönliche Willkür erhebt.

Drittens schließlich haben moralische Werte und Tugenden verschiedene historische Wurzeln, und man kommt häufig zu anderen ethischen Ergebnissen, je nachdem, ob man sich auf Aristoteles oder Thomas von Aquin, auf Jean-Jacques Rousseau oder Adam Smith – und heute auf Max Weber oder Jürgen Habermas, auf John Rawls, oder Friedrich A. von Hayek stützt. Die unhistorische Behandlung ethischer Fragen führt jedoch in die Irre, besonders dann, wenn Moralphilosophen der Vergangenheit so an der gegenwärtigen Auseinandersetzung beteiligt werden, als lebten sie heute. Vergessen wir nicht, welche Erkenntnisse wir über die Jahrhunderte hinzugewonnen haben! So lehnen wir heute die Sklaverei als barbarisch ab, während sie etwa für Aristoteles unbestrittener Teil des normalen gesellschaftlichen Lebens eines griechischen Stadtstaates war. Als zeitlich näher liegendes Beispiel mag die ungerechte Verklärung der Männer gegenüber den Frauen dienen. Wer könnte heute noch ungestraft wie Arthur Schopenhauer schreiben: »Gerechtigkeit ist mehr die männliche, Menschenliebe mehr die weibliche Tugend. Der Gedanke, Weiber das Richteramt verwalten zu sehn, erregt Lachen ...«

Wenn die westlichen und östlichen Gesellschaften Ende des 20. Jahrhunderts die Frage nach dem Verbleib ihrer ethischen Werte überprüfen, und zwar anhand der Normen, nach denen sie sich heute richten sollten, so hat dies zwei wesentliche Gründe: Zum einen ist das Abendland in diesem Jahrhundert mit seinen eigenen Normen schändlich umgegangen, zum anderen entfiel mit dem Zusammenbruch des Kommunismus die Ersatzbegründung für das, was als *gut* oder *böse* anzusehen war. Bis weit ins letzte Jahrhundert hinein besaßen christliche Vorstellungen von Moral eine wesentliche Bedeutung. Doch nicht zuletzt mit den barbarischen Weltkriegen (auf jeder Seite kämpfte Gott mit uns, waren *Dieu* und *God* dabei), mit der systematischen Vernichtung von Millionen Kindern, Frauen und Männern in den Konzentrationslagern und im Anschluss daran mit der unreflektierten Ernennung von *Fortschritt* und *Individualismus* zu Götzen verlor die westliche Zivilisation einen wesentlichen Teil ihrer ethischen Identität.

Zweitens machte sich stattdessen während der weltanschaulichen Auseinandersetzungen in den letzten hundert Jahren der Glaube breit, es genüge, sich auf die jeweils eigene ideologische Position zu berufen, um das Gute zu definieren. Der ideologische Gegner war stets das Böse. Der Kalte Krieg zwischen Kommunismus und Kapitalismus ist zwar in den achtziger Jahren beendet worden, aber nicht durch den Sieg des Guten über das Böse, sondern weil der praktische Versuch, die sozialen Probleme des Kapitalismus mit Hilfe der Diktatur des Proletariats zu überwinden, gescheitert ist. Und zwar versagte das gesellschaftliche Experiment, weil sich die Diktatoren der sozialistischen Staaten nicht nach den vorgegebenen ethischen Werten des sozialistischen Gedankens – etwa der Gerechtigkeit und der Gleichheit – richteten. Sie verhielten sich eher wie die Schweine in Orwells *Farm der Tiere* und wollten gleicher sein als das einfache Volk. So starb der Traum von einer besseren Welt in den sozialistischen Staaten, weil sie sich kein Gerüst allgemein gültiger Tugenden gebaut und danach gelebt haben. Aber auch der Westen empfand es in dieser Zeit als nicht notwendig, sich aus sich selbst heraus zu definieren, sondern ihm reichte das ihm gegenüberstehende Bild vom »Reich des Bösen«, um das eigene Verhalten als gut zu empfinden.

Nun sind in dieser Zeit der Ideologien die Worte, die Moral und Ethik ausmachen, wenig angewandt worden. So geriet die Sprache in Unordnung und mit ihr die Ethik selbst. Denn wenn die Bürger Moral als überholte Bezeichnung, Tugend als verstaubt und Pflicht als *out* betrachten, dann passen auch die Inhalte nicht mehr zusammen. Allerdings scheint ein Widerspruch darin zu liegen, dass politisch bewusste

Menschen Tugenden und Moral als veraltete Begriffe abtun, gleichzeitig aber Ideale vertreten, die Tugenden sind und sich nur im Rahmen einer Ethik völlig entfalten können. Deshalb ist es notwendig, die Begriffe wieder zu beleben und ihren auf eine fortschrittliche Gesellschaft ausgerichteten Inhalt hervorzuheben. Man muss Worte wie Tugend wieder in das bewusst erkannte System der Ethik einordnen, sodass sie besser funktionieren und nicht nur Wünsche oder Ideen bleiben. Ohne Ethik kann keine demokratische Gesellschaft bestehen. Ethik bestimmt nun einmal, was in einer Gesellschaft als *gut* oder *böse* angesehen wird, und dies zunächst im vorgesetzlichen Raum. Stellen wir uns die Ethik als ein Uhrwerk vor, das nur pünktlich läuft, wenn die Einzelteile stark genug und ihre Verbindungen festgeschraubt, gut geregelt und geschmiert sind. Eine Ethik bildet sich durch die Erkenntnis einer Gesellschaft, dass sie sich auf gemeinsame Regeln verständigen muss, weshalb sie bestimmte Verhaltensweisen und Ziele als nützlich und gut, andere aber als schädlich und schlecht bezeichnet. Inhalte von Ethik und Moral sind Werte und Tugenden. Ein Wert im kaufmännischen Verständnis bedeutet Gegenwert, Geld- oder Tauschwert; im ethischen Sinn versteht man unter einem Wert eine sittliche Idee oder Forderung, die zu befolgen jedes Mitglied der ethischen Gemeinschaft unabhängig von seinen eigenen Gelüsten oder Vorteilen anerkennt.

Der erste Wert einer jeden Ethik ist die *Würde des Menschen*, denn von ihrer Respektierung geht jede Entscheidung zwischen Gut und Böse aus. Die Anzahl ethischer Werte und Tugenden lässt sich in keiner Liste abschließend aufzählen. Je nach dem Stand der Erkenntnis und dem Zustand einer Gesellschaft entwickeln sich neue Werte und Tugenden, verändern sich alte, wandeln andere ihre Bedeutung. So wurde aus der aristotelischen *Tapferkeit* die heutige *Zivilcourage*. So hat sich die *Wohlfahrt* über die Jahrhunderte hin gewandelt, wurde zur *Barmherzigkeit*, aus der zur Zeit der Französischen Revolution die *Brüderlichkeit* entstand, und die hat sich mit den aufkommenden sozialistischen Ideen zur *Solidarität* entwickelt. Die Begriffe haben sich mit den gesellschaftlichen Bedingungen verändert, der ethische Grundgedanke ist jedoch immer der Gleiche geblieben.

Freiheit ist ein genauso wichtiger Wert wie *Frieden* oder *Individuum*, doch stehen ihnen in ihrer moralischen Bedeutung *Gerechtigkeit* und *Toleranz* nicht nach. Die beiden letzten Werte lassen sich auch als Tugenden bezeichnen. Seit Platon und Aristoteles ist die *Tugend* ein Grundbegriff der Ethik. Für die griechischen Philosophen war die *Tugend* das Ideal der Erziehung des Menschen zu einer vortrefflichen Persönlichkeit. Sie bestimmt das richtige Handeln im ethischen Sinn. Unter Tugend versteht man eine Grundhaltung des Menschen. Jede Tugend ist eine »Disposition«, eine Veranlagung, die den Menschen befähigt, seine Handlungen sittlichen Motiven unterzuordnen. Tugenden, so sagt Aristoteles, sind nicht einfach angeboren, sondern sie werden durch Erfahrung eingeübt und entwickelt. Wenn jemand handelt, dann veranlasst die Tugend, dass er die richtige Entscheidung trifft. Und der Mensch findet zur rechten Entscheidung, weil er über moralische Eigenschaften verfügt und so weiß, stets das rechte Maß zu wählen, das in der Mitte zwischen zwei falschen (extremen) Möglichkeiten liegt: »Als Erstes ist zu erkennen, dass derartige Eigenschaften durch Mangel oder Übermaß zugrunde zu gehen pflegen (denn man muss vom Sichtbaren auf das Unsichtbare schließen), so wie wir es bei Kraft und Gesundheit sehen.« So vernichtet übermäßiges Turnen die Kraft genauso wie zu wenig Turnen. Ebenso zerstört ein Zuviel oder Zuwenig an Speise und Trank die Gesundheit; das Angemessene dagegen schafft Gesundheit, mehrt sie und erhält sie. So verhält es sich auch mit der Besonnenheit, Tapferkeit und den übrigen Tugenden. Wer alles flieht und fürchtet und nichts aushält, der wird feige; wer aber vor gar nichts Angst hat, sondern auf alles losgeht, der wird tollkühn. Wer jede Lust auskostet und sich niemals enthält, wird zügellos; wer aber alle Lust meidet, wird stumpf wie ein Tölpel. »So gehen also Besonnenheit und Tapferkeit durch Übermaß und Mangel zugrunde, werden aber durch das Mittelmaß bewahrt.« Freilich gesteht Aristoteles ein, dass nicht jede Handlung Raum für eine Mitte hat. Zwar kann man sich einen Mangel an Gerechtigkeit oder Solidarität vorstellen, doch nicht ein Übermaß. Ein Mangel an Toleranz wird häufig beklagt, doch nicht ihre zu starke Anwendung.

Über die Jahrhunderte hinweg hat sich gewandelt, was unter den jeweiligen Tugenden zu verstehen ist. Zu den vier Kardinaltugenden von Plato – *Klugheit, Gerechtigkeit, Tapferkeit, Besonnenheit* – fügten Papst Gregor der Große und Thomas von Aquin für das Christentum die theologischen Tugenden – *Glaube, Hoffnung* und *Liebe* – hinzu. Das Verständnis von Tugend verengte sich unter dem Einfluss des Absolutismus, sodass als soziale Tugend fast ausschließlich der Gehorsam gegenüber der Autorität und ihren Befehlen angesehen wurde. Aus der Tapferkeit, die als Eigenschaft bei Aristoteles zwischen Feigheit und Tollkühnheit lag, um als Tugend für das Gute und Rechte zu kämpfen, wurde blinder militärischer Gehorsam.

Auch nachdem die absolutistischen Monarchien in der Folge der Französischen Revolution durch republikanische Staaten abgelöst worden waren, änderte sich wenig in den vermeintlich ethischen Vorstellungen der Bürger. Gemäß den gängigen Morallehrbüchern blieb die vornehmste Aufgabe des Bürgers die unkritische Pflichterfüllung. Und dies wirkt bis heute nach: Weshalb das Wort Pflicht – in der Moralphilosophie ein wichtiger Begriff – immer noch dumpf und abstoßend wirkt. Und schließlich verkam der moralische Begriff zu den »bürgerlichen Tugenden« Pünktlichkeit, Sparsamkeit und Fleiß, die heute von so manchem auch als *Sekundär*tugenden lächerlich gemacht werden.

Der Begriff der Tugend war auf individualistische und gesetzliche Definitionen verengt worden und wurde deshalb im 19. Jahrhundert vor allem von Friedrich Nietzsche hart kritisiert; und damit hat das Wort *Tugend* jenen negativen Klang erhalten, der heute bei vielen Menschen im Unterbewusstsein mitschwingt, wenn dieser Begriff moralisch benutzt wird. Denn nicht immer ist die moralische Tugend gemeint, wenn von Tugenden gesprochen wird. Die Sauberkeit etwa mag im menschlichen Zusammenleben angenehm sein, mit Ethik hat sie wenig zu tun.

Als der deutsche Philosoph Max Scheler zu Beginn des 20. Jahrhunderts eine »Rehabilitierung der Tugenden« versuchte, beklagte er die Rührseligkeit, mit der in den Jahrhunderten zuvor die Tugend unter das Volk gebracht werden sollte, was sie zu einer »alten keifenden zahnlosen Jungfer« gemacht habe. Aus Untugenden können allerdings auch fragwürdige Tugenden werden: Was einst als Habgier negativ bezeichnet wurde, ist heute eine Wirtschaftstugend mit dem schönen Namen *Gewinnmaximierung*.

Aristoteles ging davon aus, dass jeder Mensch über drei Anlagen verfügt, die sein Handeln bestimmen: Leidenschaften, Fähigkeit und Eigenschaften. Leidenschaften sind Empfindungen, bei denen Lust oder Schmerz gefühlt werden, also: Begierde, Zorn, Angst, Mut, Neid, Freude, Liebe, Hass oder Missgunst. Fähigkeiten erlauben uns, diese Leidenschaften als Zorn, Schmerz oder Mitleid zu empfinden. Die Eigenschaften aber steuern unser Verhalten, sodass es als richtig und gut oder falsch und böse angesehen wird. Und auch heute noch definieren Philosophen die Tugenden als Eigenschaften. Sie sind Eigenschaften, die das Verhalten des Menschen auf den Weg zum Guten hin lenken. Doch wie kommt der Mensch in den Besitz dieser Eigenschaften, die doch nicht angeboren sind? Durch Lernen, Erfahren, Wissen – also durch Vernunft.

Eine Ethik besteht aus den Werten, die im vorgesetzlichen Raum das Verhalten der Menschen untereinander regeln. Die Gesetze selbst sind Ausfluss der ethischen Vorstellungen der Mitglieder einer Gesellschaft, doch da Gesetzgebungsverfahren häufig sehr mühsam sind und lange dauern, ändern sich ethische Vorstellungen schneller als gesetzliche Normen. Und je komplizierter die moderne Welt mit ihren raschen Veränderungen wird, etwa durch Erfindungen im technologischen Bereich, umso wichtiger werden ethische Vorstellungen, die das Handeln des Einzelnen entsprechend der gemeinsamen vorgenommenen Festlegung von Werten und Tugenden bestimmen.

Voraussetzung für jede Ethik ist also das Streben nach dem Guten. Was gut handeln heißt, definiert sich aus der Erkenntnis, aber auch aus Traditionen und Gebräuchen. Voraussetzung für ein moralisches Wertgefüge in einer demokratischen Gesellschaft ist, dass ethische Werte nicht autoritär festgelegt werden, auch nicht durch göttlich bestimmten Glauben, sondern durch Wissen, durch die Vernunft. Die Werte geben die ideellen Ziele vor, die Tugenden bestimmen das ideale Handeln. Doch von allein wirkt eine Ethik nicht, sondern sie bedarf gewisser Werkzeuge, um zu überzeugen. Hat nicht Aristoteles schon beklagt, dass der Mensch lieber seinen Gelüsten nachgeht, als sich maßvoll zu verhalten?

Als solches Werkzeug mögen zwei Begriffe dienen, die im heutigen Sprachgebrauch keine große Begeisterung hervorrufen: *Einsicht* und *Gehorsam.* Das Individuum muss nicht nur lernen, sondern auch verstehen, dass es nicht alles tun darf, was es könnte (und lieber möchte). Und tatsächlich fällt es leichter zu gehorchen, wenn die Einsicht vorhanden ist. Wie leicht das geht, können wir an dem in den letzten Jahren gewachsenen Umweltbewusstsein sehen. Während in den sechziger Jahren jedermann ohne Rücksicht auf die Umwelt Müll wegwarf, sortieren die Bürger ihren Müll neuerdings so verantwortungsvoll, dass die Verwerter kaum noch nachkommen. Je jünger die Menschen sind, desto *tugendhafter,* nämlich *verantwortungsvoller,* gehen sie mit der Umwelt (und dem Müll) um. In dieser Hinsicht sind sie – im Gegensatz zu den älteren Generationen – besser zu moralischem Handeln erzogen worden. Sie haben die Einsicht gewonnen, dass sie so handeln müssen, wenn sie die Natur schützen wollen. Damit streben sie das Gute an – und gehorchen vielleicht sogar; ohne es zu bemerken, erfüllen sie eine Pflicht. Sie folgen einer Vorgabe, einem moralischen Befehl, der lautet:»Du sollst den Müll nicht in die Umwelt kippen!« Allerdings empfinden sie ihre Handlung nicht als Gehorsam, denn sie folgen dem Befehl ja freiwillig.

Dies ist das Moderne an der Ethik: *Sie geht von der Freiwilligkeit aus.* Diese Freiwilligkeit entsteht durch die Einsicht in die Notwendigkeit moralischen Handelns. Ich habe die Freiheit, mich zu moralischem Handeln zu entscheiden. Wenn ich mich jedoch entschieden habe, dann trage ich auch die Verantwortung für mein Handeln. Wie aber sind die jungen Menschen zu einem tugendhafteren Verhalten gelangt als ihre Eltern? Durch Erziehung. Doch die Erziehung zum moralischen Verhalten in der Familie, in der Schule oder allgemein im Gesellschaftsleben ist nur eine Teilstrecke auf dem Weg zur Vollendung einer Person zum tugendhaften Charakter.

Gelernt wird nicht nur durch die Aufnahme von Wissen, sondern auch durch Einüben und Zwang. Einmal dadurch, dass man sich selbst in die Pflicht nimmt, wenn man eingesehen hat, dass eine andere Entscheidung als »du sollst« moralisch nicht vertretbar ist. Aber auch dadurch, dass andere unmoralisches Verhalten durch sozialen Druck strafen. Es ist bekannt, dass Mitarbeiter im Handel mehr aus ihren Läden stehlen, als es die Kunden tun. Doch der Ladendiebstahl wird in der Öffentlichkeit immer noch dem Käufer zugeschrieben. Mitarbeiter stehlen, weil sie sich nicht mit ihrem Unternehmen identifizieren, und auch deshalb, weil »alle es tun«. Mitarbeiter, die einen anderen dabei erwischen, wie er »etwas mitgehen« lässt, sagen selten: »Das tut man nicht!« Obwohl es angebracht wäre. So fehlt der soziale Druck, so stellt sich kein psychischer Zwang, kein schlechtes Gewissen, keine Scham, keine Schuld ein.

Der Autor dieser Zeilen wurde von der Polizeiakademie in Hamburg eingeladen, über den Werteverlust in unserer Gesellschaft zu sprechen. Eine Polizeiwache war in jenen Tagen wegen Unregelmäßigkeiten im Umgang mit Schwarzafrikanern ins Gerede gekommen. Deshalb wurde das Argument angeführt, um unmoralische Handlungen zu verhindern, müssten alle Mitarbeiter des Reviers auf einen Kollegen Druck ausüben, der sich Farbigen gegenüber rassistisch verhalte. Das daraufhin folgende peinliche Schweigen durchbrach schließlich ein kritischer Polizist, der schilderte, wie die anderen tatsächlich reagierten. Um die rassistischen Übergriffe des Kollegen zu mindern, verhafteten sie für ihn einige Afrikaner, damit er bei Dienstbeginn wenigstens deren Personalien aufnehmen konnte. Statt sein unmoralisches Handeln zu rügen, unterstützten sie ihn, sodass er davon ausgehen konnte, sein Treiben sei gesellschaftlich akzeptiert und damit nicht (unbedingt) böse.

Oder ein anderes Erlebnis: Das Vorstandsmitglied einer großen deutschen Versicherung erkundigte sich bei dem Autor, ob er vor Mitarbeitern dieses Unternehmens über Fragen der Werte in der Gesellschaft sprechen wolle, zumal der Versicherungsbetrug – und der lässige Umgang der Versicherungen damit – so zum Volkssport geworden sei, dass der ehrliche Versicherungsnehmer der Dumme sei, weil er für den Betrug der anderen mit erhöhten Beiträgen bestraft werde. Auf die Bemerkung des Autors, er habe seinen Hausrat bei dem betreffenden Unternehmen versichert, scherzte der Manager: »Dann können Sie ja gleich mal eine Teekanne als zerschlagen anmelden.« Er betonte allerdings, dass er damit selber tue, was er eigentlich verhindern wolle. Diese Beispiele zeigen, dass eine Moral nicht als etwas Eigenes, von der Gesellschaft, in der sie wirkt, Abgehobenes besteht. Wertungen können von sozialen Tatsachen nicht getrennt werden. Diese Erkenntnis setzt voraus, dass sich jeder über seinen sozialen Platz in der Gesellschaft im Klaren ist. Wer nicht weiß, wo er steht, wie jene Jugendlichen, die Brandsätze gegen die Heime von Ausländern werfen, ist schwer zu tugendhaftem Verhalten zu erziehen. Tugenden sind also nur ein Teil in dem großen Räderwerk, das zum Gelingen eines guten Lebens in der Gesellschaft beiträgt. Es scheint notwendig, dass der Einzelne darüber nachdenkt, vielleicht umdenkt. Das Ziel einer modernen Ethik kann heute nur *die verantwortliche, freie und gerechte Gesellschaft* sein. Doch ist das angestrebte Ergebnis nur zu erreichen, wenn sich aus dem moralischen Denken des Einzelnen eine öffentliche Meinung bildet, die auf demokratischem Wege zu gesellschaftlichen und politischen Maßnahmen führt.

ALLERLETZTE MELDUNG

Zu couragiert

Zivilcourage ist eine Tugend. Aber belohnt wird man nicht immer dafür. Der Beamte Paul van Buitenen, der durch die Aufdeckung korrupter Machenschaften den segensreichen Rücktritt der Europäischen Kommission auslöste, bewarb sich um eine Beschäftigung in der neugeschaffenen Abteilung, die Bestechung und Vetternwirtschaft innerhalb der Europäischen Kommission verhindern soll. Aber der Fachmann für Korruption wurde nicht genommen, sondern in eine Abteilung versetzt, in der er zuständig ist für den Einkauf von Farbe, Lampenschirmen und für die Zählung von Glühbirnen.

Lob der Höflichkeit

Für sich genommen sei Höflichkeit zweitrangig, schrieb der französische Moralphilosoph André Comte-Sponville, ja, sogar lächerlich: »Neben der Tugend oder der Intelligenz ist sie wie ein Nichts, und genau das muss die Höflichkeit in ihrer feinen Zurückhaltung ebenfalls auszudrücken imstande sein.« Später allerdings bezeichnete er die Höflichkeit doch als Ursprung aller Tugenden.

Der Begriff »Höflichkeit« kommt ursprünglich, wie man leicht erkennt, vom richtigen Verhalten bei Hofe, also von dort, wo die vornehmen Leute, die Vorbilder für die bürgerliche Klasse, zusammentrafen. Gegenüber dem König verhielten sich seine Untertanen »höflich«, sie nahmen Rücksicht auf ihn, denn lange Zeit war er ein Herrscher von Gottes Gnaden. Der deutsche Kaiser war bis zum Ende des Ersten Weltkriegs das Oberhaupt der protestantischen Kirche in Deutschland! Mit ihm sollte man besonders ehrfürchtig umgehen. Dieser »höfliche« Ton setzte sich in der Hierarchie nach unten fort.

Die Zeiten der Kaiser und Könige sind vorbei, und »Höflichkeit« ist gleichbedeutend geworden mit »richtigem Benehmen«, wie es aus einer guten Erziehung hervorgeht.

Die ersten Verhaltensregeln, die ein Kind hört, lauten meist nur: »Nein, tu dies nicht, tu jenes nicht!« Viele Handlungen sind verboten, weil sie schlecht, schmutzig, gefährlich sind, andere sind geboten, weil sie gut, richtig, notwendig sind. Das Kind verfügt aber noch nicht über Maßstäbe, die ihm erlauben, »richtig« und »falsch« oder gar »gut« und »böse« zu unterscheiden. Es lernt nur, was es darf und was es nicht darf, was man macht oder was man unterlässt. »Höflichkeit« oder »gutes Benehmen« soll die triebhaften Wünsche des Kindes regulieren, damit es auf ein Zusammenleben ohne zu große Konflikte vorbereitet wird. Es lernt im besten Fall Manieren, also sich anderen gegenüber in angenehmer Weise zu verhalten und Kränkungen zu vermeiden. Die Eltern bringen ihm bei, »bitte« zu sagen, wenn es etwas möchte, und damit lernt es, freundlich um Aufmerksamkeit zu »bitten«. Und es erfährt, dass »danke« ein Wort ist, mit dem man sich für eine Aufmerksamkeit erkenntlich zeigt.

Höflichkeit wird so zu einem elementaren Bestandteil der zwischenmenschlichen Beziehungen, die weitgehend über die Sprache funktionieren. Höflichkeit gehört als unverzichtbarer Bestandteil zu einer Gesellschaft, die Wert darauf legt, dass Kommunikation und Beziehungen zwischen ihren Mitgliedern ausgeglichen funktionieren.

»Formeln von Kindern herbeten zu lassen, das dient zu nichts«, sagte der aus heutiger Sicht vielleicht zu gestrenge Philosoph Immanuel Kant und geht hier wohl von einer allzu abstrakten philosophischen Vorstellung aus. Heutzutage wäre man ja schon oft froh, könnten Kinder und Jugendliche Formeln des höflichen Umgangs wenigstens herbeten. Das wäre dann schon mal die Voraussetzung, dass alle einen Begriff davon haben, worum es geht. André Comte-Sponville dagegen hat wohl recht, wenn er trotz aller Bedenken die Höflichkeit zur Mutter aller Tugenden ernennt: »Die Höflichkeit (›das tut man nicht‹) kommt also vor der Moral (›das darf man nicht tun‹), die sich erst ganz allmählich bildet, gewissermaßen als verinnerlichte Höflichkeit, befreit von Äußerlichkeiten und Interessen, vollständig eingebunden in die Gesinnung (von der die Höflichkeit nur die praktische Seite kennt). Doch wie könnte die Moral zum Vorschein kommen, wenn die Höflichkeit nicht zuerst da wäre? Die guten Sitten kommen vor den guten Taten und führen zu ihnen.«

Das mit der Moral fängt also ganz klein an. Aber selbst diese elementaren Übungen sind vielen Menschen lästig, und Eltern und Lehrer sind nicht selten überfordert damit.

Schlägereien auf dem Schulhof, das Klingeln der Mobiltelefone im Unterricht, Essen und Trinken, während der Lehrer Aufgaben verteilt, bei den Eltern einfach dazwischenreden, während sich Vater und Mutter unterhalten, die Liste des heute üblichen Verhaltens ist lang, und es ist beileibe nicht nur auf die lieben Kleinen beschränkt. Wer kennt sie nicht, die Drängler im Straßenverkehr und an der Supermarktkasse, die Alle-hören-meine-Musik-Mitreisenden oder Wohnungsnachbarn.

Aber die Ungeduld in der Gesellschaft solchen Zeitgenossen gegenüber wächst und mit ihr der Wunsch nach mehr Manieren. Der eine oder andere Lehrer verlangt besseres Benehmen, auch manch ein Politiker wagt es, bürgerliche Tugenden wie Höflichkeit, Ordnung, Fleiß wieder zum Ziel der Erziehung zu erheben.

Bremens Bildungssenator Willi Lemke zum Beispiel forderte lautstark in einer Boulevardzeitung, die Schüler sollten wieder höflicher werden, zur Begrüßung der Lehrer aufstehen und nicht mit »Reizwäsche« in die Schule gehen. Vor der Konsequenz, »Benehmen« als Pflichtfach an den Schulen einzuführen, schreckte er aber zurück. Die Umgangsformen sollten ständig nebenbei im Schulalltag vermittelt werden.

Immer wieder aber setzen Pädagogen, die täglich unter der Unhöflichkeit der Schüler leiden, Zeichen.

So der Leiter der Gesamtschule Badenstedt in Niedersachsen. Er hat einen »Schulvertrag« entworfen, den alle 810 Schüler und deren Eltern unterschreiben mussten. Bei Verstößen gegen den Vertrag sind Strafen angedroht, etwa: das Klassenzimmer putzen.

Der Vertrag regelt den Umgang miteinander recht ausführlich.

- *Kleidung:* Keine tiefen Ausschnitte, keine tief sitzenden Hüfthosen, die Pofalte darf nicht zu sehen sein. Keine T-Shirts mit provokantem Aufdruck wie »Schule ist doof«.
- *Elektronische Geräte:* Mobiltelefone müssen am Schuleingang ausgeschaltet werden. Walkman und MP3-Player bleiben im Unterricht ausgeschaltet. Fotografieren und Filmen in der Schule ist nicht erlaubt.
- *Verhalten:* Die Schulsprache ist Deutsch. Niemand soll beschimpft, beleidigt, geschlagen oder bedroht werden. Nicht spucken oder fluchen. Den Schwächeren soll man helfen, Mut machen, sie trösten.

Auch diese Beispiele zeigen, wie der Leidensdruck in der Gesellschaft wächst. Und doch ist eine große Mehrheit in Deutschland immer noch nicht bereit, Höflichkeit und gutes Benehmen als notwendigen Teil der Erziehung anzuerkennen. Allerdings hätte man es schon gerne, dass die anderen »sich benehmen«, während man sich selbst oder seinem Sprössling jede Form der »freien Selbstentfaltung« (sprich: Rücksichtslosigkeit) gerne zugesteht, ja zum obersten Prinzip erhebt. Dass Schüler etwas gegen Benimmunterricht einzuwenden haben, das mag man noch mit deren Unreife abtun. Unreife bedeutet hier das Nichtwissen um das Funktionieren von Regeln zum Wohle eines friedlichen, ja freundlichen Zusammenlebens in einer Gemeinschaft. So räumt die Vorstandssprecherin der Bremer Landesschulvertretung, die Schülerin Lea Voigt, ein, dass es keine »nette Atmosphäre von gegenseitigem Respekt und Toleranz« gebe, »aber die Konsequenzen sind die falschen«. Statt Schülern »moralische Maßstäbe einzuhämmern«, sollten Politiker und Pädagogen die Ursachen des Elends beseitigen. Und damit meint die Vertreterin der Schüler: weniger »Selektion und Leistungsdruck« ausüben und endlich mehr Berufsaussichten schaffen. Sie denkt rein individualistisch und kurzschlüssig – keine Leistung, dafür aber garantierte Belohnung. Das ist selbst ökonomisch paradox, sie hat also nichts von der Bedeutung moralischer Regeln für eine Gesellschaft verstanden. Aber wie sollte sie auch, wenn es ihr niemand, weder Eltern noch Lehrer, beigebracht hat.

Als Politiker in Hamburg beschlossen, das gute Benehmen an die Schulen zu tragen, kommentierte die dortige Lokalzeitung, es sei keine gute Idee, »Benimmunterricht« als festen Bestandteil des Stundenplans einzuführen. »Die Schule ist als Reparaturbetrieb für die nachlassende Erziehungsleistung der Eltern schon jetzt überfordert. Die Schulen müssen sich im Unterricht dringend auf das Kerngeschäft konzentrieren: die Wissensvermittlung, die Entwicklung musischer und sportlicher Fähigkeiten der jungen Menschen.«

Und manch einer scheut sogar vor absurden Argumenten nicht zurück wie: Auch der eine oder andere SS-Mann sei äußerst höflich gewesen. So warf Oskar Lafontaine einst Bundeskanzler Helmut Schmidt vor, er spreche von »Pflichtgefühl, Berechenbarkeit, Machbarkeit, Standhaftigkeit. Das sind Sekundärtugenden. Ganz präzise gesagt: Damit kann man auch ein KZ betreiben.«Lafontaine hat sich kurz darauf bei Helmut Schmidt entschuldigt und sehr viel später sogar erklärt:»Ich habe in meinen Ämtern bewiesen, dass es ohne Sekundärtugenden nicht geht. Als Ministerpräsident und Parteivorsitzender hatte ich einen 15-Stunden-Tag, habe täglich Fleiß, Pünktlichkeit und Zuverlässigkeit praktiziert. Aber bis zum heutigen Tag haben viele Deutsche nicht verstanden, dass diese Sekundärtugenden in jedem System eingesetzt werden können. Man kann bei guten und bei bösen Taten fleißig, zuverlässig und pünktlich sein.«

Die Kritik von Intellektuellen an der Höflichkeit begann in Frankreich schon im 17. Jahrhundert. Der aristokratischen Gesellschaft wurde von den Moralisten vorgeworfen, ihre guten Sitten seien nur Maske und Schein. Sie seien nicht»authentisch«. Die Ursache der Kritik lag in der Ablehnung des Hofes und der dort herrschenden Sitten durch die Intellektuellen. Doch die Höflichkeit in einer demokratischen Gesellschaft darf mit der Verlogenheit des Lebens am Hofe von Versailles nicht verglichen werden. Höflichkeit bedeutet ja zunächst, richtig zu handeln. Von den Kritikern des»Konzepts Höflichkeit« hört man in Deutschland aber nicht nur das Argument, wer höflich ist, sei verlogen, da lässt man,»ehrlich« und»authentisch«, wie man eben ist, einfach mal die Sau raus. Immer gern genommen wird auch die Behauptung, dass»gutes Benehmen irgendwie reaktionär bis faschistisch, freiheitseinengend, verklemmt, frauen- oder gar ausländerfeindlich oder sonst was ganz Schlimmes sei«, schreibt die Publizistin Cora Stephan und folgert daraus:»Wir sind wahrscheinlich das flegelhafteste Land weit und breit – aber das authentisch & identisch.« Wer höflich ist und sich benimmt, der handelt auch sozial und letztlich sogar politisch: Er will nämlich das Zusammenleben freundlich gestalten. Wie wenig ausgeprägt dieses Verhalten vor allem bei uns zu Lande ist, weiß jeder.

»Machen Sie bitte keine Umstände«, sagt jemand, der sich für die höfliche Geste eines anderen bedankt. Aber Umstände gemacht zu bekommen gehört zu den kleinen Freuden des Lebens. Umstände machen heißt: Zeit zu vergeuden. Der Zwang, immer schneller und immer effektiver zu handeln, mit der Zeit wie mit einem seltenen Gut umzugehen, richtet die Aufmerksamkeit vieler Leute nur auf die offensichtlich materiellen Ergebnisse ihres Handelns. Für die Kosten ist der Faktor Zeit dabei eine wichtige Größe. Ein höflicher Mensch weiß, dass er Rücksicht nehmen, vielleicht Umstände machen muss und deswegen das Eigene hintanstellt. Dafür nimmt er sich die Zeit.

Über die Unhöflichkeit, ja Rüpelhaftigkeit deutscher Autofahrer könnte man Bibliotheken vollschreiben: Wenn jemand rangiert, dann wird gehupt und sich vorgedrängt, was Signalhorn und Gummi hergeben. Nein, ich warte nicht. Ich bin authentisch. Und ich bin im Recht. Höflichkeit hieße nachgeben. Und nachgeben erscheint unnatürlich.

Solche Menschen benehmen sich wie Rüpel. Und wir sollten sie gemäß dem Motto, Klartext zu sprechen, auch Rüpel nennen.

Leider ist der Rüpel häufig zum Vorbild in unserer Gesellschaft geworden. Von Vorbildern aber lernen die nachwachsenden Generationen. Als in Bremen eine heftige Debatte ausbrach wegen der Einführung des Schulfachs »Umgang, Benehmen, Verhalten«, kritisierten Schüler die schlechte Vorbildfunktion der Erwachsenen und die Eltern das Fehlverhalten von Lehrern. Der Umgangston gegenüber den Lehrern sei oft »nicht nett«, sagte eine Schülerin, und: »Warum sollte ein Hauptschüler aufpassen und sich benehmen, wenn er später eh keine Lehrstelle kriegt. Da stört ihn auch die Sechs nicht mehr.« Dem Mädchen fehlt die Erkenntnis, dass bürgerliche Tugenden, gute Noten und die Anstellung als Auszubildende in der Regel sehr eng zusammenhängen.

Ein anderer Schülervertreter klagte:»Man muss sich nur anschauen, wie Lehrer und Schüler nach dem Unterricht zum Bus stürmen. Die wollen alle nur schnell nach Hause. Es ist normal geworden, dass man sich nicht mehr gegenseitig grüßt.«

Weil Lehrern und Eltern immer mehr als Vorbilder und Vermittler von »gutem Benehmen« versagen, würde ein entsprechender Unterricht an der Schule möglicherweise helfen. Aber er ergibt keinen Sinn, wenn nicht wenigstens auch an der Schule und auf dem Weg zum Bus gelebt wird, was die Lehrer vermitteln sollen.

Zur Höflichkeit gehört es aber auch, Distanz zu wahren. Höflichkeit bewahrt den Mitmenschen körperlich und geistig vor zu großer Nähe, sie erwartet nicht nur Anpassung an die Bedürfnisse des anderen, sie gestattet diesem ausdrücklich Freiheiten: sich auszudrücken, zu entwickeln und so weiter. Aber auch diese Seite der Höflichkeit lassen wir Deutsche oft vermissen. Wenn wir einmal eine Sache, ein Verhalten als »richtig« oder »gut« erkannt haben, dann drängen wir uns als Besserwisser dem anderen auf.

Ein seit langer Zeit in Paris arbeitender deutscher Kollege erzählte mir neulich von einer Begegnung mit seinem Chefredakteur, die für ihn sehr unangenehm war. In Frankreich hätten Taktgefühl – noch so ein schöner Begriff für »Höflichkeit« – und Diskretion jeden abgehalten, sich so aufzuspielen, wie der Chef es tat. Der lud seinen Korrespondenten, der auf Heimatbesuch gekommen war, zum Essen ein, was ja an sich eine nette Geste ist. Der Gast aus Paris bestellte beim Kellner ein Eisbein mit Sauerkraut und dazu ein Wasser. Er verzichtete auf Bier, weil er lange Jahre alkoholkrank gewesen, inzwischen aber geheilt war. Der Chefredakteur rief dem Kellner lautstark zu: »Bringen Sie ihm ein Bier und einen Schnaps!« Der Korrespondent bat höflich darum, von dieser Bestellung Abstand zu nehmen. Der Chefredakteur, noch lauter, den Einwand beiseite wischend: »Ein Eisbein ohne Bier und Schnaps schmeckt nicht. Es bleibt dabei!« In seiner Not konnte sich der Korrespondent nur in die grobe Bemerkung retten: »Entweder Sie respektieren meine Bestellung oder wir essen nie mehr zusammen.« Taktgefühl hätte geholfen, solch eine unerfreuliche Situation, die beide Personen in Verlegenheit bringt, zu vermeiden.

Höflichkeit hat nicht zuletzt auch noch eine ästhetische Komponente: Sie soll das Leben schön machen. So gehört zur Höflichkeit auch die äußere Form, die aus Haltung, Gebärde, Sprache und vielem mehr besteht.

Das trifft beispielsweise auch auf so etwas wie Kleiderregeln zu.

Deutsche Journalisten unterscheiden sich von Kollegen in anderen Ländern meist schon durch ihre Kleidung. Sie gehen bewusst nachlässig, ja schlampig gekleidet zur Arbeit. Als ich als Korrespondent in die USA versetzt wurde, war ich – selbst ziemlich schludrig gekleidet – erstaunt, dass manche Redakteure mit Anzug und Weste im Büro erschienen. Es könnte ja sein, dass sie zu einem auswärtigen Termin geschickt würden, und da wollten sie ihren jeweiligen Gesprächspartnern durch ihre Kleidung Respekt erweisen. Ich habe das eingesehen und mich angepasst.

Als später in Paris eines Tages der französische Staatspräsident François Mitterrand der ARD ein großes Interview zusagte, bat ich die Mitglieder der drei deutschen Kamerateams des Pariser Studios, statt des sonst üblichen Pullovers bei diesem besonderen Arbeitseinsatz im Élysée-Palast mit Jacke und Krawatte zu erscheinen. Dies gebiete der Respekt gegenüber unserem Gastgeber. Mancher aus dem Team kam der Bitte nur mürrisch nach. Und kaum hatte der französische Staatspräsident den Salon verlassen, in dem wir mit ihm drehten, riss sich einer der deutschen Kameraleute die Krawatte ostentativ wieder vom Hals. So, als habe sie ihn gewürgt. Mir erschien das nur als Wichtigtuerei und Demonstration seiner Selbstgefälligkeit.

Zur Verleihung des Deutschen Filmpreises oder des Deutschen Fernsehpreises bitten die Gastgeber die Geladenen, sich dem Anlass entsprechend feierlich zu kleiden und im Smoking zu erscheinen. Während in England und den Vereinigten Staaten von Amerika so eine festliche Kleidung selbst zu größeren Abendessen in privatem Kreis angelegt wird, ist das in Deutschland inzwischen nicht mehr üblich. Vielleicht liegt das daran, dass sich die Lehren aus »Kleider machen Leute« oder »des Kaisers neue Kleider« zu stark in unser Bewusstsein eingegraben haben?

Jedenfalls erscheinen selbst viele der für Preise Nominierten, seien es Schauspieler, Produzenten oder Regisseure, aus Trotz gegen den von den Gastgebern erbetenen Smoking im dunklen Anzug mit offenem Hemd.

Vermutlich sehen sie sich als Kulturkritiker, die dafür sorgen wollen, dass die ganze Aufmerksamkeit nicht ihnen gilt, sondern der Sache – also ihrer Arbeit, die ausgezeichnet werden soll. Allerdings wird so eine Atmosphäre geschaffen, hat schon der Religionsphilosoph Romano Guardini geklagt, »in welcher die Sachlichkeit zur Grobheit wird. Diese sieht alles das, was wir als Gegenstand der Ehrerbietung erkannt haben: die Person des Menschen, seine Würde, sein Herz und Gefühl ... als unwesentlich an – soweit sie nicht ihrerseits als ›Sache‹ in eine Rechnung eingesetzt werden. Und jedes Mitempfinden und Bedenken des fremden Lebens, seiner Zustände und Stimmungen, der jeweiligen Situationen in ihrer Besonderheit, was alles zur Höflichkeit gehört, wird dann ›überflüssig‹. Die Wirkung aber ist schlimm: Das Dasein verarmt und verroht.«

ALLERLETZTE MELDUNG

Anstand

Die Bewohner des Altenheims in der südmährischen Stadt Teltsch werden vor dem Einzug ins Heim mit einem Schreiben der Leitung des Hauses aufgefordert, ihre Totenkleider mitzubringen, da es äußerst schwer sei, von Verwandten eines Verstorbenen entsprechende Kleidungsstücke zu erhalten. Begründung für die Vorschrift: »Tote müssen im Sarg anständig bekleidet sein.«

FREIHEIT, GLEICHHEIT, BRÜDERLICKEIT

Wie steht es in unseren modernen Gesellschaften um die Ideale der Französischen Revolution: Liberté, Egalité, Fraternité? Freiheit, die ich fürchte war der Titel von Ulrich Wickerts erstem Buch, das 1981 erschienen ist. Er äußerte sich darin sehr kritisch über bürokratischen Despotismus und die Parteiendemokratie in Deutschland.

Nach dem Fall der Mauer stellte sich die Frage nach der Solidarität mit den Ostdeutschen und Osteuropäern. Wickert widmete sich diesem Thema in verschiedenen Aufsätzen. Nach der Finanzkrise von 2007, die die westliche kapitalistische Welt an den Rand des Ruins führte, geriet die Gier in der Finanz- und Wirtschaftswelt in den Fokus. Wickert schrieb damals: »Gerade in der heutigen Zeit gibt es immer mehr Menschen, die den absolut freien Markt beschwören und die – das ist ein Zitat – sagen: ›Die Freiheit der Wirtschaft ist die ethische Unabhängigkeit des Handelns.‹ Das ist für mich absurd; Freiheit ist niemals absolut, sondern wird durch Verantwortung beschränkt. Das Zitat stammt zwar interessanterweise von keinem Ökonomen, sondern von einem Philosophen, dennoch finde ich die Aussage borniert. Es gibt in einer Gesellschaft keine regelfreien Bereiche, und die Ethik stellt ja nichts anderes als das Gesamtgerüst der gesellschaftlichen Regeln dar. Die Wirtschaft kann sich von den ethischen Regeln nicht einfach ausnehmen.«

Frankreich, das Land der Moralisten des 17. und 18. Jahrhunderts, das Land der Menschenrechte, hat Wickert wohl auch in dieser Hinsicht geprägt. Und seine Bücher zeigen, dass er nicht anders kann, als sich immer wieder neu mit dem Zustand der Gesellschaft auseinanderzusetzen.

Gerechtigkeit für alle?

Nicht nur die Werte wandeln sich mit den Generationen, auch die Rangfolge hat sich selbst bei den Philosophen über die Jahrhunderte, ja über die Jahrtausende hinweg verschoben. *Freiheit* ist für Gesellschaft, Politik und Wirtschaft heute die Grundformel, ohne die Gleichheit und Brüderlichkeit nicht denkbar wären. Ohne Freiheit kann der Mensch nicht zwischen Gut und Böse unterscheiden. Und frei ist er nur als Individuum. »Auf seine Freiheit verzichten«, sagt Rousseau, »heißt auf seine Eigenschaft als Mensch, auf seine Menschenrechte, sogar auf seine Pflichten verzichten.«

Gleichheit und Brüderlichkeit sind nur Stützwerte der Freiheit für das Funktionieren einer gerechten und sozialen Gesellschaft. Wobei der Begriff *Gleichheit*, oberflächlich betrachtet, falsche Hoffnungen wecken kann. Gleichheit bedeutet nicht, dass alle Menschen die gleichen Ansprüche hätten, noch nicht einmal, dass alle ein Anrecht auf ein Leben in gleichen Umständen geltend machen können. Wer auf dem Land aufwächst, hat nicht die gleichen Anregungen wie der, der in der Großstadt zur Schule geht. Wer von reichen Eltern geboren wird, hat eine bessere Ausgangslage als der von armer Herkunft.

Gleichheit ist zunächst ein rechtlicher Begriff, der als Prinzip vorsieht, dass vor dem Recht ein jeder »ohne Ansehen seiner Person« gleich behandelt werden soll. Das ist der Grund, den heute vielleicht manch einer schon vergessen hat, weshalb Justitia als Statue mit der Waage in der Hand verbundene Augen hat, nicht aber – wie Spötter sagen – weil sie blind ist. Unter Gleichheit verstehen wir also Gerechtigkeit.

Da im modernen Sozialstaat zur Menschenwürde auch das Recht

auf eine angemessene soziale Existenz gehört, geht die Gerechtigkeit über das normale Gesetz hinaus. Der Staat hat die Aufgabe, für soziale Gerechtigkeit zu sorgen, dem Armen die gleichen Bildungschancen zu ermöglichen, wie der Reiche sie hat, oder etwa einem Menschen in Not ein Recht auf Unterstützung zuzugestehen.

* * *

Bei Platon stand nicht die Freiheit, sondern die *Gerechtigkeit* an erster Stelle auf der Tugendskala, die Anfang des 20. Jahrhunderts in der Ethik (etwa bei dem Philosophen Nicolai Hartmann, später bei John Rawls) an die unterste Stelle tritt. Der Unterschied zwischen Platon und Hartmann liegt in einer anderen, veränderten Einschätzung von Gerechtigkeit, die zu einer unterschiedlichen Definition führt. Für Platon bedeutet der *gerechte* Staat nichts anderes als der ideale, der vollkommene Staat. Hartmann meint, die Gerechtigkeit sei eine sittliche Minimalforderung, die noch kein besonderes sittliches Verdienst in sich birgt.

Das System des Kommunismus stellte die Gleichheit sogar über die Freiheit, weil es die Gleichheit der Besitzverhältnisse als Grundwert einer gerechten Gesellschaft ansah. Voller Stolz behaupten heute nun die Anhänger der »freien« Marktwirtschaft, der Ostblock sei zusammengebrochen, weil der Mensch sich nicht umerziehen lasse: Er wolle frei nach Eigentum streben können und nicht zur »Gleichmacherei umerzogen« werden. Und da nun einmal der eine fleißiger als der andere sei, mehr Risiko auf sich nehme oder einfach geschickter handele, werde der eine reich und der andere nicht. Der Mensch – so die Marktwirtschaftler – wolle, was das Eigentum angeht, nicht gleich sein.

Ein Beispiel aus der Wirklichkeit widerspricht dieser Ansicht. Da besteht im Westen Kanadas die streng nach christlichen Regeln lebende Gemeinschaft der Hutterer, die ursprünglich aus deutschsprachigen Gebieten Europas stammt und jetzt etwa zwanzigtausend Menschen umfasst. Sie leben in dörflichen Gesellschaften, bei denen es, außer dem wirklich privaten Besitz von Kleidung, Möbeln etc., kein Einzeleigentum gibt. Die Häuser, die Traktoren, die Autos, die Felder sind

Gemeineigentum. Der Einzelne benötigt nur wenig Geld, da alle Ausgaben aus der gemeinsamen Kasse bezahlt werden. Alle sind gleich – vor Gott. Und Gottes Werte bestimmen das Leben ihrer Dorfeinheit.

Ich war eine kurze Weile in solch einer Gemeinschaft zu Gast und habe erfahren, dass die meisten äußerst zufrieden mit sich und ihrer Umwelt sind, zufriedener als die Menschen »draußen«. In der Gleichheit »vor Gott« erleben sie eine große Freiheit. Sie duzen jeden, weil sie auch Gott duzen. Und als eine Abordnung der Hutterer der englischen Königin als Monarchin von Kanada vorgestellt wurde, durften die Hutterer auch Elisabeth II. mit »Du« ansprechen.

Gleichheit vor Gott ist mehr als die vor dem Recht und dem Eigentum, sie ist Freiheit. Um diese Freiheit zu erhalten, übt die Gemeinschaft einen erheblichen Druck aus, der sich streng an die biblischen Werte – zuerst die Zehn Gebote – hält. (Hutterer sind, weil sie dem fünften Gebot – Du sollst nicht töten – solch großen Wert beimessen, in Kanada vom Wehrdienst befreit.) Es gibt gegen Verstöße strenge Strafen, die von den Ältesten ausgesprochen werden können. Das beginnt damit, dass man einen oder zwei Tage mit den anderen nicht reden darf, und endet mit dem »Bann«, dem Ausschluss aus der Gemeinschaft – entweder für eine gewisse Zeit oder für immer. Das mag so streng wirken wie bei uns »lebenslänglich«.

Wegen der Strenge in der Gemeinschaft, die nicht größer ist als die in jeder anderen Gesellschaft auch, brechen junge Leute hin und wieder aus ihren Dörfern aus, weil sie die Freiheit draußen für verlockender halten. Die meisten kehren jedoch zurück, weil sie die Vereinzelung in der Marktwirtschaft nicht ertragen. Die tiefe Ruhe, die die Hutterer ausstrahlen, ist bewundernswert. Sie leben ein gesellschaftliches Modell vor, in dem die Mitglieder der Gemeinschaft Einsicht in die Pflichten zeigen. Allerdings kann nach diesen Wertvorstellungen nur leben, wer in diese protestantische Glaubensgemeinschaft hineingeboren worden ist und den Auserwähltheitsanspruch akzeptiert. Die individualistische Welt lässt sich auf diesen »paradiesischen« Zustand gewiss nicht zurückdrehen.

* * *

Die Besitzverhältnisse und die damit verbundene Ausbeutung der Nichtbesitzenden waren es, die im 19. Jahrhundert den Klassenkampf um das Eigentum beflügelten. Nach dem jetzt erfolgten Zusammenbruch jenes Teiles der Welt, der die klassenlose Gesellschaft als Utopie zumindest vor siebzig Jahren, zur Zeit der Russischen Revolution, im Geiste mittrug, stellen die Soziologen in Deutschland fest, dass sich hier eine Gesellschaft ohne Stände und Klassen schon angebahnt hat.

»Die Ungleichheit der Menschen in unserer Gesellschaft lässt sich nicht mehr in Klassen fassen«, ist eines der Hauptergebnisse einer Untersuchung des Soziologen Ulrich Beck. Während sich früher Angehörige der oberen Mittelschicht und der Arbeiterschicht durch Kleidung, Sprachstil, Wohnart, politische Einstellung, Konsum, Urlaub oder Automarke unterschieden, sind heute die Zusammenhänge sehr viel unübersichtlicher geworden. Wenn heute ein Mann aus dem Mercedes steigt und Tennis spielt, so Beck, wisse man nicht, ob er Direktor oder Facharbeiter ist.

Mit dem Ausbau des Sozialstaates, der Verrechtlichung der Arbeitsbeziehung, den gleichen Chancen bei der Bildung, dem erhöhten Lebensstandard und der sozialen wie geographischen Beweglichkeit haben sich ständisch geprägte Klassenunterschiede aufgelöst. Allerdings bedeutet dies nicht, dass alle Ungleichheiten verschwunden sind.

Dass die Emanzipation der Frau – trotz aller öffentlich bekundeten Einsichten und obwohl die Gleichheit von Frau und Mann nun seit über zwanzig Jahren in aller Munde ist – immer noch nicht umgesetzt werden konnte, ist ein Skandal. Diese ungleiche Behandlung ist ungerecht. Überall! Für die gleiche Arbeit werden Frauen im Allgemeinen schlechter bezahlt als Männer. Im Falle einer Entlassung sind Frauen eher betroffen als Männer. Und in den meisten Regierungen sind Frauen Alibi-Politikerinnen.

Nun gut, die SPD hat die Quotenregelung eingeführt, doch bei den anderen etablierten Parteien hat man den Eindruck, dass sie im Ausgleich dazu weniger Frauen aufstellen, weshalb die Frauen in der CDU auch schon murren und von der Quote reden. Im Bundestag sind weibliche Abgeordnete eine Minderheit. In den Medien gibt es keine Frau als Intendantin, wenige in den übrigen Chefpositionen.

Es mangelt nicht an kompetenten Frauen, es liegt vielmehr an einer festgefahrenen Männerriege, die in Deutschland Frauen weniger nach oben kommen lässt als in vielen anderen Industrieländern. Das trifft besonders die Wirtschaft und die Finanzinstitute. Auch in der schreibenden Zunft kommen Frauen als Herausgeberinnen, Chefredakteurinnen, Ressortleiterinnen selten vor, obwohl die Wochenzeitung *Die Zeit* ihre beste Zeit unter einer Frau – Marion Gräfin Dönhoff – hatte. Diese Ungerechtigkeiten sind zu beklagen, sind bekannt und werden sich nur ändern, wenn die Einsicht wächst.

* * *

Es existieren andere Ungerechtigkeiten, über die in der Gesellschaft eher geschwiegen wird, da die einen kein Interesse an einer öffentlichen Debatte haben, die anderen sich das Türchen aber auch offenhalten wollen, weil sie hoffen, eines Tages davon zu profitieren. So entstehen Tabus. Es gibt eine ungerechte Behandlung zwischen denen, die viel haben, und denen, die nichts haben. Dies ist nicht neu, ist auch keine sozialistische Kritik, sondern eine, die fordert, im Rahmen der Marktwirtschaft für Moral zu sorgen.

Da klagte der Präsident des Bundesfinanzhofs, Franz Klein, auf der Jahrestagung des Bundesverbands deutscher Stiftungen, Parteien – und er meinte natürlich die SPD – würden im Fall eines Wahlsiegs die Reichen höher besteuern. Damit leisteten sie ihrem Land einen schlechten Dienst, denn sie verleiteten die Reichen zur Steuerflucht. Was für eine Moralvorstellung steckt hinter solch einer Bemerkung? Wenn die Reichen unmoralisch (Steuerflucht) handeln, ist es Schuld einer Regierung, die eine Pflicht für die Gesellschaft einfordert!

Finanzhofchef Klein erinnerte an den Ausspruch des Finanzministers von Ludwig XIV., Steuern zu erheben heiße, die Gans so zu rupfen, dass man möglichst viele Federn bei möglichst wenig Schnattern erhalte. Das deutsche Steuerrecht verhelfe dagegen nur zu wenigen Federn bei möglichst viel Geschnattere. Als Hauptübel bezeichnete Klein den Unterschied zwischen der Steuer, die man zahlen müsste, und der tatsächlich gezahlten. Wenn dieser Unterschied nicht verringert werde, zahlten bald nur noch die »Dummen« Steuern; die anderen übertrügen ihre Erträge und Gewinne in Niedriglohn- und Niedrigsteuerländer.

Wenn die SPD davon spricht, die »Besserverdienenden« sollten die Kosten der deutschen Einheit tragen, und damit diejenigen meint, die – als Verheiratete – 120000 Mark verdienen, so wird die Steuerlast diejenigen treffen, die so wenig verdienen, dass ihnen kein Geld zum Abschreiben bleibt. In diesen Jahren der Einheit erklären alle Steuerberater den mehr als Besserverdienenden, der Staat habe ihnen ein Jahrhundertgeschenk gemacht: Wer richtig in den östlichen Bundesländern investiere, der zahle fünf Jahre lang gar keine Steuern. Das können nur diejenigen, die mehr verdienen, als sie für ihren Lebensunterhalt benötigen.

Für solch eine ungerechte Lösung kann man immer noch Gründe finden: Der Staat locke auf diese Weise Investitionen dorthin, wo sie dringend benötigt würden. Aber diese gesetzlich geregelte Ungleichheit ist nur ein kleiner Zipfel an gesellschaftlich (staatlich) geduldeter Ungerechtigkeit, die einem Mangel an Ethik bei Staat und Wirtschaft entspringt.

Es geht immer ums liebe Geld. Der Betrug des Immobilienbesitzers Schneider fällt unter die Kategorie Wirtschaftskriminalität, genauso wie die nicht genehmigte Lieferung von Gütern nach Libyen, in den Irak oder den Iran, oder wenn deutsche Firmen helfen, Giftgasfabriken etc. zu bauen. Diese Taten sind strafrechtlich relevant und werden so behandelt. Moralisch macht uns das Ausland – »Auschwitz in the sand« – mehr Vorwürfe, als es die Bundesregierung oder die Standesorganisationen gegenüber der Wirtschaft taten. Hier wäre es moralische Pflicht, öffentlich die betroffenen Unternehmer zu stigmatisieren.

Alles, was nicht verboten ist, gilt im Wirtschaftsleben als erlaubt. Selbst wenn es von noch so großem sozialem Schaden ist, dass es eigentlich verboten werden müsste. Dazu gehört der undurchsichtige Bereich der Steuerhinterziehung. Es gibt in der Gesellschaft eine relativ freizügige Betrachtung dieses Tatbestands. Aber auch der Staat geht damit um, als handle es sich um ein Kavaliersdelikt. Da beginnt die Ungerechtigkeit.

Um den Staatshaushalt zu sanieren, werden den Sozialhilfeempfängern und anderen bedürftigen Gruppen fünfzehn bis zwanzig Milliarden Mark gestrichen, obwohl der Wert Gleichheit ihnen einen – aus der Würde des Menschen hergeleiteten – Anspruch auf Hilfe gewährt. Während die Steuerhinterziehung – so wird geschätzt – den Staat zweihundert Milliarden Mark kostet.

Weshalb, so stellt sich die Frage, sorgt der Staat nicht für eine größere Steuergerechtigkeit, statt den Bedürftigen die Hilfe zu nehmen. Dazu gehörte zweierlei: einmal der Wille, zum anderen die Kompetenz. Man muss »wollen«, denen, die viel verdienen – und deshalb viel an der Steuer vorbeischleusen –, mehr zu nehmen (das könnten sie einer Regierung übelnehmen). Zum anderen müsste man einfachere Gesetze machen, um die Finanzbeamten in die Lage zu versetzen, die Steuergleichheit auch verwirklichen zu können. Das zweite folgt aber nur, wenn das erste gewollt wird. Das ist nicht der Fall, und so duldet der Staat lieber weiter. Die Wirtschaft folgt also weiterhin nicht den Gesetzen, und der Staat schaut zu.

Legale Unternehmen bedienen sich gelegentlich auch illegaler Methoden. Tag für Tag praktizieren Tausende von Firmen Umweltkriminalität, indem sie Fremdstoffe in die Flüsse oder Meere kippen lassen oder indem sie in Drittländern den Müll abladen, den sie in Deutschland nicht entsorgen wollen. Ein anderes Beispiel: Wirtschaftlich ist es sinnvoll, gesetzlich ist es erlaubt, Schiffe unter Billigflaggen fahren zu lassen, Mannschaften aus Asien oder Lateinamerika zu Dumpinglöhnen anzuheuern und – das Schlimmste – dabei alle Sicherheitsstandards zu umgehen. Das ist nur unmoralisch. Solche Verstöße werden häufig als Einzelfälle gesehen, gehören aber in einen größeren Zusammenhang und müssen im Rahmen einer Diskussion um die Ethik einer Gesellschaft ernsthaft geprüft werden – und dürfen nicht leichthin in die Ecke der Kapitalismus-Kritik abgeschoben werden.

Und noch unerfreulicher: Man spricht heute bereits ganz offiziell von Regierungskriminalität. Weshalb duldet sie der Staat? Ein Grund liegt darin, dass jede Regierung ein gesteigertes Interesse hat, die Wirtschaft über das Maß hinaus zu fördern, das noch im legalen Bereich zulässig wäre. Hinzu kommt, dass der Staat eventuell auch versucht, manche Leute zu schützen, sie einer Strafverfolgung zu entziehen oder die sie verfolgenden Behörden zu beeinflussen. In großen Verfahren kommen häufig von mehreren Hundert Delikten nur zehn oder fünfzehn aus »prozessökonomischen« Gründen seitens der Staatsanwaltschaft tatsächlich zur Anklage. So wird nicht der gesamte Umfang des durch den Beschuldigten verursachten Schadens ermittelt – mit Wissen und Wollen der Justiz; etwa, weil der betroffene Unternehmer in der Wirtschaft eine bedeutende Rolle spielt.

Eine Staatsanwaltschaft kann – als Anklagebehörde – auch verhindern, dass es zu einer Anklage kommt. Das Opportunitätsprinzip, das nun gilt, entlastet einerseits den Staatsanwalt, doch jetzt kann er entscheiden, ob ein Wirtschaftsverbrechen seiner Meinung nach sozial schädlich war oder nicht. Da kann er bestimmte Verstöße einfach dulden, nicht unbedingt als bösen Willen. Denn die Staatsanwaltschaften sind mit der Kleinkriminalität total überlastet und zu schlecht ausgestattet, um die komplizierten Vorgänge von großen Wirtschaftsvergehen voll zu erfassen. Da muss der Ankläger zusätzlich Volks- oder Betriebswirt sein und auch noch internationale Zusammenhänge durchschauen, um hinter große Millionenschiebereien blicken zu können.

Zwar bestehen beim Bundeskriminalamt und den Landeskriminalämtern Sonderdienststellen, die allerdings meist überlastet sind und deshalb große Sammelverfahren weiterschieben: vom BKA zum LKA und zur nächsten Polizeidienststelle, sodass es nie wirklich zur Ermittlung kommt. Aber es fehlen nicht nur die Spezialisten, sondern auch der staatliche Wille. Hier versagen die Innenpolitiker, sogar jene, die so gern nach harten Maßnahmen und »mehr« Polizei rufen. Mehr Polizei wäre nicht vonnöten, es reichte eine Umschichtung: weg von der akribischen Verfolgung der Kleinkriminalität. Die wirklich große Kriminalität richtet einen ganz anderen Schaden für die Gesellschaft an. Mit einem Unterschied: Die Großkriminellen duschen sich häufiger, sprechen ein gepflegteres Deutsch, haben seltener eine »Fahne« und spielen vielleicht auch noch Golf. Die Gewichte bei der Verteidigung der Werte sind hier falsch verteilt.

* * *

Die Banken gehören zu dem Wirtschaftszweig, der wegen der internationalen Verflechtung möglichst kaum kontrolliert wird. Und wenn Kontrollen stattfinden, dann geht man nachlässig und großzügig vor. Als die Quellensteuer in Deutschland – auf Druck von Frankreich – eingeführt wurde, erlaubte es der Staat, dass seriöse Institute, wie etwa die Deutsche Bank, sich eine Niederlassung in Luxemburg zulegten (wie alle anderen größeren deutschen Banken auch), damit die Gelder, die vor dieser Steuer flohen, dort in Luxemburg sofort wieder in die gleiche Bank eingezahlt werden konnten. Solches Vorgehen wird nicht nur gesetzlich erlaubt, sondern auch moralisch hingenommen. Wie das Ifo-Institut für Wirtschaftsforschung errechnete, lag das Aufkommen aus der Zinssteuer im Jahr 1993 dann auch um dreizehn Milliarden Mark niedriger als erwartet.

Hunderte von Milliarden verschwinden so in Steueroasen – bis auf die Bahamas oder gar die Cayman-Inseln. Wer aus Deutschland Bargeld entfernen will, dem helfen die Banken ungeniert – und »der Staat« weiß es, ohne an die Pflichten einer Gesellschaft zu erinnern. Da wird von der Regierung nicht an die moralischen Grundwerte appelliert. Stattdessen werden Gesetze gemacht, um die Bevölkerung zu beruhigen, aber mit einem milden Augenzwinkern schaut dieser Staat zu, wie die Wirtschaft die Gesetze wieder umgeht. Häufig haben Fachleute den Verdacht geäußert, in vielen die Wirtschaft betreffenden Gesetzen seien vom Gesetzgeber bewusst Hintertürchen offengelassen worden. Damit schwindet das Vertrauen nicht nur in die Banken, sondern auch in die Politik.

Wie solch eine Hintertür angelegt werden kann, zeigte der Versuch, mit dem die F.D.P. – die Wirtschaftspartei, wie sie sich selbst bezeichnet – das »Waschen« von Geld am »Geldwäschegesetz« vorbei ermöglichen wollte. Um zu verhindern, dass Drogengelder legalisiert werden, müssen Banken ab einer gewissen Summe, die eingezahlt wird, sich über deren legale Herkunft versichern. Nur für Rechtsanwälte sollte – so wollte es die F.D.P. – eine Ausnahmegenehmigung geschaffen werden, sodass es keine Schwierigkeit gewesen wäre, das Gesetz mittels eines Anwalts zu umgehen. Nur weil die Liberalen es so plump anpackten und Öffentlichkeit wie Opposition sensibel reagierten, konnte verhindert werden, dass das Gesetz in sich schon die Entschärfung beinhaltete. Aber häufig sind Gesetze und deren Schlupflöcher so kompliziert angelegt, dass nur wahre Spezialisten sie verstehen.

* * *

Weshalb reagiert nun die Allgemeinheit auf ethisches Fehlverhalten in der Wirtschaft so zögerlich? Sicher liegt es daran, dass jeder Einzelne auch seinen kleinen Versicherungsbetrug, seine kleine Falschangabe bei der Steuer, sein bisschen Schwarzarbeit zu verantworten hat, sodass er schweigt, wenn er von den großen Verstößen hört. Das Unrechtsbewusstsein fehlt. Und es schwindet noch mehr, wenn er dann von den immer größeren Gaunereien erfährt, wenn ihm klar wird, wie politische Parteien entweder wegschauen oder aktiv mitmachen. Dann weitet er seine unethischen Praktiken ebenfalls aus. In Buchläden gehören zu den Dieben inzwischen regelmäßig auch wohlsituierte Bürger und Bürgerinnen; in den Supermärkten nimmt auch schon mal ein Politiker etwas mit; Schwarzfahren ist jedermanns Sport. So dreht sich die Spirale des unmoralischen Handelns immer weiter.

Wolfgang Ockenfels, Wirtschafts- und Sozialethiker an der Universität Trier, fordert deshalb eine moralische Marktwirtschaft. Freiheit und Verantwortung sind, so sagt er, die Voraussetzungen sowohl für die Marktwirtschaft wie auch für Moral. Ockenfels beschränkt sich im Wesentlichen darauf, von den Unternehmern zu fordern, die »Goldene Regel« – Was du nicht willst, das man dir tu, das füg auch keinem andern zu! – und die Zehn Gebote einzuhalten. Beileibe nichts Außergewöhnliches.

»Es gibt aber Situationen«, so Ockenfels, »in denen verantwortliches Handeln einen teuer zu stehen kommen kann. Ist man nicht manchmal der Dumme, wenn man sich anständiger verhält als der andere? Sollte man nicht doch besser der Konkurrenz den moralischen Vortritt lassen? Moral ist nicht immer gratis zu haben. Sie kostet meist Selbstüberwindung, Zeit und Geld. Sie ist ein Zeichen von Souveränität, Mut und Stärke – und unterstreicht die Glaubwürdigkeit des Unternehmens. (Das mag sich hoffentlich auch materiell auszahlen.)«

Im Dienst der Allgemeinheit

Ein Gewissenskonflikt kostet den Chefchirurgen des Kreiskrankenhauses Bretten viel Geld. Der Arzt hatte einem Patienten den Bauch aufgeschnitten und dann, ohne etwas zu sagen, den Operationssaal verlassen. Die Schwestern und Assistenzärzte waren verblüfft und hielten den Kranken weiter unter Vollnarkose. Nach über eine Stunde kam der Chirurg zurück und nähte den Mann zu. Der Chefarzt, der deswegen heute zu dreißigtausend Mark Strafe verurteilt wurde, erklärte sein Verhalten mit einem Gewissenskonflikt. Auf dem Tisch lag zwar der aufgeschnittene Mann, aber vor der Tür wartete der örtliche Bundestagsabgeordnete. Das Gespräch mit dem Politiker war dem Arzt schließlich wichtiger, denn es ging um die schlechte medizinische Versorgung von Patienten.

Solidarität im Wandel

Wer kann, nimmt mit. Eine Milliarde Mark an Sozialleistungen wurden innerhalb der ersten neun Monate des Jahres 1993 eingespart, weil die Kontrollen der Bundesanstalt für Arbeit gegen den Missbrauch verstärkt wurden.

Der Leistungsmissbrauch, so eine Pressemitteilung des Bundesarbeitsministeriums, sei jedoch »keine Spezialität der Arbeitnehmer oder Sozialleistungsempfänger, sondern offenbar auch in Arbeitgeberkreisen weit verbreitet«. Wer vom Staat nimmt, dieser falsche Gedanke steckt bei allen offenbar dahinter, der schadet niemandem. Dabei schadet er allen, da alle in die gemeinsame Solidaritätskasse einzahlen, also auch sich selbst. Nur denkt er wahrscheinlich, er hole sich doch nur zurück, was er eingezahlt habe.

Die drei Grundwerte Freiheit, Gleichheit (= Gerechtigkeit) und Brüderlichkeit (= Solidarität) lassen sich nicht voneinander trennen. So ist es häufig schwierig, den Trennstrich zu finden, wo Gerechtigkeit endet und Solidarität beginnt. Der Weg, den die Solidarität als Wert und Tugend über die Jahrhunderte genommen hat, ist lang: Er führt von der Barmherzigkeit – der Reiche gibt freiwillig dem Armen – über die Brüderlichkeit – alle halten zusammen – bis hin zur staatlich geregelten Solidarität, die jedem Not leidenden Bürger einen Anspruch gegen den Staat (die Gesellschaft) zubilligt. Dort sind wir jetzt angekommen, dennoch hört Solidarität da nicht auf.

Schon bei Aristoteles finden wir die Tugend des Wohlwollens, eine Einstellung gegenüber den Mitmenschen, in der Einzelne das Gute für den Mitmenschen um des Guten willen anstreben. Da wir in der abendländischen Kultur davon ausgehen, dass die Werte eine universelle Grundlage in der Würde des Menschen haben, nennen wir das Wohlwollen gegenüber der ganzen Menschheit Solidarität.

Im letzten Jahrhundert wurde die Solidarität gegenüber dem Liberalismus erkämpft, doch seitdem die Solidarität in den letzten vier, fünf Jahrzehnten zu einer Sache des Sozialstaates geworden ist, hat sie ihre ethische Ausstrahlung verloren. Schon lange wird das, was staatlich geregelte Solidarität ist, von dem einzelnen Mitglied nicht mehr als reine Brüderlichkeit wahrgenommen, sondern nur noch als ein kostenloses Anrecht.

Dass diese egoistische Auffassung entstanden ist, daran haben die Politiker einen wesentlichen Anteil. In den Wahlkämpfen der letzten Jahrzehnte weckten fast alle Parteien Ansprüche und Erwartungshaltungen, die die Grenzen dessen, was die Gesellschaft leisten kann, bei weitem übersteigen. Die Politiker boten ihren Wählern eine Generalkompetenz in Fragen menschlicher Daseinsvorsorge an. Und die griffen beherzt zu, denn so konnte jeder die Zuständigkeit für die Sicherung seiner eigenen Existenz an den Sozialstaat abgeben. Und da scheint es für die Politiker immer noch keine Grenzen und neuen Einsichten zu geben.

Die 1994 beschlossene Pflegeversicherung wird dieses erleichternde Gefühl, von der Wiege bis zur Bahre versorgt zu sein, noch weiter stärken. Damit fühlt sich der Bürger von einer Last erlöst, denn von nun an ist er noch weniger verpflichtet, Verantwortung für sich selbst oder seine Familie zu übernehmen. Und dies tut er umso lieber, als er seine Lage als Einzelner in der harten Wirklichkeit des Wirtschaftslebens als schwach einschätzt, während der scheinbar übermächtige Staat den Eindruck vermittelt, er verfüge über ein unerschöpfliches Leistungsvermögen. Und eingelullt von Wahlversprechen, die der Wähler in diesem Fall gern ernst nimmt, erwartet er vom Staat immer mehr, als er für sich allein leisten kann.

Die Erwartungshaltung uferte mit zunehmendem Wohlstand umso mehr aus, je mehr der Bürger glaubte, sich auf die Leistungskraft, die Verteilungsgerechtigkeit und auf die soziale Gesinnung der Politik verlassen zu können. Grenzen für den Wohlfahrtsstaat sah er während des ständigen Wachstums nicht. Erst als sich herausstellte, dass diese

Erwartungshaltung nicht erfüllt werden kann, setzte Enttäuschung ein. Der Glaube an die Werte begann zu wanken, Misstrauen führte zu Verdrossenheit.

Im ursprünglichen Verständnis ist Solidarität ein Wert, bei dem jeder weiß, dass er sein Scherflein in eine Gemeinschaftskasse zahlt, aus der heraus den Bedürftigeren gegeben wird. Dieses Verständnis hat sich gegenüber dem anonym handelnden, in seiner Glaubwürdigkeit erschütterten Staat verflüchtigt. Da sich der Sozialstaat durch Steuern und Abgaben finanziert, kann der Einzelne schlecht einschätzen, ob er auch eine seinem Anteil entsprechende Gegenleistung erhält. Das entspricht zwar nicht dem Sinn der Solidarität, doch aus Sorge davor, dass andere Bevölkerungsgruppen politisch begünstigt werden, entstand beim Bürger ein »Mitnahmeverhalten«, das sich ausdehnte, je mehr der Sozialstaat wuchs. Und je mehr finanzielle Solidarität der Staat vom Einzelnen über Beiträge und Steuern einforderte, desto negativer wurde die Steuergerechtigkeit beurteilt.

Dies sogar zu Recht: Über die Sozialversicherung zahlen ausschließlich die Arbeitnehmer einen großen Teil der Kosten für die deutsche Einheit, während Selbständige und Beamte nicht belangt werden. So erhalten viele Vorruheständler in den östlichen Bundesländern ihre Unterstützung aus der Rentenversicherung, obwohl sie arbeitsfähig sind und über allgemeine Steuergelder entlohnt werden sollten.

Der Sozialstaat verbreitet nicht mehr den Eindruck, hier stehe eine Gesellschaft für alle ein, sondern »indem er individuelle Rechte und Pflichten festschreibt und von der Erwerbsbeteiligung abhängig macht«, so der Soziologe Ulrich Beck, erzieht er den Menschen auf eine ichzentrierte Lebensweise.

Wenn also der Mensch das Gefühl hat, die Solidarität werde nicht gerecht umverteilt, dann rächt er sich völlig unpolitisch, eben so, wie er es versteht. Er nimmt mit, wo immer er kann, was zu einer wachsenden »Korrumpierung des Alltagsverhaltens« führt. Die staatlich organisierte Solidarität hat ihre Glaubwürdigkeit verloren und wird nicht mehr als ethischer Wert angesehen.

* * *

Privat ist die Brüderlichkeit als Tugend trotzdem noch vorhanden. Das zeigen die Bürger immer wieder, wenn sie über die Medien aufgerufen werden, für Notleidende zu spenden. Als die *Tagesthemen* die in Bosnien tätige deutsche Ärztin Monika Hauser zur Frau des Jahres 1993 ernannten, liefen über 800 000 Mark an Spenden für sie ein. Hunderte von Millionen erhalten die großen Wohlfahrtsverbände jährlich, wobei die Deutschen im europäischen Vergleich an der Spitze der privaten Spender liegen. Nicht zu vergessen sind auch die Paketaktionen Anfang der neunziger Jahre für Russland.

Wahrend in den Großstädten immer weniger Bürger bereit sind, Hilfe zu leisten, sind Dorfgemeinschaften noch intakt. Dort schaut man nach der alten Nachbarin, werden die Kinder von nebenan gehütet, bleiben Pflegefälle in der Familie. Wo man sich kennt, wird geholfen.

Erst die Anonymität schafft Distanz. Das erlebt die wachsende Zahl der Obdachlosen in den großen Städten aller reichen Länder des Westens. Und die Distanz zu ihnen wächst noch, wenn Politiker wie der britische Premierminister John Major sich abfällig über sie äußern, statt das soziale Problem anzugehen: Bettler in Londons Straßen seien eine Beleidigung für das Auge. Major, Chef der Konservativen Partei, will sie vertreiben, notfalls sogar einsperren lassen, denn sie wirken abschreckend auf Touristen und beeinträchtigen die Kauflust.

Eine Obdachlosensiedlung inmitten der texanischen Millionenstadt Dallas wurde zu Zeiten der Fußball-Weltmeisterschaft in den USA geräumt, damit das Image der Stadt nicht leide. Auch in deutschen Großstädten werden Obdachlose ins Grüne abgeschoben, weil sie das Bild einer heilen, reichen Welt stören. So wurden Obdachlose aus der Kölner Innenstadt, wo viele Touristen vorbeikommen, durch einen Beschluss der städtischen Behörden verbannt. Und als ein armer Rollstuhlfahrer sich im Juni 1994 auf der Domplatte sehen ließ, obwohl er von der Polizei schon einen »Verweis« erhalten hatte, wurde er von vierzehn Ordnungshütern eingekreist und – trotz des Protestes der Passanten – wie ein Krimineller in der »grünen Minna« abtransportiert. So brüderlich ist diese Welt.

* * *

Brüderlichkeit wird in den nächsten Jahren wieder verstärkt gefordert werden. Denn in dieser Zeit des ausgehenden 20. Jahrhunderts, in der die Industriegesellschaft sich in eine Dienstleistungsgesellschaft verwandelt und sich deshalb in einer großen Beschäftigungskrise befindet, wird neu darüber nachgedacht, wie die vorhandene Arbeit gerecht verteilt werden kann. Dies erfordert solidarisches Handeln derjenigen, die von ihrer Arbeit etwas abgeben sollen. Und wer die Solidarität als Wert schon abgeschrieben hatte, der wurde durch das Verhalten der Arbeiter – und ihrer gewerkschaftlichen Organisationen – bei Arbeitsverteilungen nach dem Muster von Volkswagen nachgerade eines Besseren belehrt.

Wo Solidarität gerecht erscheint – und wo diese Gerechtigkeit glaubhaft ist, wird sie vom Individuum immer noch ausgeübt. Nur dort, wo sie von einem Staat gefordert wird, dessen Vertreter zum großen Teil ihre Glaubwürdigkeit verloren haben, gilt sie nichts. Solidarität darf sich jedoch nicht auf eine staatliche Rechtsform beschränken.

In der Gesellschaft selbst, inzwischen auf die ganze Welt ausgedehnt, wird Brüderlichkeit nicht nur in der Gegenwart, sondern auch für die Zukunft der Menschheit zur ersten Pflicht menschlichen Kollektivverhaltens. Die Solidarität mit den kommenden Generationen beginnt beim bewussten Umgang mit der Natur und ihren beschränkten Schätzen bis hin zu rein wirtschaftlichem Verhalten. Denn die künftigen Konflikte dieser Erde werden nicht so sehr zwischen den unterschiedlichen Zivilisationen ausgefochten werden, wie Samuel P. Huntington es mit seinem *The Clash of Civilizations?* vermutet, sondern zwischen Arm und Reich.

Heute schon kommen die Armen in die Länder der Reichen und schaffen damit den wohlhabenden europäischen und nordamerikanischen Ländern erhebliche innen- wie auch sozialpolitische Probleme. Innenpolitisch ist der Wert Toleranz angesprochen; sozialpolitisch geht es um die Frage, wie weit die Solidarität trägt. Mit großer Sorge schauen deutsche Politiker auf die wirtschaftliche Stabilität der Länder in Osteuropa, mit noch größerer Sorge beobachten aus dem gleichen Grund Frankreich und Spanien die Entwicklung des Maghreb und der westafrikanischen Staaten.

Dies führte in den letzten Jahren in den reichen europäischen Staaten, besonders heftig aber in Deutschland, zu einer Auseinandersetzung darüber, wie weit die Solidarität mit politisch oder wirtschaftlich Notleidenden anderer Länder geht: Wer erhält Asyl? Der auf die Bewohner des Landes zugeschnittene Sozialstaat musste – wegen der rechtlichen Regelungen der Ansprüche eines jeden Individuums – seine Wohlfahrt plötzlich mit Menschen, die aus ärmeren Ländern angereist kamen, teilen. Die Bevölkerung zahlreicher Gemeinden war vor die Probe gestellt, wie viele Fremde sie toleriert, und die Politiker dieser Gemeinden mussten mit der rein finanziellen Frage fertig werden, wie viele Fremde können unterstützt werden.

Zu den Tugenden gehört ja auch die Besonnenheit, das Einschätzen des richtigen Maßes. So ist es realistisch gesehen auch erlaubt, ab einem gewissen Punkt eine Grenze zu ziehen: Das betrifft sowohl die Zahl der Aufzunehmenden als auch die Summe der zu zahlenden Gelder. Die Frage ist nur: Wo liegt die Grenze, und wie wird sie begründet?

So hätte diskutiert werden können, um ein tatsächlich entstandenes, politisches Problem zu lösen. Doch die Sachlichkeit verlor gegen den Populismus. Die Art, wie die Asyldebatte in Deutschland geführt wurde, verstärkte zum einen die Erkenntnis, dass die Politik inzwischen unfähig geworden ist, Probleme zu lösen. Zum anderen verlor die Gesellschaft, aufgehetzt durch angebliche Vorbilder in der Politik, die Richtung. Die Massenmedien nahmen sich des Themas zu vordergründig an, sodass eine totale Orientierungslosigkeit entstand. Und sie hält immer noch an, indem jugendliche Täter als Neonazis abgestempelt werden, obwohl sie das primär nicht sind. Als Folge dieser Fehleinschätzung wird ausschließlich der Rechtsradikalismus bekämpft, obwohl die Ursachen sehr viel tiefer in dieser Gesellschaft liegen und mit dem Verlust der Ethik zu tun haben.

»Asylmissbrauch« wurde zum Schlagwort, mit dem um die politische Macht gekämpft wurde. Dass diese Parole all diejenigen diffamierte, die nach Deutschland kamen, wurde hingenommen. Selbst wenn sie aus wirtschaftlichen Gründen ihre Heimat verließen, so missbrauchten sie das Asylrecht nicht, sondern passten ihre Begründung, weshalb sie in Deutschland bleiben wollten, den Vorgaben an, die von ihnen verlangt wurden. Es kann doch kein Missbrauch sein, ein Recht zu beanspruchen. Wenn es einem nicht zusteht, liegt die Entscheidung beim Staat, ob er dem Anspruch stattgibt oder ihn abweist.

Durch die Öffnung des Eisernen Vorhangs kamen so viele, wurden Gemeinden räumlich und finanziell so überlastet, dass die Regierung davon ausging, das Recht müsse geändert werden, um der neuen Lage Herr zu werden. Die Opposition aber beharrte auf einer Lösung, ohne das bestehende Asylrecht zu ändern.

Die Debatte wurde stark emotional geführt und bei denen, die ethisch argumentierten, durch die Vergangenheit des Dritten Reiches beeinflusst. Damals war Rassismus Staatsziel, und nicht nur Juden, sondern auch Sinti und Roma wurden in den KZ systematisch ermordet. Dies führte bei einem Teil der Bevölkerung zu der Ansicht, aufgrund der Schuld aus der Vergangenheit müsse jeder, der um politisches Asyl bittet, aufgenommen werden.

Hunderttausende waren Flüchtlinge aus dem jugoslawischen Bürgerkrieg, für die dieses Anrecht unbestritten als Solidarität galt. Es kamen andere ausschließlich wegen des Wohlstands, und sogar diejenigen (aus Russland, Polen oder Jugoslawien), die eine bisher nicht bekannte Bandenkriminalität in die Bundesrepublik einführten. Aus falsch verstandener Brüderlichkeit sahen die Verteidiger des absoluten Asyls alle als gleich an. Sie argumentierten mit ethischen Vorstellungen, aber nicht immer besonnen.

* * *

Die Politik derjenigen, die sich nach den aufwallenden Gefühlen im Volk richteten, trug dagegen zum Verfall der Werte bei. Das nahmen die handelnden Politiker jedoch in Kauf, solange es dem Machterhalt diente. Die CDU mobilisierte in einer langfristigen, stabsmäßig geplanten Kampagne die niederen Gefühle des Volkes gegen die SPD, steckte damit sogar einige SPD-Politiker an, und schließlich wurde der Druck von unten auf die Lokalpolitiker so groß, dass die SPD einer Änderung des Asylrechts zustimmen musste, wenn sie nicht erheblichen Machtverlust hinnehmen wollte.

Die CDU-Kampagne wurde vom damaligen Generalsekretär der CDU, Volker Rühe, geplant. Er forderte die CDU-Vertreter in Gemeinde- und Stadträten, in den Kreistagen und Länderparlamenten auf, Beschlüsse zum »Asylmissbrauch« herbeizuführen. Um besonders effektiv zu sein, verschickte Rühe einen Musterantrag an die CDU-Mitglieder, in dem es hieß, die Gemeinde könne keine weiteren Asylbewerber verkraften. Die politische Arbeit war so gut vorbereitet, dass in dem Antrag nur noch der Name des Ortes eingesetzt werden musste.

Die CDU-Schlagworte hießen »Asylmissbrauch«, für den die SPD (wegen ihrer moralischen Position) verantwortlich sei. Wenn das Recht nicht geändert werde, so die CDU in Wahlanzeigen, kämen »weiter massenhaft Scheinasylanten. Das ist dann Sache der SPD.« Bremens SPD-Bürgermeister Klaus Wedemeier tappte in die populistische Falle und ließ im Sommer 1991 seine Stadt für rumänische und polnische Asylsuchende schließen.

Die unmoralische Debatte führte zu unmoralischem Verhalten: In dieser Zeit verdreifachte sich die Zahl der Angriffe gegen Heime, in denen Asylbewerber untergebracht waren. Weil die Regierungspartei die Stimmung angeheizt hatte, glaubte sich manch einer von der Fessel der Werte befreit. Von Pflicht, Einsicht und Gemeinschaft als Voraussetzung für das Wirken von Werten haben wir damals viel gesprochen, vor allem in der Öffentlichkeit. Aber wie sollen die Mitglieder der Gesellschaft noch Einsicht haben, wenn die Vorbilder in der Gemeinschaft die Pflicht aufheben?

Noch schlimmer: Der Eindruck entstand, als provozierten verantwortliche Politiker eine Eskalation der Gefühle im Volk. Damit sind sie für die von den Gefühlen verursachten Taten mitverantwortlich. Die nicht bearbeiteten Asylanträge wuchsen bald auf eine halbe Million – und wurden dann als Argument gegen die SPD verwandt.

Noch gefährlicher handelten Politiker an manchen Orten, wie Hoyerswerda oder Rostock. Der Staat wich vor der Gewalt zurück. Gerade Rostock wurde zu einem Schreckensbild des Volkszorns, auch weil die Medien die dramatischen Bilder extensiv verbreiteten. Schuldig gesprochen wurden hinterher jugendliche Neonazis, nicht aber die applaudierende Bevölkerung und die nicht eingreifende Polizei. Dabei waren die jugendlichen nur die Handlanger der geistigen Brandstifter. Was hatte denn dazu geführt, dass Hunderte von Gewalttätern ein Haus in Brand steckten, in dem mehr als hundert Vietnamesen und einige Deutsche eingeschlossen waren? Und warum griff die Polizei nicht ein?

Erstens hatten politische Entscheidungen eine Lage in Rostock herbeigeführt, die dazu angetan war, den Volkszorn aufzuheizen. Und dies war möglicherweise so gewollt. In der Arbeitersiedlung Rostock-Lichtenhagen war eine »Zentrale Anlaufstelle für Asylbewerber des Landes Mecklenburg-Vorpommern« eingerichtet worden. Soweit kein Problem. Das Haus war allerdings zu klein, sodass über Monate hinweg Hunderte von Menschen vor dem Haus lebten: Allerdings wurde für sie ganz bewusst nichts getan – was menschenunwürdig war. Sie sollten abgeschreckt werden. Da auch sie menschlichen Bedürfnissen nachgehen mussten, verrichteten sie ihre Notdurft, wo sie konnten, und hinterließen ihren Müll, wo sie lebten. Dies musste für die Anwohner unerträglich sein, und keinem ist vorzuwerfen, wenn er nicht hinnehmen wollte, dass seine Wohngegend plötzlich zur öffentlichen Toilette wurde. Trotz aller noch so massiven und dringlichen Warnungen aus der Stadt reagierte das Innenministerium in Schwerin nicht. Unter solchen Umständen ist es schwer, nachträglich die Toleranz zu verlangen, die vorher keiner eingefordert hat.

Zweitens waren die Gewalttäter durch die populistischen Parolen von Politikern gegen das »Asylrecht missbrauchende Scheinbewerber« (Klartext: Die holen sich hier das Geld, das unsere Rentner nicht bekommen) angeheizt worden. Sprüche, die von Eltern zu Hause, Erwachsenen am Arbeitsplatz oder am Tresen wie auch von Gleichaltrigen in der Schule wiederholt wurden. Volkes Stimme, durch die von Politikern zu verantwortende, unhaltbare Lage aufgeheizt, billigte die Handlung.

Drittens haben die Massenmedien – besonders das Fernsehen – die Pogromnächte von Rostock sehr ausführlich gezeigt, wobei die Gewalttaten einen unermesslich größeren Anteil an der Berichterstattung hatten als die Erläuterung des hier geschilderten Hintergrundes..

Allerdings steht eine aktuelle Redaktion in solchen Situationen vor schweren Entscheidungen: Was geschieht, darf nicht verschwiegen werden. Doch wie soll darauf eingegangen werden? Immer wird die Konkurrenzfrage gestellt: Was werden »die anderen« machen? Und da die kommerziellen Sender den Voyeurismus betreiben, stehen die öffentlich-rechtlichen Anstalten vor der Entscheidung, ob sie sich zurückhalten sollen. Werden sie in der Öffentlichkeit hinterher nicht wieder als »verschlafen« denunziert? Also müssen sie abwägen, ob sie von dem Ort, wo ein dramatisches Geschehen erwartet wird – oder stattfindet –, live berichten oder aber davon Abstand nehmen. Die Liveberichterstattung hat ihre Tücken. So verfälschte die Direktübertragung einiger Störaktionen bei der großen, von Bundespräsident von Weizsäcker mitgetragenen Demonstration zur Würde des Menschen in Berlin im November 1992 den tatsächlich friedlichen Ablauf der Veranstaltung. Liveberichterstattung kann anheizen. Es lässt sich aber nicht verhindern, dass eine auch noch so bedächtige Darstellung von Gewalttaten wie in Hoyerswerda, Hünxe, Rostock, Mölln und Solingen als Fanal angesehen wird. Doch nicht die Berichterstattung darüber, sondern die »Fanaltaten« selbst haben zu einem sprunghaften Anstieg von fremdenfeindlichen Übergriffen in der gesamten Bundesrepublik geführt.

* * *

Betroffenheit und Toleranz wird von den besonnenen Politikern aller Parteien gefordert, doch die Wirkungskraft dieser moralischen Appelle ist gering, wenn die Menschen direkt betroffen sind und erfahren, dass unbedächtige Politiker ungeschoren davonkommen. Dabei sind sie es, die die Stimmung anheizen – wie etwa der CDU-Politiker Lummer, der von seiner Partei ungerügt über Bündnisse mit Rechtsradikalen philosophieren oder gar die »multikriminelle« Gesellschaft beklagen kann und damit Ausländer als Verbrecher diffamiert, während in der CDU besonnene Politiker heftig kritisiert werden, wenn sie sich, wie Heiner Geißler, konstruktive Gedanken über die multikulturelle Gesellschaft machen. Oder als weiteres Beispiel diese Meldung aus der *Tagesschau*: »Mit einem Eklat endete heute der Rostock-Besuch einer Delegation des Zentralrates der Juden in Deutschland. Der Vorsitzende des Innenausschusses der Bürgerschaft, der CDU-Politiker Schmitt, sagte auf einer Pressekonferenz dem Zentralratsvorsitzenden Bubis, seine Heimat sei Israel.«

Kein Wunder also, wenn am Stammtisch des kleinen Ortes Dolgenbrodt in Brandenburg zweitausend Mark gesammelt werden, um Rechtsradikale zu bezahlen, damit sie das zur Aufnahme von Ausländern vorbereitete Ferienheim in der Nacht vor deren Ankunft anzünden. Da handelt nicht mehr ein Einzeltäter, der meint, stellvertretend für die durch moralische Bremsen noch gehemmte Gesellschaft zu zündeln, sondern es kommt gar kein Unrechtsbewusstsein mehr auf, da schwindet jede Hemmschwelle, weil die Dorfgemeinschaft sich einig ist.

Beklagt wird, dass der vermeintliche Rechtsradikalismus der Täter vom Staat zu mild bekämpft wird. Richtig ist, dass die Justiz, wie der gesamte Staatsapparat, eben doch auf dem einen, dem rechten Auge blind ist. Das war sie immer, und das führt bis hin zum Bundesgerichtshof, der mit seiner Entscheidung, die Auschwitzlüge nicht als Volksverhetzung einzustufen, heftige Proteste auslöste. Auch die Polizei hat nicht nur in Rostock, in Magdeburg, in Solingen und anderswo ihre Pflicht nicht getan. Die Geheimdienste auch nicht. Wie sollen sie denn motiviert werden, wenn die Politik ihnen nichts anderes vormacht.

Gerechte Strafe

In der Wiener U-Bahn-Linie Nummer 3 musste eine
Frau 400 Schilling Strafe zahlen, weil sie am Stephansplatz
von Kontrolleuren ohne Billett angetroffen wurde. Sie
behauptete zwar, eine Fahrkarte gelöst zu haben, doch
alle anderen Fahrgäste weigerten sich, zu ihren Gunsten
auszusagen, denn die Frau hatte einen farbigen Mitfahrer mit
rassistischen Sprüchen beschimpft, woraufhin er der Frau
den Fahrschein aus der Hand riss und aufaß.

Freiheit in Gefahr

Die wahren Ursachen der Gewalt, die fremdenfeindlich genannt wird, aber auch Behinderte, Juden und Obdachlose trifft, liegen im Zerfall der Gesellschaft, deren Zusammenhalt auf einer von allen akzeptierten Ethik beruhen sollte. Den Zusammenhalt einer Gesellschaft kann eine Idee bewirken, die über dem Alltäglichen steht, die zu verteidigen die Mitglieder der Gesellschaft alles einsetzen und zu deren Gunsten die Bürger auf eigene Vorteile verzichten würden. Kurz, der transzendentale Wert besiegt den Egoismus und schweißt die Gesellschaft zusammen.

Lange Zeit war das der Glaube an Gott. Solange der Ost-West-Gegensatz herrschte, war es im Westen der Wert *Freiheit* und im Osten der Wert *Gleichheit*. Für die Freiheit wären die Soldaten der NATO in den Krieg gegen den Osten gezogen, für die Gleichheit hätte der Osten den Warschauer Pakt mobilisiert. Die Begründung der jeweiligen Werte lag aber weitgehend nur in dem Feindbild des Gegners.

Welche Freiheit, so fragt sich heute ein junger Deutscher, soll er denn als höheren Wert anerkennen. Die Freiheit der westlichen Gesellschaften liegt in der Freiheit des Individuums, sich selbst zu entfalten. Und damit wird ein großer Teil der Jugend nicht fertig.

Denn die neuen Freiheiten führen nicht nur zu neuen, positiven Spielräumen, sie haben auch negative Folgen, die weiter gehen als die Aufspaltung in eine Zweidrittel-Gesellschaft (zwei Drittel wohlhabend, ein Drittel arm) oder die Ausgrenzung von Randgruppen (Obdachlose etc.); vielmehr geht es insgesamt um
– Auflösungsprozesse von Beziehungen zu anderen Personen oder von Lebenszusammenhängen (sei es in der Familie oder in Milieus);

- Auflösungsprozesse der Teilnahme an gesellschaftlichen Institutionen (z. B. vor allem der Wahlbeteiligung);
- Auflösungsprozesse der Verständigung über gemeinsame Wert- und Normvorstellungen (z. B. durch Subjektivierung und Pluralisierung).

* * *

Offensichtlich haben sich die Erwachsenen in dieser Gesellschaft nicht genügend um die Einbindung der Jugend in die Gemeinschaft gekümmert. Da wird im Wahlkampf wieder die Familie beschworen. Dabei ist die traditionelle Familie immer mehr dem Individualismus und der Selbstentfaltung geopfert worden. Dies ist nicht nur eine Folge der Utopien von 1968.

Daran ist die Politik in hohem Maße schuld. Die wirtschaftlichen und sozialen Verhältnisse haben die Familie mit mehreren Kindern zum Luxus gemacht. Entsprechend große Wohnungen sind kaum erschwinglich. Eine Frau mit mehr als einem Kind kann kaum noch arbeiten, weil Krippen, Kindergärten, Schulen nicht so eingerichtet sind, dass sie die Arbeitszeit der Frau berücksichtigen. Deshalb haben von 9,5 Millionen Familien mit Kindern unter achtzehn Jahren mehr als die Hälfte nur ein Kind. Alleinerziehend sind mehr als zwei Millionen Menschen, davon eine Million mit einem Kind.

Außerdem ist die deutsche Gesellschaft alles eher als kinderfreundlich. Selbst in so kleinen Gemeinden wie dem Ort Dossenheim bei Heidelberg, einer wahren Bergstraßenidylle, erntete Bürgermeister Denger großen Protest, als er einen Spielplatz anlegen wollte. Sogar ein dort ansässiger Heidelberger Universitätsprofessor für Gynäkologie schrieb wegen des zu erwartenden Lärms der spielenden Kinder einen bitterbösen Brief an den Dorfschultheiß, der ihm allerdings antwortete, vielleicht könne ein Kollege des Professors mittels Genforschung ein pflegeleichtes Kind entwickeln.

Die Kommunikation zwischen Erwachsenem und Kind ist heruntergekommen. Mit Kindern wird immer seltener gespielt. Stattdessen werden sie vor der »Glotze geparkt«.

Dies führt zu abstrusem Verhalten, das auf Konzentrationsschwäche hinweist: In einem der besten Hamburger Gymnasien wurden die Eltern der Neueingeschulten schon nach einem Monat zu einem Elternabend geladen. Der Lehrer beklagte sich, dass die meisten Kinder kaum zu interessieren seien, obwohl jedes Kind für sich wohlerzogen und intelligent sei. Aber die Kinder hätten sich angewöhnt, in dem Moment, in dem die Spannung nachlasse, auf das nächste Programm zu »zappen«. Nun erfahren sie plötzlich, dass der Lehrer nicht »weggezappt« werden kann.

Der soziale und gesellschaftliche Wandel hat, übrigens unabhängig von Schultyp und Erziehungsform – also keine Schuldzuweisung an die »Antiautoritären«! –, die Bedeutung des Fernsehens und der Gleichaltrigen für die meisten Jugendlichen wesentlich erhöht, während die traditionellen Erziehungsfaktoren Familie, Schule und Kirche verloren haben. Die Schwächung dieser traditionellen Gemeinschaften hat zu einem Verlust von sozialer Kontrolle geführt, sodass das soziale Verhalten der Heranwachsenden negativ beeinflusst werden kann, was sich in wachsender Kleinkriminalität und Gewalt in den Schulen äußert.

* * *

Selbstentfaltung ist das Goldene Kalb unserer Zeit. Jeder kann – so verspricht es die moderne Gesellschaft – seine eigene Biographie individuell wie ein Puzzle zusammenbauen. Nur wie dies geschieht, verrät den Jugendlichen keiner. Sie stehen einer Pluralität von »Angeboten« gegenüber, wissen aber nicht zu unterscheiden zwischen den »inneren Werten« eines Autos oder eines Menschen.

Im Osten waren die Jugendlichen bis zur Wende in ein festes Erziehungskorsett eingebunden und wurden autoritär-repressiv erzogen. Dennoch stellte die ostdeutsche Jugendforschung schon Mitte der achtziger Jahre fest, dass die Mentalität der Jugendlichen in der DDR sich bemerkenswert an westeuropäische Lebensorientierungen anpasste. Der Wertewandel hin zu Selbstentfaltung und Partizipation fand auch dort statt, weshalb große Unterschiede zwischen dem Verhalten der jüngeren Generation in den neuen und den alten Bundesländern zum Erstaunen vieler einfach ausblieben.

Der Wegfall von Utopien, Traditionen, von Klassen- und anderen Zugehörigkeiten wie auch von Glaubensvorschriften erschwert es dem Jugendlichen, sich eine Identität zu zimmern. So befindet er sich in einem Konflikt mit sich selbst, weil er Angst hat, bei der Identitätsbildung zu versagen. Angst ist aber ein gefährliches gesellschaftliches Phänomen. Mit einem höheren Wert, der dem Menschen ein Ziel gibt, kann sie bekämpft werden.

* * *

Die Sozialgeschichte verzeichnet immer wieder einen Anstieg von Gewalt in angstgeprägten Zeiten, die mit konfliktreichen Individualisierungsschüben verbunden sind (so im Verfall feudaler Verhältnisse, zu Beginn der Französischen Revolution sowie in der Zeit der Industriellen Revolution). In solchen Zeiten stieg die Kriminalität jeweils stark an, besonders schnell die Gewaltverbrechen.

Die soziale Angst der Jugendlichen, ihre Schwierigkeiten bei der Selbstentfaltung, die Selbstwertverluste bewirken, ihre Unfähigkeit, den Wertewandel zu bewältigen, und die daraus herrührende »Sinnkrise« führen zu einem Lebenskonflikt, der mit einem anderen Konflikt kompensiert wird: mit Gewalt. Denn dort, wo sich soziale Verankerungen aufgelöst haben und keine neuen entstehen, fallen Hemmschwellen, ausgelöst durch sozialen Druck, weg. Die Folgen des eigenen Handelns unterliegen dann nur noch der eigenen Verantwortung und nicht einem Gewissen, das sich an den Werten einer Gemeinschaft ausrichtet und das vor einer Pflichtverletzung als »schlechtes« Gewissen eine Hemmung aussprechen könnte.

In einer sächsischen Jugendbefragung meinten 61 Prozent, dass der Einzelne heute allein für sich stehe, und 52 Prozent stimmten zu, dass man sich derzeit nur mit Gewalt dagegen wehren könne, »untergebuttert« zu werden. Kein Wunder, dass gerade die Altersgruppe, die am stärksten unter der Identitätssuche leidet, auch am stärksten unter den Gewalttätern vertreten ist: Zwei Drittel der Gewalttaten (unter rechtsextremem Vorwand) wurden von Leuten begangen, die jünger waren als zwanzig Jahre. Nur drei Prozent der Täter sind älter als dreißig! Gewalt üben diejenigen als Erste aus, die nicht gelernt haben, sich zu artikulieren und Konflikte demokratisch zu lösen. Und ihre Angriffe richten sich zuerst gegen Ausländer, weil die Aggression gegen Fremde es einem erleichtert, einer deutlichen Artikulation des eigenen Konflikts gegenüber einem einheimischen Mitglied der Gesellschaft aus dem Weg zu gehen. Erleichtert wird die Tat außerdem, so gaben Täter hinterher zu, wenn die Dabeistehenden passiv bleiben oder gar Zustimmung zu erkennen geben.

Und die Jugendlichen benutzen die rechtsradikalen, neonazistischen Symbole nicht wegen des geschichtlichen Inhalts, sondern weil sie von der Gesellschaft so heftig abgelehnt werden, dass die Gewalttat eine unglaubliche Wirkung hat: So kommt man in die Medien. Erst in zweiter Linie interessiert dann – einmal als Neonazi stigmatisiert – die rechtsradikale Gruppe, die vorübergehend eine besondere Identität vermitteln kann, was an dem Beispiel Solingen zu sehen ist, wo die vier Täter aus völlig verschiedenen Familien stammen. Neben dem Arztsohn findet sich ein Sozialfall.

Politik und Medien haben sich die Auseinandersetzung mit den Gewalttätern bisher allzu leicht gemacht. Denn diese sind oft keine politischen Randexistenzen. Die Täter haben weder eine gemeinsame soziale Herkunft noch einheitliche biographische Merkmale, sondern sie kommen aus allen Teilen der Gesellschaft. Und so ist das Problem kein ideologisches von rechtem (oder linkem) Extremismus, sondern von der Unfähigkeit eines wachsenden Teils der Jugend, sich in einer Gesellschaft zurechtzufinden, in der die Werte so verwirrt sind, dass der Ehrliche der Dumme zu sein scheint.

Daraus muss aber gefolgert werden, dass ein Ende der Gewalttaten nicht mit polizeilichen Mitteln herbeigeführt werden kann. *Abhilfe kann nur die gesamte Gesellschaft schaffen*, indem sie wieder die Einsicht vermittelt, dass es *eine Pflicht ist, für die Grundwerte der Gesellschaft zu leben.*

Kennmarke für Touristen

Von der Ordnungsliebe deutscher Reiseveranstalter: Stellen Sie sich vor, meine Damen und Herren, Sie buchen eine Pauschalreise in die Dominikanische Republik. Dort wird Ihnen ein Plastikarmband mit einer Nummer und dem Namen Ihres Hotels angeknipst. Und das lässt sich nicht mehr abmachen, weder beim Schwimmen noch beim Waschen oder gar beim Schlafen. Warum? Damit man weiß, dass Sie Vollpension bezahlt haben. So ist es geschehen, und verärgerte Urlauber, die die Bänder abschnitten, bekamen nichts mehr zu essen und zu trinken. Jetzt verurteilte das Landgericht Frankfurt den Reiseveranstalter zu Schadenersatz, weil er versäumt hatte, im Prospekt auf die Nummernbänder hinzuweisen.

Überdehnt

Bei der Arbeit an dem verabschiedeten Schlussdokument der Bevölkerungskonferenz in Kairo gab es auch sprachliche Feinheiten zu berücksichtigen. Wegen der Geburtenkontrolle war der Satz geplant, es solle in der ganzen Welt eine ausgedehnte Kondom-Verteilung vorgenommen werden. Gegen diese Formulierung protestierte Nigeria aus Sorge vor dem Missverständnis, es würden dann ausgedehnte Kondome verteilt. Also wird eine ausgedehnte Verteilung von Kondomen empfohlen. Jetzt passt's.

JOURNALISMUS ALS AUFKLÄRUNG

Seinen ersten Artikel schrieb Ulrich Wickert über den Eiffelturm – im Alter von 14 Jahren. Das erste Honorar erhielt er mit 15 und kaufte sich davon eine Schreibmaschine und einen Fotoapparat, Rüstzeug für einen Reporter. Und trotzdem landete Wickert nach seinem Studium der politischen Wissenschaften und der Jurisprudenz beim Fernsehen, das ihn berühmt machte: Bei Monitor, *als Korrespondent in den USA und Frankreich und als langjähriger Anchorman der* Tagesthemen *hat er das deutsche Fernsehen geprägt wie kein anderer. Aber auch die Schreibmaschine geriet nicht in Vergessenheit, neben zahlreichen Büchern schrieb er auch für Zeitungen und Magazine.*

»Ich wollte frei sein und wurde wahrscheinlich aus Zufall Journalist«, so Wickert, der seine Tätigkeit im Spannungsfeld zwischen Handwerk und Verantwortung sieht: »Von Beruf bin ich Handwerker. Nun verlangt jedes Handwerk nach Regeln, so auch der Journalismus. Und eine gute Regel darf idealistisch sein, ja sogar einen absoluten Anspruch einnehmen.«

Während seiner Heinrich-Heine-Gastprofessur an der Universität Düsseldorf im Jahr 2016 sagte Wickert: »Ich bin der Meinung, die Hauptaufgabe des Journalisten besteht darin, Nachrichten zu vermitteln. Dabei soll er einem Ideal folgen. Ich weiß, dass Ideale nie erfüllt werden, dennoch bin ich überzeugt davon, dass der Journalist hier diesem Ideal folgen muss: Ich meine nämlich das Ideal der Aufklärung. Das heißt, man vermittelt Nachrichten, die es dem Leser, Zuschauer, Hörer erlauben, sich selbst ein Bild zu machen und gewisse Dinge einzuordnen.«

Eine eigene Meinung zu haben oder kontroverse Standpunkte zu beleuchten gehört aber auch zu seinem Metier. Als Tagesthemen-*Mo-derator geriert Wickert im Herbst 2001 ins Kreuzfeuer der Kritik, als er im Magazin* Max *die Schriftstellerin Arundhati Roy zitierte, die US-Präsident George W. Bush mit dem Terroristenführer Osama bin Laden verglichen hatte. Rufe nach seiner Kündigung wurde laut, vor allem von der* BILD-Zeitung. *Die* Frankfurter Allgemeine Zeitung *schrieb später:* »Ulrich Wickerts unnachgiebige Ethik macht einen der unabhängigsten Geister aus ihm, die der politische Fernsehjour-nalismus in Deutschland hatte und hat.«

Auch wenn er nicht mehr im »Tagesgeschäft« *ist: Wickert ist ein* »Nachrichtenversessener«, *wie sich selbst nennt, geblieben. Morgens hört er* Deutschlandfunk *und liest fünf Zeitungen – darunter die* New York Times *und natürlich* Le Monde, *abends schaut er schon mal* Tagesschau, heute journal *und* Tagesthemen *hintereinander.*

Freiheit und Journalismus

Von Beruf bin ich Handwerker.
Deshalb habe ich manchmal Schwierigkeiten mit der Wissenschaft, weil sie andere Worte benutzt als ich. Ja, ich bin immer wieder bass erstaunt, wenn es Wissenschaftlern gelingt, die Arbeit, die wir Handwerker machen, in Theorie zu übertragen.

Als ich noch die *Tagesthemen* moderierte, war die eine oder andere Moderation ironisch gefärbt. Das veranlasste einen angehenden Wissenschaftler an der Hamburger Universität, eine Arbeit über »Ironisches Sprechen in Fernsehmoderationen am Beispiel der *Tagesthemen*« zu verfassen. Dort heißt es: »Im Rahmen dieser Untersuchung ist interessant, wo genau durch eine ironische Interpretation die Dissoziation entsteht. Wird also durch ein wertendes Lexem auf ein Objekt der außersprachlichen Wirklichkeit referiert, und bleibt die Referenz durch die ironische Interpretation unberührt, ist die durch das referierende Lexem ausgedrückte Prädikation betroffen. Es wird ein Kontrast in der Prädikation notiert.«

Wenn ich wüsste, was das bedeutet, wäre ich wahrscheinlich unfähig, je wieder einen ironischen Satz zu schreiben. Als Handwerker weiß ich mit Ironie umzugehen, aber die wissenschaftliche Analyse lässt mich ratlos zurück.

Nun verlangt jedes Handwerk nach Regeln, so auch der Journalismus. Und eine gute Regel darf idealistisch sein, ja sogar einen absoluten Anspruch einnehmen. Weshalb sollten wir, die wir in einer Demokratie mit im Grundgesetz gewährter Pressefreiheit leben, uns nicht auf die Aufklärung berufen? Besser noch auf Immanuel Kant, der die Frage, was Aufklärung ist, so beantwortete:

»Aufklärung ist der Ausgang des Menschen aus seiner selbst verschuldeten Unmündigkeit.« Und Unmündigkeit definiert er als »das Unvermögen, sich seines Verstandes ohne Leitung eines anderen zu bedienen. Selbst verschuldet ist diese Unmündigkeit, wenn die Ursache derselben nicht am Mangel des Verstandes, sondern der Entschließung und des Mutes liegt, sich seiner ohne Leitung eines anderen zu bedienen«.

So manch ein Staatsbürger wird feststellen, dass die selbst verschuldete Unmündigkeit bei uns weitverbreitet ist, und deshalb mit Kant rufen: »Habe Mut, dich deines eigenen Verstandes zu bedienen!«

So lautet der Wahlspruch der Aufklärung, und dem sollte der Journalismus dienen.

Wenn ich mir die deutsche Medienlandschaft unvoreingenommen anschaue, stelle ich zunächst einmal fest: In Deutschland arbeiten zahlreiche Journalisten, die sich zu den qualifiziertesten in der Welt rechnen dürfen, ob in der gedruckten Presse, in Hörfunk oder Fernsehen. Sie veröffentlichen in Tageszeitungen, seien es überregionale wie die *Süddeutsche* oder die *Frankfurter Allgemeine Zeitung*, regionale oder lokale Blätter wie der Berliner *Tagesspiegel*, das *Hamburger Abendblatt*, der *Kölner Stadtanzeiger* oder die Heidelberger *Rhein-Neckar-Zeitung* und viele andere. Sie sind im Deutschlandradio zu hören, in *Tagesschau* oder *Tagesthemen*, in *Monitor* oder *Frontal 21* zu sehen und in vielen Informationssendungen der öffentlich-rechtlichen Programme. Kaum ein anderes Land der Welt verfügt über solch eine Bandbreite an hervorragenden Medien. Aus Erfahrung kann ich sagen, das Fernsehen in den USA oder die Zeitungslandschaft in Großbritannien oder Frankreich lässt sich im Großen und Ganzen nicht mit der Qualität der besten deutschen Medien messen.

Dennoch fürchte ich, dass der Text von Immanuel Kant, selbst wenn er weit älter als zweihundert Jahre ist, immer noch von allzu vielen nicht beherzigt wird. Die Wirklichkeit entspricht dem Ideal längst noch nicht.

Hätten sonst einfältige Populisten wie Donald Trump oder Marine Le Pen oder Gruppierungen wie AfD oder Pegida solchen Zulauf?

Dass dies so sein würde, hat der Menschenkenner Kant allerdings vorhergesehen. Und er stellte fest: »Faulheit und Feigheit sind die Ursachen, warum ein so großer Teil der Menschen [...] dennoch gern zeitlebens unmündig bleiben.« Der Handwerker hat also nicht nur eine Regel zur Hand, sondern auch eine Aufgabe.

An dieser Stelle melden sich auch schon lautstark die Kritiker: Wer wird denn jetzt noch den Vater des Kategorischen Imperativs als Maßstab für Journalismus heranziehen! Aufklärung ist doch die Lebenslüge des deutschen Journalismus. Gemach! Wer auf die Pauke haut, weiß, dass er viel Lärm erzeugt. Aber es ist eben doch häufig nur viel Lärm um nichts. Wenn ich Aufklärung als Maßstab für Journalismus bezeichne, dann ist dies meine ganz persönliche Ansicht. Und für die Kritiker möchte ich präzisieren: Es ist richtig, und darüber wird noch zu sprechen sein, dass Maßstäbe nur Vorgaben sind, an die sich viele nicht halten. Das bedeutet jedoch nicht, dass die Maßstäbe falsch sind.

Wer Journalismus lernt, sollte die Regeln kennen, wie das Handwerk gut ausgeübt werden kann. Ich betone: *gut!* So lautet die Qualifikation, nach der jeder Handelnde, in welchem Handwerk auch immer, streben sollte.

Also bleibe ich bei der Forderung, Aufklärung als Maßstab für Journalismus zu begreifen.

Und zu dieser Aufklärung – so Kant – »wird nichts erfordert als Freiheit; und zwar die unschädlichste unter allem, was nur Freiheit heißen mag, nämlich die: von seiner Vernunft in allen Stücken öffentlichen Gebrauch zu machen«.

Über diese »Urfreiheit«, die dem Handwerker die Freiheit gibt, seiner Arbeit nachzugehen, sollten wir nachdenken. Sprechen wir aber auch von der Macht, die dem Handwerk aus dieser Freiheit erwächst, und welch hohe Verantwortung Freiheit und Macht dem Journalisten aufbürden.

Was bedeutet diese Freiheit, die Kant anspricht? Unter welchen Bedingungen kann der Journalist von seiner Vernunft in allen Bereichen öffentlichen Gebrauch machen? Auch der Handwerker sollte sich zunächst der reinen Theorie widmen, um sie anschließend mit der Wirklichkeit zu konfrontieren.

Der Philosoph Otfried Höffe gibt seinem Buch »Kritik der Freiheit« den Untertitel: Das Grundproblem der Moderne.

»Die Freiheit ist das höchste Gut des Menschen«, schreibt Höffe, »sie macht seine Würde aus.«

Freiheit ist als »Prinzip der Moderne« ein Grundbegriff der Ethik. Daraus leiten wir den Anspruch der Verantwortung her. Und die wiederum gehört ebenfalls zu den Grundprinzipien des Journalismus. Freiheit wird häufig definiert als Voraussetzung für die Fähigkeit des Menschen, aus eigenem Willen Entscheidungen zu treffen.

Allerdings lässt sich Freiheit leichter über ihre Begrenzungen definieren, als darüber, was denn ihr Wesen ausmacht.

Denken wir über Freiheit und Journalismus nach

Im Anfang war das Wort, so steht es geschrieben, und selbst wenn es anders gemeint ist, als ich es jetzt interpretiere: Im Anfang war nicht das Wort, sondern vor dem Wort war das Denken. Deshalb bleibt mir bis heute der Satz unvergessen, den wir in der Schule lernen mussten: »Geben Sie Gedankenfreiheit!«

So lautet in Friedrich Schillers »Don Carlos« die Bitte des Marquis von Posa, als der spanische König Philipp II. ihm einen Wunsch freistellt.

In der Person des Marquis von Posa sieht Schiller einen Vertreter der Aufklärung. Und dieser Satz: »Geben Sie Gedankenfreiheit!« hat seine Kraft nie verloren.

Als Schillers Stück 1937 in Bremen auf die Bühne kam, hundertfünfzig Jahre nach seiner Uraufführung in Hamburg, brach bei dem Satz des Marquis solch ein Applaus aus, dass die Theaterdirektion von der Polizei gezwungen wurde, den Vorhang herunterzulassen. Dasselbe wiederholte sich in Berlin, wo die Rede des Marquis von Posa ebenfalls donnernden Beifall erzeugte, woraufhin der kommunistische Journalist Franz Leschnitzer im Exil schrieb: »Das deutsche Publikum, vom Feuer der Freiheitssehnsucht Schillers ergriffen, hat laut zu denken begonnen.«

»Man sagte, das sei eine große Demonstration gegen das Dritte Reich gewesen«, äußerte Marcel Reich-Ranicki sich über dieses Phänomen und fügte hinzu, Goebbels und Rainer Schlösser, der oberste Theaterpolitiker, seien klüger gewesen und hätten gefragt: »Was ist denn los? Als der ›Don Carlos‹ uraufgeführt wurde, hat man auch an dieser Stelle geklatscht. Was stört uns das, wenn die Leute immer an dieser Stelle klatschen? Weiterspielen lassen!« Das Stück wurde noch neununddreißig Mal in Berlin gespielt, und man freute sich darüber. Vielleicht leistete man damit ja doch einen gewissen Widerstand.

In seiner unnachahmlichen Art hat der Literaturkritiker Marcel Reich-Ranicki an Marquis von Posas Wunsch nach Gedankenfreiheit rumgemäkelt: »Warum Schiller das nicht besser formuliert hat, weiß ich bis heute nicht, denn Gedankenfreiheit hat jeder. Darum muss man weder König Philipp noch Adolf Hitler bitten. Was Schiller und Marquis von Posa meinten, ist: ›Geben Sie die Möglichkeit, Gedanken zu äußern, geben Sie uns die Freiheit, Gedanken zu formulieren und zu artikulieren.‹«

Hier irrt der Kritiker. Gedankenfreiheit hat eben nicht jeder. Selbst in modernen Demokratien bestehen Denk-Tabus, deren Wesen darin besteht, dass sie als Schranken des Denkens nicht erkennbar sind. Das ist ja das Besondere an ihnen.

Voraussetzung für Gedankenfreiheit ist Wissen. Wissen auch um die Tabus. Nur dann können sie analysiert und gegebenenfalls aufgehoben werden. Diese Tabus wirken überall, in der Literatur, in der Politik, selbst in der scheinbar sachlichen Wissenschaft.

Der Atomforscher Edward Teller, einer der Väter der Wasserstoffbombe, wurde 1908 in Budapest geboren. Dort aber war es Juden verboten, die Universität zu besuchen, weshalb er in Deutschland studierte, bei Heisenberg promovierte und wegen seiner jüdischen Abstammung 1934 vor den Nationalsozialisten nach Dänemark floh. Als die Gefahr bestand, dass die Deutschen auch dort einmarschierten, ging er in die USA.

Auf meine Frage, ob dieses ständige Wechseln der Forschungsstätten ihn nicht behindert hätte, antwortete er trocken: »Ganz im Gegenteil. Ich habe Ungarn verlassen und meine von dort stammenden Vorurteile bald abgelegt. In Deutschland war ich lang genug, um Denkhemmungen zu übernehmen. Doch die verlor ich schnell wieder. Und in Dänemark war ich dann zu alt, um noch einmal geistige Beschränkungen zuzulassen.«

Erst auf das Denken, so sage ich, folgt das Wort

Auf die Forderung nach Gedankenfreiheit folgt die nach Pressefreiheit.

Waren 1848 in Deutschland Revolutionäre bereit, für die Pressefreiheit zu kämpfen, so reicht heute der Begriff Pressefreiheit nicht mehr. Denn in den letzten hundertfünfzig Jahren hat die Welt sich politisch, sozial und technologisch dramatisch verändert.

Die gedruckte Presse wurde Anfang des vergangenen Jahrhunderts ergänzt durch den Hörfunk, dem folgte das Fernsehen. Schon hier dehnten sich die Möglichkeiten, Informationen zu transportieren, ständig aus, weil immer neue Methoden gefunden wurden – erst auf beschränkten Wellen, dann auch im Kabel –, immer mehr Programme zu senden.

Die technologische Revolution hat die Verbreitung von Informationen so vereinfacht und beschleunigt, dass heute vom »Informationszeitalter« gesprochen wird. Seit der Erfindung des Internets ist die Freiheit des Informationsflusses nicht mehr zu bremsen.

Und dennoch: Die Freiheit der Presse ist immer wieder bedroht.

Aber wieso denn, mag da der Zweifler fragen. Im Grundgesetz steht doch in Artikel 5: »Jeder hat das Recht, seine Meinung in Wort, Schrift und Bild frei zu äußern und zu verbreiten und sich aus allgemein zugänglichen Quellen ungehindert zu unterrichten. Die Pressefreiheit und die Freiheit der Berichterstattung durch Rundfunk und Film werden gewährleistet. Eine Zensur findet nicht statt.«

Eine staatliche Zensur findet tatsächlich nicht statt.

In der Bundesrepublik muss ein Journalist nicht befürchten, wegen seiner Arbeit verfolgt zu werden. Hier ist er so frei wie nur möglich, hier hat auch die Justiz immer wieder gezeigt, dass sie die Pressefreiheit als ein wesentliches Gut bewertet und verteidigt, denken wir nur an das ZDF-Urteil gegen Konrad Adenauer oder an das *Spiegel*-Urteil von 1966, in dem das Bundesverfassungsgericht die Pressefreiheit einforderte.

Politik und Medien

Trotz Pressefreiheit versuchen die Regierenden in der Bundesrepublik oder diejenigen, die gern regieren würden, mit allen Mitteln, die politische Berichterstattung zu beeinflussen. Und da passt man sich den Gegebenheiten der Demokratie an. Keine Zensur, aber eine politisch motivierte Personalpolitik.

Das war schon immer so, mag man heute sagen. Weil Bundeskanzler Konrad Adenauer die ARD zu kritisch – sprich zu links – war, wollte er das ZDF gründen. Das klappte nicht so, wie er sich das vorstellte, aber das ZDF entstand doch aus politischem Willen.

Wie stark sich die Politik in die Personalpolitik einmischt, hat ZDF-Chefredakteur Nikolaus Brender erfahren müssen, weil er Haltung als unabhängiger Journalist zeigte. Wegen dieser Haltung hat der hessische Ministerpräsident Roland Koch, CDU, die Verlängerung von Brenders Vertrag als ZDF-Chefredakteur verhindert.

Eine Haltung zeichnet den Charakter einer Person aus, sie leitet sein Handeln. Bei einem Journalisten wie Nikolaus Brender bedeutet Haltung, dass er sein ganzes Berufsleben für journalistische Qualität und Unabhängigkeit einstand.

Was bedeutet Unabhängigkeit im öffentlich-rechtlichen System? Der Journalist ist nur seinem journalistischen Auftrag verpflichtet. Er geht keine Kumpanei ein – etwa mit Politikern, die Posten besetzen. Er gibt sich keinem Gefälligkeitsjournalismus hin. Er lässt sich von niemandem einvernehmen, schon gar nicht von einer politischen Partei.

So hat es Nikolaus Brender immer gehalten. Als er in hierarchische Höhen aufstieg, wo Politiker in Rundfunk- oder Verwaltungsräten verlangen, dass Journalisten sich ihren »Freundeskreisen« anschließen, hat er es nicht getan, auf die Gefahr hin, nicht Chefredakteur zu werden.

Haltung zeigt man aber nicht nur einmal und legt sie dann in die Schublade, sondern Haltung bedeutet Auseinandersetzung im täglichen Geschäft. Und da hat Nikolaus Brender immer wieder seine Unabhängigkeit bewiesen. Nur so kann eine kritische Magazinsendung im ZDF wie *Frontal* 21 Erfolg haben. Die Redaktion weiß, dass der Chefredakteur steht wie ein Fels, wenn ein einflussreicher Politiker, der auch noch im Fernsehrat sitzt, sich über ein ihm nicht passendes Interview beschwert. Das ist vorgekommen. Brender fragte dann nur, ob juristisch alles in Ordnung sei. War dies der Fall, dann vertraute er seiner Redaktion und lehnte den erbetenen Eingriff ab. Damit machte er seinen Mitarbeitern Mut zu journalistisch unabhängigem Arbeiten.

Haltung bewahren bedeutet für einen Journalisten in hoher Position, Mut zu beweisen und Vorbild zu sein. Haltung ist für das eigene Selbstwertgefühl wichtiger, als Karriere zu machen. Aber es ist wichtig, die Haltung auch anderen als Maßstab des Handelns zu vermitteln.

Als ich noch bei den *Tagesthemen* arbeitete, fragte mich ein junger Journalist um Rat. Man hatte ihm in seinem Sender, der zum Verbund der ARD gehört, gesagt, er solle in die CDU eintreten, dann könne er Karriere machen. Ich habe ihm abgeraten und empfohlen, durch gutes journalistisches Engagement und nicht durch ein Parteibuch aufzufallen. Er folgte meinem Rat, erhielt schon bald ein Angebot eines anderen ARD-Senders und macht seitdem sichtlich journalistische Karriere. Solch jüngeren Kollegen kann die Haltung von Nikolaus Brender Mut machen.

Von wenig Haltung zeugt, wenn Kollegen sich in der Diskussion um den parteipolitischen Einfluss bei den öffentlich-rechtlichen Sendern zynisch äußern und meinen: Das war doch immer so. Was regt ihr euch auf. Man muss halt sein Lager suchen. Ja, da schäme ich mich.

Doch in der Vergangenheit haben Journalisten und auch Hierarchen immer wieder Haltung gezeigt.

Als Dieter Stolte ZDF-Intendant war, erhielt er eines Tages einen Anruf aus dem Bundeskanzleramt, und Juliane Weber, die Bürochefin von Bundeskanzler Helmut Kohl, sagte ihm, er möge zum »Chef« kommen. Wessen Chef?, fragte Stolte. Na gut, zu ihrem Chef. Stolte fuhr zu Bundeskanzler Helmut Kohl, der ihm erst einmal langwierig einen Apfel zum Essen anbot, viel drumrum redete und ganz zum Ende des Gesprächs sagte: Den Soundso machen Sie jetzt zum Programmdirektor! Stolte lehnte höflich ab. Er habe jemand anderes im Auge. Wen denn? Er nannte den Namen. Kohl: Der kann das nicht. Stolte blieb dabei. Kohl wütend: Auf Ihre Verantwortung. Stolte, so sagt er heute ein wenig ironisch, beging dann einen Fehler. Er erwiderte: Ja, auf meine Verantwortung. Der Bundeskanzler hat den ZDF-Intendanten daraufhin sechs Monate lang öffentlich geschnitten.

Stolte war es, der ganz bewusst Nikolaus Brender zum Chefredakteur des ZDF ernannte. Der Mut, Brenders Vertrag trotz des politischen Drucks zu verlängern, fehlte dann Stoltes Nachfolger als Intendant, Markus Schächter. Als der politische Druck zu groß wurde, ließ er diesen unabhängigen Chefredakteur fallen.

Es war der damalige hessische Ministerpräsident Roland Koch, der den ihm lästigen Chefredakteur des ZDF aus reinem Machtdenken von seinem Posten entfernen wollte. Und es gelang ihm.

Aus Machtdenken ändern Ministerpräsidenten nach einem Machtwechsel immer wieder die Rundfunkgesetze, so im Jahr 2016 die nordrhein-westfälische Regierung. Ich halte das für schandhaft. Auf diese Weise hatte auch Ministerpräsident Roland Koch schon das Gesetz für den Hessischen Rundfunk ändern lassen, damit er dort einen ihm vermeintlich genehmen Intendanten einsetzen konnte. Und über den dortigen Chefredakteur übte er seine Macht aus. Manch ein Journalist wurde für einen Bericht, der nicht gefiel, sogar direkt aus der Staatskanzlei abgemahnt.

Machtdenken spielte also eine Rolle, als Ministerpräsident Koch Nikolaus Brender aus dem Amt des politischen Chefredakteurs verscheuchte, aber war Roland Koch vielleicht nicht nur der Ausführende? Keiner sprach es offen aus, aber hinter vorgehaltener Hand hieß es, Bundeskanzlerin Angela Merkel stecke dahinter. Sie spiele in der Machtpolitik um die Besetzung von Posten in den öffentlich-rechtlichen Sendern eine entscheidende Rolle. Nikolaus Brender wollte sie zuvor schon nicht als Intendanten des WDR. Warum eigentlich? Hatte er in der bis heute unvergessenen Sendung am Wahlabend im September 2005 nicht seine unabhängige journalistische Haltung bewiesen, als er Bundeskanzler Gerhard Schröder vor laufenden Kameras Paroli bot?

Aber weil dieser Haltung Unabhängigkeit als Maßstab des Handelns zugrunde liegt, gefällt sie Machtpolitikern nicht.

Die Pressefreiheit wurde durch die parteipolitische Besetzung des ZDF-Fernsehrates bedroht. Unter den vierzehn Mitgliedern waren zehn amtierende oder ehemalige Politiker. In der Folge klagte das SPD-geführte Land Hamburg vor dem Bundesverfassungsgericht, das diese Zusammensetzung für verfassungswidrig erklärte.

Die politische Einflussnahme hindert Politiker aber nicht daran, heuchlerisch für die Pressefreiheit zu kämpfen. Vor einigen Jahren widmete die *Bild*-Zeitung dem CDU-Bundestagsabgeordneten Gunther Krichbaum, Chef des Europaausschusses im Bundestag, einen großen Artikel. »Bundestag und EU besorgt über Angriff auf Pressefreiheit«, war da in der Überschrift zu lesen. CDU-Politiker Krichbaum hatte dem EU-Kommissionschef Barroso geschrieben: »Die zunehmende Gefährdung der Presse- und Meinungsfreiheit … muss den energischen und entschiedenen Widerspruch der Kommission herausfordern.«

Diese Sorge betraf aber nicht die Situation in Deutschland. Es ging um die Türkei. Und um die sorgt sich Angela Merkel immer noch. Bei den ersten gemeinsamen Regierungskonsultationen im Januar 2016 sprach sie die Pressefreiheit in der Türkei wieder an.

Und Anfang 2016 mussten wir erleben, dass die erzkonservative Regierung in Polen sämtliche ihr unangenehmen Journalisten aus dem Rundfunk entließ und mit einem neuen Mediengesetz die Pressefreiheit erheblich einschränkte.

Da protestierte selbst der Fraktionsvorsitzende der CDU im Bundestag, Volker Kauder, und forderte Sanktionen gegen Warschau. »Wenn Verstöße gegen die europäischen Werte festzustellen sind, müssen die Mitgliedstaaten den Mut zu Sanktionen haben«, sagte er: »Polens Regierung muss wissen: Bestimmte Grundwerte darf man in Europa nicht verletzen.« Der Vorsitzende der Unionsgruppe im Europaparlament, Herbert Reul, sprach sich sogar für Geldstrafen gegen Polen aus.

Die Polen haben sich prompt gewehrt mit dem Hinweis darauf, wie deutsche Rundfunkräte im Sinne ihrer Partei Personalpolitik betreiben und die Pressefreiheit beschneiden.

Die Regierenden in autoritären Ländern benötigen heute keine Zensurbehörde, um die Presse zu gängeln. Der einstige OSZE-Beauftragte für die Freiheit der Presse, der ehemalige Verleger und Bundestagsabgeordnete der SPD Freimut Duve, beklagte, dass in Ländern der ehemaligen Sowjetunion unliebsame Journalisten mundtot gemacht werden, indem sie als Kinderschänder oder als Steuersünder angeklagt, verurteilt und ins Gefängnis gesperrt werden.

Die Wandlung der Medienwelt hin zur Informationsgesellschaft

Die heutige Informationsgesellschaft hat unendliche Vorteile, wenn wir an die Möglichkeiten der Verbreitung von Informationen denken. Aber es gibt leider auch negative Auswirkungen.

Da mag ich die Qualität von Journalismus in Deutschland loben, aber im gleichen Atemzug könnte ich beklagen, dass immer weniger Journalisten, immer weniger Presseerzeugnisse sich der Vorgänge annehmen, die ein kämpferischer Demokrat 1848 gern veröffentlicht hätte. Etwa, dass der Staat den Informantenschutz und die Pressefreiheit scheibchenweise wieder aushöhlt. In den vergangenen Jahren haben sich die Vorgänge gehäuft, in denen Redaktionsräume durchsucht, die Telefonate von Journalisten über Datenträger kontrolliert und von den Strafverfolgungsbehörden erfasst wurden.

Aber ist meine Klage wirklich berechtigt in einer Zeit, in der es zu immer mehr »leaks« kommt, zur Veröffentlichung geheimer Dokumente im Internet? Das Motiv von Personen wie Edward Snowden, der wohl den größten Geheimnisverrat der letzten Jahre zu verantworten hat, ist meines Erachtens äußerst ehrenwert. Er wollte die Belege dafür liefern, dass die US-Geheimdienste gegen die Gesetze verstoßen. Und damit ist er vermutlich für andere Regierungsbeamte in der westlichen Welt zum Vorbild geworden. Denn inzwischen lässt es sich kaum noch verbergen, wenn Regierungsorganisationen gegen die Gesetze verstoßen. Immer sitzt irgendwo ein Beamter, den sein Gewissen dazu verleitet, Transparenz herzustellen. Regierungen ihrerseits versuchen sich dagegen zu wehren, indem sie Geheimnisverrat strafrechtlich verfolgen wollen.

Ein solcher Fall hat vor kurzem in Deutschland zu heftigen Debatten geführt. Denn die Bundesanwaltschaft eröffnete ein Verfahren wegen Landesverrats gegen zwei Journalisten vom Blog *Netzpolitik.org*.

Die Journalisten haben in dem Blog Auszüge aus Unterlagen des Verfassungsschutzes über die geplante »Massenauswertung von Internetinhalten« veröffentlicht.

Sie erinnern sich gewiss: Bundesjustizminister Heiko Maas hat den Vorgang gestoppt. Es kostete den Generalbundesanwalt sogar das Amt.

Journalisten müssen die Möglichkeit haben, auch streng geheime Vorgänge zu veröffentlichen. Streng geheim war die »Operation Eikonal«, eine gemeinsame Abhöraktion von BND und NSA. Erst als Journalisten der *Süddeutschen Zeitung* den Fall aufdeckten, kam heraus, dass sogar der Bundestag von den Geheimdienstmaßnahmen nichts wusste, obwohl er sie hätte genehmigen müssen.

Die Veröffentlichung war selbst für die Bundeskanzlerin peinlich. Nachdem herausgekommen war, dass die US-Agentur NSA sogar ihr Mobiltelefon abhörte, hatte Angela Merkel gesagt: »Ausspähen unter Freunden, das geht gar nicht.«

Doch nun stellte sich heraus, dass der BND selbst abhörte, etwa den französischen Außenminister Laurent Fabius, den Präsidentenpalast in Paris und europäische Spitzenpolitiker und -beamte.

Der deutsche Justizminister lässt nun prüfen, ob der Verrat von Staatsgeheimnissen durch Journalisten in Zukunft nicht mehr strafbar sein sollte. Die Aufhebung des entsprechenden Paragraphen im Strafgesetzbuch wäre ein Verdienst im Sinne der Pressefreiheit.

Statt den Journalisten zu bestrafen, wenn er Geheimnisse veröffentlicht, die der demokratischen Kontrolle unterliegen, sollte ein Gesetz die staatlichen Stellen verpflichten, ihr Handeln offenzulegen. Ein ausführliches Recht auf Information halte ich für eine sinnvolle Forderung im Sinne der Pressefreiheit.

Wie wichtig ein Recht auf Information ist, erleben wir immer wieder, wenn Politiker wichtige Ergebnisse für politische Entscheidungen falsch darstellen oder gar verschweigen. So kam im Februar 2016 heraus, dass der umstrittene Bau einer Konzerthalle in Münchens Stadtmitte angeblich mit einer Lüge der Behörden verhindert wurde. Ein Gutachten schlug ein akustisch machbares Konzept vor, doch das Gutachten wurde geheim gehalten und öffentlich das Gegenteil behauptet: Das Gutachten spreche sich aus akustischen Gründen gegen den Bau aus.

Die Wahrheit wurde erst nach fünf Jahren offenbar, als das Gutachten veröffentlicht wurde, die Entscheidung für einen anderen Standort jedoch schon gefallen war. Doch damit wurde der Streit wieder angefacht.

Hätte die Pflicht zur Information bestanden, wäre am Ende vielleicht keine andere Entscheidung gefallen, aber doch eine, bei der alle Beteiligten von den gleichen Voraussetzungen ausgegangen wären.

Medien – die Vierte Gewalt?

Der französische Aufklärer Charles de Montesquieu meint, dass die Freiheit des Bürgers in einem Staat nur durch die Dreiteilung der Gewalten garantiert wird, wenn also Exekutive, Legislative und Judikative unabhängig voneinander sind. Nun hat es sich eingebürgert, von den Medien als der Vierten Gewalt zu sprechen. Und Journalisten übernehmen diese Bezeichnung gern. Begründet sie nicht all ihr Handeln – so fragwürdig es auch manchmal sein mag?

Kein Zweifel, die Medien sind eine öffentliche Macht, und darüber wird zu reden sein. Aber ich halte es für falsch, sie mit den drei staatlichen Gewalten gleichzusetzen.

Zum Ersten fehlt es den Medien an demokratischer Legitimation und an Transparenz.

Zum Zweiten wird der größte Anteil der Medien, ausgenommen die öffentlich-rechtlichen Rundfunkanstalten, aus wirtschaftlichem und nicht aus demokratischem Interesse betrieben. Und ich möchte hinzufügen: Aufklärung im Sinne von Kant ist nicht Ziel der Wirtschaft. Im Gegenteil.

Der Eigentümer wird eine politische Linie vorgeben, wird gewisse kritische Artikel nicht in seinem Medium veröffentlicht sehen oder einen wirtschaftlichen Gegner besonders bloßstellen wollen.

Apokalypse und Sensationsjournalismus

Aus kommerziellen Gründen lautet das Motto häufig: Apokalypse statt Aufklärung. Damit sollen Einschaltquoten, Auflagenhöhen oder eine hohe Klickrate im Internet erzeugt werden.

Apokalypse: Hunderttausende Menschen könnten bei einer Pandemie sterben. Ich sage nur: Vogelgrippe. Oder Schweinepest. Ausgelöst durch die von den Medien geschürte Hysterie, beschloss im Februar 2006 die Konferenz der deutschen Gesundheitsminister, dass mit Hilfe der deutschen Pharmaindustrie rasch 160 Millionen Einheiten eines Impfstoffs hergestellt werden sollten, also zwei Einheiten pro Bundesbürger. Und 2009 erfolgte die rasche Produktion eines Impfstoffs gegen die Schweinegrippe. Alles Unfug!

Aber dass eine Konferenz der Gesundheitsminister aufgrund der Berichterstattung über die drohende Apokalypse zusammenkommt, zeigt, dass sich aus der Macht des Mediums eine besondere Verantwortung für den Journalisten ergibt.

Wichtig ist: Der Journalist sollte wissen, worüber er berichtet. Wichtig ist, das Bedeutende vom Unwichtigen zu trennen. Nicht jeder Fehlalarm an einem Flughafen sollte gemeldet werden, denn dies führt zu Orientierungslosigkeit und Übersättigung.

Manchmal ärgere ich mich über meine Kollegen. Immer wieder hört man in den Hörfunknachrichten – besonders an Wochenenden, wenn wenig Neuigkeiten zu melden sind –, das Wasser werde knapp. Verwüstung drohe. Es wird nicht gesagt, wo das Wasser knapp wird. Es wird auch nicht gesagt, wo Verwüstung droht. Also denkt der aufgeregte deutsche Hörer, das betreffe ihn in Deutschland. Gemeint ist aber Afrika, gemeint ist Sibirien, keinesfalls Deutschland. Doch die unpräzise Meldung führt dazu, dass Deutsche immer weniger Wasser benutzen. Dadurch entstehen den großen Städten Probleme, denn die Wasserämter müssen nun Trinkwasser in die Kanalisation leiten, damit die Abwasser weitergespült werden.

Zu viel Unwichtiges erschlägt das Wichtige.

Verantwortung wahrnehmen bedeutet auch, ausgewählte Nachrichten in den Vordergrund zu stellen. Und wichtig ist – das gehört auch zur Verantwortung –, die Wirkung der Meldung zu berücksichtigen.

Apokalypse: Der wohl größte Presseskandal der letzten zwanzig Jahre hat auch damit zu tun, dass selbst die etablierte, der Kant'schen Aufklärung meist verpflichtete Presse bis hin zur *Frankfurter Allgemeinen Zeitung* ungeprüft eine sensationelle Geschichte der *Bild*-Zeitung übernahm. Ungeprüft wohl auch deswegen, weil in den Zeiten des Internets und des rasanten Informationsflusses niemand ins Hintertreffen geraten und sich gar dem Vorwurf aussetzen will, er habe eine Geschichte verschlafen.

Laut *Bild*-Zeitung war ein kleiner Junge namens Joseph Abdulla von einer Horde Neonazis im Schwimmbad von Sebnitz gequält worden: »… dann warfen sie ihn ins Schwimmbecken, ertränkten ihn … Viele hörten seine Hilferufe, keiner half.«

Nichts davon stimmte. Aber das stellte man erst fest, als die Medienlawine schon losgetreten worden war.

Joseph war wegen eines Herzversagens ertrunken.

Doch zunächst war die gesamte deutsche Presse erschüttert und entsetzt angesichts der geschilderten Grausamkeiten der Rechtsradikalen; sie übernahmen die erfundenen Behauptungen aus der *Bild*-Zeitung und verzichteten auf eigene, gründliche Recherchen. Der sächsische Ministerpräsident Kurt Biedenkopf setzte sich in den Hubschrauber und besuchte die trauernde Familie. Bundeskanzler Gerhard Schröder traf sich mit der Mutter, allerdings gab es da offenbar schon Zweifel, weshalb das Treffen nicht fotografiert werden durfte.

Die Kommunikationswissenschaftlerin Anja Willkommen hat die Rolle der Presse analysiert und kam zu dem Ergebnis: »Der Hauptgrund für die Entwicklung der Berichterstattung ist im Thema selbst zu sehen: Es besitzt einen hohen Nachrichtenwert, also zahlreiche Komponenten, die ein hohes Interesse seitens der Leser versprechen, zudem ist es sehr emotional besetzt – es geht um den Tod eines kleinen Jungen. Weiterhin ist das Thema sensationell – mutmaßlich liegt ein Verbrechen vor!«

Da Sebnitz in Sachsen liegt, passte der Fall gut in das Klischee vom rechtsradikalen und ausländerfeindlichen Osten.

Angela Merkel meinte später: »Sebnitz steht in meinen Augen auch für Gefahren, in die sich ein Politiker – und mit ihm zwangsläufig die Politik als Ganzes – begibt, wenn er sich in offenbar grenzenloser Bereitwilligkeit den ›Gesetzen‹ der Medienwelt unterwirft. Mit seinem Treffen mit der Mutter des verstorbenen Joseph und der gezeigten Betroffenheit verlieh der Kanzler mangelhaftem journalistischen Handwerk staatspolitische Würde.« Das gilt auch für Ministerpräsident Kurt Biedenkopf, doch den nannte die CDU-Vorsitzende Angela Merkel nicht, schließlich gehörte der sächsische Ministerpräsident ja ihrer Partei an.

Die Apokalypse als journalistisches Motto dient dem wirtschaftlichen Erfolg der privaten Medien.

Und hier sehe ich ein grundsätzliches Problem der deutschen Presse. Zwar haben die *Frankfurter Allgemeine Zeitung*, der *Spiegel* und auch *Die Zeit* eine kleine Korrekturspalte eingeführt, doch die Diskussion um journalistische Fehler wird in den USA sehr viel ernsthafter und ausführlicher geführt. Davon können wir lernen.

In der *New York Times* hat ein gestandener Journalist die Aufgabe, sich um Korrekturen zu kümmern. Die amerikanische Tageszeitung betreibt online eine Korrekturseite, die auch in Deutschland Standard sein sollte. Es wird dort nicht nur angegeben, welche Korrekturen am Tag selbst in der gedruckten Ausgabe stehen, sondern es werden auch die *links* zu den Korrekturen der letzten sieben Tage angeführt. Auf der Onlineseite gibt es eine kostenfreie Telefonnummer, eine E-Mail-Adresse und eine Faxnummer, damit Leser angeben können, welche Fehler sie entdeckt haben.

Völlige Transparenz sollte der Maßstab für eine vertrauensvolle Berichterstattung sein.

Nun ist nicht nur der Trend zu Weltuntergangsszenarien in den privaten Medien negativ zu beurteilen. Wir sollten nicht vergessen, dass wirtschaftliche Vorgaben auch im Widerspruch zur Freiheit der Presse stehen können.

In Ländern, in denen enge – gar freundschaftliche – Beziehungen zwischen Privatwirtschaft und Politik bestehen, wie in Frankreich, dient die Wirtschaft gern ihr nahestehenden Politikern. So kann ein Präsident wie Nicolas Sarkozy schon einmal bei dem Eigentümer einer Fernsehanstalt die Entlassung des populärsten Nachrichtenmoderators veranlassen, weil der ihm unangenehme Fragen gestellt hat.

In Frankreich gehört dem weltweit agierenden Bauunternehmer Bouygues die größte Fernsehanstalt: TF 1.

Der Luxusgüterkonzern LVHM besitzt unter anderem die Zeitung *Le Parisien,* der Tycoon Vincent Bolloré hat vor kurzem den Pay-TV-Kanal Canal+ gekauft. Er nahm dort als Erstes die beliebte, aber politisch äußerst kritische Satireshow *Les Guignols de l'info* aus dem Programm. Politiker sollten nicht mehr durch den Kakao gezogen werden.

Dem Waffenfabrikanten Dassault gehört die Tageszeitung *Le Figaro,* und die Redaktion zeichnet sich durch äußerst freundliche Berichterstattung über den konservativen Expräsidenten Nicolas Sarkozy aus, während sie heftige Kritik an dessen Widersacher, dem sozialistischen Präsidenten François Hollande, übt. Nachdem es François Hollande jedoch gelungen war, das von Dassault hergestellte, bisher auf dem internationalen Markt unverkäufliche Kampfflugzeug Rafale nach Ägypten, Katar und in andere Länder zu verkaufen, was kein konservativer Präsident geschafft hatte, änderte der *Figaro* seine politische Linie und schwächte seine Kritik an dem sozialistischen Präsidenten ab, ja, lobte ihn sogar manchmal.

Völlige wirtschaftliche Unabhängigkeit einer Zeitung kann ein höchstes Maß an Freiheit garantieren. Dafür steht die französische Satirezeitung *Le Canard enchaîné*. Vor hundert Jahren als Protest gegen die staatliche Zensur während des Ersten Weltkriegs gegründet, hat die wöchentlich erscheinende Zeitung von Anfang an auf Werbung verzichtet. Canard, wörtlich übersetzt »Ente«, bedeutet in französischer Umgangssprache »Blatt«, »Zeitung«. Ein »canard enchaîné« ist ein angekettetes Blatt.

Das Blatt gehört der Redaktion, die sämtliche Gewinne der vergangenen Jahre angespart hat und somit über Rückstellungen von mehr als 125 Millionen Euro verfügt. Die Auflage liegt bei 450 000 Exemplaren. Das redaktionelle Motto lautet: *La liberté de la presse ne s'use que quand on ne s'en sert pas.* – Die Pressefreiheit verschleißt nur, wenn man sie nicht nutzt.

In Zeiten der staatlichen Zensur, etwa während des Algerienkriegs, wurde der *Canard* mehrmals verboten. Doch seither hat das Blatt den Spitzen in Politik, Wirtschaft und Gesellschaft immer wieder viel Kummer bereitet. Denn die Redaktion kann auf Hinweise zahlreicher anonymer Informanten zurückgreifen, bis hin aus der Regierung. Der *Canard* hat die Affäre um die Diamantengeschenke des selbst ernannten afrikanischen Kaisers Bokassa an Präsident Valéry Giscard d'Estaing enthüllt, wie auch viele andere Fälle politischer Korruption. Und immer wieder landen bei diesem Blatt Artikel, die Journalisten für andere Zeitschriften recherchiert haben, die aber dort aus Angst vor den Folgen nicht gedruckt wurden.

»Kunst des Unterlassens« oder Selbstzensur?

Auch die Redaktion des *Canard* veröffentlicht nicht alles, was sie erfährt, und zeigt sich damit journalistisch verantwortungsvoll. Der *Canard enchaîné* übt sich in der Kunst des Unterlassen, was ich persönlich eine weitere journalistische Tugend nennen möchte.

Privates bleibt privat.

Auch wenn Präsidenten fremdgehen.

In meiner Zeit als Korrespondent in Paris schaute ich regelmäßig in der Redaktion vorbei. Eines Tages zeigte mir der Chefredakteur verfängliche Fotos von Präsident Valéry Giscard d'Estaing mit einer jungen Frau. Ich fragte ihn: »Und was macht ihr jetzt damit?« Er antwortete: »Nichts. Das ist sein Privatvergnügen. Wenn sie eine israelische Agentin wäre, würden wir das Bild veröffentlichen. Aber sie ist nur ein Escort-Girl.«

Der *Canard* wusste auch von der Freundin des jetzigen Präsidenten François Hollande. Als eine Illustrierte über die Affäre berichtete und dazu Fotos abdruckte, äußerte sich der *Canard* kritisch: Er werde nie in die Schlafzimmer der Prominenten schauen.

Damit beweisen die Journalisten des *Canard enchaîné* Haltung.

Und schon höre ich die Kritiker der Kunst des Unterlassens. Besonders anlässlich der Vorfälle zu Silvester vor dem Bahnhof in Köln oder in Hamburgs St. Pauli. Araber, Algerier, Tunesier, Marokkaner: Flüchtlinge und Asylanten hatten Hunderte von Frauen bestohlen, belästigt oder gar vergewaltigt. In der Klarheit, in der ich es hier sage, war es zunächst weder von der Polizei noch in den Medien dargestellt worden.

Höhnisch fragen Kritiker deshalb: Wie weit ist es von der Tugend des Unterlassens bis zur Selbstzensur? Gibt es da nicht eine Schweigespirale im deutschen Journalismus? Selbst der ehemalige Bundesinnenminister Hans-Peter Friedrich sprach von einem »Schweigekartell« und von »Nachrichtensperre«, wenn es um ausländische Straftäter gehe. Nun gut, Friedrich zielte mit seiner Kritik auf ARD und ZDF, die einem CSU-Politiker grundsätzlich verdächtig sind. Und tatsächlich hatte das ZDF am ersten Abend, nachdem die gesamte deutsche Presse über die Vorfälle in Köln berichtet hatte – auch die *Tagesschau* um 20 Uhr – auf eine Meldung verzichtet. Ein Fehler, für den sich das ZDF am Tag darauf entschuldigte.

Kurz zur Erinnerung: Was war geschehen?

Die Kölner Polizei hatte am Morgen nach den Gewalttaten eine Pressemitteilung veröffentlicht, wonach in der Silvesternacht eine ausgelassene Stimmung geherrscht habe und die Feiern weitgehend friedlich verlaufen seien.

Journalisten des *Kölner Stadtanzeigers* hörten aber von Betroffenen, was geschehen war, und berichteten zunächst online. Andere Zeitungen zogen, ebenfalls online, nach, sodass über diese Art der Vermittlung die Fakten noch vor der gedruckten Ausgabe veröffentlicht wurden. Die Journalisten klärten schneller auf als die Polizei, die noch lange brauchte, bis sie die Wahrheit tröpfchenweise ans Licht beförderte.

In den darauffolgenden Tagen hat sich die deutsche Presse weitgehend, so mein Urteil, ganz im Sinn der Kant'schen Aufklärung verhalten. Manche Zeitungen, wie die *Frankfurter Allgemeine*, sogar mustergültig. In Berichten und Analysen klärten die Medien auf, indem sie Fakten und Interpretationen lieferten, die den Medienkonsumenten Wissen vermittelten. Dieses Wissen versetzte sie in die Lage, sich ihres »Verstandes ohne Leitung eines anderen zu bedienen«.

Es wäre ein Wunder, wenn der eine oder andere Journalist nicht doch ins Zweifeln gekommen wäre, wie er verfahren sollte. Der Kriminologe Christian Pfeiffer berichtete, er sei zu zwei Fernsehinterviews gebeten worden mit dem Hinweis der Redaktion, *nicht* von »Flüchtlingen« zu reden. Pfeiffer ging auf die Bitte nicht ein und wurde dennoch interviewt. Hinterher entschuldigten sich die Verantwortlichen unaufgefordert bei ihm. Pfeiffer erklärte, er habe sich zwar an der »Attitüde der politischen Korrektheit« gestört, das Verhalten der einzelnen Journalisten aber eher als Unsicherheit denn als offizielle Sprachregelung interpretiert.

Politische Korrektheit ist aber nicht nur Thema bei der Berichterstattung der Medien oder der Öffentlichkeitsarbeit der Polizei. Es betrifft uns alle. Wir müssen uns damit befassen, dass die moderne, demokratische Gesellschaft sich eigene Denk-Tabus eingerichtet hat. Von wegen Gedankenfreiheit!

In der Gesellschaft werden gewisse Bezeichnungen als unziemlich betrachtet. Nicht rechtliche Vorgaben sind das Problem, sondern gesellschaftlicher Druck verhindert, dass die Dinge klar beim Namen genannt werden.

In der Kölner Folgedebatte um die Unterrichtung der Öffentlichkeit und die entsprechende Wortwahl erklärte der Innenminister von

Nordrhein-Westfalen, die Polizei richte sich bei ihrer Wortwahl »nach dem Pressekodex«. In dem heißt es, dass in der Berichterstattung über Straftaten die Zugehörigkeit der Verdächtigen oder Täter zu religiösen, ethnischen oder anderen Gruppen nur dann erwähnt werde, wenn »für das Verständnis des berichteten Vorgangs ein begründbarer Sachbezug« bestehe. Ob der Satz richtig ist, das wurde nach den Ereignissen von Köln in Frage gestellt. Am Ende blieb es dabei.

Diese Formulierung lässt eine weite Interpretation zu, je nachdem was ich als Journalist für richtig halte. Natürlich kann ich mich immer auf den Pressekodex berufen. Tatsächlich aber fehlt oft der Mut, sich für klare Worte zu entscheiden. Karl Kraus sagte: »Sprechen und Denken sind eins.«

Von unserem Denken hängt auch unsere Wortwahl ab.

Das führt zu dem, was ich »Selbstzensur« nenne. Nun gab es schon immer Journalisten, die meinen, es gebe keine Selbstzensur. Sie seien frei und würden ohne Druck von oben entscheiden, was und wie sie berichten. Aber Selbstzensur ist ein verstecktes Phänomen. Man zensiert sich unbewusst. Nach dem Motto: Das darf man doch nicht sagen!

Weil man Zigeuner nicht mehr Zigeuner nennen soll, spricht der Polizeibericht bei Roma und Sinti dann von »Angehörigen einer ethnischen Minderheit mit häufig wechselndem Wohnsitz«.

Das Phänomen der Selbstzensur betrifft alle gesellschaftlichen Bereiche, nicht nur den Journalismus, die Polizei oder die Politik. Nein, auch die Wissenschaft, die Wirtschaft, sogar die »unabhängige« Justiz. So ist mir völlig unverständlich, dass ein deutsches Gericht bei der Verhängung eines Urteils in einem Mordverfahren die Milderung der Strafe damit begründete, die Tat erkläre sich aus der Kultur der Täter. Die Täter hatten eine junge Frau ermordet, weil sie sich am deutschen Verhaltenskodex orientierte und nicht an den Sitten aus der »Kultur der Täter«. Solche Morde werden bei uns immer noch fälschlicherweise »Ehrenmorde« genannt. So heißen sie in der Kultur der Täter. Darin liegt jedoch ein Widerspruch: Die Ehre eines Menschen entstammt seiner Würde.

Durch den Mord nimmt der Täter dem Opfer die Menschenwürde.

Selbstzensur, also mangelnde Gedankenfreiheit, ist kein Phänomen, das sich auf Deutschland beschränkt. In Schweden beispielsweise wurden bei einem Jugendfestival 2014 und 2015 viele junge Mädchen vergewaltigt. Dem Polizeibericht zufolge wurden fünfzig Flüchtlinge, vor allem aus Afghanistan, als Verdächtige ausgemacht. Die Polizei aber erklärte ähnlich wie in Köln: »Es gab relativ wenige Delikte angesichts der vielen Konzertbesucher.«

Als der Fall Monate später an die Öffentlichkeit gelangte, gestand ein Polizist, der bei dem Konzert Dienst getan hatte, ein: »Manchmal haben wir nicht den Mut zu sagen, wie die Dinge wirklich sind.« Die Begründung lautete, man wolle den Rechtspopulisten nicht in die Hände spielen.

In der nordenglischen Stadt Rotherham wurden mindestens 1400 Minderjährige über sechzehn Jahre hinweg sexuell missbraucht. Die Täter waren Männer mit pakistanischen Wurzeln. Ein Untersuchungsbericht sprach von jahrelangem »Kollektivversagen« von Politik, Polizei und Sozialbehörden. Sozialarbeiter, die bei der Polizei oder dem Jugendamt über die Vorgänge berichtet hatten, wurden von Vorgesetzten zurechtgewiesen oder gar abgemahnt, also bestraft. Opfer, die sich bei der Polizei meldeten, wurden mit Verachtung behandelt und abgewiesen.

Der Grund? Da es sich um Pakistani handelte, wollte man nicht rassistisch erscheinen oder aber rechtsradikale Gruppierungen stärken. Laut Untersuchungsbericht gaben etliche junge Leute an, »dass die Polizei nichts gegen ausländische Jugendliche zu tun wagt, aus Angst vor Rassismusvorwürfen«.

Aus diesem Phänomen entwickelt sich ein grundsätzliches Problem für die Gesellschaft. Ihr Zusammenhalt soll normalerweise durch moralische und rechtliche Regeln geordnet werden. Wer gegen diese Regeln verstößt, den muss die Gesellschaft zur Ordnung rufen.

Ein Gauner muss ein Gauner genannt werden.

Wenn aber aus Angst oder falsch verstandener Toleranz der Regelverstoß nicht benannt wird, kann er auch nicht geahndet werden. Das führt zum Verfall der Gemeinschaft.

Diese Haltung hat weder etwas mit Rassismus noch mit Rechtsradikalismus zu tun. Das ist eine Haltung, die sich aus den Lehren der Soziologie, der Pädagogik und der Ethik ergibt.

Es wäre gut, wenn diese Lehren dem durchschnittlichen Medienkonsumenten, ja, auch jedem Journalisten, geläufig wären. Darüber sollte Konsens unter allen Staatsbürgern herrschen.

Ein Geheimnis der Freiheit, so meinte Andrew Jackson, einer der ersten amerikanischen Präsidenten, liege im Mut. Und Mut interpretiere ich hier so: offen zu benennen, was die Selbstzensur scheinbar verbietet, wenn ich der Meinung bin, es diene der Aufklärung. Denn eine wesentliche Aufgabe des Journalisten ist es doch auch, Orientierung zu geben. Ich möchte noch einmal an Immanuel Kant erinnern, der gesagt hat: »Habe Mut, dich deines eigenen Verstandes zu bedienen.«

Die Banalisierung der Öffentlichkeit

Ein in Informationsaufnahme nicht geübter Leser kann sich heute aus der Flut der Mitteilungen, die allein eine Presseagentur den ganzen Tag ausstößt, nur schwer ein Bild von der Wirklichkeit machen. Noch verwirrter wird er, schaut er stündlich Meldungen im Internet auf Newsportalen oder sozialen Netzwerken an.

Deshalb bedarf es der Hilfe von Fachleuten, die sichten, aussortieren und für ihr Publikum die wesentlichen Meldungen zusammenfassen.

Doch Journalisten, die schnell vermeintliche Exklusivberichte verbreiten, haben immer weniger Platz im Kopf für kritischen Journalismus. Damit beginnt die Banalisierung der Öffentlichkeit. Häufig glauben sie, es sei kritischer Journalismus, wenn man vermeintlich kritische, also bös gemeinte Gerüchte verbreitet.

Ein Zusammenschluss kritischer amerikanischer Journalisten betreibt das »Project for Excellence in Journalism«. Sie haben sich mit der Berichterstattung über den US-Wahlkampf 2008 befasst.

Das Ergebnis war erschütternd: Mehr als sechzig Prozent aller Berichte beschäftigten sich mit Wahlkampfstrategien, Taktiken oder Persönlichkeiten, aber nicht mit politischen Inhalten.

Hatte der Republikaner John McCain eine Geliebte?

Erinnerte sich Hillary Clinton falsch an einen Besuch?

Welchen Anstecker trug Obama?

Solche Fragen bewegten die meisten Journalisten. Und das bei einer Wahl, wo es um Krieg oder Frieden, um die Folgen der Globalisierung, schlicht um Fragen von historischer Bedeutung ging.

Einer der amerikanischen Kollegen meinte, das Publikum werde von derartigen Journalisten vielleicht nicht bewusst in die Irre, aber doch bewusst ins Irrelevante geführt. Er schrieb weiter: »Nicht wenige Journalisten wirken an der Verzwergung ihres Berufsstandes mit. Sie sehen sich mittlerweile als Teil eines medialen Amüsierbetriebs.«

In Deutschland können wir das gleiche Phänomen beobachten. Als Peer Steinbrück Kanzlerkandidat der SPD war, beschäftigten sich die meisten Berichte nicht mit seinen politischen Vorstellungen, sondern mit Banalitäten. Als er in einem Zwiegespräch auf der Bühne eines Berliner Theaters scherzhaft sagte, einen billigen Pinot Grigio würde er nicht trinken, wurde er als hochmütig verurteilt; dem Thema widmete man in der Berichterstattung mehr Beachtung als dem Verfall öffentlicher Infrastruktur, wie er selber später beklagte.

Ähnlich war die mediale Aufregung, als Steinbrück 2013 nach der Wahl in Italien äußerte, er sei entsetzt, dass zwei »Clowns« gewonnen hätten, wobei er auf Silvio Berlusconi – inzwischen wegen diverser Vergehen rechtskräftig verurteilt – und den Komiker Beppe Grillo anspielte, der für die Protestbewegung 5 Sterne kandidierte. Auch hier gefiel sich die Presse darin, Steinbrück fertigzumachen. Da stellten sich sonst kritische Magazine wie der *Spiegel* auf dieselbe Stufe wie *Bild*. Die Neugier an der politischen Figur wiegt heute schwerer als Inhalte und Programm.

Berichterstattung wird zunehmend von Voyeurismus getrieben.

Nehmen wir ein Bespiel aus der jüngsten Vergangenheit. Ein siebenundzwanzigjähriger Copilot von Germanwings ist am 24. März 2015 für den Flug Düsseldorf-Barcelona-Düsseldorf eingeteilt. Der Tag endet mit einer Katastrophe.

Man konnte vieles darüber lesen, im Radio hören, im Fernsehen schauen. Fast achtzig Prozent der Meldungen waren nach den Er-

kenntnissen der Sonderkommission der Polizei und der Staatsanwaltschaft Düsseldorf falsch.

Kein Arzt hatte bei dem Copiloten eine bipolare Störung diagnos-
tiziert. Er litt nicht unter Liebeskummer, seine Lebensgefährtin war
nicht schwanger. Schlagzeilen machte die Geschichte einer angeblichen Freundin, der er mal gesagt haben soll: »Eines Tages werde ich
etwas tun, was das gesamte System verändern wird, und alle werden
dann meinen Namen kennen und in Erinnerung behalten.«
Von dieser Freundin hat man nie wieder etwas gehört.

Voyeurismus oder mit Gerüchten zur Unterhaltung beizutragen
hatten diejenigen, die für die Pressefreiheit auf die Barrikaden gingen,
nicht im Sinn. Und da beginnt das Privileg der Freiheit fragwürdig zu
werden. Voyeurismus dient nicht der Aufklärung und weniger dem
Wohl der Gemeinschaft als dem Abbau der Werte unserer Zivilisation.
Er ist Folge des seit Mitte der achtziger Jahre zunehmenden Wett-
bewerbdrucks.

Viele Zeitungen, selbst die angesehensten, nehmen sich manchmal
nicht die notwendige Zeit zu überprüfen, was sie melden. Im Journalismus spielt die Schnelligkeit eine immer größere Rolle. Besonders,
wenn das Transportmittel der Nachrichten das Internet und dort gar
der Tweet ist.

Erst Anfang Dezember 2015 meldete die *Süddeutsche Zeitung*, ein
falscher Tweet der Finanzzeitung *Financial Times* habe vor einer Entscheidung der Europäischen Zentralbank für »heftige Turbulenzen
auf dem Devisenmakt gesorgt und den Euro gegenüber dem Dollar
steigen lassen«.

Um 13.38 Uhr hatte die *Financial Times* gemeldet: »Schock-Ent-
scheidung: EZB lässt Leitzinsen unverändert.« Sofort stieg der Kurs
des Euro gegenüber dem Dollar.

Um 13.45 Uhr – also nur sieben Minuten später – verkündete die
EZB, sie werde einen der Leitzinsen senken.

Darauf fiel der Eurokurs. Die *Financial Times* löschte den falschen
Tweet schnell und entschuldigte sich für den Fehler.

Die Maximen des Handelns sollten sein:
1. Glaubwürdigkeit
2. Nutzen für den Empfänger
3. Geschwindigkeit, mit der die Meldung zum Leser oder Zuschauer gelangt.

Nun herrscht zwischen den Presseagenturen, den Fernsehanstalten und den Nachrichtenplattformen im Internet ein harter Wettbewerb. Derjenige, der als Erster eine wichtige Meldung verschickt, hat einen klaren Vorteil oder glaubt einen zu haben. Um schneller zu sein als die anderen, versenden Agenturen Meldungen, die nicht ordentlich geprüft wurden und sich zuweilen als falsch herausstellen.

Zur Orientierungslosigkeit trägt bei, wenn Medien ein untergeordnetes Thema Tag um Tag, Woche um Woche zur Hauptsache machen und sie ihre Aufmerksamkeit damit einer Nebensache widmen. Tatsächlich verdrängt der Mechanismus, permanent Sensationen zu verbreiten, die Auseinandersetzung mit Themen, die Orientierung verschaffen. Denn der Mensch hat nun einmal nur eine beschränkte Fähigkeit zur Wahrnehmung.

Aufklärung heißt auch, Orientierung geben

Es gibt Fälle, da ist das gar nicht so leicht: Journalisten müssen manchmal Informationen senden, die sie nicht auf ihren Wahrheitsgehalt hin überprüfen können; es handelt sich dabei meist um solche, die von den Regierungen übermittelt werden. Das haben wir im Irakkrieg erlebt. Dass es dort Massenvernichtungswaffen gebe, behaupteten die amerikanische und die britische Regierung, und wegen dieser Massenvernichtungswaffen müsse Krieg geführt werden. Manch einer erinnert sich vielleicht an die berühmte Rede von Colin Powell 2003 vor dem Sicherheitsrat der Vereinten Nationen, bei der er ein vermeintliches Giftröhrchen zeigte und behauptete, dies sei der Beweis, dass der Irak im Besitz von Uran (oder einer anderen gefährlichen Substanz) sei. Es war alles gelogen.

Aber wollen wir Journalisten glauben, dass der amerikanische Außenminister vor dem Sicherheitsrat lügt? Nein, da sind wir naiv genug, das nicht zu tun. Doch wir sollten wissen, dass Politiker, wenn sie etwas durchsetzen wollen, es mit der Wahrheit nicht ganz so genau nehmen. Die Amerikaner und die Briten (insbesondere Tony Blair) haben ihr Volk – und nicht nur ihr Volk – hemmungslos angelogen. Nur damit sie diesen Krieg führen konnten. Mit den Folgen, die wir jetzt auszubaden haben. Wir können froh sein, dass die deutsche Regierung damals unter Gerhard Schröder beschlossen hat, nicht mit in diesen Krieg zu ziehen. Wie ist Schröder dafür geprügelt worden.

Ich habe damals mit einer Person aus der deutschen Regierung gesprochen, die ganz nah am Geschehen war, und gefragt:

»Die Amerikaner haben alle Informationen über die Massenvernichtungswaffen im Irak, was habt ihr?«

Antwort: »Nichts.«

Ich: »Haben die Amerikaner euch nicht irgendetwas gezeigt?«

Antwort: »Bei einem NATO-Treffen kam jemand mit einem kleinen Gläschen, in dem angeblich das gefährliche Zeug drin war.«

Das Erstaunliche ist, dass sich auch die Regierungen untereinander anlügen. Aber wie soll dann ein Journalist Klärung bringen können? Möglicherweise vertraut er der einen oder der anderen Regierung.

Nachdem man den Irak erobert und keine einzige Massenvernichtungswaffe gefunden hatte, war klar, dass es diese Massenvernichtungswaffen nicht gab. Die Korrektur der Falschinformation wurde in den Ländern, die nicht am Krieg teilgenommen hatten, so auch in Deutschland, schnell aufgenommen. Man hatte ja geahnt, dass das nicht stimmte.

Aber in den Ländern, in denen die vermeintliche Existenz dieser Waffen von den Regierungen nach wie vor behauptet wurde (sie sind vielleicht noch vergraben oder werden mit Lastwagen herumgefahren), glaubte die Bevölkerung daran, dass es sie tatsächlich gegeben hat.

So ließen sich die meisten Amerikaner vom Widerruf der ursprünglichen Behauptungen nicht beeindrucken: Was sie einmal als wahr angenommen hatten, blieb für sie auch weiterhin wahr. Trotz aller Korrekturen.

Es gibt interessante Untersuchungen über das Bewusstsein derjenigen, die Nachrichten konsumieren. Der Psychologe Stephan Lewandowsky von der University of Western Australia, der solch eine Studie verfasst hat, meint, dass es nur dann zu solchen »Fehlern bei der Informationsverarbeitung« kommt, wenn die Meldung dem entspricht, wovon die Mediennutzer ohnehin überzeugt sind. Die Information wird in die bestehende Weltsicht eingebaut, das Dementi ignoriert. Das zeigt, welche Macht auch die Regierenden haben können, wenn sie den Medien etwas »füttern«, was nicht stimmt.

In der Zeit des Internets ist das Leben des freien, kritischen Journalisten weniger durch staatliche Pressezensur als durch »Shitstorms« und unfassbar dumme, aber gewalttätige Hassparolen bedroht.

Shitstorms und Falschmeldungen im Internet werden auch von Staaten als Mittel für einen Informationskrieg genutzt. So erlebt Deutschland in der Zeit der Flüchtlingskrise das, was Fachleute einen hybriden Krieg nennen: den Einsatz von Hasspropaganda. Sie ist nach dem UN-Zivilpakt international geächtet, doch Russland bedient sich ihrer gegenüber der Ukraine, gegenüber den baltischen Staaten und auch gegenüber der Bundesrepublik.

Golineh Atai, die ARD-Korrespondentin in Russland, ist eine der herausragenden deutschen Journalistinnen, gewürdigt als Journalistin des Jahres 2014, ausgezeichnet mit dem Hanns-Joachim-Friedrichs-Preis für Fernsehjournalismus und dem Peter-Scholl-Latour-Preis.

Wegen ihrer mutigen Berichterstattung aus der Ukraine, bei der sie immer wieder alle Seiten zu beleuchten versuchte, wurde sie beschimpft und sogar mit Mord bedroht. Wenn sie über die russische Opposition berichtete, kamen Anfeindungen aus Deutschland, und es liefen Programmbeschwerden bei den Sendern ein.

Interessanterweise hört man bei Demonstrationen der rechten Opposition in Deutschland, seien es AfD oder Pegida, häufig den Ruf: »Putin statt Merkel.«

Golineh Atais unabhängige Berichterstattung führte dazu, dass sie in ihrer journalistischen Freiheit eingeschränkt wurde. Sie schildert das so: »Ich erlebe, wie die Angst in das Programm hineinspielt. Ich höre jeden Tag von den Kollegen in Deutschland, dass sie bestimmte Wortmeldungen oder Formulierungen vermeiden, ›wegen der Beschwerden‹.« So führt die Angst vor dem Shitstorm zur Selbstzensur. Die Waffe im hybriden Krieg wirkt.

Golineh Atai begann sich zu fürchten. Doch dann sagte die Journalistin: »Haben Sie keine Angst«, denn: »Wir stehen vor der alles entscheidenden Frage, wie wir leben wollen in Europa.«

Ihr Mut ist Ausdruck von Verantwortung.

Ich halte es für wichtig nachzuforschen, wer hinter den Kampagnen gegen freie Journalisten steckt. Wenn es darum geht, deutsche Journalisten wie Golineh Atai, die über die Ukraine oder über Russland berichten, zu verunglimpfen, setzen russische Medien ganz eindeutig eine neue Form der Propaganda ein. Und man darf dabei nicht vergessen, dass die Medien in Russland stark von der Politik abhängig sind.

Sechs Jahre lang war Christina Nagel Hörfunkkorrespondentin im ARD-Studio Moskau. Dann wechselte sie ins ARD-Hauptstadtstudio in Berlin. Eines Tages berichtete eine russische Internetseite, der ukrainische Präsident Petro Poroschenko sei so betrunken gewesen, dass man ihn an einem Flug nach Russland habe hindern müssen. Als Quelle dieser Meldung wurde Christina Nagel angegeben. Sie habe auf WDR 5 über diesen Vorfall berichtet. Andere Internetportale in Russland verbreiteten daraufhin diese Geschichte, ein Fernsehsender zeigte dazu einen Beitrag, in dem sogar ein heimlich aufgenommenes Gespräch mit einer Mitarbeiterin des ARD-Studios in Moskau eingefügt war. Die erklärte lediglich, sie könne zu dem Thema nichts sagen und auch keinen Kontakt zu Christina Nagel vermitteln. Womöglich wollte der Sender mit dem Gespräch nur beweisen, dass es Christina Nagel wirklich beim WDR gab.

Nagel hat nur durch Zufall davon erfahren. Eine Hörerin von WDR 5 erkundigte sich bei der Redaktion, was es mit dieser Meldung auf sich habe.

Nagel war geschockt.

»Es geht ja auch um Rufschädigung«, erklärte die Journalistin. »Ich fühlte mich ohnmächtig, weil ich nichts dagegen ausrichten konnte, was da über mich im Internet und Fernsehen verbreitet wurde.« In Moskau selbst hatten Freunde und Kollegen von ihr den Berichten zunächst Glauben geschenkt. Das war im September 2015.

Im Januar 2016 weitete der Kreml den Propagandakrieg gegen Deutschland noch aus. Seinen Höhepunkt erreichte er mit den Vorwürfen des russischen Außenministers Sergej Lawrow, der auf seiner Jahrespressekonferenz beklagte, dass »unser Mädchen Lisa« wohl kaum »freiwillig dreißig Stunden verschwunden« gewesen sei. Es müssten Wahrheit und Gerechtigkeit siegen. Lawrow warf der Bundesregierung vor, Politik und Presse versuchten zu vertuschen, dass die dreizehnjährige Tochter von Russlanddeutschen in Berlin vergewaltigt worden sei.

Tatsächlich hatte sich das Mädchen aber wegen schlechter Schulnoten bei einem Freund versteckt.

Minuziös hat der Journalist Markus Wehner in der *Frankfurter Allgemeinen Sonntagszeitung* den »Informationskrieg« gegen Deutschland aufgezeichnet. Bevor Lawrow sich äußerte, waren im russischen Fernsehen bereits gefälschte Reportagen gelaufen: über angebliche Vergewaltigungen von Kindern durch Flüchtlinge in Deutschland. In einer Reportage wurde ein dunkelhäutiger Mann gezeigt, der sich brüstete, mit fünf anderen Männern eine Jungfrau vergewaltigt zu haben. Wie sich herausstellte, kursierte die Aufnahme schon seit 2009 im Internet. So falsch die Reportage auch war, sie verbreitete sich mit beängstigender Geschwindigkeit im Internet und war auf Facebook schon nach drei Tagen 1,3 Millionen Mal geklickt worden. Deutsche rechtsradikale Internetseiten übersetzten den Beitrag. Und die NPD nahm sich der Thematik an.

Da stellt sich die Frage, ob die russische Propaganda sich der Rechtsradikalen in Deutschland bedient. Denn wir sollten uns daran erinnern, dass der rechtsradikale Front National in Frankreich aus Moskau mehrere Millionen Euro Finanzhilfe erhalten hat und dies auch nicht verschweigt.

Wenn wir schon von einem Informationskrieg sprechen, dann sollten wir auch nicht ausschließen, dass ein kluger Propagandist aus

Moskau nachgeholfen hat, den Begriff »Lügenpresse«, den die Nationalsozialisten schon benutzten, wiederzubeleben. Dafür habe ich keinerlei Beweise, und es soll beileibe keine Verschwörungstheorie entstehen. Aber wo so viel aus politischem Kalkül gelogen wird – wie im Fall der USA und den Massenvernichtungswaffen oder wie im Fall des Informationskrieges Moskaus gegen Deutschland –, halte ich nichts für unmöglich.

Denn der Kreml mobilisiert in der Flüchtlingskrise die Gefühle, so Markus Wehner in der *FAS*, »um Angela Merkel, seine größte Gegenspielerin in Europa, zu schwächen. Schließlich hat die Kanzlerin Putin in der Ukraine gestoppt und die Sanktionen gegen Russland in der EU durchgesetzt. Nun sieht Moskau die Chance, Merkel loszuwerden. Wer noch Zweifel daran haben sollte, dass das der Kurs des Kremls ist, dem kann ein Tweet der Russischen Botschaft in London vom Freitag weiterhelfen. Über dem Bild eines dunkelhäutigen jungen Mannes mit braunen Augen heißt es: ›Die deutsche Regierung hat ihr Land unter den Füßen von Migranten wie einen Teppich ausgebreitet, jetzt versucht sie, deren Verbrechen unter den Teppich zu kehren.‹«

Die russische Propaganda wirkt auch in der deutschen Bevölkerung. Russlanddeutsche, die jene durch das Internet verbreiteten Greuelgeschichten glaubten, haben sich daraufhin zu Demonstrationen verabredet. Mehr als zehntausend gingen an einem Sonntag im Januar 2016 in mehreren deutschen Städten auf die Straße.

Und wieder offenbart dies, welche Macht die Medien haben, ob es nun stimmt, was sie berichten, oder ob es gelogen ist.

Lassen Sie mich noch einmal auf Kant kommen. Es mag idealistisch klingen, wenn ich sage: Die Aufgabe von Journalisten ist es, aufzuklären. Das bedeutet auch, kritisch zu hinterfragen, was wir selbst dazu beitragen. Aufzuklären ist jedenfalls eine der nobelsten Regeln unseres Handwerks.

Und lassen Sie mich erneut daran erinnern, was Herr Kant sagte: »Aufklärung ist der Ausgang des Menschen aus seiner selbst verschuldeten Unmündigkeit.«

Dazu bedarf es der Vernunft. Und ich hoffe sehnsüchtig, dass wir immer wieder den Mut zur Vernunft finden.

ALLERLETZTE MELDUNG
In die Röhre geguckt

Eines der schönsten Länder der Welt liegt im Osten des Himalaja-Gebirges und heißt Bhutan. Dort herrscht ein König mit dem klangvollen Namen Jigme Singye Wangchuk. Er ist mit vier Schwestern verheiratet und feiert heute sein 25-jähriges Thronjubiläum. Aus diesem Anlass hob er das vor zehn Jahren erlassene Verbot fernzusehen auf. Allerdings werden nur wenige der zwei Millionen Bhutaner in die Ferne glotzen können, da Satellitenschüsseln verboten bleiben. Und ein eigenes Programm wird nur in der Nähe der Hauptstadt Thimpu ausgestrahlt werden. Heute sah das Programm die Übertragung der Jubiläumsfeierlichkeiten vor.

Praktizierter Journalismus

Als das Rotlicht anging, wusste ich nichts. Auf dem Moderationstisch lagen ein paar Agenturmeldungen. Es war kein Bildschirm in den Tisch eingelassen, auf dem ich Meldungen hätte lesen können. So weit war das Studio von *ARD-aktuell* am 11. September 2001 noch nicht. Auf CNN hatten wir in der Redaktion die Bilder aus New York gesehen. Die Sendemaschinerie lief langsam an. Aus der Regie kamen zunächst weniger Signale als üblich. Was sollte auf die »Schalte« nach Washington folgen?

»Kannst du noch zwei Minuten weiterreden?«

Nein, kann ich nicht. Aber ich musste reden.

Ich war seit halb vier am Nachmittag auf Sendung. Als ich ins Studio ging, wusste ich nichts, bis auf das Wenige, was wir bis dahin auf CNN gesehen hatten: Ein großes Passagierflugzeug war in einen der Türme des World Trade Centers geflogen.

Ein Aufnahmeleiter führte Leute ins Studio und setzte sie rechts neben mich.

So, und wer war das? Ich hatte keine Ahnung. Und es sagte mir auch keiner. Die Mitarbeiter im Nachrichtenmedium sind in Kommunikation nicht geübt. Ich konnte nicht mal schnell jemanden fragen, weil mein Mikro offen war und der Zuschauer dann meine Fragen mitbekommen würde. Was sollte ich tun? Die Live-Schaltung zu einem Korrespondenten lief, aber ich hörte einfach nicht auf seine Antwort, sondern schrieb einen Zettel und schob ihn meinem unbekannten Sitznachbarn zu: »Wer sind Sie? Und was können Sie sagen?« Aha, Katastrophendienst, aha, Technisches Hilfswerk. Doch während ich den Zettel geschrieben und die Antwort gelesen hatte, war mir entgangen, was der Korrespondent in der Schalte gesagt hatte. Plötzlich hörte der auf zu reden. Jetzt musste ich trotzdem eine Frage stellen, die passte. Und in meinem Ohrwurm, also über den Knopf in meinem Ohr, hörte ich nur: »Kannst du noch zwei Minuten weiterreden?«

Schließlich hat irgendjemand in der NDR-Kantine eine Korrespondentin aufgetrieben, die mal in Washington gearbeitet hat, inzwischen aber in London war. Man setzte sie auf die linke Seite des Moderationstisches. Ich wusste genau, wer sie war, und ich schätzte sie als sehr kompetente Kollegin. Mit ihrem Vater, einem renommierten *FAZ*-Korrespondenten in Washington, hatte ich mal einen Ausflug gemacht, um Decoy-Enten zu kaufen. Aber in diesem Moment fiel mir ihr Name partout nicht ein. Und bevor der mir nicht einfiel, konnte ich sie nicht ansprechen.

Was mache ich jetzt? Was ist nur mit deinem Gedächtnis los?, schimpfe ich innerlich. Ihr kannst du schließlich keinen Zettel mit den Worten hinschieben: »Wer sind Sie? Und was können Sie sagen?« Also redete ich weiter mit dem Architekten, dem Feuerwehrmann, dem Sicherheitsbeauftragten auf der rechten Seite. Irgendwann fiel dann der Groschen.

Inzwischen brachte ständig jemand neue Meldungen. Die sollst du verkünden, während du sie selbst zum ersten Mal liest und verarbeitest. Aber welche Meldungen stimmten? Zweifel stellten sich ein.

Aus meinen Erfahrungen während des Augustputsches gegen Gorbatschow zehn Jahre zuvor wusste ich: Agenturen melden schon einmal schnell irgendeine Sensation, weil sie die Ersten sein wollen, die das Ereignis verbreitet haben. Eine halbe Stunde später ziehen sie die exklusive Falschmeldung still und leise zurück. Aber wenn ich die Nachricht verlesen habe, glauben die Zuschauer sie. Ich erinnere mich ganz genau, wie damals eine Agentur meldete: »Die drei Putschisten fliegen zu Gorbatschow auf der Krim, verfolgt von dem Kampfpiloten Oberst Ruzkoi.« Das las ich damals vor, und wir schalteten sofort zu unserem Korrespondenten Gerd Ruge nach Moskau. Der sagte: »Ich weiß, dass es drei Putschisten gibt und Ruzkoi Kampfflieger ist. Sonst aber nichts.« Richtig. Es stimmte auch nichts. Und ich fühlte mich damals wie ein Blödmann.

Also beschloss ich diesmal: Der Zuschauer soll das Entstehen einer Nachrichtensendung live miterleben. Der Moderator ist auf Meldungen von Agenturen angewiesen, kann sie aber nicht sofort überprüfen. Diese Meldungen, selbst seriöser Agenturen, könnten jedoch falsch sein.

Am Tag des Anschlags in New York waren vier Flugzeuge als Waffen eingesetzt worden. Alle anderen, die auch im amerikanischen Luftraum flogen, mussten landen. »Zwei Maschinen fehlen noch«, meldete CNN. Sind sie in der Hand der Terroristen? Ob das stimmt? Ich stellte es in Frage. Eine halbe Stunde später wusste ich: Nein, es stimmt nicht.

Der Chefredakteur fragte nach einer Stunde, ob ich noch eine Stunde weitersenden könne. – Ja.

Nach Ablauf der Stunde fragte er dasselbe noch einmal. Ich beschloss, nur noch sehr wenig zu trinken. Es wurden fast viereinhalb Stunden auf einem unbequemen Hocker. Man konnte nicht eben mal auf die Toilette gehen. Während ich moderierte, hörte ich im Ohrwurm: »Sprich weiter, wir haben noch keine Schaltung nach Berlin, New York, Paris, Moskau, sprich weiter.« Ja, aber was denn, bitte? Also noch mal wiederholen, was schon gesagt wurde.

Jahre später traf ich den ungarischen Autor Péter Esterházy. Ich stellte mich vor. Er sagte: »Ich kenne Sie. Sie haben mir den größten Schrecken meines Lebens eingejagt.«

Was war passiert?

»Ich komme mit dem Flugzeug aus New York«, erzählte er, »fahre in Frankfurt ins Hotel, dusche und komme aus dem Bad. Da läuft im Fernsehen ein bescheuerter Hollywood-Katastrophenfilm. Attacke auf das World Trade Center. Plötzlich kommen Sie ins Bild und sagen, es sei Wirklichkeit.«

Nein, das war es für mich ganz und gar nicht. Alles war unwirklich. In solchen Momenten darf der Zuschauer spüren, dass Unsicherheit darüber besteht, was wirklich wahr ist. Aber der Moderator muss Souveränität ausstrahlen und Ruhe. In der Not und im Sturm ist er der Anker.

Ich sagte mir deshalb: Zeig keine Gefühle. Versuch nicht, dramatisch zu klingen. Die Lage selbst ist so tragisch, dass du die Gefühle nicht auch noch verstärken darfst. Selbst wenn man dir die Betroffenheit ansehen mag.

New York gehört zu meiner Biographie, ich habe dort drei intensive Jahre verbracht. Die Stadt war mir immer Heimat. Mit all meinen Freunden dort. Doch daran durfte ich jetzt nicht denken.

Ich sah die Bilder im gleichen Augenblick wie die Zuschauer. Es sprangen Menschen aus den Türmen. Sollte ich es ansprechen? Lieber nicht. Dann sagte ich es doch. »Da springen Menschen aus den Fenstern.« Aber den Rest sollte der Zuschauer sich denken.

In seiner Biographie schreibt Bundeskanzler Gerhard Schröder, in diesem Moment habe er geweint, weil er wusste, dass die Menschen vor dem Feuer oben in den Tod unten fliehen. Ich aber hatte Angst, dass ein sensationshungriger Bildregisseur in Großaufnahme zeigt, was von den Körpern unten übrig geblieben ist.

Zwei Wochen später träumte ich, ein Flugzeug stürze rückwärts aus dem Nachthimmel irgendwo neben dem Eiffelturm in die Häuser von Paris.

Über diesen Eiffelturm habe ich meinen ersten Artikel geschrieben. Damals war ich dreizehn oder vierzehn. Wir waren von Heidelberg nach Paris gezogen, wohin es meinen Vater aus beruflichen Gründen verschlagen hatte. In Heidelberg hatte ich jedes Wochenende die Kinderseite der *Rhein-Neckar-Zeitung* gelesen. Dort schrieben »Jungreporter«, und so schickte ich aus Paris einen Text und ein Foto vom Eiffelturm. Es folgten viele weitere Artikel und verwackelte Aufnahmen. Dann sandte ich ein paar Reportagen an die *Rasselbande*, ein vierzehntäglich erscheinendes Jugendheft, das es bis zu einer Auflage von 300 000 brachte. Und auf Wikipedia fand ich jetzt folgenden Eintrag:

»Die *Rasselbande* veröffentlichte auch redaktionell bearbeitete Manuskripte ihrer Leser, wie z. B. 1959 einen Bericht von Ulrich Wickert über nordspanische Fischer, die ihn während eines Urlaubs zu einem nächtlichen Fischfang mitgenommen hatten.«

Da war ich sechzehn Jahre alt.

Von der *Rasselbande* erhielt ich Honorare. Etwa vierzig Mark für einen Text und fünfzig Mark für ein Foto. Ich fand es ungerecht, dass ich für einen Text, der mir sehr viel Mühe bereitet hatte, weniger erhielt als für einen schnell gemachten Schnappschuss. Von den Honoraren der *Rasselbande*-Artikel kaufte ich mir eine Schreibmaschine, ein Heft, in dem stand, wie man mit zehn Fingern tippen lernt, und einen Fotoapparat. Nach einem Monat konnte ich blind auf der Maschine schreiben und fühlte mich als fertiger Reporter.

Nach dem Abitur hatte ich mich an der Universität Bonn in Rechtswissenschaften eingeschrieben, weil ich Diplomat werden wollte. Als ich mich dann zum Ersten juristischen Staatsexamen am Oberlandesgericht in Köln anmeldete, wollte ich alles, bloß das nicht mehr, und schrieb als letzten Satz in meinen handschriftlichen Lebenslauf: »Mit diesem Examen werde ich meine juristische Karriere beenden.« Das war 1967. Wahrscheinlich habe ich nur wegen dieses Satzes bestanden. Die Richter, Professoren und Rechtsanwälte, die in der Prüfungskommission saßen, werden sich gesagt haben, der schadet uns nicht mehr.

Ich hatte keine Ahnung, wie mein Leben weitergehen sollte. Es beunruhigte mich aber auch nicht. Wir gehörten einer Generation an, die keine Angst hatte. Eines Tages erinnerte ich mich an den elterlichen Freund Gert Kalow, der beim Hessischen Rundfunk das *Abendstudio* leitete. Ihn rief ich an: »Du hast doch zwei Wochenstunden Feature-Programm zu füllen. Kann ich dir nicht was schreiben?«

Er bat um drei Vorschläge und nahm einen an. Thema: Wie Bonn zur Bundeshauptstadt wurde. Ich bat um einige Manuskripte als Muster, setzte mich an die Arbeit, recherchierte ewig lang, gut zwei Monate, und brauchte etwa einen weiteren Monat, bis das Manuskript stand. Dann lief im Sommer 1968 die Sendung »Die Hauptstadt in der Provinz«, und ich erhielt 1500 Mark Honorar. Bisher hatte ich von zu Hause 250 Mark im Monat erhalten und den Rest dazuverdient. Die Miete meiner Bude kostete 120 Mark. Ich fühlte mich wie ein reicher Mann. Es war das erfolgreichste Hörfunkfeature meines Lebens.

Darauf rieten mir zwei Freunde in der Mensa, ich solle zum Fernsehen gehen. Da verdiene man noch mehr. Ja, aber wie kommt man da hin? Na, geh doch zum Fernsehdirektor. Ich erhielt sogar einen

Termin. Als ich zu ihm kam, saß er in einem riesigen Büro an seinem Schreibtisch und unterschrieb Papiere in einer Mappe.

Er fragte mich: »Was wollen Sie?«

Ich gab ein bisschen an: »Ich schreibe Features für den Rundfunk und würde gern auch fürs Fernsehen schreiben.«

»Wir machen aber doch Filme!«, antwortete er leicht gereizt.

»Na ja, aber irgendjemand muss doch Ihre Texte schreiben«, warf ich ignorant ein.

»Sie haben keine Ahnung vom Fernsehen!«, sagte der Fernsehdirektor. »Wir stellen auch niemanden fest ein. Aber vielleicht können Sie was lernen. Gehen Sie zu Claus Hinrich Casdorff von *Monitor*, ich sage ihm Bescheid.«

Also rief ich bei *Monitor* an und bekam einen Termin für vier Wochen später beim Redaktionsleiter Claus Hinrich Casdorff. Meine Eröffnungssätze waren schon etwas intelligenter als bei dem Fernsehdirektor. Ich erklärte, dass ich Hörfunkfeatures schrieb, nichts vom Fernsehen verstand und auch beileibe nicht angestellt werden, sondern ein wenig das Fernsehhandwerk erlernen wollte.

Casdorff war milde. Aber auch er wollte niemanden einstellen. Dann erklärte er mir die Sendung, die sehr bedeutend sei, und sagte, er schicke gerade ein Team nach Finnland und ein anderes nach Ägypten.

»Ach, Ägypten kenne ich«, sagte ich ihm, »da bin ich als Student rumgereist.« Das stimmte. Ich war drei Jahre zuvor mit dem Zug nach Piräus gefahren, hatte für dreißig Mark auf dem Deck eines sowjetischen Frachters eine Überfahrt nach Alexandria gekauft, war mit dem Bus und dem Zug bis Assuan gefahren und hatte es dann auf einer überfüllten Barke auf dem Nil bis nach Abu Simbel, letzte Station vor dem Sudan, geschafft, wo gerade die Kolosse des Memnos wegen des geplanten Stausees von Assuan umgesetzt wurden. Darüber brachte ich sogar einen Artikel in der *Zeit* unter.

»Haben Sie nächste Woche Zeit?«, fragte mich Casdorff zu meiner Überraschung. »Dann könnten Sie mit dem Team nach Kairo fahren. Es ist immer gut, einen Ortskundigen dabei zu haben.«

Zehn Tage später war ich in Kairo. Das Team sollte einen Bericht über einen deutschen Frachter drehen, der im Großen Bittersee, einem Seebecken im Suezkanal, lag. Dort saßen von 1967 bis 1975 vierzehn Frachtschiffe fest, die Ägypter hatten den Suezkanal wegen des Sechstagekrieges geschlossen und tatsächlich erst acht Jahre später wieder geöffnet. Am Ostufer des Suezkanals lagen die israelischen, am Westufer die ägyptischen Truppen.

Sieben Tage mussten wir in Kairo warten, bis wir eine Drehgenehmigung erhielten. Am achten Tag durften wir von einem der beiden deutschen Frachter aus auf dem Großen Bittersee drehen. Es war eine abenteuerliche Fahrt durch die gesicherten ägyptischen Linien. Und wir mussten bei Sonnenuntergang wieder zurückfahren.

Das Team hoffte auf einen zweiten Drehtag. Deshalb schickte mich Redakteur Peter Laudan mit dem Filmmaterial schon einmal nach Hause zurück. Ich nahm ein Flugzeug nach Athen, von dort weiter nach Rom, landete irgendwann in Düsseldorf, fuhr mit dem Bus zum Bahnhof, mit dem Zug nach Köln und ging die wenigen Schritte zum WDR zu Fuß. Claus Hinrich Casdorff saß an seinem Schreibtisch. Ich stellte die große Tüte mit dem Film- und Tonmaterial ab.

Am nächsten Tag kam auch das Team zurück. Und ich hatte großes Glück. Peter Laudan muss ein gutes Wort für mich eingelegt haben, denn Casdorff fragte mich, ob ich in der folgenden Woche mit einem Team nach Brüssel fahren könne. Es sei gut, wenn einer dabei sei, der Französisch spreche. Und wieder hatte ich Glück, denn der Redakteur dieses Teams muss ebenfalls ein gutes Wort für mich eingelegt haben. Claus Hinrich Casdorff machte mir daraufhin das Angebot, als regelmäßiger freier Mitarbeiter einen Schreibtisch in einem Redaktionsbüro zu beziehen. Also: nicht täglich, sondern vielleicht jeweils zwei Wochen vor jeder Sendung. Dafür würde ich eine Pauschale von 1500 Mark erhalten. Das kam mir zupass. So viel Geld hatte ich noch nie in meinem Leben regelmäßig verdient. Und in den freien Wochen könnte ich tun, was ich wollte. Etwa für den Hörfunk schreiben. Oder einfach ausschlafen.

Journalist aber wollte ich immer noch nicht werden.

Ich blieb nur wegen des regelmäßigen Einkommens. Ein richtiger Job würde sich irgendwann noch finden.

Am Anfang war ich in der Redaktion das, was man im Rheinland einen Schlappenschammes nennt. Ich kannte das Handwerk ja auch noch nicht. Wir waren damals bei *Monitor* eine junge Truppe, fast alle mehr oder weniger Dilettanten. Claus Hinrich Casdorff hat uns das Handwerk beigebracht. Und je mehr man von einem Handwerk versteht, desto mehr kann es einen faszinieren. Dass ich Journalist wurde, habe ich diesem Lehrmeister zu verdanken.

Casdorff beherrschte die Kunst des Journalismus mit all ihren Feinheiten. Wenn ein Bericht für die Sendung *Monitor* abgedreht war, schaute er sich den Rohschnitt an und erkannte (leider) sofort die Schwachstellen, die journalistischen wie auch die dramaturgischen. Häufig genug wurden wir dann losgeschickt, um noch »nachzudrehen«. War ein Filmschnitt abgenommen, mussten wir einen Textentwurf schreiben. Casdorff hatte die Maxime ausgegeben: Für eine Minute Filmtext benötigt man zum Schreiben eine Stunde Zeit. Und hatte man den Text endlich fertiggestellt, ging man mit Herzklopfen zu ihm. Er las den Text schweigend durch. Dann legte er ihn zur Seite und sagte: »Dann wollen wir mal texten.« Und er tat, was heute wohl kaum noch jemand auf sich nimmt: Er erarbeitete in zwei, drei, vier Stunden einen neuen Text mit uns. Er rang im Gespräch um jedes Wort, verwarf Formulierungen, suchte mit uns nach besseren und lehrte uns so, richtig zu texten. Es dauerte zwei oder gar drei Jahre, bis Casdorff uns da hatte, wo er uns haben wollte, und in einem Text nur noch einige Worte änderte. Und meist verbesserte.

Für einen Journalisten gibt es nichts Wichtigeres als gute Kontakte. Eine Reihe von Freunden aus der Studienzeit waren als Assistenten oder Referenten in die Politik gegangen, andere in Ministerien oder in das Auswärtige Amt. Manche leiteten die Büros von Ministern. Einer wurde persönlicher Referent von Willy Brandt. Durch sie war ich ständig auf dem Laufenden und habe so viel erfahren, dass ich häufig einen Wissensvorsprung hatte.

Einer, der mir sehr half und den ich nennen kann, weil er heute nicht mehr im Amt ist, war Wolfgang Ischinger, der inzwischen die Münchner Sicherheitskonferenz leitet. Er hat es im diplomatischen

Dienst in die wichtigsten Posten als Staatssekretär, als Botschafter in Washington und London gebracht. Während der Dayton-Verhandlungen über die Beendigung des Kriegs in Bosnien war ich als Moderator der *Tagesthemen* stets auf dem neuesten Stand – denn ich rief einfach kurz vor der Sendung direkt bei ihm an. Wolfgang Ischinger saß für Deutschland mit am Verhandlungstisch. Als der Vertrag von Dayton in Paris unterschrieben wurde, sagte er bedrückt: »Damit haben wir den nächsten Konflikt besiegelt: Kosovo.« Er behielt recht. Und ich hatte bei den Friedensverhandlungen zum Kosovo in Rambouillet wieder meinen Informanten. So wusste ich meist, was Sache war, und konnte es in meiner Moderation bei den *Tagesthemen* dem Zuschauer mitteilen.

Nach sieben Jahren verließ ich *Monitor*. Es begann meine Zeit als Auslandskorrespondent. Es waren die schönsten und reichsten Jahre meines journalistischen Lebens. Washington, Paris, New York, zwischendurch einige Abstecher nach China. Auf einem dieser Posten traf ich Hanns Joachim Friedrichs, der mir nicht nur ein guter Freund wurde, sondern mich bei manchen journalistischen Fragen nachdenklich machte und anregte.

Hajo machte einen Bericht darüber, dass es in Harlem und in der Bronx bei Jugendlichen ein Sport war, Radkappen von Autos zu sammeln. Und zwar Radkappen, die während der Fahrt absprangen. Weshalb sprangen sie ab? Wegen der ungeheuren Schlaglöcher. Aber was besagt dieser Sport? Dass die Stadt kein Geld in die Ausbesserung der Straßen von Harlem oder der Bronx steckt, weil sie die dortigen Bewohner gering schätzt.

An ihn dachte ich einige Jahre später, als ich in Paris über die Place de la Concorde ging. Mich begleitete ein Auslandsredakteur des WDR. Er war zu Besuch im Studio, wir hatten in einem Bistro in Saint-Germain gefrühstückt und gingen nun zu Fuß ins Büro. Der Weg führte über die Place de la Concorde. Entsetzt sagte mein Besucher: »Da kommen wir nie rüber!«

»Gemach, gemach!«, beruhigte ich ihn, »du gehst einfach auf meiner linken Seite, die Autos kommen von rechts. Und dann gehst du genauso schnell wie ich, schaust nur nach vorn, den Rest mache ich.«

Der Kollege hatte zwar seine Zweifel, aber schließlich gingen wir auf genau diese Weise über den Platz, den ich häufig zu Fuß überquert habe, weil er auf meinem Weg ins Studio lag. Ich erklärte ihm, dass man nicht auf die Autos achten dürfe, höchstens aus dem Augenwinkel. Kein französischer Autofahrer werde einen Fußgänger umfahren. Der Fußgänger müsse sich nur vorhersehbar verhalten. Also: nicht anhalten, sondern in gleicher Geschwindigkeit nach vorn streben. Dann kann der Autofahrer sich überlegen, ob er es noch vor dem Fußgänger vorbei schafft oder ob er hinter ihm vorbeifährt. Als wir auf der anderen Seite angekommen waren, atmete mein Begleiter erleichtert auf. Und er rief: »Das musst du drehen. Das ist ja genial!«

»Aber das ist doch Alltag. Das langweilt doch die Leute! Ein Fußgänger geht über einen Platz, weiter nichts«, antwortete ich ihm. Doch dann dachte ich an Hajo und seinen Bericht über die Radkappen sammelnden Jungs aus der Bronx. Auch dieser Gang über die Place de la Concorde sagt etwas aus, und zwar über die Psychologie der Franzosen. Es ist nun bald dreißig Jahre her, dass diese Szene gedreht wurde. Aber ich werde immer noch darauf angesprochen. Fünfundzwanzig Jahre nach der ersten Ausstrahlung schrieb Niklas Maak in der *Frankfurter Allgemeinen Zeitung*:

»Diese Performance war natürlich auch eine sehr ernste Liebeserklärung an Frankreich: Wickert legte sein Schicksal in die am Volant ruhenden Hände seiner Gastgeber, weil er davon ausging, dass die Franzosen nicht mit rechtsrheinischem Furor auf ›ihrer‹ Spur beharren und unter Umständen die dort auftauchenden zweibeinigen Hindernisse einfach umnieten – sondern Spuren und Regeln ohnehin eher als fakultative Vorschläge des Staats ansehen, ständig mit Anarchie rechnen und deswegen in der Lage sind, zu improvisieren und flexibel zu reagieren.«

Manch einer hat den Gang nachgemacht, andere haben es sich nicht getraut. Jeder hat allein beim Zuschauen Angst verspürt.

Ein Satz von Hanns Joachim Friedrichs wird heute immer wieder als Handlungsmaxime für Journalisten zitiert, aber ich meine, dass er leicht falsch interpretiert wird: »Einen guten Journalisten erkennt man daran, dass er sich nicht gemein macht mit einer Sache, auch nicht mit einer guten Sache.«

Hanns Joachim Friedrichs hat sich selbst mit vielen guten Sachen gemein gemacht. So trat er öffentlich für Berlin als Hauptstadt ein. Auch ich habe mich immer wieder mit »Sachen« gemein gemacht. Denn ich finde, dass politische Journalisten die Aufgabe haben aufzuklären. So kann schon mit der Auswahl eines Themas für eine Sendung das »Gemeinmachen« beginnen. Ein Beispiel: Durch die tägliche Lektüre von *Le Monde* und *International Herald Tribune* war ich früh auf den drohenden Völkermord in der sudanesischen Provinz Darfur aufmerksam geworden. In der deutschen Öffentlichkeit wurde das Thema noch nicht wahrgenommen. So schickten wir für die *Tagesthemen* unseren Afrikakorrespondenten nach Darfur und sendeten drei Tage hintereinander je einen Schwerpunkt. Schon nach dem zweiten Tag rief mich der Chefredakteur der *Welt am Sonntag* an und fragte, ob unser Korrespondent nicht auch für seine Zeitung über den Konflikt in Darfur schreiben könne. So wurde das Thema »Völkermord in Darfur« auch in der deutschen Presse ausgiebiger behandelt.

Claus Richter war in den Zeiten von Solidarność Korrespondent der ARD in Polen. Er sagt: »Jeder Journalist, jeder Korrespondent macht sich in jedem Unrechtsstaat mit der Sache der Unterdrückten gemein.«

Ich persönlich verstehe »nicht gemeinmachen« so: Ein guter Journalist verfolgt eine Sache ohne Rücksicht auf eigene Interessen.

Neugier halte ich für eine der wichtigsten journalistischen Tugenden. Sie erweitert unseren Horizont und führt uns im besten Fall zu neuen Erkenntnissen. Manchmal kann auch eine Anregung von außen nutzen. Nachdem ich *Monitor* schon verlassen hatte, sprach mich Dietrich Pinkerneil, der geniale Verleger des Athenäum Verlags, an. Er meinte, bei *Monitor* hätte ich mich doch mit so vielen Verstößen gegen Anstand und Sitte befasst. Ob ich nicht in einem Buch der Frage nachgehen wolle, was die Menschen zu unethischem Verhalten veranlasse.

Von Ethik hatte ich kaum eine Ahnung. Aber ich fühlte mich als

Journalist bestätigt. Hier nahm mich jemand außerhalb der Fernsehwelt ernst. Es wird also auch ein Teil Eitelkeit gewesen sein, die mich veranlasste, ihm zuzusagen. Wann fragt schon ein Verleger, ob man ein Buch schreiben wolle? Meist müht man sich verzweifelt darum, einen Verlag zu finden.

Es fiel mir nicht leicht, dieses Manuskript zu schreiben. Aber ich habe durch die Arbeit daran viel gelernt. 1981 erschien »Freiheit, die ich fürchte. Der Staat entmachtet seine Bürger«. Und bis heute liegt im vorletzten Satz des Buches der für mich wohl wichtigste Gedanke dieser Arbeit: »Erst wenn die Deutschen ihre Werte neu ordnen, werden sie eine andere Wirklichkeit erhalten.«

Die Anregung zu diesem Urteil entnahm ich einem Werk des französischen Soziologen und Pädagogen Émile Durkheim »Erziehung, Moral und Gesellschaft«. Es war seine Antrittsvorlesung an der Sorbonne 1902/03.

Dieses Buch hat mich in die Ethik eingeführt.

Denn anders als die meisten Philosophen, erklärt der Sozialpädagoge Durkheim sie als praktisches Regelwerk, die in der Gesellschaft per Erziehung verankert wird. Das verstand ich. Und so näherte ich mich dem Thema der Ethik.

Erst nach vierzehn Jahren als Auslandskorrespondent stieß ich wieder auf Durkheims Buch und dessen Thematik. Ich war gebeten worden, einen Festvortrag bei einer Diplomfeier an der Kölner Universität zu halten. Ich wählte als Thema die Bedeutung ethischer Werte für die Gesellschaft. Nach dem Vortrag kamen viele der jungen Diplomanden, die jetzt hinaus ins Arbeitsleben treten würden, zu mir und fragten, ob wir über dieses Thema noch weiter diskutieren könnten. Denn über das Thema »Werte« hätte während des ganzen Studiums niemand geredet.

Wenn das so ist, sagte ich mir, dann darf es uns auch nicht wundern, dass die gesellschaftlichen Regeln so wenig wirken. Als Journalist wollte ich diese Beobachtung vertiefen, und daraus entstand das Buch »Der Ehrliche ist der Dumme. Über den Verlust der Werte«. Kaum war das Buch veröffentlicht, wurde es in der Presse fürchterlich verrissen. Ich wurde zum »Tugendbold« degradiert. Zwei Seiten widmete der *Spiegel* seiner negativen Kritik, woraufhin Egon Bahr mich tröstete: Solch ein Verriss ist die beste Werbung. Das wird ein Bestseller. Wurde es auch. Zwei Jahre lang stand das Buch, das sich bis heute viele Hunderttausend Mal verkauft hat, auf Platz eins der *Spiegel*-Liste.

Von da an erlebte ich dieses Phänomen immer wieder: Die Presse schlägt einen Tenor an, den die Leser keineswegs teilen.

In der deutschen Gesellschaft regt sich in den Zeiten der Flüchtlingskrise wieder eine Sehnsucht nach Wertediskussionen. Was sind unsere Werte? Welche sind die wichtigsten? Werte entstehen und werden immer wieder belebt durch die öffentliche Auseinandersetzung. Daran nehmen die Medien kaum teil. Im Gegenteil, sie verurteilen diejenigen, die es tun. Selbst der Leitartikler in der *Frankfurter Allgemeinen Zeitung* schreibt Anfang März 2016 anlässlich des Drogenfunds bei dem Grünen-Abgeordneten Volker Beck, dass es vermessen sein kann, »Politik vor allem mit Moral betreiben zu wollen. Das macht süchtig, überheblich und selbstgerecht, vor allem überfordert es nicht nur den politischen Gegner, sondern die Grünen selbst.«

Wer Politik als Beruf ausübt (siehe den Aufsatz von Max Weber zu diesem Thema), stellt sich zur Wahl und hat dadurch eine besondere Verantwortung gegenüber der Gesellschaft. Nach Max Weber verfolgt jeder gute Politiker höhere Ziele, die sich an einer gewissen Ethik festmachen lassen. Und er macht den inzwischen klassisch gewordenen Unterschied zwischen der Gesinnungsethik und der Verantwortungsethik, die den Politiker leiten können.

Zwei Jahre nach Erscheinen des Buchs schrieb mir Helmut Schmidt einen Brief. Er habe *Der Ehrliche ist der Dumme* jetzt erst gelesen. Er machte eine abfällige Bemerkung über diesen »reißerischen« Titel, bat mich aber um ein Gespräch. Mein Buch habe ihn angeregt, sich mit der Thematik Politik und Moral zu befassen. Als wir zusammensaßen, wollte er als Erstes wissen, wie das Buch in der Öffentlichkeit angekommen sei. Als ich anfing, von den negativen Kritiken in der Presse zu sprechen, winkte er ab. Das sei unwichtig. Er wollte wissen, wie die Leser reagiert hatten. Was ich ihm sagte, machte ihm Mut. Und ich habe mich dem Thema immer wieder mit weiteren Büchern gewidmet.

Wichtig war mir aber auch, die Bedeutung der Werte – wie etwa die Würde des Menschen – in unserer Arbeit zu verankern. Das konnte manchmal zu heftigen Auseinandersetzungen in der Redaktion führen. Ein Beispiel aus der Arbeit der *Tagesthemen*: An einem Samstag war eine Skifahrerin – Ulrike Maier – verunglückt. Die Verunglückte prallte mit dem Kopf gegen einen Pfahl. Sie war sofort tot, und man sah in den Aufnahmen noch den leblosen Körper die Skipiste herunterrutschen.

Der Chef vom Dienst kam am späten Nachmittag zu mir und sagte: »Damit machen wir auf!« Darauf antwortete ich: »Wir sind nicht bei der *Bild*-Zeitung.« Und ich hatte auch nicht ernst genommen, was er sagte. Um halb acht findet bei den *Tagesthemen* die Ablaufkonferenz statt, in der besprochen wird, in welcher Reihenfolge die Beiträge gesendet werden. Ich bin häufig nicht hingegangen, weil ich in der Zeit an meinen Moderationen schrieb.

Der Moderationsredakteur – der für den Moderator die Informationen sammelt – kam aus der Konferenz zurück und sagte: »Wir fangen mit dem Beitrag über den Skiunfall an.« Darauf habe ich ihn gefragt: »Wer war in der Sitzung, wer stand am höchsten in der Hierarchie?« Ein Chefredakteur, wie sich herausstellte, und zu dem bin ich gegangen und habe ihm gesagt: »Diese Sendung moderiere ich aus ethischen Gründen nicht.« Jetzt kam er in eine schwierige Lage. Wie sollte er entscheiden? Wenn ich die Sendung aus ethischen Gründen nicht moderierte, würde es hinterher eine unangenehme Diskussion in der Öffentlichkeit geben. Also habe ich ihm erklärt, wie es meiner Ansicht nach richtig sein könnte. Erstens: Der Beitrag gehöre in den Sportteil der Sendung, also nach hinten. Der Film solle zweitens so geschnitten werden, dass man den toten Körper nicht über die Piste rutschen sieht. Drittens sollten wir zum Thema machen, warum Skifahren immer gefährlicher werde. Aus meiner Sicht, damit es im Fernsehen besser wirkt. Das müsse kritisch herausgearbeitet werden.

Nun ja, kurz vor der Sendung kann man keinen großen Streit anfangen. Der Chefredakteur stimmte meinem Vorschlag zu.

Interessant war, was später passierte. In der Redaktion haben natürlich alle gewusst, dass es Ärger gegeben hatte. Wie löst sich solch ein

Konflikt? Alle vermuteten, es würde in der Konferenz am nächsten Morgen ein Hauen und Stechen stattfinden. Doch bevor sich irgendjemand zu Wort meldete, sagte der Chefredakteur:»Ich möchte kurz referieren, was gestern war.« Er erklärte:»Ich habe letzte Nacht darüber nachgedacht: Wickert hatte recht.« Diesen Sinneswandel rechne ich ihm heute noch hoch an, weil die Redaktion in diesem Moment gemerkt hat, dass sie widersprechen und sich auseinandersetzen darf, wenn es um das Thema Menschenwürde geht.

Es ist meiner Meinung nach sehr wichtig, dass diese Frage offen diskutiert wird, weil nicht jeder die ethischen Maßstäbe verinnerlicht hat. Deswegen müssen wir Journalisten die Frage, was geht und was nicht, immer wieder mit allen gemeinsam diskutieren. Das verlangt unsere Verantwortung.

Neugier ist nur eine von mehreren journalistischen Tugenden. Mut gehört auch dazu. Schon in meiner Zeit als Redakteur von *Monitor* stand ich manchmal vor journalistisch schier unlösbaren Problemen.

Manch einer mag sich an den »Fall Brühne« erinnern. Angeblich hatte Vera Brühne zusammen mit Johann Ferbach den Arzt Otto Praun und dessen Geliebte ermordet. Dafür gab es keine überzeugenden Belege. Doch ein Mitbewohner der Gefängniszelle, in der Johann Ferbach saß, erklärte unter Eid, Ferbach habe ihm unter dem Tannenbaum den Mord gestanden. Der Zeuge war allerdings schon einmal wegen Meineids verurteilt worden.

Bei Recherchen über den BND stießen wir auf einen ehemaligen BND-Mitarbeiter, der aussagte, er habe den Arzt Praun noch Tage nach dem angeblichen Mordzeitpunkt gesehen. Um den Fall wieder aufrollen zu können, bezeichneten wir den Kronzeugen in unserem Bericht als »Denunzianten«. Wir wollten erreichen, dass er uns verklagt, um den Fall wieder ins Rollen zu bringen. Er verklagte uns tatsächlich. Das damit befasste Amtsgericht überwies die Klage, so wie wir es erhofft hatten, auch tatsächlich an das ursprüngliche Gericht. Dort wollte man den Fall aber nicht aufrollen. So urteilte schließlich das Amtsgericht, wir hätten den Kläger zwar beleidigt, doch unser »Verschulden« sei als gering anzusehen, da es uns als Journalisten darum gegangen sei, eine neue Diskussion über das »Brühne-Ferbach-Verfahren« anzuregen. Dabei hätten wir uns im »verständlichen journalistischen Eifer … im Ausdruck vergriffen«. Das Gericht stellte das Verfahren ein.

Ein anderes Mal erfuhr ich als *Monitor*-Redakteur direkt aus dem Kieler Landtag, dass ein CDU-Landtagsabgeordneter eine Million Mark erhalten hatte, um für ein bestimmtes Gesetz zu stimmen. Dafür gab es einen Beleg vom Finanzministerium. Aber diesen Beleg wollte mir mein Informant nicht zur Verfügung stellen. Schließlich konnte ich ihn überreden, mir den Beleg wenigstens zu zeigen. Ich kam mit einem Mitarbeiter des WDR-Justiziariats, wir lasen das Dokument und machten uns unerlaubterweise Notizen. Aber ich versprach, mich nicht auf dieses Papier zu berufen.

Schließlich kam mir eine Idee. Ich würde einen Bericht über die Recherche drehen. Darin erklärte ich, was ich erfahren hatte, und auch, dass ich es nicht beweisen konnte. Ich filmte meine Recherche beim Finanzministerium, fing einen Staatsanwalt ab, der mit der Frage befasst war, ob es sich um Korruption handle (nein, weil Abgeordnete laut Gesetzeslage nicht bestochen werden können). Dann bat ich den betroffenen Abgeordneten, einen Bauunternehmer, um ein Interview. Er machte den Fehler, dieses Gespräch zu gewähren. Ich fragte ihn, ob er die Million versteuert habe. Das sei doch alles kalter Kaffee, meinte er, dementierte aber nicht. Der Bericht über die Recherche lief so in *Monitor*. Kaum war der Fall öffentlich, legte der Abgeordnete sein Mandat nieder.

Am schwersten fiel es mir aber, ein Projekt zu verwirklichen, das mir persönlich extrem wichtig war.

Im Sommerurlaub 1976 hatte ich – bestimmt zehn Jahre nach allen anderen – »Der eindimensionale Mensch« von Herbert Marcuse gelesen. Dieses Buch war Kult für die 68er-Bewegung. Seine Utopie ist eine befreite Gesellschaft, die er vernunft- und triebtheoretisch zu begründen sucht. Damals haben mich Marcuses Ideen begeistert. Heute sehe ich sie als das, was sie sind: eine reine Utopie.

Am ersten Tag nach meinem Urlaub lief ich vor dem Filmhaus des WDR in Köln dem Dramaturgen Martin Wiebel in die Arme und wollte irgendwelche Banalitäten vom Urlaub loswerden, er aber sagte: »Du, ich habe jetzt keine Zeit. Ich muss ins Studio C, dort wird ein Gespräch mit Herbert Marcuse aufgezeichnet.«

Ich vergaß alle Termine und folgte Martin Wiebel ins Studio C.

Wir saßen in der Regie und schauten uns an, wie Marcuse in blauem Hemd zwei fein mit Schlips gekleideten Gesprächspartnern gegenübersaß und die Asche seiner Zigarette in einem Aschenbecher auf dem kahlen Tisch an seiner Seite abklopfte. Damals rauchte man noch im Fernsehen.

Marcuse beantwortete jede Frage präzise, wie gedruckt, und antwortete auf ein Hegelzitat nur: »Ich weiß nicht, was Hegel sich dabei gedacht hat.«

Keiner von uns hätte sich je solch eine Aussage getraut. Bei Marcuse wirkte sie echt. Bei uns hätte man nur verächtlich gesagt, der kennt seinen Hegel nicht.

Und wieder sagte Marcuse einen Satz, der mich wegen seines utopischen Inhalts begeisterte. Er sprach von der realen Möglichkeit »eines Lebens, das nicht mehr als Hauptinhalt lebenslang die entfremdete und entmenschlichte Arbeit hat. Ein Leben, das um des Lebens willen gelebt werden wird und das den Genuss des Lebens erlaubt.«

Damals war mir noch nicht bewusst, dass dieser Aspekt gar nicht utopisch war, sondern dass ich als Journalist bei der ARD tatsächlich nicht »entfremdet und entmenschlicht« arbeitete, sondern ein Leben »um des Lebens willen« führte, die Arbeit mir (meistens) sogar ein Genuss war.

Als das Gespräch zu Ende war, lief ich aus der Regie hinunter ins Studio, stellte mich Herbert Marcuse vor und sagte, ich würde gern einen Dokumentarfilm über ihn drehen. Über sein Leben und sein Werk. Schließlich war Marcuse inzwischen achtundsiebzig Jahre alt, und bisher hatte niemand je einen solchen Film über ihn gedreht. Es würde ein Zeugnis der Zeit sein. Marcuse antwortete sehr freundlich, er werde jetzt im September wieder nach Kalifornien zurückkehren, im kommenden Mai aber wieder in Deutschland sein. Er reichte mir seine Visitenkarte, ich gab ihm meine, und er versprach, sich im kommenden Frühjahr bei mir zu melden.

Im Winter beschäftigte ich mich mit dem Werk Marcuses. Noch wichtiger war es aber, eine Produktionsnummer zu bekommen. Ohne Produktionsnummer kann man keinen Film drehen. Das klingt absurd. Doch hinter dieser Nummer versteckt sich Geld: der Produktionsetat. Dieses Filmporträt von Herbert Marcuse würde sicher sechzig- bis siebzigtausend Mark an direkten Kosten erfordern. Das Problem mit der Produktionsnummer war unangenehm und schwer zu lösen. Ich ging zu befreundeten Redaktionsleitern, trug ihnen meine Idee vor. Alle fanden das Projekt großartig, ja, phantastisch. Toll, dass Marcuse zugesagt hat. Aber leider war der Produktionsetat bei allen Redaktionen angeblich schon verteilt.

Der wahre Grund für die Absagen war die Angst der Redaktionsleiter. Es war die heiße Phase des RAF-Terrors. In Stammheim lief der Prozess gegen Baader und Ensslin. Im Mai 1976 hatte sich Ulrike Meinhof das Leben genommen. Keiner wollte Marcuse zu nahe kommen. Wurde der in der Presse nicht immer wieder als Vater des Terrors dargestellt?

Es war zum Verzweifeln.

Selbst als ich die Runde noch einmal machte, keine Redaktion wollte mir die begehrte Produktionsnummer geben.

Der Frühling 1977 brach an. Ich las Marcuse.

Der Mai kam. Marcuse rief mich nicht an.

Nur Geduld, sagte ich mir. Es war schon Mitte Mai. Marcuse hatte sich immer noch nicht gemeldet. Na gut, ich hatte ja auch keine Produktionsnummer. Macht nichts: Marcuse war wichtiger als dieses Aktenzeichen. Ich begann herumzutelefonieren. Keiner wusste etwas. Bis ich auf die Idee kam, Jürgen Habermas in seinem Institut in Starnberg anzurufen. Der gab mir die Telefonnummer von Herbert Marcuse in Berlin. Ich rief also an. Marcuses Frau Ricky hob ab und reichte das Telefon ihrem Mann. Ich erinnerte ihn an unser Gespräch im Studio C des WDR im vergangenen Jahr, erinnerte ihn an meine Idee, einen Dokumentarfilm über sein Leben und sein Werk zu drehen. Er sagte mir – wieder in seiner so freundlichen, ruhigen Art –, ich möge ihm doch einen Brief nach La Jolla schreiben. Im September sei er zurück in Kalifornien, dann würde er den Brief vorfinden und sich bei mir melden. Und dann beendete er das Gespräch äußerst liebenswürdig und hängte ein.

Ich war verzweifelt.

Keine Produktionsnummer.

Kein Marcuse.

Aber ich wollte diesen Film partout drehen. Von wegen »um des Lebens willen« und den Genuss des Lebens.

Da kam mir eine Idee.

Die meisten Bücher von Herbert Marcuse waren in Deutschland unter der Verantwortung von Günther Busch in der edition suhrkamp erschienen. Ihn rief ich an und schilderte ihm einen Teil meines Problems, nämlich dass Marcuse sich mir entziehe. Die Sache mit der Produktionsnummer ging ihn ja nichts an. Das war ein Problem zwischen dem WDR und mir.

Günther Busch reagierte ganz entspannt und pragmatisch. Er sagte: »Kommen Sie am nächsten Mittwoch zu mir nach Hause zum Abendessen. Da ist Marcuse dann auch da.«

Das Abendessen in Frankfurt verlief fröhlich. Neben dem Gastgeber Günther Busch und dem Ehepaar Marcuse waren noch einige Personen aus dem literarischen Leben Frankfurts eingeladen.

Als es am späteren Abend um meine Idee eines Films über Herbert Marcuse ging, sprangen mir alle bei, um den alten Philosophen davon zu überzeugen, dass ich ein ordentlicher Mensch und die Idee, einen Film über ihn zu drehen, hervorragend sei.

Schließlich sagte Herbert Marcuse zu mir: »Können Sie nicht ein Drehbuch schreiben, damit ich weiß, worauf ich mich einlasse?«

»Nein«, antwortete ich, »bei Dokumentationen kann man vorher kein Drehbuch schreiben. Man dreht, was geschieht. Aber ich schreibe Ihnen ein Drehbuch, wenn Sie mir dann aufschreiben, wie der ›Neue Mensch‹, von dem Sie sprechen, aussehen wird.«

»Das mache ich!«, sagte Marcuse, der stets betont hatte, man könne den »Neuen Menschen« nicht beschreiben, da er sich in der »Neuen Gesellschaft« von selbst entwickeln würde.

Schließlich stimmte er dem Dreh zu. Er stellte nur eine Bedingung: Ich müsse eine Flasche Johnny Walker Black Label mitbringen.

Ich war glücklich und fuhr mit einem Hochgefühl nach Hause.

Jetzt galt es, das wahre Problem zu lösen: die Produktionsnummer. Es schien mir jetzt, wo ich die Zusage Marcuses hatte, ein nebensächliches Problem. Mein Lebensmotto hieß und heißt immer noch: Wo ein Wille ist, ist auch ein Weg. Deshalb haben mir bürokratische Hürden nie wirklich Sorgen gemacht. Sie sind da, um überwunden zu werden. Und wieder einmal hatte ich Glück. Im WDR wurden Redaktionen umstrukturiert, und ich wurde in die Auslandsabteilung versetzt. Ich sollte für eine kurze Zeit als Korrespondent an das Studio Washington, dann an das Studio New York wechseln, mit der Aussicht, schließlich nach Paris zu gehen.

Im September 1977 landete ich in Washington. Die erste Dienstreise, die ich eine Woche später unternahm, ging nach Los Angeles, von dort nach San Diego. Ich war Samstag früh um 10 Uhr mit Herbert Marcuse verabredet. Er selbst öffnete mir die Tür zu seinem Bungalow. Und wie versprochen, stellte ich ihm eine Ein-Liter-Flasche Johnny Walker Black Label auf den Tisch. Das schuf gute Laune.

Im Oktober würde Marcuse für einige Tage an die Ostküste fahren und dort an einer kleinen Universität Vorträge halten, Gruppengespräche führen und Seminare veranstalten. Da könnten wir ihn zusammen mit Studenten filmen. Welche Universität es sei, fragte ich. Ach, die werden Sie nicht kennen, antwortete Marcuse, Wesleyan University. »Die kenne ich gut«, erklärte ich ihm. Dort hatte ich ein Jahr lang mit einem Fulbright-Stipendium studiert.

Die Dreharbeiten mit ausführlichen Interviews zu seinem Werk verabredeten wir für Dezember in La Jolla. Dann würde es in Kalifornien angenehm warm sein. An das Wetter sollte man bei Dreharbeiten immer denken.

Ich flog zurück nach Washington, verkündete dem Kamerateam die Termine für die Dreharbeiten und reichte beim Buchhalter des Studios meine Reisekostenabrechnung ein. Jetzt hatte ich auf Kosten des Studios schon mehr als vierhundert Dollar für den Flug und das Hotel ausgegeben. Um die verbuchen zu können, benötigte man eine Produktionsnummer.

Als mich der Buchhalter nach der Produktionsnummer fragte, sagte ich ihm: »Ach, beim WDR finden alle das Projekt großartig. Die haben wahrscheinlich vergessen, die Produktionsnummer zu schicken.«

Der Buchhalter tat, was ein Buchhalter tun muss. Er telefonierte verzweifelt mit dem WDR, denn ich hatte Geld ausgegeben, und das Problem musste gelöst werden. Ohne Produktionsnummer war nichts zu machen. Schließlich erbarmte sich Theo M. Loch, der Fernseh-Chefredakteur, und sagte zu, die Produktion aus seinem Topf für Sonderprojekte zu finanzieren.

Das habe ich ihm hoch angerechnet.

Mein Motto hatte sich bewährt: Wo ein Wille ist, da ist tatsächlich auch ein Weg. Marcuse hatte zugestimmt. Die Produktionsnummer war da. Wir konnten drehen.

Einen kleinen Nachtrag will ich anfügen. Als ich den Film fertig geschnitten hatte, fuhr ich noch vor der Sprachaufnahme – es hätte also noch die Chance bestanden, etwas zu korrigieren – zu Jürgen Habermas nach Starnberg. In Deutschland kennt wohl niemand das Werk von Marcuse besser als er. Ich fragte Habermas, ob es irgendwo bei Marcuse eine Stelle gebe, wo er den Terror verteidige. Nein, sagte mir Habermas nach einem Moment des Überlegens, solch eine Textstelle gebe es seiner Kenntnis nach nicht.

Ein Jahr nach der Ausstrahlung des Films ist Herbert Marcuse während eines Besuchs bei seinem Freund Jürgen Habermas in Starnberg gestorben. Zu später Stunde strahlte die ARD meinen Film als Nachruf noch einmal aus.

Journalisten haben immer recht. Das ist allerdings keine journalistische Tugend, sondern eine Berufskrankheit.

Ich weiß nicht, wer von den Medien mehr niedergemacht wird, Fußballer, Schiedsrichter oder Politiker.

Vor einiger Zeit stellte mir jemand eine dieser typisch pauschalen Journalistenfragen: »Bei wem müssten Sie sich entschuldigen?« Natürlich fiel mir niemand ein. Ich hatte doch immer recht gehabt. Doch die Frage wirkte nach. Musste ich mich wirklich bei niemandem entschuldigen? Ich muss zu meiner Schande zugeben: Ohne die Frage wäre ich wahrscheinlich nicht drauf gekommen.

Damit ich an der Hochschule Magdeburg / Stendhal unterrichten konnte, ernannte mich der Kultusminister von Sachsen-Anhalt zum Honorarprofessor. In einem Seminar zum Thema Interview zeigte ich den Studenten die Aufzeichnung zweier Gespräche. Im *heute journal* interviewte Klaus-Peter Siegloch den damals neuen Daimlerchef Dieter Zetsche. Anderthalb Stunden später befragte ich Zetsche in den *Tagesthemen*. Anlass war die am Tag darauf eröffnende Frankfurter Automesse. Ich wollte den Studenten zeigen, wie seicht und freundlich Siegloch mit dem Mann umging, den ich kurz darauf grillte. Die Reaktion der Teilnehmer des Seminars entsprach allerdings nicht meinen Erwartungen. Sie fanden mich unnötig aggressiv. Mein Ton sei unangemessen gewesen, und dadurch habe der Zuschauer auch keinen inhaltlichen Gewinn erhalten. Sie hatten recht.

Zetsche wollte die neue S-Klasse vorstellen, und ich fragte, weshalb Mercedes mehr Autos als Toyota zurückrufen musste, weshalb Audi und BMW inzwischen besser als die Stuttgarter dastanden. Ich fand mich hinterher großartig.

Zugegeben, ich hatte mich darüber geärgert, dass Zetsche nur anderthalb Stunden vor den *Tagesthemen* beim *heute journal* aufgetreten und dort in meinen Augen zu mild behandelt worden war.

Was hatte mich zu meiner unnötig aggressiven Haltung veranlasst? Wahrscheinlich gekränkte Eitelkeit. Und ich fürchte, dass so manch ein Kollege aus ähnlichen Motiven »Fußballer, Schiedsrichter oder Politiker« ungerecht behandelt. Aus Eitelkeit. Der Journalist hat schließlich immer recht.

Bei einem Abendessen zu Ehren von Dieter Zetsche, an dem einige Chefredakteure teilnahmen, habe ich in der Tischrede die Frage erwähnt, die mir gestellt worden war: »Bei wem müssten Sie sich entschuldigen?« Und ich gestand, dass ich es jetzt wüsste, entschuldigte mich bei Dieter Zetsche und schilderte, was mich seinerzeit angetrieben hatte.

Das Interview mit Dieter Zetsche war damals live geführt worden, und live gibt es für den Befragten kein Ausweichen, keine Möglichkeit, Antworten nachträglich zu korrigieren.

Live ist am besten. Da weiß jeder, woran er ist, der Befragte und der Journalist. Live habe ich allerdings auch meine größte Niederlage erfahren, als ich Regine Hildebrandt, der engagierten Sozialministerin von Brandenburg, eine kurze Frage in den *Tagesthemen* stellte. Sie antwortete sechs Minuten lang mit solcher Verve, ohne Punkt und Komma, dass ich nicht dazwischenkam. Da hatte ich wohl die falsche Frage gestellt. Vier Minuten waren für das gesamte Gespräch vorgesehen!

Ein live geführtes Interview in den elektronischen Medien braucht nicht autorisiert zu werden; denn es ist ja sichtlich authentisch. Es verlangt von dem Befragten zwar eine besondere Konzentration darauf, was er sagen will und was nicht, aber auch der Journalist muss gut vorbereitet sein, will er sich nicht blamieren. Denn geht er von falschen Voraussetzungen in einer Frage aus, dann kann er sich nicht mehr korrigieren.

Ein Vorteil von Live-Interviews liegt für Journalisten außerdem darin, dass – nehmen wir an, der Befragte ist ein Politiker – dieser reagieren muss. Egal wie. Und seine Reaktion verrät dann einiges über ihn.

Bundeskanzler Gerhard Schröder war nach einem Jahr Amtszeit 1999 auf dem Tiefpunkt der Zustimmung angekommen. In den *Tagesthemen* fragte ich ihn: »Haben Sie als Parteivorsitzender versagt?« Er nahm die Kritik auf, obwohl er sagte: »Versagen ist vielleicht ein zu hartes Wort, aber …« Seine Antwort hätte ich auch in einem schriftlich bearbeiteten Interview stehen lassen.

Angela Merkel dagegen beherrscht die Kunst, eine Frage nicht zu beantworten. Deshalb sagte ich einmal zu ihr: »Sie haben meine Frage jetzt aber nicht beantwortet.« Sie antwortete lakonisch: »Ja.« Und schwieg. Nun lag der Ball wieder in meinem Feld. So kann's gehen. Das wirkt dann wie eine Watsche. Falsch gefragt, Herr Wickert! Vielleicht hätte ich dieses für mich peinliche Geplänkel in ein gedrucktes Interview gar nicht aufgenommen.

Nicht alle Gespräche in den elektronischen Medien lassen sich live führen. Sie werden aufgezeichnet. Und dann besteht die Möglichkeit des Schnitts. Ein Schnitt sollte eigentlich nur mit der Zustimmung des Befragten gemacht werden. Manchmal bittet der Politiker sogar darum.

Der ehemalige bayerische Ministerpräsident Max Streibl, so wusste man in Fachkreisen, sei besser vor 19 Uhr zu interviewen, später schlüge, milde gesagt, seine Feierabendlaune durch.

Als Bundespräsident Richard von Weizsäcker in Zeiten zunehmender rechter Gewalttaten einst zu einer Großdemonstration in Berlin aufrief und sogar Bundeskanzler Helmut Kohl seine Teilnahme zusagte, wurden beide vom bayerischen Ministerpräsidenten Streibl heftig kritisiert. Die *Tagesthemen* baten Streibl deshalb zu einem Interview. Als ich ihn dann bei der Aufzeichnung fragte, weshalb er sich gegen diese Demonstration ausspreche, obwohl doch Präsident und Kanzler daran teilnehmen würden, antwortete Streibl, es gäbe ein schlechtes Bild ab, wenn sie schreiend durch die Straßen zögen. »Wie?«, fragte ich erstaunt nach, »wenn Bundespräsident und Bundeskanzler schreiend durch die Straßen liefen?« Streibl hatte sich, wohl nicht mehr ganz nüchtern, vergaloppiert.

Er bat, diese Passage zu schneiden. In dem Moment haben wir bedauert, nicht live gesendet zu haben. Aber natürlich haben wir das rausgenommen, denn es ist das Recht eines Politikers, sich zu versprechen und den Schnitt, so er möglich ist, zu beanspruchen.

Nun habe ich nicht nur Interviews geführt, sondern bin auch häufig selbst befragt worden. Und auf der anderen Seite stehend, habe ich so manches Mal mein Gegenüber verflucht. »Herr Wickert, Sie haben jetzt auch ein Buch geschrieben (mein zehntes), worum geht es denn darin?« Den Titel konnte der Kollege nicht korrekt nennen. Nach dem Motto: Ich will mal ganz unbefangen fragen, deshalb habe ich mich nicht vorbereitet.

Und genau diese völlig uninformierten Journalisten erleben Politiker in Berlin jeden Tag, wenn sie durch das Spalier der Mikrophone und Kameras gehen.

Da erinnere ich mich an die peinliche Situation, als Paul Spiegel, von 2000 bis 2006 Präsident des Zentralrates der Juden, nach einem rechtsradikalen Anschlag zur Synagoge in Düsseldorf kommt und eine junge Journalistin eines Privatsenders ihn anspricht: »Herr Pfarrer Spiegel ...«

Ein leitender Redakteur einer jungen deutschen Wochenzeitschrift bat mich letztens um ein Interview. Ich erhielt das Gespräch zum Autorisieren, änderte die eine oder andere Antwort, um sie unterhaltsamer, griffiger zu formulieren. Mir gefiel das Endprodukt. Davon erschienen aber nur wenige Zeilen, und mein Gestammel wirkte so armselig, dass ich es nie freigegeben hätte. Pardon, so der Kollege hinterher, er hätte nicht gewusst, dass mein ausführliches Gespräch für die Rubrik mit nur drei Fragen geplant war. Deshalb hätte er das Interview zusammenstreichen müssen.

Ähnlich kann es gehen, wenn ein Fernsehteam ein halbstündiges Gespräch aufnimmt, von dem nachher dreißig Sekunden gesendet werden. Da möchte ich vorher wissen, in welchem Zusammenhang der eigene Satz stehen wird, aber meist wird einem die Chance dazu nicht gegeben.

Es wundert mich also nicht, wenn Befragte – ob Politiker und Banker, Schauspieler oder Autoren – auf der nachträglichen Genehmigung eines Interviews bestehen. Denn vermutlich wurden sie in ein stundenlanges Gespräch verwickelt. Und was sagt man da nicht so alles! Dann setzt sich der Journalist in der Redaktion hin und »baut« aus dem, was er von seinem Aufnahmegerät abgeschrieben hat, nach dramaturgischen Gesichtspunkten ein Gespräch, das in dieser Form nie geführt worden ist.

Ich selber habe erlebt, dass in einem mir zur Genehmigung vorgelegten Text plötzlich Fragen standen, die mein Gegenüber nie gestellt hatte, die aber jetzt ganz kritisch oder witzig klangen. Und als Antwort hatte der Interviewer auf die nie gestellten Fragen einige Sätze aus dem Gespräch eingefügt, die nur ungefähr zu seinen in der Redaktion ausgetüftelten Fragen passten.

Wer sich über autorisierte Interviews beklagt, der braucht sie ja nicht führen. Oder er bietet Waffengleichheit an: Das volle Interview wird »wie live« aufgenommen und dann so gedruckt. Mit allen Fragen und Antworten, eins zu eins. Das geht, wirkt aber manchmal sehr viel langweiliger als ein bearbeiteter und »genehmigter« Text. Aber so zu tun, als drohe durch die Bitte um Genehmigung das Ende der Meinungsfreiheit, empfinde ich als weinerlich. Schließlich hat zu diesem Zustand die Verlotterung der Sitten unter Journalisten selbst beigetragen.

Journalisten haben zwar immer recht, aber sie geben sich in der letzten Zeit zunehmend verunsichert wegen der steigenden Kritik durch die Mediennutzer. Nicht alle Kritik ist unberechtigt. Lassen wir Hass-Mails oder rechtsradikale Spinner beiseite, aber vielleicht sollten Journalisten doch einmal darauf achten, was die Leser, Hörer, Zuschauer ihnen im normalen Alltag mitteilen.

Ich ließ mir vernünftig lautende Zuschauerpost immer vorlegen. Zwei Zuschauerbriefe haben sogar mein Verhalten beeinflusst.

Als Redakteur bei *Monitor* erhielt ich den mahnenden Hinweis einer Zuschauerin: über siebzig Fremdwörter seien in der vergangenen Sendung gefallen. Sie merkte an, dass vermutlich viele der Zuschauer damit überfordert seien. Ich habe mir die Mahnung zu Herzen genommen und seitdem, zumindest im Fernsehen, auf Fremdwörter verzichtet. Beim gedruckten Text kann der Leser nachschlagen, aber der Fernsehtext rauscht vorbei, und versteht der Zuschauer ein Wort nicht, fehlt ihm vielleicht bald der Zusammenhang. So habe ich auf den Begriff »Holocaust« verzichtet, sondern stattdessen von »Judenvernichtung« gesprochen. Jemand wandte ein, das klinge nach Ungezieferverernichtung. Ja, antwortete ich, so unmenschlich war es ja wohl auch. »Holocaust« fand seinen Weg in den deutschen Sprachschatz erst mit der Ausstrahlung der US-Fernsehserie *Holocaust* in der ARD Ende der siebziger Jahre. Als ich einmal, vielleicht ein wenig pedantisch, »Holocaust« in einer Moderation verwendete und die Herkunft des Begriffs und seine Bedeutung in der Bibel erklärte, sagte mir der im Studio anwesende Nachrichtensprecher hinterher, jetzt wisse er endlich, was »Holocaust« heiße.

Auch »Sanktionen« fanden bei mir nicht mehr statt. Etwa Sanktionen des Weltsicherheitsrates. Ich benutze seitdem den deutschen Ausdruck »Strafmaßnahmen«. Jedes Kind weiß, was eine Strafe ist. Aber gegen welches Kind wurden schon einmal Sanktionen verhängt? Manchmal lässt sich ein Fremdwort nur durch einen Halbsatz ersetzen, aber das lohnt sich wegen des besseren Verständnisses.

Ich habe festgestellt, dass die deutschen Wörter stärker sind als Fremdwörter. Das kann dann manchmal auch sehr politisch werden. Als zum Beispiel 1998 die rot-grüne Regierung an die Macht kam, beschloss sie, das Staatsbürgerrecht zu ändern und sich vom *ius sanguinis* zu verabschieden. Ich habe in den *Tagesthemen* aber nicht *ius sanguinis*, sondern »Blutrecht« gesagt. Das ist die direkte Übersetzung. Aber Blutrecht erinnert viele unwillkürlich an die Ideologie der Nationalsozialisten. Nun heißt es Blutrecht, und ich habe dieses Wort – sehr zum Unwillen der CDU-Vertreter in den NDR-Gremien – bewusst benutzt, damit klar wird, was hinter dem Gedanken des alten Staatsbürgerschaftrechts steckt.

Mit dem genauen Umgang mit Wörtern spielte ich dann auch in einer meiner Abmoderationen vor dem Wetter:

»Im Umgang mit Wörtern sind manche Leute genauso ungenau wie im Umgang mit Giften. Doch bei den Wörtern sind sie besonders dann ungenau, wenn sie mit den Giften nicht sorgsam genug umgegangen sind. Nach einem Chemieunfall bei Hoechst hieß es, die ausgetretenen Schadstoffe seien minder giftig.

Wie das schon klingt!

›Minder giftig‹ ist Beamtendeutsch und heißt wahrscheinlich: weniger giftig. Aber dann stellte sich heraus, dass die Firma Hoechst sich auch in der Wahl des Wortes getäuscht hat. ›Minder giftig‹ ist nämlich auch giftig, und wie sich ergab, waren die ausgetretenen Chemikalien so giftig, dass sie als krebserregend gelten. Aber vielleicht nur *minder krebserregend*?«

Die Klage eines Zuschauers hatte sogar einen wesentlichen Einfluss auf die *Tagesthemen*-Moderation. Die ARD hatte die »Nachtlücke« geschlossen, nun wurde rund um die Uhr gesendet.

»Niemand sagt uns jetzt mehr ›Gute Nacht‹!«, schrieb mir der Zuschauer. Was der Schreiber bedauert, sagte ich mir, bedauern sicher auch andere. Und ich überlegte, wie ich darauf eingehen könnte. Die Zuschauer am Ende der Sendung in eine »gute Nacht« zu verabschieden, verbot sich schon allein deshalb, weil nach den *Tagesthemen* ja noch andere Sendungen folgten.

Der Wunsch nach einem »angenehmen Abend« ist unverfänglich, dachte ich. Aber dann? »Und eine gute Nacht«? Nach all den Berichten über Hunger, Not, Krieg? Das wirkt womöglich wie: »Nehmt es nicht so schwer, ist alles halb so schlimm.«

Ich schaute in das eine oder andere Wörterbuch, in Synonym- und Herkunftslexika, bis ich am Wörtchen »geruhsam« hängen blieb. Das klang nach Postkutschenzeit und schien mir den Nagel auf den Kopf zu treffen.

So regte mich der Brief eines Zuschauers zu einem wohl legendär gewordenen Abschiedsgruß an:

»Ich wünsche Ihnen noch einen angenehmen Abend und eine geruhsame Nacht!«

ALLERLETZTE MELDUNG
Frischer Wind

Das Magazin *Der Spiegel* hat vor einer Woche einen neuen Chefredakteur erhalten, um mit frischem journalistischem Gefühl dem Herausforderer *Focus* die Stirn zu bieten. Und prompt zeigt sich der Unterschied. »Sehnsucht nach Gefühl« heißt die Titelgeschichte der Weihnachtsausgabe von *Focus*. Dagegen die vom *Spiegel*: »Sehnsucht nach Sinn«.

Familiengeheimnis

D en Satz »Nichts wird mehr sein wie vorher« kann ich nicht mehr hören. Und trotzdem können wir nur hoffen, dass nichts mehr sein wird wie vorher. Was allerdings anders gemeint ist, als so mancher denkt. Der aus Afghanistan stammende Schriftsteller Tamim Ansary lebt in San Francisco und hörte nach dem 11. September im amerikanischen Radio Kommentatoren, die fragten: »Werden wir genug Mumm haben zu tun, was geboten ist?« Die meinten, man müsse »Afghanistan in die Steinzeit zurückbombardieren«. Tamim Ansary ist ein Gegner der Taliban und Osama bin Ladens und will beide bestraft sehen, aber sie sind nicht Afghanistan.

Der Westen hat die tiefere Ursache für die Terroranschläge, die von Intellektuellen und nicht von Unterprivilegierten begangen wurden, anscheinend noch nicht verstanden. Sie waren wirklich, wie Gerhard Schröder sagte, ein Angriff auf die »westliche Zivilisation«, aber sie zielten nicht auf die (ethischen) Werte des Westens, sondern auf dessen Überheblichkeit und Materialismus. Als sei er von allen guten Geistern verlassen, erklärte der italienische Ministerpräsident Silvio Berlusconi – nachdem er Bundeskanzler Gerhard Schröder zwecks Absprache im Kampf gegen den Terrorismus getroffen hatte: »Wir sollten uns der Überlegenheit unserer Zivilisation bewusst sein, die aus einem Wertesystem besteht, das den Respekt der Menschenrechte und der Religion garantiert. Diesen Respekt gibt es in den moslemischen Ländern sicherlich nicht.«

Dieser – Pardon! – Schwachsinn – hat Methode. Denn Berlusconi hätte schon in der Woche zuvor bei dem Sondergipfel der Europäischen Union so gesprochen. Und da hätten ihm die Staats- und Regierungschefs Europas die Hammelbeine lang ziehen müssen. Aber nein, entweder denken sie genau so oder geben sich zu vornehm.

Wenn aber die politischen Vertreter der westlichen Zivilisation solche Aussagen hinnehmen, dann verstärken sie das Gefühl der Erniedrigung in den islamischen Ländern und bestätigen, was Arundhati Roy, die wichtigste Schriftstellerin Indiens, dieser Tage sagt: »Osama bin Laden ist das amerikanische Familiengeheimnis, der dunkle Doppelgänger des amerikanischen Präsidenten.« Bush ist kein Mörder und Terrorist. Aber die Denkstrukturen sind die gleichen.

Auch Bush und Berlusconi sind eins. Denn beide sind gleich intolerant. Bush ruft zum Feldzug unter dem Motto »unendliche Gerechtigkeit« auf, ohne daran zu denken, dass dies jeden Gläubigen zumindest im Islam beleidigen muss: denn die »unendliche Gerechtigkeit« steht nur Allah zu. Also wird das Motto geändert in »dauerhafte Freiheit«. Der Westen will seine Werte verteidigen, scheint sie aber immer weniger selbst zu kennen.

Die Tugend der Toleranz bietet sich hier an. Hinter dem Begriff Toleranz versteckt sich die intellektuelle und gesellschaftliche Frage: Wie gehe ich mit der »Wahrheit« um. Die Frage »Wer besitzt die Wahrheit« wurde ein philosophisches Problem mit der Expansion der monotheistischen Religionen, Judentum, Christentum und Islam. Nachdem der von der Kirche Roms vertretene Glaube in Europa Staatsreligion geworden war, führte die Intoleranz über Jahrhunderte hinweg zu Kreuzzügen und Massenmorden, schrecklichster Folter und Verbrennungen Andersgläubiger. Erst durch die Aufklärung wurde Toleranz als sittliche Verhaltensregel zusammen mit der religiösen Neutralität des Staates gefordert. Das Problem: In weiten Teilen des islamischen Raums ist diese Trennung von Staat und Kirche, von Vernunft und Glauben nicht vollzogen worden.

Toleranz verlangt, dass jeder bereit ist einzugestehen, dass seine Wahrheit nur relativ ist. Tatsächlich hat sich fast jede Erkenntnis – auch die der größten Wissenschaftler – als fehlbar erwiesen, und sei es erst nach Hunderten von Jahren. Wer den anderen anerkennt, muss zugestehen, dass in der eigenen Wahrheit genau so viele Fehler enthalten sein können, wie er sie in der anderen vermutet. Toleranz ist, nach Voltaire, die Einsicht, dass der Mensch fehlbar ist: »Irren ist menschlich, und wir alle machen dauernd Fehler. So lasst uns denn einander unsere Torheiten verzeihen. Das ist das Grundgesetz des Naturrechts.« Also bedeutet Toleranz: Lasst den Islam mohammedanisch sein. Zwingt ihm nicht den westlichen Materialismus auf.

ALLERLETZTE MELDUNGEN
Nicht vergessen!

Das Arbeitsgericht in Frankfurt hatte heute ein kniffliges Problem zu lösen. Ein Arbeitnehmer hatte nach einem Streit mit seinem Chef dessen Büro verlassen und vor der Tür laut »Arschloch« gesagt. Das hörten mehrere Mitarbeiter im Vorzimmer. Und schon flog er raus. Aber ist dies nun ein Kündigungsgrund oder nicht? Der Richter meinte, im vertraulichen Kollegenkreis könne man den Chef ruhig beschimpfen. Aber laut in dessen Vorzimmer darf man es nicht. Also: Die Kündigung gilt.

Zu Recht

Manche Wahrheit entdeckt man erst, wenn's zu spät ist. So wurde letzte Woche Bruce Jensen aus Bountiful im Bundesstaat Utah geschieden. Er hatte erst drei Jahre nach seiner Hochzeit festgestellt, dass seine Frau ein Mann war. Und jetzt sagt Jensen: »Ich fühl mich richtig blöd.«

... im Kopf haben

Vor einiger Zeit hat eine Ihnen allen bekannte Boulevardzeitung geschrieben, Frauen hätten ein kleineres Gehirn als Männer. Meine Damen: Die Wissenschaft beweist – das macht nichts. Die Universität Cambridge hat festgestellt, dass Männer schon ab dem 20. Lebensjahr ihr Erinnerungsvermögen verlieren. Frauen bleiben dagegen bis zur Lebensmitte geistig topfit. Auch wenn Männer und Frauen an gar nichts denken, schneidet die Weiblichkeit besser ab. Das wiederum fand die Universität von Pennsylvania heraus. Männer und Frauen wurden gebeten, dreißig Minuten an gar nichts zu denken. Hinterher wurden ihre Gehirnströme gemessen. Bei Frauen waren besonders die zivilisierten Hirnfunkionen aktiv, die Stimmung, Gefühl und Kommunikation regeln. Bei Männern dagegen meldete sich nur das »Reptilhirn«. Das ist zuständig für Prügeln, Fressen und Sex.

NEUGIER UND ÜBERMUT

I'll Never Write my Memoirs *lautet der Titel der – Autobiographie –
von Grace Jones. Sag niemals nie? Auch Ulrich Wickert wollte nie
eine klassische Autobiographie schreiben, und er hat sich daran gehalten, obwohl seine Verleger immer wieder versucht haben, ihn zu
überzeugen. Sein autobiographischstes Buch* Neugier und Übermut,
*erschienen 2012, bezeichnet er selbst als seine »Arbeitsbiographie«, ist
es doch vor allem ein Buch über die Menschen, die Ulrich Wickert
in seinem Leben getroffen hat, die ihm ihre Geschichten erzählt und
ihn inspiriert haben. So trägt das Buch auch den Untertitel »Von
Menschen, die ich traf«.*

*Andere Menschen findet er einfach interessanter als sich selbst, gibt
Ulrich Wickert zu. Die diplomatische Zurückhaltung, was seine eigene Person betrifft, ist ihm in die Wiege gelegt worden, denn Wickert
kam 1942 als Sohn eines Diplomaten in Tokio zur Welt.*

*Wenn Ulrich Wickert etwas über sich selbst verrät, tut er das mit
einer erfrischenden Offenheit, sei es wenn er über seine Anfänge als
Journalist schreibt, oder als er im Jahr 2001 bekannte, als Student
Hasch ausprobiert zu haben. Ein erster Drogentrip, der auch sein
letzter sein sollte. Sein Geständnis löste damals eine ziemliche Kontroverse aus, über die Wickert heute nur noch lachen kann.*

Im Proust-Fragebogen des FAZ-Magazins *nannte Ulrich Wickert
als seinen Hauptcharakterzug »Der Motor läuft und läuft und läuft«
und als sein Lebensmotto »Beim Machen nie die Lust aus den Augen verlieren«. Man darf also auf weitere Gespräche, Begegnungen,
Vorträge, Bücher, Projekte gespannt sein, in denen Ulrich Wickert
vor allem andere Menschen – oder eine fiktive Figur wie den Unter-*

suchungsrichter Jacques Ricou – und nicht sich selbst in den Mittelpunkt stellt. Der Antrieb ist klar: »Wenn ich für die Zukunft einen Wunsch freihätte«, so Ulrich Wickert, »dann würde ich um eine nie versiegende Quelle von Neugier und Übermut bitten.«

Freyheit. Das Lebensmotto des Kabarettisten im KZ

E s gibt also Leute, die behaupten, ich sei gegen die Nazis gewesen«, sagte Werner Finck, »das sind Verleumdungen. Was ich natürlich zugeben muss, ist etwas anderes: Die Nazis waren gegen mich.« Sie steckten ihn schon 1935 ins Konzentrationslager – wegen seiner Witze über sie.

Er beherrschte die Kunst, das Wort als Waffe zu nutzen, wie kaum ein anderer. So begann er häufig einen Satz, stockte und drehte ihn im zweiten Halbsatz um seine Achse. Das möge man ihm nachsehen, den Grund dafür erklärte Finck einmal scherzhaft so: »Das habe ich mir damals angewöhnt in der schrecklichen Zeit des Dritten Reichs. Wenn ein Gauleiter mit mir sprach, dann sagte ich erst mal einen halben Satz und wartete, wie das bei ihm wirkt. Dann konnte ich das Ende immer noch reparieren. Auf diese Weise ist mir manches erhalten geblieben«, und dann zeigte er auf seinen Hals, »was ich heute noch gut gebrauchen kann.« Und gern fügte er dann hinzu, dass er Politiker beneide, die flüssig sprächen, »meistens sogar überflüssig. Ich muss so oft über das nachdenken, was ich sage. Das hält natürlich kolossal auf.«

Schon während des Dritten Reichs war er ein äußerst populärer Mann, obwohl er immer wieder eingesperrt wurde. Seiner Beliebtheit tat das keinen Abbruch, sodass er selbst im Gefängnis von den Wärtern mit Respekt behandelt wurde. Nach dem Attentat vom 20. Juli stellte die Gestapo fest, dass viele Offiziere, die zum Kreis der Attentäter gezählt wurden, auf vertrautem Fuße mit Finck gestanden hatten. Also wollte ihn die Gestapo verhaften. Doch Finck hatte Unterschlupf bei der Wehrmacht gesucht, und als SS-Mann Reinhard Heydrich,

Chef des Reichssicherheitshauptamtes, auf Bitten von Goebbels dem Chef des Oberkommandos der Wehrmacht, Generalfeldmarschall Willhelm Keitel, einen hohen SS-Rang anbot und ihn gleichzeitig ersuchte, Finck aus der Wehrmacht zu entlassen, zeigte der ausnahmsweise Rückgrat, lehnte den SS-Rang mit Empörung ab und weigerte sich gleichzeitig, Finck der Gestapo auszuliefern. So kam Finck nur in ein Wehrmachtsgefängnis und wurde tagsüber der Gestapo zum Verhör überlassen.

Im Wehrmachtsgefängnis stand seine Zellentür stets offen, immer wieder kamen gelangweilte Schließer zu ihm, lehnten am Türrahmen, um sich bei dem prominenten Gast die Zeit zu vertreiben, weil er so freundlich und geistreich zu jedermann war. Aber mit der Zeit wurde Finck diese Beanspruchung doch etwas lästig. Er hatte von draußen Bücher über Pascal und Kierkegaard erhalten, sammelte Material für eine Geschichte des Komischen, schrieb Gedichte und Geschichten. Eines Abends wollte ihm der Gefängnisschreiber neue Bücher bringen, doch er fand die Zellentür von innen verschlossen. Er klopfte, hörte ein dumpfes »Augenblick, bitte«, einen Schemel rücken, Schritte, dann öffnete der Zelleninsasse und bot den Gast freundlich hinein, und Finck verschloss die schwere Tür hinter ihm wieder sorgfältig mit Hilfe von zwei Nägeln und einem Bindfaden.

Als ich erfuhr, dass Werner Finck im Herbst 1967 als Ehrengast auf dem Bundespresseball in Bonn sein würde, beschloss ich sofort, ihn anzusprechen. Ich war damals zwar noch Student, aber es gehörte in unserer Clique zu den Mutproben, sich auch ohne Einlasskarte beim Bundespresseball in der Beethovenhalle einzuschleichen. Voraussetzung war der Besitz eines Smokings. Den hatte mir ein Nennonkel geschenkt, als ich zum Studium in die USA aufbrach, denn »dort brauchst du das«, hatte er – gegen den Protest meines Vaters – gesagt.

In den frühen sechziger Jahren gab es noch wenig Sicherheitskontrollen, an Terroristen, an Gewalttäter dachte niemand, nicht einmal im Traum.

So hatten wir schnell herausgefunden, dass es eine ganz einfache Möglichkeit gab, gegen zehn oder halb elf in die Beethovenhalle zu gelangen. Denn um diese Zeit gingen manche männlichen Gäste mit den Ballgeschenken zum Auto, um sie dort abzulegen, und so musste man sie nur imitieren. Schnellen Schritts rauschte man an den Kartenkontrolleuren am Eingang vorbei, vielleicht mit dem Satz:»Ich habe eben nur die Ballgeschenke ins Auto gebracht!«

Das hatte im Jahr zuvor noch gut geklappt.

Da war Hildegard Knef Ehrengast beim Presseball gewesen. Anders als heute, wo Unternehmen ihre wichtigsten Anzeigenkunden zum Presseball nach Berlin einladen und – außer dem Bundespräsidenten und seiner Frau – kaum noch ein Politiker dort auftritt, mischten sich damals die wichtigsten Journalisten aus der ganzen Republik mit der gesamten politischen Klasse. Kanzler, Minister, Bundespräsident, alle folgten der Einladung.

Ich wurde Justizminister Richard Jaeger vorgestellt und fragte ihn: »Darf ich den Kopf aufbehalten?« – Kopf-ab-Jaeger war der Spitzname des Ministers, weil er für die Todesstrafe eintrat.

Hildegard Knef saß neben Bundestagspräsident Eugen Gerstenmaier, und ich sagte einem Freund:»Dem spanne ich jetzt die Knef aus!«, was ich auch tat.

Klar, Mutprobe!

Ich trat an den Ehrentisch, unterbrach den Bundestagspräsidenten, der mich kannte, und sagte über seinen Kopf hinweg zur Knef, die vorher gesungen hatte:»Gnädige Frau, sie waren prima.« Gerstenmaier fuhr mich gleich an, ob ich denn über keinen größeren Wortschatz verfüge als »prima«! Ich setzte mich mit an den Tisch, was Gerstenmaier gar nicht gefiel, deshalb forderte er sie zum Tanzen auf.

Er sagte:»Ich glaube, wir sollten uns dem Publikum zeigen.«

Daraufhin die Knef:»Wie, wollen Sie jetzt singen?«

Franz-Josef Strauß kam vorbei und sprach sie auf Englisch an. Daraufhin antwortete die Knef:»Sie haben einen entsetzlichen Akzent. Reden Sie lieber Deutsch«, und wechselte an den Tisch von FDP-Chef Erich Mende, der zum Frack um den Hals schon einmal das Ritterkreuz trug, das Adolf Hitler 1939 nach dem Angriff auf Polen gestiftet hatte. Es war der populärste Orden der Nazis gewesen und Ritterkreuzträger hoch geachtete Personen. Das kam bei den liberalen Wählern in den sechziger Jahren nicht schlecht an. Denn viele Männer konnten sich mit Mendes Biographie identifizieren: Schule, Wehrmacht, Front, Verwundung, Gefangenschaft, Heimkehr, Wiederaufbau, Karriere.

Ich zog eine Runde durch die Säle, und als ich eine halbe Stunde später wieder vorbeikam, umarmte mich die Knef, als wäre ich ein alter Freund. Sie wollte aber nur aus den Fängen der Politiker entfliehen. Wir tanzten, dann sagte sie: »Kommen Sie mit, wir fahren ins Maternus.«

Im Restaurant Maternus in Bad Godesberg herrschte die berühmte Wirtin Ria. Ich quetschte mich in den Wagen mit Hildegard Knef und ihrem Mann David Cameron, mit Max, ihrem Maskenbildner, und noch einem Ehepaar. Ria ließ auffahren: Wein, Kaviar auf Tartarbrötchen.

»Igitt, Fischeier«, sagte die Knef mit Ekel in der Stimme und kratzte den Kaviar vom Brot. Dagegen sei sie allergisch.

Ich bestellte eine Zwiebelsuppe in der Gewissheit, dass ich die Rechnung nicht bezahlen würde.

Rudolf Augstein gesellte sich hinzu und das Ehepaar Friedmann. Er der damalige Herausgeber der *Münchener Abendzeitung*, sie nicht nur die legendäre Kolumnistin »Sibylle« vom *Stern*, sondern auch eine Schönheit. Ich fühlte mich wie im siebten Himmel. Um halb sechs trennte ich mich von Hildegard Knef und ihrem Mann am Eingang des Hotels Königshof, und sie sagte mir: »Der Gerstenmaier hat mir über Sie gesagt, er weisch net, ob er schtudiere oder Kinschtler werde soll.«

Jetzt, ein Jahr später, 1967, waren die Studenten schon unruhiger und die Kontrollen zum Eingang beim Bundespresseball verstärkt worden. Das hatte ich eine Woche zuvor erfahren, weil es die Friseuse meiner Mutter erzählt hatte. Glücklicherweise kannte ich auch die Nebeneingänge der Beethovenhalle, sodass ich meinem Freund Karl, der mit mir versuchen wollte, auf den Ball zu gelangen, vorschlug: »Wir tarnen uns als Musiker.« Die bekamen zwar auch gesonderte Ausweise, aber wir hatten uns eine Taktik überlegt. Karl trug seine Klarinette in einem Köfferchen mit sich, ich eine Trompete, die ich als Fuß einer

Lampe in meiner Studentenbude nutzte. Wir warteten, bis einige Musiker gegen 19 Uhr den Nebeneingang ansteuerten und eilten kurz vor ihnen durch die Tür, grüßten den Hausmeister jovial und verschwanden in der Garderobe der Musiker. Der Hausmeister rief hinter uns her: »Haben Sie die rote Karte?«, aber wir achteten nicht auf ihn, der abgelenkt wurde durch die Musiker, die nach uns kamen. Wir packten unsere Instrumente aus, der Hausmeister warf einen Blick herein, sah, dass wir wirklich Musiker zu sein schienen und ließ uns in Ruhe. Dann legten wir die Instrumente wieder in die Köfferchen, hängten unsere Mäntel darüber und verschwanden in den Ballsälen.

Endlich saß ich dann mit Werner Finck, er war damals 65 Jahre alt, an einem Tisch im großen Ballsaal, wir tranken genüsslich Wein, denn alle Getränke und Speisen sind beim Presseball kostenlos. Zustände wie im Schlaraffenland für einen Studenten. Und wir unterhielten uns ernsthaft über das Thema, das Finck sein Leben lang beschäftigt hat: Freiheit.

»Ich schreibe das Wort ganz altmodisch«, erklärte er mir: »mit Ypsilon: Freyheit.«

Als ich ihm erzählte, ich sei Student, sogar Mitglied im Studentenparlament, schlug er mir vor, wir könnten doch gemeinsam eine Veranstaltung zum Thema »Freyheit« an der Universität organisieren. Ich war sofort begeistert. Wann gelingt es einem Studenten schon, solch eine prominente Person mir-nichts-dir-nichts zu einer Diskussion in einen Hörsaal einzuladen. Bald aber kam Rudolf Augstein vorbei, im Schlepptau Berthold Beitz. Rainer Barzel, damals Vorsitzender der CDU-Bundestagsfraktion, stritt mit mir, wer lauter durch die Finger pfeifen konnte, und um fünf Uhr früh saßen der SPD-Politiker und spätere Wirtschafts- und Finanzminister von Willy Brandt, Karl Schiller, der WDR-Journalist Peter Coulmas und der herrlich baltisch sprechende ZDF-Kommentator Bernd Nielsen-Stokkeby in der Bar der Beethovenhalle und ich wieder mittendrin. Noch ein Bier, noch einen Whisky, kost' ja nix.

Werner Finck war irgendwann gegangen. Und ich war zu dumm gewesen, mir seine Adresse geben zu lassen. Jetzt würde nichts aus der Diskussion über »Freyheit« an der Universität. Um neun Uhr früh fiel ich in meiner Studentenbude ins Bett. Damals befand ich mitten im Examen. Das war am 28. November 1967.

In der ersten Januarwoche hatte ich am Oberlandesgericht in Köln die Klausuren für das Erste juristische Staatsexamen geschrieben und bereitete mich auf das mündliche Examen vor. Die schönste Stelle zum Lernen war für mich ein Schreibtisch am großen Fenster der Bonner Universitätsbibliothek mit Sicht auf den Rhein. Ich kannte die Namen fast aller Frachtkähne auswendig, da ich meinen Blick häufig von den Gesetzeskommentaren hob und von der Fahrt den Fluss herunter nach Rotterdam und von dort in die weite Welt hinaus zu träumen begann.

Es war Montag, der 8. Januar 1968, als ich Werner Finck in die Uni-Bibliothek hereinschlendern sah. Ich glaubte an eine Fata Morgana. Er war sichtlich ein Fremdkörper, aber niemand schien ihn wahrzunehmen. Er griff sich ein Buch und setzte sich an einen freien Platz. Es muss früh am Nachmittag gewesen sein. Ich stellte mich Werner Finck vor als den Studenten, der ihn auf dem Presseball angesprochen und über eine mögliche Diskussion über »Freyheit« mit ihm an der Universität phantasiert hatte.

»Gehen wir ein wenig peripetieren«, sagte er fröhlich und stellte das entliehene Buch wieder an seine Stelle im Regal. Er sei nur aus Neugierde in die UB gekommen, weil ihm der moderne Bau direkt am Rhein gefallen habe. Er wollte peripetieren, ich wusste nicht, was er meinte. Aber ich sagte munter: »Dann wollen wir mal peripetieren.« Er meinte wohl nur, lassen Sie uns ein wenig umherwandeln.

Wir peripetierten also eine Weile und kehrten dann in einem Café ein und sprachen nur noch über unser beider Lieblingsthema, die »Freyheit«. Mir war der Begriff während des Studiums in den USA zum Thema geworden. Und hier in der Bundesrepublik fehlte mir vieles, was mit Freiheit zu tun hatte. Man konnte ja noch nicht einmal mit seiner Freundin in ein Hotel gehen, ohne nach dem Trauschein gefragt zu werden. Der Hotelwirt hätte sich sonst der Kuppelei strafbar gemacht. Dass Eltern ihren erwachsenen Töchtern oder Söhnen erlaubten, einen Freund oder eine Freundin über Nacht aufzunehmen, das war kaum denkbar. Der Staat drohte mit dem Kuppeleiparagraph.

Oder zumindest der Nachbar, der einen vielleicht wegen Unzucht anzeigte, weil man in der falschen Partei war. So war das damals. Mein Hauswirt, ein Fahrschullehrer, der im Keller noch ein Ölbild von sich in jungen Jahren in SS-Uniform neben den Öltanks stehen hatte, drohte mir mit Kündigung wegen zu häufigen Damenbesuchs, er könne deswegen im Zuchthaus landen.

Während Sex heute niemanden mehr aufregt, junge Mädchen sogar die Gerüche ihrer Organe oder ihre Besonderheiten beim Vollziehen der Fellatio zwischen Buchdeckeln verewigen und hunderttausendfach verhökern – gelobt vom Feuilleton –, war Sex in den sechziger Jahren noch ein Tabu. Deshalb hatte ich als Vorsitzender der Humanistischen Studentenunion in Bonn einen »dies sexualis« organisiert, als Kontrast zum langweiligen »dies academicus«, den die Universität offiziell veranstaltete. Da sprachen Wissenschaftler über Thesen zur Sexualität, sexuelle Tabus als Mittel gesellschaftlicher Kontrolle und der liberale Professor Ulrich Klug, später wurde er Justizsenator in Berlin, über Probleme einer Reform des Sittlichkeitsstrafrechts. Damals konnte man schon deswegen bestraft werden, weil man homosexuell war!

Nun aber saßen wir im Café, und ich wollte von Finck wissen, wie es denn »davor« gewesen war, wie er die Nazis überlebt hatte.

Sein Vater war Apotheker in Görlitz gewesen, doch Sohn Werner taugte zu nichts. Er flog aus der Schule, zog als singender Wandervogel durch die Lande, wollte Schauspieler werden, spielte den Mephisto in Darmstadt, ein Versuch, der als Fiasko endete. Im Alter von 27 Jahren kam er schließlich nach Berlin und gründete dort das Kabarett »Die Katakombe«, an dem Erich Kästner, Theo Lingen, Ernst Busch, Hanns Eisler und Erik Ode mitwirkten. Finck moderierte die Abende. Doch vom 30. Januar 1933 an gehörten Mitarbeiter der Gestapo zum Stammpublikum. Einmal bemerkte Finck einen Spitzel der Geheimen Staatspolizei, der sich Notizen während seines Auftritts machte. Finck sprach ihn deutlich an: »Spreche ich zu schnell? Kommen Sie mit? – Oder muss ich mitkommen.«

Die kleinsten Anspielungen reichten, um große Heiterkeit auszulösen, erzählte mir Finck. Denn die Angst im Publikum, die sich immer wieder im Lachen befreite, trug die Stimmung des Abends und Finck »eine Verwarnung nach der andern ein«. »Die Spitzel wussten immer genau«, sagte er mir, »was sie mitzuschreiben haben. Immer wenn besonders laut gelacht wurde, wussten sie sofort: Da war was!«

Da rief zum Beispiel ein empörter Zuschauer »Judenbengel«, und Finck antwortete ihm spontan: »Sie irren sich, ich sehe bloß so intelligent aus.«

Ein kleines »Fragment« brachte Finck schließlich 1935 ins Konzentrationslager. Er spielte einen Kunden, der zum Schneider geht.

Der Schneider nimmt Maß.

Schneider: Fangen wir erst mal mit der Jacke an. Wie wäre es dann mit Winkel und Aufschlägen?

Kunde: Ach, Sie meinen eine Zwangsjacke.

Schneider: Wie man's nimmt. Einreihig oder zweireihig?

Kunde: Das ist mir gleich, nur nicht diesreihig (das sprach Finck aus wie: Dies Reich)! …

Schneider: Dann darf ich vielleicht einmal Maß nehmen?

Kunde: Doch, doch, das sind wir gewöhnt.

Der Kunde nimmt Haltung an, der Schneider stellt sich mit dem Zentimetermaß neben ihn. Er nimmt Maß, während der Kunde die Hände stramm an die Hosennaht legt.

Schneider: (schaut auf das Maßband) 14/18 … Ach, bitte, steh'n Sie doch einmal gerade.

Kunde: Für wen?

Schneider: Und jetzt bitte den rechten Arm hoch – mit geschlossener Faust … 18/19. Und jetzt mit ausgestreckter Hand … 33 … Ja, warum nehmen Sie denn den Arm nicht herunter? Was soll denn das heißen?

Kunde: Aufgehobene Rechte.

Weil Werner Finck den Hitlergruß als die Aufhebung aller Rechte bezeichnete, schrieb der Gestapo-Spitzel am 16. April 1935: »Finck ist der typische frühere Kultur-Bolschewist, der offenbar die neue Zeit nicht verstanden hat … und der in der Art der früheren jüdischen Literaten versucht, die Ideen des Nationalsozialismus und alles das, was einem Nationalsozialisten heilig ist, in den Schmutz zu ziehen.«

Anfang Mai 1935 drehte Finck bei der Ufa in Babelsberg eine Komödie, als sich zwei Herren von der Gestapo um sechs Uhr nachmittags meldeten. Sie warteten artig eine Stunde bis Drehschluss. Finck verließ auch in dieser Situation nicht sein Humor.

»Ich fragte sie, ob ich sie mit meinem kleinen Fiat mitnehmen könnte«, sagte er, »aber sie meinten, es wäre doch besser, wenn sie mich mitnähmen. Und so stieg ich in deren schwarzen Mercedes und fuhr mit ihnen ins Gestapo-Hauptquartier in der Prinz-Albrecht-Straße.«

Das Verhör zog sich hin, Finck wollte aber zur Vorstellung in die Katakombe, weshalb er anbot, am nächsten Tag wiederzukommen. Da erfuhr er, dass die Katakombe geschlossen worden war. Er wurde ins Gefängnis gebracht.

»Bei meinem Eintritt sprang ein riesengroßer SS-Mann auf mich zu und fragte: ›Haben Sie Waffen?‹ ›Wieso‹, antwortete ich, ›braucht man hier welche?‹«

Werner Finck und einige seiner Mitstreiter von der Katakombe wurden in das, der SS unterstellte, Konzentrationslager Esterwegen im Emsland gebracht. Dort lernte er den todkranken Carl von Ossietzky, Herausgeber der Weltbühne und Friedensnobelpreisträger 1935, kennen, den Sozialdemokraten Julius Leber, der 1945 hingerichtet wurde, und Friedrich Ebert, den Sohn des ersten Reichspräsidenten und späteren Ostberliner Oberbürgermeister.

Am ersten Pfingstfeiertag befahl die KZ-Lagerleitung den Kabarettisten, zum Zeitvertreib eine Vorführung zu veranstalten.

»Wir haben so gelacht wie noch nie«, erzählte mir Werner Finck, der mit seiner runden Glatze, den bullaugenförmigen Brillengläsern und dem auch im Ruhezustand grinsenden Mund immer fröhlich wirkte. »Wenn wir in Berlin auftraten, schwang immer ein wenig Angst mit, die uns zur Vorsicht trieb. Aber jetzt konnte uns ja nichts mehr passieren: Wir waren ja schon im KZ. Nach der Vorstellung lobten uns zwei SS-Leute von der Lagerleitung, prima hätten wir's gemacht. Aber warum wir denn nicht die harten Sachen aufgeführt hätten, deretwegen wir im KZ säßen. Als ich sagte, ich schwöre, in Berlin haben wir nicht ein bisschen mehr gesagt, lachte einer der SS-Leute und sagte: Das ist sicher ein Meineid!«

Am 1. Juli 35 wurden die Kabarettisten auf Anordnung von Hermann Göring, der Goebbels damit ärgern wollte, aus dem KZ entlassen. Die Schauspielerin Käthe Dorsch hatte die Entlassung betrieben; sie war eine Jugendfreundin von Göring.

Die Kabarettisten der Katakombe wurden vor Gericht gestellt, doch die Verhandlung verlief anders, als von Goebbels erwartet: Das Publikum johlte, wenn die inkriminierten Texte vorgetragen wurden, die Richter schlossen sich dem Gelächter an und sprachen die Angeklagten frei. Dafür wurden sie dann aber in die Provinz strafversetzt.

Werner Finck erhielt ein Jahr Arbeitsverbot, durfte also 1937 wieder im Kabarett der Komiker auftreten.

Um einer erneuten Verhaftung zu entgehen, meldete er sich 1939 freiwillig zum Kriegsdienst und wurde zum Funker ausgebildet. Zur Freude seiner Kameraden trat er bei der Truppe dann in Unterhaltungsprogrammen auf.

Nach dem Krieg machte er weiter wie zuvor: Er spielte Theater, übernahm Filmrollen, ging mit seinem Ein-Mann-Kabarett-Programm auf Tournee. Aber immer trieb ihn die ernste Frage nach der »Freyheit« um. Und schon als es sich 1951 andeutete, dass Adenauer der Wiederbewaffnung der Bundesrepublik zustimmen würde, nannte Finck sein Programm »Hut ab, Helm auf«, das zu so großen Entrüstungsstürmen in der Politik führte, dass sogar der Bundestag darüber debattierte.

Nach dem Kaffee sagte mir Werner Finck, er übernachte bei einem Bekannten in Köln, so besorgte ich mir den VW meines Freundes Dachs, so sein Spitzname, und brachte Finck dorthin. Wir haben dann bis spät in die Nacht darüber geredet, wie wir eine Diskussion zwischen Intellektuellen und Politikern in Bonn organisieren wollten. Und wir planten schon, wie wir die Diskussion finanzieren würden.

Ich kannte Johannes Wasmuth, einen Impresario sondergleichen, der im ehemaligen kaiserlichen Bahnhof Rolandseck, wo er selber unter dem Dach lebte, Konzerte organisierte und eine Kunstgalerie betrieb. Er hatte sogar vermittelt, dass Oskar Kokoschka den ehemaligen Bundeskanzler Konrad Adenauer malte – und hatte sich diese Vermittlung von einem deutschen Verlag mit einer großen Summe bezahlen lassen. Ich rief Johannes an, machte ihm einen Auftritt von

Werner Finck in seinem Bahnhof schmackhaft, und schon schlug er vor, wir könnten gleich am nächsten Abend alles besprechen und festzurren.

Wasmuth besaß einen BMW V8, heute noch einer der schönsten Oldtimer, ein äußerst geräumiger, moderner Wagen, mit dem wir auch am folgenden Abend in Richtung Köln fuhren, um mit Werner Finck dessen Auftritt im Bahnhof Rolandseck zu besprechen. Leider brach der alte BMW auf der Strecke zusammen, sodass wir die Reise mit einem Taxi fortsetzen mussten. Werner Finck ließ sich von meiner Begeisterung mitreißen, und Johannes Wasmuth schlug gleich den 14. März als Termin für den Auftritt Fincks im Bahnhof Rolandseck vor. Wasmuth würde die Organisation mit seinem gemeinnützigen Verein »arts and music« übernehmen und das Einspielergebnis verwenden, um das Colloquium »Intellektuelle und Politiker im Gespräch« zu veranstalten.

»Wir nennen es: Geht Deutschland vor die Hunde, die es verbellen«, schlug Finck vor. Klang gut, fand ich.

Bei den Einzuladenden waren wir großzügig. Peter Weiß, Hans Magnus Enzensberger, Günter Grass und Heinrich Böll und ähnliche Kaliber sollten angeschrieben werden, bei den Politikern würde ich mich an die Parteien wenden.

Statt mich auf das mündliche Examen vorzubereiten, schrieb ich einige Tage später einen langen Brief an Werner Finck, denn ich besaß kein Telefon, was unter Studenten üblich war. Eine Woche später erhielt ich ein Telegramm: »Ausführlicher Brief unterwegs Gruß = Werner Finck«. Der Brief, der dann kam, war zunächst mein Brief mit kabarettreifen Anmerkungen Fincks.

Ich hatte geschrieben: »Ich habe eine Liste (auch Odysseus ist auf Listen angewiesen gewesen, W. F.) angelegt, auf der einige (sie werden nie einig sein, W. F.) Herren mit Fragezeichen bedacht wurden.« Und so ging es in einem fort.

Das Colloquium sollte nie stattfinden.

Werner Finck hatte zu viele Termine, sodass er den Weg zum Bahnhof Rolandseck nicht fand. Die CDU und die FDP erklärten sich zu einem Gespräch bereit, die SPD antwortete gar nicht, wie auch viele der angeschriebenen Dichter und Denker. Hans Magnus Enzensberger bedankte sich für die Einladung, der er nicht folgen könne, »und zwar schon deshalb nicht, weil ich im spätsommer oder frühherbst für längere Zeit nach Cuba zu gehen hoffe, einem land übrigens, wo gespräche zwischen politikern und intellektuellen zum alltag gehören; aber dies nur nebenbei«. Er hatte seinen Brief in kleinen Buchstaben geschrieben. Tatsächlich nahm Enzensberger zunächst ein Fellowship an der Wesleyan University an, wo ich Jahre zuvor studiert hatte, brach dort aber seinen Aufenthalt aus Protest gegen die US-Außenpolitik schon bald ab und ging nach Kuba.

Das Colloquium fand also nicht statt. Aber Werner Finck ist dann auf eigene Kosten an die Universität Bonn gekommen und hat im größten Hörsaal, der aus allen Nähten platzte, über sein Thema »Freyheit« gesprochen und mit uns diskutiert.

Zunächst sagte Finck, er habe den Titel umgeändert, in »Sire, geben Sie Gedanken …«

Und natürlich stutzten alle, da sie ja den berühmten Satz des Marquis Posa verstümmelt und um das Wort »Freiheit« amputiert sahen. »Diese Punkte stehen zur Debatte«, schrieb Finck später über seinen Vortrag, »diese Punkte machen aus der pathetischen Forderung eines schwärmerischen Idealisten die skeptische Kritik eines Spötters, der behauptet, dass unsere Zeit die Freiheit nicht so nötig hat wie die Gedanken über sie:

Was machen wir mit der Freiheit?

Was macht sie mit uns?

Was macht die Macht mit ihr?

Wer macht? Wehrmacht …«

Noch ein wenig naiv meinte ich, Freiheit gelte ad infinitum, sie ende erst an der Freiheit des anderen. Und dort, wo kein anderer ist, etwa in den Weiten des Wilden Westens, sei die Freiheit grenzenlos. Später hatte ich verstanden, was Werner Finck mit der Frage meinte, was macht die Macht mit »Freiheit«. Er kam auf das Wort »Wehrmacht« und spielte auf die Diktatur des Dritten Reichs an. Als ich dann 1981 mein erstes Buch veröffentlichte, erhielt es den Titel *Die Freiheit, die ich fürchte*. Ein Goethe-Zitat. Er sagte, wenn die Fürsten das Wort

Freiheit im Munde führen, dann tun sie es, um die Leute zu unterdrücken. Das Buch endet mit meiner Aussage, nicht wenn die Strukturen sich verändern, wird sich in der Gesellschaft etwas verbessern, sondern erst, wenn sich das Denken (»Sire, geben Sie Gedanken …«) und das Handeln der Menschen verändert und sie sich wieder auf ihre Werte besinnen.

Danach hatte ich angefangen, als freier Journalist Geld zu verdienen, weshalb ich mir auch ein Telefon leisten konnte. Unsere Kommunikation wurde also einfacher und fand häufiger statt. Eines Tages meldete sich Werner Finck aufgeregt. »Uli«, sagte er, »ich habe ein großes Angebot vom ZDF erhalten, ich nehme es aber nur an, wenn du mein Assistent wirst.« Natürlich sagte ich spontan zu, weil ich mir nichts Spannenderes vorstellen konnte, als mit Werner Finck zusammenzuarbeiten und von ihm zu lernen.

Das ZDF hatte Werner Finck vorgeschlagen, eine wöchentliche Kabarettsendung zu übernehmen. Es dauerte nicht lange, da bekam ich auch von einem mir bisher unbekannten Alfred Biolek, der beim ZDF die geplante Sendung mit Werner Finck betreuen sollte, eine Postkarte, in der er mir als freiem Mitarbeiter ein monatliches Honorar von 1500 DM anbot. Auch das fand ich nicht schlecht.

Finck und ich haben uns dann zusammengesetzt und erst einmal über einem Sendekonzept gebrütet. Aber inzwischen war Fincks ursprüngliche Begeisterung geschwunden. Er war jetzt 66 Jahre alt und meinte, ihm würde nicht genügend einfallen, um jede Woche eine Sendestunde mit gutem Kabarett füllen zu können. Das war eine kluge Einsicht. Finck sagte dem ZDF ab, das stattdessen Gerhard Löwenthal mit dem *ZDF-Magazin* installierte.

Und ich landete bei der ARD und der Sendung *Monitor*.

50 Jahr nach Kriegsende

Im neuen offiziellen Adressbuch des niederbayerischen
Ortes Plattling stehen unter den Ehrenbürgern der Stadt
– neben neunzehn kommunalen Persönlichkeiten – auch
»Adolf Hitler, Reichskanzler« und »Heinrich Himmler, Reichs-
führer SS«. Ein Versehen sei dies gewesen, mit Filzstift
wurden die Namen getilgt, der Verkauf gestoppt. Aber: Ein
Versehen muss es auch sein, dass beide noch Ehrenbürger
von Plattling sind. Ob das nun so bleibt oder vielleicht lieber
nicht, darüber wird jetzt am 18. April im Rat abgestimmt.

»Ich schwebte über dem Boden«

Es war ein kühler Frühlingsabend in Bonn. 1968. Ich hatte gerade mein erstes juristisches Staatsexamen bestanden. Aber: In dieser muffigen Gesellschaft wollte ich kein Jurist sein. Ich wollte Selbstverwirklichung, mich nicht mit Paragraphen herumschlagen, mich selbst finden. Ich wollte zum Film oder zum Fernsehen. Zu einem Medium, von dem ich glaubte, es sei das schillerndste Ereignis jenseits deutscher Amtsstuben. Und ich wollte Hasch probieren. Die darauf folgenden 24 Stunden waren unglaublich.

Ich war 26 Jahre alt. Hatte Haare bis auf die Schultern, Koteletten bis zum Kinn, trug orangefarbene Samthosen mit einem Riesenschlag, dazu violette Nesselhemden und eine Brille mit rosa Gläsern. Ich sah aus wie ein Hippie. Es war die Zeit der Flower-Power, des Musicals »Hair«, man hörte Frank Zappa und dachte an freie Liebe und die Infragestellung aller Normen. Es war die Zeit des großen Diskutierens.

An jenem Frühlingsabend also trafen wir uns zu viert in meiner Studentenbude in Bonn: meine Freundin, ein Freund und seine Freundin. Wir saßen auf der Erde, hatten einen Kreis gebildet und sahen uns erwartungsvoll an. Auf einem Regal, das ich aus geklauten weißen Backsteinen und derben Holzbrettern gebaut hatte, stand mein Plattenspieler. Ich legte Sam Gopal auf – eine Art Meditationsmusiker. Wir waren hier, um etwas ganz Besonderes zu tun: endlich Hasch probieren. Wir wollten auch einmal spüren, wovon alle immer redeten: abspacen, davonfliegen, die Sorgen vergessen. Wir redeten uns ein: Das wird auch ein wissenschaftliches Experiment.

Da niemand von uns rauchte, mussten wir die Droge trinken. Mein Freund hatte Schwarzen Afghanen besorgt – als Sorte ein absolutes

Muss. Wir sagten uns: »Pro Kopf ein Gramm, das wird uns reichen.«
Wir tranken. Wir warteten. Es passierte nichts. »Spürst du schon was?«,
war die Lieblingsfrage der folgenden Minuten. »Nee, nix«, sagten wir
enttäuscht. Wir kochten eine zweite Kanne Tee. Bröselten mehr Ha-
schisch hinein. Tranken wieder. Es passierte. Plötzlich saß ich nicht
mehr auf dem Boden. Dachte ich. Ich glaubte zu schweben. Meine
Bewegungen verlangsamten sich auf eine mir unbekannte Weise. Meine Augen kamen mit den Bewegungen meines Kopfs nicht mehr mit.
Meine Freundin fing an zu kichern. Dann Lachkoller. Dem anderen
Pärchen stand die große Seligkeit in den Augen. Ich merkte, wie aus
meinem Bauch eine Lachlawine emporrollte und aus mir herauswollte.
Ich ließ sie kommen. Sie hielt etliche Minuten. Mir war, als sei aus
mir ein zweiter geworden, der ein anderer Uli war. Wir schliefen auf
dem Boden, wachten wieder auf, tranken weiter, schliefen wieder ein,
kuschelten, wachten wieder auf.

Am nächsten Morgen sah ich neue Farben. Der Haschtee saß noch
fest in meinen Sinnen. Ich war schon mehr als 16 Stunden auf dem
Trip. Aber ich hatte einen Termin: ein Vorstellungsgespräch beim
damaligen Fernsehdirektor des WDR. Ich ging um 15 Uhr zu ihm:
»Hier«, sagte ich als Erstes, »setzen Sie mal meine rosa Brille auf. Die
schafft neue Realitäten.« Der Mann sah mich an, als sei ich irr. Ich
ahnte: Der war in einer anderen Welt als ich. Ich redete recht wirres
Zeug, sodass er mich relativ schnell aus seinem Büro verabschiedete.
Ich tanzte hinaus auf die Straße und fühlte immer noch Glück in
dieser Gegenwelt. Aber auf eine Wiederholung hatte ich keine Lust.
Typisch Wickert: alles probieren, aber bloß nicht abhängig davon
werden. Meine Meinung von damals: Die Drogengesetzgebung ist
überlebt. Sie schafft kriminalisierte Menschen. Man sollte Drogen le-
galisieren und sie in beschränkter Menge in Apotheken abgeben. Dro-
genhändler verlören ihre Jobs, und auf den Schulhöfen gäbe es keine
Verführer. Hoch die Tassen! Daran hat sich bis heute nichts geändert.

Opium fürs Volk

Das traditionelle Gericht Hammelragout mit Kartoffeln wird in Restaurants des zentralchinesischen Ortes Chonqing besonders schmackhaft zubereitet. Doch den Köchen von achtzig Gaststätten machte die Polizei jetzt einen Strich durch die Rechnung: Sie beschlagnahmte die Gewürze. Denn das waren besondere Kräuter: Ein Pfund Opium im Monat verkochte jeder Küchenchef mit seinem Ragout.

Ansichtssache

Manche Personen verkörpern für die Menschen dieser Welt den Begriff »Hoffnung«, manche stehen für »Unterdrückung« und »Hoffnungslosigkeit«. So denkt man bei dem libyschen Staatschef Gaddaffi gleich an Staatsterrorismus – oder bei Fidel Castro an die kubanische Diktatur. Doch die Welt ist absurd: Der Diktator Fidel Castro erhielt jetzt den mit 250 000 Mark dotierten und vom libyschen Diktator verliehenen »Gaddafi-Preis für Menschenrechte«.

Die Kneipe als »Kurort der Seele«

S agt der Mensch, mich dürstet nach etwas, muss es nicht immer Kölsch oder Köpi sein. Denn der Mensch ist ja kein Tier. Ja, wie der Eisbär so verfügt auch der trinkende Mensch über Schlund und Magen, Darm und Ablassventil. Aber werden wir mal ernst. Hat der Eisbär eine Seele? Ach, hör mir auf mit Knut. Nein, jeder, der nur ein bisschen bei Vernunft ist, der weiß: Die Seele ist nicht dem Tier, nicht der Pflanze oder gar dem Mond, sondern nur dem Menschen auf Erden zu eigen. Ausschließlich! Darin unterscheidet er sich vom Vieh. Drum trampelt das Vieh ja auch zur Tränke. Den Menschen aber zieht es in die Kneipe. Parallel zur biologischen Evolution des Menschen hat sich die Kneipe über die Jahrhunderte hinweg als Heimat fortentwickelter Lebewesen entfaltet und schließlich über das Wirtshaus und die Schenke hochgemendelt. In der Schenke, da sitzt das Menschentier, so als ob es noch auf allen vieren liefe und klammert sich hilflos an ein Glas. Auch im Wirtshaus wagt der Menschengast noch nicht, im aufrechten Gang zu verweilen. Zweibeinig mag er ankommen, doch dann hockt er sich schnell nieder. Immerhin zeigt er Fertigkeiten mit den Vorderbeinen. Er nutzt sie, um mittels Schöpfkelle und Dreizack Süppchen oder Schweinshaxe zwischen seine Mahlwerkzeuge zu stopfen. Ganz anders die Kneipe.

Es hat lang gedauert, bis der Mensch den aufrechten Gang gelernt hat. Er musste dafür seinen Bruder für einen Teller Erbsensuppe verkaufen, seinen Sohn fast auf dem Altar opfern, er musste dem Goldenen Kalb abschwören und jahrhundertelang in Kriege ziehen. Aber mit der Aufklärung kam nicht nur die Freiheit des Denkens – man zog für die Freiheit der Fürsten auch noch schnell in die Freiheitskriege –, sondern auch die Erkenntnis von der Freiheit der Seele. Und plötzlich lernte man, so wie der Körper des Menschen krank werden kann, so vermag dies auch der Seele zuzustoßen. Die ersten Seelenärzte dachten, der aufrechte Gang bekomme der Seele nicht, weshalb sie den Menschen auf die Couch legten. Wie unsinnig! Aber schnell setzte sich die Gegenströmung durch: Nur der aufrechte Mensch mag seine kränkelnde Seele wieder kurieren. Aufrecht steht er in der Kneipe, Balsam läuft durch seine Kehle. Und zwickt die Seele unversehens, dann fängt der Nachbar einen auf – falls man sich nicht schon an der Theke festgehalten hat. Die Kneipe ist der Seele Heimat. Kommt die Modechefin, der Internaetkapitän, der Funktionär, der Abgeordnete, die Lehrerin, kommen sie aus ihren Arbeitsmodulen hervor, dann suchen sie Geborgenheit. Die bietet ihnen nur die Kneipe. Sie ist die modernste Form der klassenlosen Gesellschaft. Hier gilt nur die Seelenverwandtschaft. Deshalb duzt sich in einer ordentlichen Kneipe auch jeder. Aber, weh und ach, nicht jedes Menschen Seele lässt sich so leicht auf die Kneipe ein. Doch was für die Couch der vollbärtige Doktor Freud, das ist für die Kneipe der Friedel, der schnauzbärtige Wirt. Ohne ihn fehlt der Kneipe die Seele, und das spürt der Kneipengänger. Friedel strahlt die Wärme aus, die bis in die Seele geht. Mit einem Wort, einem Griff, einem Blick.

Die Couch konnte sich als Massenheilmittel nicht durchsetzen (obwohl sie von der Krankenkasse finanziert wird – im Gegensatz zur Kneipe). Denn die wird nur nach der Erkrankung einer Seele aufgesucht. Dabei empfiehlt doch die moderne Medizin die Vorsorge! Die Kneipe versteht sich als Kurort der Seele. Selig verlässt ein glücklicher Mensch die Theke, wenn er zu Bette wankt. Und gleich am nächsten Abend setzt er seine Kur fort. Und wem plötzlich schon tagsüber die Theke fehlt, wem die Zeit zwischen den jeweiligen Abenden zu lang wird, der fahre mit seiner Seele in einen Kneip-Kurort. Dort zahlt dann auch die Krankenkasse.

Wer sagt's denn!

Vielleicht werden die Spanier wieder häufiger in ihre Kneipen gehen, wenn sie von der Untersuchung hören, die heute in London veröffentlicht wurde. Danach haben regelmäßige Kneipenbesucher, die arbeitslos sind, eine größere Chance, wieder einen Job zu finden. Denn wer öfter einen trinken gehe, der sei kontaktfreudiger und höre in der Kneipe von mehr offenen Stellen als beim Arbeitsamt.

»Nie die Lust aus den Augen verlieren«

Antworten auf den Proust-Fragebogen

Was ist für Sie das größte Unglück?
Sicherlich der Tod von Kind oder Kindeskind.

Wo möchten Sie leben?
Immer mal woanders, aber wo's warm und was los ist.

Was ist für Sie das vollkommene irdische Glück?
Keine Wünsche mehr zu haben.

Welche Fehler entschuldigen Sie am ehesten?
Mundgeruch.

Ihre liebsten Romanhelden?
Philip Marlowe und Henri IV.

Ihre Lieblingsgestalt in der Geschichte?
Diogenes: »Geh mir aus der Sonne.«

Ihre Lieblingsheldinnen in der Wirklichkeit?
Kleiner Kinder Mütter, die arbeiten.

Ihre Lieblingsheldinnen in der Dichtung?
Freya von den Siebten Inseln.

Ihre Lieblingsmaler?
Motherwell, Rothko, Bacon.

Ihr Lieblingskomponist?
Beethoven, Beatles, Philip Glass, Laurie Anderson.

Welche Eigenschaften schätzen Sie bei einem Mann am meisten?
Verspieltheit, Humor, Dynamik.

Welche Eigenschaften schätzen Sie bei einer Frau am meisten ?
Verspieltheit, Humor, Dynamik, Erotik.

Ihre Lieblingstugend?
Humor.

Ihre Lieblingsbeschäftigung?
Kreativ sein.

Wer oder was hätten Sie sein mögen?
Ich selbst – aber ohne meine Zweifel (und Fehler).

Ihr Hauptcharakterzug?
Der Motor läuft und läuft und läuft.

Was schätzen Sie bei Ihren Freunden am meisten?
Menschlichkeit.

Ihr größter Fehler?
Ungeduld.

Ihr Traum vom Glück?
Keine Wünsche dort zu haben, wo's warm und kalt ist.

Was wäre für Sie das größte Unglück?
Unter unerfüllten Wünschen dort zu leiden, wo's warm und was los ist.

Was möchten Sie sein?
Glücklich – oder?

Ihre Lieblingsfarbe?
Rot.

Ihre Lieblingsblume?
Rose.

Ihr Lieblingsvogel?
Der Paradiesvogel ist bunt, der Ruf des Tukan hallt im Urwald schön.

Ihr Lieblingsschriftsteller?
Joseph Roth, William Faulkner, Eugène Ionesco.

Ihr Lieblingslyriker?
Ronsard, La Fontaine (Jean!).

Ihre Helden in der Wirklichkeit?
Held sein ist dumm (Siegfried! Roland!).

Ihre Heldinnen in der Geschichte?
Eleonore von Aquitanien.

Ihre Lieblingsnamen?
Julia!

Was verabscheuen Sie am meisten?
Die systematische Vernichtung von Menschen in den KZs.

Welche geschichtlichen Gestalten verachten Sie am meisten?
Die Üblichen.

Welche militärischen Leistungen bewundern Sie am meisten?
Die Lösung des Gordischen Knotens.

Welche Reform bewundern Sie am meisten?
Die »Gorbatschowiana«.

Welche natürliche Gabe möchten Sie besitzen?
Andere glücklich zu machen.

Wie möchten Sie sterben?
Zufrieden.

Ihre gegenwärtige Geistesverfassung?
Na – mal sehen!

Ihr Motto?
Beim Machen nie die Lust aus den Augen verlieren.

Kettenreaktion

Eine nicht ganz alltägliche Kettenreaktion ereignete sich heute auf dem Flugplatz Atterheide bei Osnabrück. Ein Hund bellte. Daraufhin ging ein Reitpferd durch und streifte mit dem Kopf die linke Tragfläche eines landenden Sportflugzeuges. Die Maschine stürzte um und brach auseinander. Pilot und Reiterin sind wohlauf, das Pferd hat eine Schramme am Kopf.

Zug um Zug

Die Deutschen schimpfen gern auf die Bahn – wegen Verspätungen und allerlei Ungenauigkeiten. Aber hier ist alles halb so schlimm wie in England. Dort hat Railtrack jetzt das Kursbuch für das Jahr 1999 herausgegeben. In dem Kalender des Kursbuchs dauert der März 35 Tage, der April 34 – und der Mai beginnt an einem falschen Wochentag. Alles nicht so schlimm, sagt die Bahn: Der Fahrplan stimmt.

Schweizer Tarif

Achtung, eine wahre Geschichte: Letztens flog Herr Homann
nach Bern und stieg am Flughafen in das einzige Taxi. Der
Fahrer fragte: »Nehmen Sie das Taxi oder den Bus?« Homann
etwas verwirrt: »Na, wo ich schon bei Ihnen sitze: das Taxi.«
Die Fahrt in die Stadt kostete 37 Franken. Abends stand
an der Bushaltestelle das Taxi. Herr Homann stieg ein, und
wieder fragte der Fahrer: »Taxi oder Bus?« Diesmal antwortete Homann: »Bus, bitte.« Der Taxifahrer: »Dann müssen
wir noch drei Minuten warten, bis der Fahrplan stimmt.«
Die Busfahrt im Taxi kostete nur 11 Franken.

DER RICHTER AUS PARIS

Als Moderator der Tagesthemen *nahm sich Ulrich Wickert einmal im Monat die Zeit, statt der täglichen Nachrichten einen Schriftsteller und dessen neues Buch vorzustellen. Im Jahr 2003 erfüllte er sich einen anderen langgehegten Wunsch, der auch mit Literatur zu tun hatte: Wickert schrieb seinen ersten Kriminalroman. »Ich glaube, dass ich schon Krimis schreiben wollte, bevor ich überhaupt die Idee hatte, Journalist werden zu wollen.«* Der Richter aus Paris *wurde prompt zum Bestseller, und nach Vorträgen oder Lesungen aus seinen Sachbüchern wurde Wickert fortan in schöner Regelmäßigkeit gefragt, wie es Jacques Ricou gehe. Bis heute sind sechs Fälle des Pariser Untersuchungsrichters erschienen. Neue Ideen zu entwickeln fällt Wickert leicht, und natürlich lässt er sein enormes Wissen über die aktuellen Zustände der französischen Politik und Gesellschaft einfließen.*

Schwierig ist es für Ulrich Wickert eher, Zeit zum Schreiben zu finden, denn als »Ruhestand« kann man seine Zeit nach den Tagesthemen nicht gerade bezeichnen. Zu seinem Glück stellte der Hoffmann und Campe Verlag ihm das Turmzimmer in den Verlagsräumen an der Hamburger Außenalster zur Verfügung. Dort kann er sich (à la Montaigne) zum Denken und Schreiben zurückziehen. »Wenn ich im Turm bin, versinke ich völlig in den Verbrechen und der Jagd nach Aufklärung. Im Turm kann ich auch einfach einmal eine Stunde aus dem Fenster schauen. Dann stehe ich auf, mache das Fenster auf, setze mich, stehe wieder auf – und mache es zu. Solche Momente braucht ein Autor zum Nachdenken.«

Zum Krimifan wurde Wickert übrigens, als er sich während eines

Studienaufenthalts in den USA mit dem großen Meister des Hard-boiled-Krimis, Raymond Chandler, von den trockenen Lehrbüchern erholte.

Der Corbeau

Zweimal krähte der Corbeau. Le Corbeau bedeutet nicht nur krächzender Rabe, sondern besagt auch, dass ein schräger Vogel Geheimnisse verpfeift, ohne selbst in Erscheinung zu treten. Le Corbeau wird ein anonymer Denunziant genannt, eine Übelkrähe, die Bestandteil des täglichen Lebens in Frankreich ist. Einmal verpfiff ein Corbeau den General Baltazar de Montagnac an die Justiz, beim zweiten Mal – acht Jahre später – gab er an zu wissen, wer der Mörder des Generals sein könnte. Und erst da tauchte der Name Victor LaBrousse in diesem Fall auf, obwohl der Pflanzer auf Martinique von Anfang an daran beteiligt war, viele Millionen Francs, später Euro zugunsten französischer Politiker zu waschen.

Eines frühen Morgens, drei Tage vor Himmelfahrt 2002, war Balthazar de Montagnac vor seiner Villa in Saint-Cloud, dem schicken Villenviertel am südwestlichen Rande von Paris, erschossen worden. Eine einzige Kugel aus einem Präzisionsgewehr älterer Bauart, wie die verwendete Munition verriet, hatte ihn aus fast zweihundert Metern Entfernung in die Brust getroffen und ihm das Herz zerrissen. Sein Gärtner hatte ihn, im schönsten Sonnenschein auf dem Rasen liegend, wenige Meter von der Terrasse entfernt, gefunden. An diesen Ort pflegte der General seine Besucher zu führen und den einzigartigen Blick über ganz Paris zu rühmen mit dem Eiffelturm als Kompassnadel in der Mitte des Panoramas. Der Schuss war von den Oleanderbüschen an der hohen Gartenmauer aus abgegeben worden.

Noch bevor die Polizei eintraf, verbreitete sich die Meldung vom Mord an dem General wie ein Lauffeuer über das Internet, die Rundfunknachrichten nahmen sie auf, und die Mittagsnachrichten im

Fernsehen begannen ausnahmsweise nicht mit dem Lieblingsthema der nach Quote schielenden Fernsehmacher: dem beunruhigenden Fall eines kleinen Mädchens, das verschwunden war.

General de Montagnac ermordet! Das deutete nicht nur auf einen politischen Skandal hin, nein, das war eine Sensation, die die Staatsspitze erschüttern könnte, wie einst der Tod von Arbeitsminister Robert Boulin, der im Wald von Rambouillet in einem fünfzig Zentimeter tiefen Tümpel ermordet aufgefunden worden war. Der populäre Boulin stand damals kurz davor, Raymond Barre als Premierminister abzulösen. Der Fall wurde nie gelöst. Es sei ein Selbstmord gewesen, hieß es, und es war geradezu lächerlich, was die vom Innenminister abhängige Polizei damals beschloss: Boulin sei absichtlich in der flachen Pfütze ertrunken.

Doch so einfach ließ sich der Mord am General de Montagnac nicht vertuschen. Denn ein Corbeau hielt den Fall am Köcheln.

Sechs Monate waren seit dem Schuss auf den General vergangen, und immer noch hatte die Polizei keinen konkreten Hinweis auf einen Täter. Als die zuständigen Beamten beschließen wollten, auch dessen Tod als Selbstmord einzuordnen, wies der Corbeau in seiner zweiten Mitteilung auf Verdächtige hin, mit der Bemerkung: die vor acht Jahren bei Gericht eingegangene erste Lieferung von ihm solle nicht vergeblich gewesen sein.

Die neuen Papiere brachten LaBrousse ins Spiel. Und das erstaunte den Untersuchungsrichter Jacques Ricou, denn LaBrousse war zwar jahrelang als Handlanger de Montagnacs in das Geschäft mit der schwarzen Kasse verwickelt gewesen, doch bei keinem Verhör, in keiner Rechnung oder Akte hatte der Richter bisher einen Hinweis auf ihn gefunden.

Martine sagte dazu nur lakonisch: »Da stecken noch viel mehr drin, die wir nicht kennen. Du hast noch viel Arbeit vor dir, Monsieur le Juge, es ist nur die Frage, wer wen zuerst erwischt: die anderen dich oder du die anderen.«

»Die anderen sind im Moment im Vorteil, aber das hier ist ein Punktgewinn für uns.«

Der anonyme Denunziant, der sich in den schmutzigen Geschäften der hohen Politik, der Justiz und der Geheimdienste offensichtlich auskannte, hatte mit seiner ersten Briefsendung kurz vor den Präsidentschaftswahlen im Frühjahr 1995 einen Machtkampf zwischen der Gerichtsbarkeit und den Renseignements Généraux, dem Inlandsgeheimdienst, ausgelöst. Für Eingeweihte war das erkennbare Ziel des Denunzianten der Sturz des Innenministers.

In einem Umschlag ohne Fingerabdrücke hatte er der Justiz einen Packen Rechnungen geschickt, die von einer völlig unbekannten Beratungsfirma namens »Sotax« an solche Bauunternehmen adressiert worden waren, die Aufträge von verschiedenen öffentlichen Stellen und Kommunen erhalten hatten. Da ging es um alles: den Bau von Metrolinien, von Straßen, Bahntrassen, Brücken, Autobahnzubringern und ganzen Hochhaussiedlungen in der Banlieue.

Die Staatsanwaltschaft hatte das Dossier in einem rosa Aktenordner, die Farbe für Finanzdelikte, weiter an den für diese Dinge zuständigen Jacques Ricou geleitet, und der hatte schon beim Öffnen des Umschlags gegenüber Martine den Verdacht geäußert, es könne sich hier wieder einmal um einen Fall illegaler Parteienfinanzierung handeln. Das wäre beileibe nicht das erste Mal. Denn die Parteien in Frankreich hatten sich ein besonderes System der Selbstbedienung zu ihrer Finanzierung ausgedacht.

Die Politiker hatten einfach den Satz von Louis Quatorze, »l'État, c'est moi«, auf sich bezogen und, unter Verdrängung der Ursachen, die zur Französischen Revolution geführt hatten, dieses Postulat umgewandelt in: Der Staat gehört uns. Daraufhin hatten sie ohne Scheu Millionenbeträge aus den öffentlichen Kassen abgezweigt, um ihre Wahlkämpfe – und nicht nur die – zu bezahlen. Denn jeder, der das Schwarzgeld zwischen die Finger bekam, teilte es in mehrere Häufchen und behielt einen stattlichen Prozentsatz für sich.

Das System funktionierte äußerst simpel: Firmen, die Aufträge von Gemeinden oder anderen staatlichen oder städtischen Einrichtungen erhielten, zahlten zehn Prozent der Vertragssumme an »Planungsbüros«, die zwar nichts planten, aber das Geld an die schwarzen Kassen ihrer Partei weiterleiteten, die wiederum im Gemeinderat oder im Rathaus über die Vergabe von Aufträgen entschied. Für die Unternehmen war das Geschäft mit den Rechnungen in jedem Falle einträglich. Sie stellten die Kosten für die angebliche Arbeit der Planungsbüros den öffentlichen Kassen wieder in Rechnung. So wanderten in Wirklichkeit Steuergroschen meist über den Umweg ausländischer Währung in die Taschen der Politiker.

An diesem nationalen Brauchtum änderte sich auch nichts, als ein Gesetz zur Parteienfinanzierung diese Art der Wertschöpfung untersagte. Denn die politische Klasse rechnete fest damit, dass Justitia unter der Binde vor den Augen hindurchlugen, den Politiker vor sich erkennen und dann ein Auge zudrücken würde. Zumindest war es immer so gewesen: Die Justiz tat der Politik nicht weh, schließlich hatte die Regierung stets den längeren Atem; denn wer sprach wohl Beförderungen oder Ernennungen aus?

Die Rechnungen in Ricous rosa Dossier stammten aus den Jahren 1994 und 1995, beliefen sich auf mehrere hundert Millionen Francs, und der Richter hatte durch diskrete Recherchen schnell herausgefunden, dass die »Sotax« außer einer Sekretärin, die auf gediegenem Papier Rechnungen schrieb, niemanden beschäftigte.

General de Montagnac war eine schillernde Figur. Als Berufssoldat hatte er sich im Zweiten Weltkrieg in Indochina und Algerien bewährt und es bis zum General gebracht. Mit sechzig als Militär pensioniert, war er nahtlos in eine Karriere als Politiker gewechselt und wurde zweimal für jeweils sechs Jahre zum Senator gewählt – ein ehrenwertes, scheinbar sogar politisch gewichtiges, aber im Machtgeflecht von Paris ziemlich unbedeutendes Amt. Doch in Paris zählen die Fassaden, der äußere Prunk verdeckt den Plunder dahinter. Der Sitz des Senats, das Palais de Luxembourg, wirkt noch beeindruckender und würdiger als die hellenistische Fassade der Assemblée nationale. Und ein Senator wird nicht direkt, sondern von den Wahlmännern der Regionen gewählt, das lässt ihn vermeintlich hoheitsvoll über den Parteien schweben. Doch trotz all ihrer Würde – zu sagen haben die alten Herren im Senat recht wenig.

Balthazar de Montagnac, aus niederem Adel im Süden Frankreichs stammend, war erst als Politiker reich und einflussreich geworden, und obwohl seine Zeit im Senat schon fünf Jahre zurücklag, galt er immer noch als einer der Barone der L.E.F., einer konservativen Sammlungsbewegung unter dem populistisch klingenden Namen »Liberté – Égalité – Fraternité«, Freiheit – Gleichheit – Brüderlichkeit, was einst die wilden Revolutionäre gefordert hatten. In der Öffentlichkeit wurde er, der nun auf die Achtzig zuging, immer noch als der General angesprochen. Er war ein nüchterner, ja, humorloser Mann, doch, ausgestattet mit einem viereckigen Schädel und einem in Jahrzehnten Militärdienst trainierten straffen Brustkorb, strahlte er große Bedeutung aus mit seinem aufrechten Gang und der stets perfekt gepflegten dunklen Mähne, deren Haaransatz er sich einmal in der Woche von den hübschen, in luftige Kittel gekleideten Mädchen bei Monsieur Georges in der Avenue Franklin D. Roosevelt mit einem Pinsel schwarz nachfärben ließ.

In der Partei hatte der General, der mit politischen Äußerungen nie hervortrat, häufig die Strippen für die L.E.F. im Dunkeln gezogen, wenn es um Abstimmungsverhalten, unerklärte Koalitionen und erst recht, wenn es um Ämter ging. Deshalb schmeichelte ihm, wer nach Posten schielte, und gab sich als sein Freund aus. Aber der General wurde nicht nur als geheimer Finanzier in der L.E.F., sondern auch über sein Lager hinaus respektiert, weil er, so schien es, über unkontrolliert viel Bargeld verfügte. Welche Quelle er anzapfte, wollte niemand wissen; manch einer vermutete, er habe nicht nur für die Armee, sondern auch für den Geheimdienst gearbeitet, der seinerzeit das Ölunternehmen Elf-Aquitaine gegründet hatte, um von der Politik finanziell unabhängig zu sein. Und Elf verteilte in den guten alten Zeiten jedes Jahr Hunderte von Millionen nicht nur an Politiker und Parteien in Frankreich, sondern an so manchen Regierungschef im Ausland, an afrikanische Häuptlinge oder Präsidenten von Ländern, in denen Ölreserven lagen.

All das geschah selbstverständlich im Einvernehmen mit dem jeweiligen Staatspräsidenten, dem der jeweilige Chef von Elf einen handgeschriebenen Zettel präsentierte, auf dem stand, wer wie viel bekommen sollte. Die Partei des Präsidenten wurde stets besonders bedacht. Zu seiner Amtszeit, so wird berichtet, machte François Mitterrand jedes Jahr stets die gleichen glucksenden Geräusche, mit denen er seine Unzufriedenheit ausdrückte, wenn ihm die Liste vorgelegt wurde, und fügte noch einiges für die Sozialisten hinzu.

Regelmäßig kurz vor Weinachten machte der General die Runde durch Paris. Aus dem Kofferraum seines großen Peugeot, den er an diesem Tag ausnahmsweise selber chauffierte, verteilte er, nach einem geschickt ausgeklügelten System, in großen Bündeln Fünfhundert-Franc-Scheine. So erhielt etwa die Mätresse des Ministers einer anderen Partei mehrere hunderttausend Francs, womit er nicht nur eine Freundin, sondern darüber hinaus auch einen heimlichen Alliierten gewann.

Vor den Wahlen im Frühjahr 1995 war Jacques Ricou mit der Untersuchung beauftragt worden, aber der Fall war Jahr um Jahr gewachsen. Dann war im Herbst 2002 der General erschossen worden. Insgeheim hatten sich all jene Politiker, Beamte und Unternehmer, die in das Geflecht der »Sotax« verstrickt waren, den Tod des Generals erhofft, am liebsten friedlich, wegen seines hohen Alters, denn das hätte, unter normalen Umständen, die Einstellung der Untersuchung bedeutet. So hatte die bisher willfährige Justiz immer gehandelt.

Aber es war nichts mehr so wie früher, als ohnehin alles besser war. Richter einer neuen Generation, wie Jacques Ricou, Éric Halphen, Renaud van Ruymbeke und vor allem Eva Joly, haben inzwischen bewiesen, was eine unabhängige Justiz bewirken kann und was Gerechtigkeit bedeutet. Auch aus diesem Grunde war Jacques Ricou im Frühjahr 2003 so schnell bereit, nach Martinique zu reisen, um Victor LaBrousse zu vernehmen.

Drei Wochen zuvor hatte er in der zweiten Sendung des Corbeau wieder brisantes Material entdeckt. Unter den Papieren waren einige Protokolle, die im Jargon der Renseignements Généraux, des Inlandsgeheimdienstes, »blancs« genannt werden – »weiß«, weil das Papier weder Briefkopf noch Unterschrift trägt, damit es nicht auf einen bestimmten Agenten zurückverfolgt werden kann. Blancs existieren stets in nur drei Exemplaren, eines behält der Agent, das zweite geht an den Chef des Geheimdienstes und das dritte erhält der Innenminister. Der Corbeau musste also auf einem guten, sehr guten Posten sitzen, um eine Kopie herstellen und an den Richter schicken zu können.

Martine hatte den Umschlag geöffnet und war damit sofort in Jacques' Büro geeilt. Grinsend hatte sie ihn gefragt:

»Weißt du eigentlich, wofür die Abkürzung ›Sotax‹ steht?«

»Das ist vermutlich ein erfundener Name.«

»Es ist die Abkürzung von Société taxi – Taxiunternehmen. Wie ein Taxi hat die ›Sotax‹ das Geld eingeladen und die Millionen bei den Parteien abgeliefert.«

»Wo hast du denn das her?«

»Steht hier vorn auf der ersten Seite. Post vom Corbeau.«

»Der Witzbold.«

In zwei säuberlich getrennten Aktendeckeln, der eine rosa, der andere schwarz, war da zum ersten Mal seit Beginn der Ermittlungen im Frühjahr 1995 der Name Victor LaBrousse aufgetaucht. In der ersten Akte wurden ungewöhnlich hohe Zahlungen auf ein Konto von Victor LaBrousse in Abidjan, der Hauptstadt der Elfenbeinküste, und der weitere Weg des Geldes dokumentiert, präzise und bis in das letzte Detail genau. Anlass für die Überweisungen waren Rechnungen der »Sotax«.

In der zweiten Akte aber steckte die wirkliche Brisanz.

Aus ihr kamen – sechs Monate nach dem Mord an dem General – Abhörprotokolle zutage, die, ursprünglich auf dem Weg von der Abhörstelle zum Gericht, von interessierter Stelle abgefangen und nun offenbar von einer anderen interessierten Stelle weitergeschickt worden waren.

Ricou zuckte nur mit den Schultern, nachzufragen hatte keinen Sinn. Die Abhörstelle der Renseignements Généraux würde darauf bestehen, die Papiere schon vor sechs Monaten auf den normalen Weg gegeben zu haben. Sie seien nur der Schlamperei des Gerichts zum Opfer gefallen, man kenne das ja, würde es heißen.

Die Abschrift eines Telefongesprächs zwischen dem Finanzier und einem Unbekannten weckte Ricous erhöhte Aufmerksamkeit.

LaBrousse meldete sich zum ersten Mal, seitdem die Affäre aufgeflogen war, bei dem General, ohne Namen zu nennen.

»Frangibus, erkennst du meine Stimme?«

Frangibus, das ist das Codewort, mit dem sich Freimaurer ansprechen, und die gehörten in Frankreich, wo es immer viele Affären gab, einem geheimen Netzwerk an.

»Red weiter, ich werde schon drauf kommen.«

Der Bananenpflanzer von Martinique hatte allerdings den Fehler gemacht, für das Gespräch, das er von Fort-de-France aus führte, sein eigenes Handy zu benutzen. Die Abhörstation hatte also sofort gewusst, wer anrief. Der Corbeau lieferte das Ergebnis gleich mit.

LaBrousse: »Erinnerst du dich an Gilles Maurel?«

Der General: »Wer war das denn?«

LaBrousse: »Algerien. Der Pied-noir, der mit Kadija befreundet gewesen ist.«

Der General: »Die schöne Kadija? Oh ja, die Schwester des FLN-Schweins. – Was ist mit Maurel, der müsste doch längst das Zeitliche gesegnet haben. Der wär doch jetzt an die hundert?«

LaBrousse: »Knapp neunzig. Der ist gut konserviert im karibischen Klima.«

Der General: »In einem Behälter Rum wahrscheinlich.«

LaBrousse: »Er hat vor drei Monaten in meinem Büro ein Foto von uns beiden in der Wüste gesehen, auf dem er dich erkannt hat – aber mich nicht. Ich habe behauptet, es sei ein Bild meines gefallenen Bruders, und ihn im Unklaren darüber gelassen, was unsere damalige Beziehung betrifft. So ganz nebenbei hat er gefragt, ob es dich denn noch gebe. Und weil er so scheinheilig den Unbeteiligten gespielt hat, habe ich vage deine politische Karriere angedeutet. Da wurde er puterrot und schrie: ›Das Schwein Montagnac. Den bring ich um, und wenn es das Letzte in meinem Leben ist und ich jeden Sou für einen Killer ausgeben muss.‹ Seitdem meidet er mich.«

Der General: »Der ist doch inzwischen ein verrückter alter Trottel!«

LaBrousse: »Von wegen, ich würde gern in dem Alter auch noch jeden Tag über meine Plantation reiten, und ich fürchte, dass er zur Sippschaft von Fanon sehr gute Kontakte hat.«

Der General: »Danke. Aber mach dir keine Gedanken, vielleicht solltest du nur das Foto abhängen.«

Wie die Raben

Für eine symbolische Mark können Rechtsanwälte in den
Gerichten von Berlin eine für die Sitzung vorgeschriebene
schwarze Robe leihen. 120 Leihgewänder hat die Anwaltskammer angeschafft für Kollegen, die zum Termin eilen
und zu schusselig waren, ihr eigenes Tuch mitzubringen.
Teuer sind die Roben. Eine kostet 400 Mark. Nun klagte
heute die Geschäftsführerin der Anwaltskammer, Vera von
Doetinchem, Rechtsanwälte klauten Roben wie Raben, denn
fünfundzwanzig Gewänder im Wert von 10 000 Mark
haben die Anwälte vergessen zurückzugeben.

Die Toten im Wald

Paris erwachte langsam, als er um sieben Uhr die rote Eingangstür hinter sich zuzog. Eine Glasscherbe fiel zu Boden. Er schaute hoch und sah das zerbrochene Fenster über dem linken Türflügel. Mit einem Achselzucken lehnte er sich über den Sitz seiner Vespa. Er klappte ihn zurück und legte das Päckchen mit der Pistole und den drei Magazinen in das Helmfach.

Neun Uhr, hatte ihm sein Auftraggeber gesagt, für neun Uhr habe er die Verabredung mit dem Ziel getroffen. Er sprach stets von Ziel oder Zielobjekt, nie von Opfer. Denn ein Objekt ist eine Sache, ein Opfer dagegen ein Subjekt und damit eine Person.

Überaus genau bereitete er seine Einsätze vor.

Deshalb war er in den letzten Tagen mehrmals am frühen Morgen auf verschiedenen Wegen von der Rue Revebal im Osten von Paris zu den Teichen im Wald von Ville-d'Avray gefahren. Er hatte die Strecke auf Staugefahr und Bauarbeiten überprüft, ja, er hatte sich sogar längere Ampelphasen aufgeschrieben.

Seine Analyse ergab: Durch die Stadt an den Quais der Seine entlang war es am kürzesten, dauerte aber am längsten. Über den südlichen Périphérique war die Strecke zwar ein wenig länger als über den nördlichen, aber es ging am schnellsten.

Deshalb fuhr er jetzt die Rue Revebal hoch, bog in die Rue de Belleville ein und rollte in Richtung Porte des Lilas.

Seit zwölf Jahren wohnte er in der siebten Etage dieses riesigen Blocks mit Sozialwohnungen, wo der weiße Lack von den Fensterläden abplatzte. Drei Zimmer, Küche, Bad. Recht komfortabel für einen Kellner aus dem »Le Pacifique«. Von seinem Wohnzimmer schaute er auf das Flachdach des Hauses nebenan, dessen Eingang um die Ecke in der Rue Jules Romain lag. Eine gute Fluchtmöglichkeit. Deshalb hatte er sich eben diese Bleibe ausgewählt.

Das Haus wurde beherrscht von Chinesen aus Wenzhou, die vor Ende des Kalten Krieges nach Frankreich geflohen waren und sofort Aufenthaltsgenehmigungen erhalten hatten.

Flüchtlinge aus Asien, wo Frankreich einst Kolonien besaß, wurden damals aus schlechtem Gewissen schnell aufgenommen.

Er dagegen war erst später aus der nordchinesischen Gegend Dongbei, einst Mandschurei genannt, nach Paris gezogen. Doch inzwischen waren die Behörden kleinlich geworden. Aufenthaltsgenehmigungen waren rar. Und er hatte keine mehr bekommen.

Im Chinatown von Belleville aber half man sich gegenseitig. Die Chinesen aus Wenzhou gaben den Chinesen aus Dongbei Arbeit. Allerdings zu wahren Ausbeuterlöhnen. Denn sie hatten ja keine Papiere. Er und Tausende seiner Landsleute mussten deshalb als Schwarzarbeiter jeden Drecksjob zu miesen Hungerlöhnen annehmen, um zu überleben.

Die Wohnung hatte er als Flüchtling aus Dongbei auch nur bekommen, weil die aus Wenzhou stammende Madame Li, seine Chefin und die Besitzerin von »Le Pacifique«, das Apartment angemietet hatte.

Da er unter Decknamen lebte, hatte er sich bei der Auswahl des falschen Namens einen Spaß gemacht.

Seinen Nachbarn gegenüber gab er sich als Gao Qiu aus. Und so stand es in seinen gefälschten Papieren.

Für einen Franzosen war Gao Qiu ein Name wie jeder andere.

Aber jeder Chinese wusste, wer Gao Qiu war: Eine unheimliche Figur aus dem chinesischen Volksroman »Die Räuber vom Liang Shan Moor«.

Gao Qiu war in diesem populären Klassiker aus dem 14. Jahrhundert ein hoher und korrupter Beamter am kaiserlichen Hofe. Er ermordete alle, die sich seinem Ziel in den Weg stellten: Gao Qiu, der es bis zum Marschall brachte, wollte den Kaiser stürzen und begehrte die Frauen anderer Männer. Und weil sie seiner Lust im Weg standen, verurteilte er diese Männer zum Tode.

Vor jemandem, der sich Gao Qiu nannte, hatten selbst hochnäsige Chinesen aus Wenzhou heute noch Achtung.

Es wird ein schöner Tag, dachte Gao Qiu.

Am Abend zuvor war er noch um die Ecke gegangen, wo die billigen chinesischen Mädchen den Beruf ausübten, den sie »auf der Straße stehen« nannten. Das gehörte zu seiner Vorbereitung.

Er hatte nicht lange gesucht, bis er YuanYuan fand. Auch sie stammte aus Dongbei. Er gab ihr zwanzig Euro.

Die aufgehende Sonne färbte die spärlichen Wolken im Osten blutrot. Doch als er auf den Périphérique einbog und sah, dass eine lange Schlange von Lastwagen die rechte Spur blockierte, fluchte er nur kurz und schlängelte sich geschickt zwischen den Fahrspuren durch.

* * *

An diesem Morgen rasierte sich Philippe Lefèvre Beine und Arme. Eine Marotte. Aber schließlich gehörte es sich für einen Radrennfahrer, auch nur den geringsten Luftwiderstand so gut wie möglich zu beseitigen. Jedes Härchen könnte den Bruchteil einer Sekunde ausmachen. Es rasierten sich doch alle, selbst die Dopingsünder von der Tour de France. Er war zwar kein Rennfahrer, fühlte sich aber manchmal so, wenn das Adrenalin in seinen Körper schoss, wie »Poupou«. So lautete einst der Spitzname von Raymond Poulidor, der dreimal Zweiter und fünfmal Dritter bei der Tour wurde, aber nie Erster. Ein Pechvogel. Wahrscheinlich hat er sich nicht genug gedopt.

Als Philippe Lefèvre um halb acht aus dem Fenster nach dem Wetter schaute und die Sonne sah neben dem Eiffelturm, der in den blauen Himmel hineinragte, sagte er sich: Ein perfekter Tag, um mein neues Rad einzuweihen.

Monsieur Philippe, wie er in seinem Coiffeur-Salon im Pariser Vorort Meudon genannt wurde, hatte das Cannondole Supersix Hi-Mod für nur fünftausend Euro erstanden, mit einem BB30 Tretlagergehäuse, in dem sich eine Carbonkugel von Cannondale dreht. Bremsen und Schaltung stammten aus SRAMs. leichter »Red«-Gruppe. Nur sechs Kilo wog das ganze Rad.

Er quetschte sich in sein neues Outfit, eine knielange graue Hose und ein gelbes Trikot mit aufgedruckten schwarzen Hosenträgern. Philippe zog den Bauch ein und presste alle Luft aus dem Brustkorb, um in die hauteng anliegenden Sachen zu passen.

Fast jeden Sonntag war er mit einem halben Dutzend Freunden unterwegs. Nie weniger als sechzig Kilometer, das war Ehrensache. Aber heute, mitten in der Woche, nahm sich außer ihm keiner frei.

Für die Jungfernfahrt mit seinem neuen Rad hatte sich Philippe eine besonders schwere Strecke ausgedacht. Er würde von Meudon aus den abschüssigen Berg nach Sèvres hinabrollen, im Bistro »La Petite Reine«, dem Stammlokal aller Radfahrer der Gegend, anhalten und einen Kaffee trinken. Und natürlich würde er das Rad vorstellen, seine »petite reine«, seine kleine Königin. Das war zärtlich gemeint, die kleine, zarte Königin Rad im Gegensatz zum dieselstinkenden, lauten König Automobil.

Nach dem Kaffee würde Philippe die steile Route des deux Étangs, den Waldweg zu den zwei Teichen, nach Ville-d'Avray hochfahren und von dort hinüber nach Versailles rollen. Das war sein Plan.

* * *

Um neun Uhr, bitte keine Minute früher, aber auch keine Minute später, möge er, Mohammed, sich im Wald von Ville-d'Avray einfinden. Im Wald, damit man sie nicht zusammen sähe. Es dauere nicht lange. Es gehe wieder um eine Kurierfahrt. Wie immer nach Genf.

Er würde die Familie gern zu einem Ausflug mitnehmen, schlug Mohammed seiner Frau Aicha vor, auch die kleine sechsjährige Kalila, die schulfrei hatte, würde dabei sein. Beim Picknick. Und er wusste auch schon an welchem Feld in der nahen Normandie er anhalten würde. Aber das sagte er seiner Frau nicht.

Gestern war Mohammed in der Nähe von Houdan zufällig an einem Maisfeld vorbeigekommen, das sehr ungewöhnlich wirkte. Er hielt an und sah, dass der Mais andere Pflanzen nur notdürftig verdeckte: Es war ein illegales Hanffeld. Geschwind hatte er einige große Stängel mit ausladenden Blättern abgeschnitten und in den Kofferraum geladen. Einmal getrocknet und zu Hasch verarbeitet, würde ihm die Ernte mindestens hunderttausend Euro bringen. Eben mal so, nebenbei! Vielleicht könnte er heute noch ein wenig mehr abschneiden. Und damit sich die Hanfernte lohnte, hatte er vom Wagen aus seinen ältesten Freund aus der alten Vorortbande angerufen. Kommst du morgen mit? Klar, der war sofort dabei, als Mohammed ihm das mit der Hanfplantage erzählt hatte. Bei dem Ausflug würde für beide viel rausspringen.

Am Abend hatte Mohammed den großen alten Citroën in der engen Einfahrt seines Hauses geparkt und das eiserne Tor zur Straße hin geschlossen. Aber er war nicht mehr dazu gekommen, den Hanf auszuladen. Aicha wartete schon mit dem Essen auf ihn. Zu Ehren seines Schwagers Ibrahim, der morgen früh zurück nach Marrakesch fliegen würde, wo er in einem Ingenieurbüro arbeitete, hatte Aicha eine Tagine mit Lamm gekocht, und anschließend gab es noch ein Couscous.

Als Aicha am nächsten Morgen den Picknickkorb in den Kofferraum stellen wollte, entdeckte sie die Hanfstängel. Hysterisch schrie sie ihn an: »Du unglaublicher Idiot, du bringst uns noch ins Unglück!«

Aicha, die wie Mohammed in den letzten Hütten des Bidonville von Gennevilliers aufgewachsen war, wusste, was Hanf bedeutete. Ihr jüngerer Bruder war im Drogenkrieg mit Kerlen aus dem »Quartier des Courtilles« getötet worden. Er hatte mit der Bande, zu der er gehörte, eine Hanfplantage in einer verlassenen Fabrik geplündert.

»Ich reiß das Zeug alles raus, sobald wir im Wald sind, und schmeiße es weg!«, keifte sie.

»Bist du wahnsinnig geworden, Frau? Haben wir das Zeug erst einmal verkauft, können wir uns endlich ein Haus in Marrakesch leisten!«, brüllte Mohammed zurück und schlug ihr zweimal so fest ins Gesicht, dass ihr Kopftuch verrutschte. »Setz dich ins Auto und schweig!«

Einen schrillen Laut ausstoßend warf Aicha den Picknickkorb auf den Boden, kletterte zu ihrer kleinen Tochter Kalila auf die hintere Bank des Wagens und knallte die Tür zu.

Fluchend sammelte Mohammed Besteck und Tüten ein, die aus dem Korb gefallen waren und stellte ihn in den Kofferraum.

Mohammed schaute auf die Uhr. Jetzt wurde es Zeit, und der

Freund war noch nicht da. Er ging auf die Straße, kein Freund nirgendwo zu sehen. Er ging zurück zum Wagen, stieg ein, und als er aus der Ausfahrt auf die Straße bog, stieg sein Freund gerade von seinem Motorrad, sprang auf den Beifahrersitz und drehte sich zu Aicha und Kalila, um sie freundlich zu begrüßen.

Aber er erntete nur eisiges Schweigen.

Als Mohammed losfuhr, schlug ihm Aicha plötzlich mit aller Kraft zweimal auf den Hinterkopf und lehnte sich dann mit einem undurchdringlichen Gesichtsausdruck wieder zurück, als wäre nichts geschehen. Mohammed bremste so scharf, dass Frau und Kind gegen die Rücklehnen der Vordersitze geworfen wurden.

Alle schrien durcheinander.

Die kleine Kalila hielt sich die Ohren zu, dann klappte sie die Armlehne im Rücksitz hoch, wodurch ein breiter Durchschlupf frei wurde. Um dem andauernden Streit der keifenden Eltern zu entfliehen, kletterte sie mit ihrem samtweichen Plüschmarienkäfer im Arm nach hinten, wo Mohammed ein Versteck eingerichtet hatte, das ihm für seine Kurierfahrten in die Schweiz diente, etwa wenn er dort ungewöhnlich hohe Beträge an Bargeld abholte.

Das sechsjährige Mädchen hatte sich angewöhnt, in die dunkle Höhle zu fliehen, wenn die Eltern sich anschrien. Und das taten sie häufig. In diesem Schutzraum fühlte sich Kalila geborgen. Er schirmte sie vor allem ab.

Wütend gab Mohammed Gas und fuhr schneller als erlaubt auf dem Périphérique, um die Verabredung mit seinem Auftraggeber im Wald von Ville-d'Avray pünktlich einzuhalten.

* * *

»Welche Rahmengröße fahren Sie?«, fragte Monsieur Philippe den Engländer, der sein Cannondale Supersix neben dem Rad des Coiffeurs aus Meudon vor dem Bistro »La Petite Reine« abschloss.

Major Glen Stark zog die Augenbrauen hoch und schüttelte den Kopf. Sein Französisch war so schlecht, dass er die Frage nicht verstand. Philippe beugte sich über das Rad, suchte die eingeprägten

433

Ziffern und sagte: »Ah, Sie haben ein Dreiundsechziger. Sie sind auch größer als ich. Ich habe einen vierundfünfziger Rahmen.«

»Oh, Dreiundsechziger«, lachte Glen Stark, »ja. Ich bin auch sechs Fuß und sechs Zoll groß.«

Jetzt lachte Philippe: »Sehr groß. Aber ich weiß nicht, was sechs Fuß sind.«

Der Coiffeur hatte seinen Kaffee getrunken, stand jetzt mit dem Wirt des Bistros und einem Kellner auf dem Trottoir und führte stolz alle Feinheiten seiner kleinen Königin vor, als Glen Stark auf der Straße anhielt, prustend von seinem Sattel stieg und das Rad auf den Gehsteig hob.

Es war kurz vor halb neun.

Das Palaver ging über den seltenen Zufall, dass sich hier zwei Radfahrer aus verschiedenen Nationen mit dem gleichen, teuren Modell trafen. Allerdings war das Gerät des Engländers schon Tausende von Meilen gerollt und zeigte dies mit allerhand Spuren am Rahmen, am konischen Gabelschaft, an den Rädern.

Stark war schon eine halbe Stunde unterwegs.

Er hatte sein Rad mitgenommen aufs Zimmer Nummer 60 im Hotel »Jeanne d'Arc« im Marais. Als er im Internet nach einer Übernachtung »mit Fahrrad« in Paris gesucht hatte, war er auf diese Adresse gestoßen. Zimmer 60 war karg möbliert. Neben einem Bett mit einer geschmacklosen Blumendecke stand nur noch ein kleiner Bistrotisch. Der Major hatte ein Foto von sich und dem Rad neben dem Bett mit Selbstauslöser aufgenommen und ein zweites neben der Wanne in dem blau gekachelten Bad. Die Aufnahmen wollte der Hotelier auf seine Website stellen, wo man andere Bilder von »room+cycle« anklicken konnte.

Vom Hotel »Jeanne d'Arc« bis zum Bistro »La Petite Reine« waren es knapp fünfzehn Kilometer immer an der Seine entlang. Vierzig Minuten.

Als Tagesziel hatte sich der Major die Gärten von Monet in Giverny vorgenommen, sie lagen noch weitere siebzig Kilometer entfernt. Er würde dort zu Mittag essen und wäre gegen sechs Uhr abends wieder im Hotel.

Major Glen Stark, immer noch durchtrainiert aus seiner Zeit bei der Royal Air Force, leitete den Sicherheitsdienst der National Gallery in London, wo ihn eine große Ausstellung des französischen Landschaftsmalers Jean-Baptiste Corot ein Jahr zuvor so stark beeindruckt hatte, dass er seine heutige Strecke über die »Étangs de Corot« – über die Teiche von Ville-d'Avray – geplant hatte, die Corot so häufig gemalt hatte, dass sie auch seinen Namen trugen.

»Da geht mein Weg auch lang«, sagte Monsieur Philippe und machte sich startklar. »Wollen wir zusammen fahren?«

»Danke für die Einladung«, sagte Major Glen Stark, »aber ich will eben ein Glas Wasser trinken und mich für den Aufstieg ausruhen.«

Bei seiner Aussage vor der Polizei gab er dann an, Monsieur Philippe sei wohl gegen Viertel vor neun losgefahren, fünfzehn Minuten vor ihm.

* * *

Eine Patrone hatte Gao Qiu in den Lauf geschoben. Das Achtermagazin steckte im Griff der Pistole. Zwei weitere Magazine lagen rechts und links in den Jackentaschen.

Heute müsste er mit einem Magazin auskommen.

Es ging ja nur um ein einziges Ziel.

Bei diesem Auftrag hatte sich Gao Qiu für eine deutsche Luger P06 entschieden. Die war 1929 in Bern für die Schweizer Armee in Lizenz hergestellt worden, die Eidgenossen wollten damals ihre Unabhängigkeit von Deutschland beweisen.

Im Internet hatte er im Blog über die Luger P06 folgenden Dialog gelesen: Carbone14 schrieb: Super, du schießt damit? Wenn man von den Resultaten hört, sind die von guter Qualität.

Bosco antwortete: Mit dem Ding machst du nur Zehner!

Zehn Punkte zählt ein Treffer ins Herz der Zielscheibe.

Von einem Auftragskiller erwartete man eine moderne Waffe, eine Heckler & Koch, eine Sig-Hämmerli, eine Walter PPK, eine Mauser oder eine Magnum, eine 9 mm Parabellum, Munition, die genau trifft und tötet, aber doch keine 7,65 Millimeter, wie seine Luger!

Gao Qiu handelte bewusst anders als erwartet, weil er voraussah, welches Verhalten die Polizei einem Killer zuordnete. Wahrscheinlich würden die Ballistiker gar nicht herausfinden, womit er geschossen hatte. Und sollten sie es doch tun, würden sie sich sehr viele Fragen stellen. Wer schießt heute noch mit einer Pistole aus dem Jahr 1929?

Außerdem würden sie über die Herkunft der Luger nie etwas erfahren, denn er setzte eine Waffe nur einmal pro Auftrag ein. Und die Herkunft war sowieso nicht nachzuverfolgen, weil er sich sein Gerät mal in Bulgarien, mal in Rumänien, manchmal sogar in Südamerika besorgte. Dazu kam, dass er erst zahlte, nachdem er mindestens vier Magazine auf eine Zehner-Ringscheibe abgefeuert hatte. Aus zehn Meter Entfernung. Mit keinem Schuss aus der Luger hatte er schlechter als die Acht geschossen.

In Mladost, einem Stadtteil von Sofia, wo er mit dem Wagen hingefahren war, hatte Gao Qiu letzte Woche den Preis für diese Luger auf 370 Leva runtergehandelt und dann mit Euro gezahlt. Großzügig aufgerundet 200 €. Die beiden zusätzlichen Magazine forderte er vom Verkäufer kostenlos obendrauf.

Gao Qiu schaute auf die Uhr.

Kurz vor neun.

Das Ziel würde mit einem großen alten Citroën kommen, hatte der Auftraggeber ihm durchgegeben. Zwischen den beiden Teichen würde der alte Citroën auf dem Waldweg nach oben fahren und an der kleinen Lichtung halten.

Von hier aus fiel der Weg wieder ab in das Tal.

Dort unten stand seine Vespa.

Als Gao Qiu ein Auto den Weg entlangfahren hörte, warf er einen Blick in den Wald. Ein großer alter Citroën. Niemand sonst war zu sehen. Er versteckte sich hinter dem Stamm einer alten Buche und wartete. Das Motorengeräusch war jetzt ganz nah. Dann erstarb es.

Eine Wagentür wurde geöffnet und fiel mit einem dumpfen Geräusch wieder zu.

Im Kies hörte er Schritte. Dann war Ruhe.

»Ist da jemand?«, rief Mohammed. »Hallo?«

Eine kurze Pause. Die Stimme kam näher.

»Monsieur? Ich bin's, Mohammed!«

Die Pistole mit ausgestrecktem Arm bereit zum Schuss, trat Gao Qiu hinter dem Baum hervor, wurde aber durch ein mechanisches Geräusch abgelenkt.

Mohammed stand mitten auf dem Weg.

Er schaute nach links den Hügel hinab, von wo keine zwanzig Meter entfernt ein Radfahrer auf ihn zukam, wie ein Profi gekleidet in eine hautenge, knielange graue Hose und ein gelbes Trikot mit aufgedruckten schwarzen Hosenträgern.

Mit gekrümmtem Rücken warf der Mann das volle Gewicht seines Körpers wie ein Pendel auf die rechte, dann auf die linke Pedale.

Rechts, links. Rechts, links. Rechts, links.

Philippe Lefèvre japste und hatte keinen Blick für die Umwelt, er schaute stur auf den Waldweg, um größeren Steinen auszuweichen.

Weil Gao Qiu in Notsituationen stets blitzschnell richtig entschied, hatte er in seinem Gewerbe einen hervorragenden Ruf.

Die Lage?

Mohammed sah ihn nicht und war zu Fuß. Auf das Zielobjekt brauchte er jetzt nicht als Erstes zu schießen.

Dagegen würde sich der Radfahrer an ihn erinnern und könnte mit seinem Tretross schnell fliehen.

Also zielte Gao Qiu in die Mitte des gelben Trikots und zog zweimal kurz hintereinander ab. Monsieur Philippe fiel vom Rad, stolperte einige Schritte, sackte zusammen und blieb am Anfang der Lichtung kurz vor dem alten Citroën liegen.

Regungslos.

Doch das nahm Gao Qiu nur noch aus dem Augenwinkel wahr, er hatte sein Zielobjekt schon ins Visier genommen.

Mohammed hatte den Doppelknall gehört, den Radfahrer stürzen sehen und dann den Schützen erblickt, der sich eine schwarze Kapuze über den Kopf gezogen hatte. Mohammed rannte zurück in Richtung seines Wagens.

Es fiel Gao Qiu nicht leicht, den Auftrag noch zu erfüllen.

Er schoss alle drei Magazine leer, dann hatte er es geschafft.

Schweißgebadet dachte Gao Qiu, das ist gerade noch mal gutgegangen. Und er notierte in seinem Gedächtnis: Ein viertes Magazin wäre besser gewesen.

Er zog die Kapuze ab und blickte sich um.

Immer noch war niemand zu sehen. Er lief quer durch den Wald ins Tal, wo er seine Vespa abgestellt hatte, holte den Helm aus dem Fach unter dem Sitz, verstaute die Pistole und die leeren Magazine darin und fuhr nach Hause. Der Fahrtwind trocknete seinen Schweiß.

* * *

Glen Stark hatte einen Kaffee, der ihn stimulieren würde, und eine kleine Karaffe Leitungswasser getrunken. Eine Viertelstunde nach Monsieur Philippe stieg er auf sein Cannondale und wurde vom Wirt des Bistros »La Petite Reine« persönlich auf der Straße verabschiedet. Er schrie ihm »bonne route« hinterher und wies mit einer ausladenden Handbewegung noch einmal in die Richtung zu dem Weg in den Wald von Ville-d'Avray.

»Das finde ich schon«, rief der englische Major zurück und deutete auf das iPad, das er vor sich an der Lenkstange befestigt hatte. Das GPS-Programm zeigte an, wo er sich gerade befand und wo er hinfahren sollte.

Als er von der Rue des Petits Bois in die Route de Jardy einbog, raste ein weißer Porsche Cayenne um die Kurve und fuhr ihn fast um. Der Fahrer hielt kaum an der Kreuzung und ließ den Motor aufröhren, als er sah, dass er freie Bahn hatte. Stark schaute ihm nach und verfluchte die aggressiven französischen Autofahrer. Es gab eben einen Unterschied zwischen dem angeberischen Blechkönig und der gefühlvollen »Petite Reine«.

In der kühlen Waldluft entspannte er sich.

Die alten Buchen standen weit auseinander und filterten die Sonnenstrahlen zu einem milden Licht. Er hörte Vogelgezwitscher und bedauerte, dass er sich als Junge nie die Mühe gemacht hatte zu lernen, die einzelnen Stimmen zu unterscheiden. Es wäre schön, dachte er, wenn er wüsste, ob ihn da ein Rotkehlchen oder eine Blaumeise begrüßte.

Der Aufstieg war steiler, als er erwartet hatte, aber das tat ihm jetzt gut. Er schaltete zwei Gänge zurück und trat fest in die Pedale. Ihm wurde warm. Gut für die weitere Fahrt.

Der Waldweg war nicht geteert und befand sich in einem schlechteren Zustand, als er erwartet hatte. Da muss man aufpassen, dass der Reifen nicht über einen spitzen Stein holpert und man sich ein Loch einfängt. Konzentriert verlagerte Major Stark sein Gewicht auf die Pedale, rechts, links, rechts, links, rechts, links, schaute auf den Weg zehn Meter vor sich und begann heftiger zu atmen.

Rechts, links, rechts, links. Rechts, links.

Die Anstrengung weitete seine Lungen, er fühlte sich wohl.

Rechts, links, rechts, links. Rechts, links.

Zuerst sah er das Rad von Monsieur Philippe am Rand der kleinen Lichtung liegen und dachte, der wird wohl eine kleine Pause eingelegt haben. Das ist typisch französisch, sagte sich der Engländer, das Rad so achtlos hinzuwerfen. Das würde er nie tun.

Noch viermal getreten, dann öffnete sich der Weg dem Blick.

Es war 9 Uhr 15.

Monsieur Philippe lag am Ende der Lichtung, das Gesicht nach unten, im Gras. Seine Glieder waren merkwürdig verdreht, der Motor des Citroën lief, seine Hinterräder drehten im Sand eines Grabens durch.

Glen Stark legte sein Rad auf den Waldboden und sah nach Monsieur Philippe.

Der war zweimal in die Brust getroffen, atmete aber noch. Stark drehte ihn vorsichtig in Seitenlage, rannte zu dem Wagen und konnte kaum glauben, was er sah. Der Fahrer war über dem Steuer zusammengesunken, der Mann auf dem Beifahrersitz lehnte mit dem Kopf gegen das Fenster, auf der Rückbank lag eine Frau. Er versuchte eine Tür zu öffnen, sie war von innen verriegelt. Mit einem kräftigen Schlag seines rechten Ellenbogens gelang es Stark, das durch Einschüsse zerlöcherte Fenster einzuschlagen. Dann drehte er den Schlüssel im Zündschloss um, der Motor erstarb.

Der Fahrer war mit einem Kopfschuss getötet worden. Genauso hatte man die beiden anderen hingerichtet. Mit Schüssen durch das Fenster an der linken Tür hinten.

Es musste eben erst passiert sein.

Vielleicht versteckt sich der Mörder noch hinter den Bäumen und wartet auf eine gute Gelegenheit, auch ihn umzulegen.

Er schaute sich um. Niemand war zu sehen.

Schnell duckte er sich hinter den Wagen. Vielleicht versteckte sich hier irgendwo ein Verrückter und wartete nur darauf, auch auf ihn zu schießen.

Angst? Ein Mitglied der Royal Air Force hat keine Angst, selbst wenn es längst aus dem aktiven Dienst ausgeschieden ist.

Immer noch im Schutz des Wagens holte er sein Handy hervor und drückte auf den Notrufknopf. Vergebens. Er hatte keinen Empfang. Glen Stark rannte zu seinem Rad.

Auf dem iPad sah der Major, dass der Weg zu den Teichen von Corot wesentlich kürzer war als der, den er bisher durch den Wald genommen hatte. Und er führte wieder bergab.

Also schob er das Rad an, sprang mit dem rechten Fuß auf die Pedale, schwang das linke Bein über den Sattel und fuhr so schnell er konnte den Waldweg entlang.

Eine Minute später traf er auf dem Parkplatz zwischen den Seen einen Spaziergänger mit seinem Jagdhund. Stark rief ihm schon von weitem zu »au secours – help«, und in seinem schlechten Französisch erklärte er radebrechend, drei Tote und ein Schwerverletzter lägen oben im Wald. Pantomimisch formte er mit seiner rechten Hand eine Pistole.

Der Spaziergänger holte sein Smartphone um 9 Uhr 19 hervor und rief um Hilfe.

Höchstes Lob

»Er war ein Kunsthandwerker, wenn Sie wollen, so etwas wie ein Tischler. Niemand hat gelitten, er war sehr schnell«, so beschrieb Joyce Dernley aus Sydney die Handfertigkeit ihres letzte Woche verstorbenen Mannes. Der war einst Großbritanniens letzter Henker.

Nachweis

Leben wie Gott in Frankreich
Käse unter dem Hotelbett. Aus: *Neugier und Übermut.* Copyright © 2012 by Hoffmann und Campe Verlag, Hamburg.
Essen als schöne Kunst betrachtet. Aus: *Mein Paris.* Copyright © 2015 by Hoffmann und Campe Verlag, Hamburg.
Ein ganz besonderes Nahrungsmittel (Titel des Hrsg.). Aus: *Das marokkanische Mädchen. Ein Fall für Jacques Ricou.* Copyright © 2014 by Hoffmann und Campe Verlag, Hamburg.
Mittagessen im Finanzministerium (Titel des Hrsg.). Aus: Wolfgang Schäuble, Ulrich Wickert, Michel Sapin und Dominique Seux: *Anders gemeinsam. Ein deutsch-französisches Gespräch über Flüchtlinge, Griechenland, Europa, den Euro und die schwarze Null.* Copyright © 2016 by Hoffmann und Campe Verlag, Hamburg.

Begegnungen
Die falsche Augenfarbe im Pass von Eugène Ionesco. Aus: *Neugier und Übermut.* Copyright © 2012 by Hoffmann und Campe Verlag, Hamburg.
Tennis mit Arthur Miller, Kaffee mit Meryl Streep. Aus: *Neugier und Übermut.* Copyright © 2012 by Hoffmann und Campe Verlag, Hamburg.
Maos Feldchirurg aus Düsseldorf – Hans Müller. Aus: *Neugier und Übermut.* Copyright © 2012 by Hoffmann und Campe Verlag, Hamburg.
Der verzweifelte Erfinder der Neutronenbombe. Aus: *Neugier und Übermut.* Copyright © 2012 by Hoffmann und Campe Verlag, Hamburg.

Pariser Zustände
Der Eiffelturm? Welcher Eiffelturm? Aus: *Mein Paris.* Copyright © 2015 by Hoffmann und Campe Verlag, Hamburg.